새로 쓴
가야사

영원한 제국

가
加耶
야

철의 제국, 포상팔국전쟁을 승리로 이끌다

서동인 지음

영원한 제국 가야

지은이 서동인

펴낸이 최병식

펴낸날 2017년 11월 20일

펴낸곳 주류성출판사

서울시 서초구 강남대로 435 (서초동 1305-5)

TEL | 02-3481-1024(대표전화) • FAX | 02-3482-0656

www.juluesung.co.kr | juluesung@daum.net

값 22,000원

잘못된 책은 교환해 드립니다.

ISBN 978-89-6246-328-6 03910

새로 쓴
가야사

영원한 제국

가

加耶

야

철의 제국, 포상팔국전쟁을 승리로 이끌다

서동인 지음

주류성

| 목차 |

머리말

『미완의 제국 가야』와 『영원한 제국 가야』는 비록 제명은 다르지만 실제로는 한 권의 '가야사 연구서'라고 할 것이다. 가야사에 관한 내용을 편의상 둘로 나눈 것이기 때문이다. 이 두 권의 책에서 저자는 지금까지의 가야사 연구와는 전혀 다른 이론과 견해를 제시하였다. 물론 그것들은 지금까지 축적해온 발굴 성과와 여러 연구내용을 바탕으로 한 것이지만, 이제까지의 시각에서 벗어나 저자가 독창적으로 풀어낸 것으로서 가야사를 보다 심층적으로 이해할 수 있으리라 믿는다. 그간 주목하지 않았던 자료를 바탕으로 전혀 알려지지 않았던 사실을 새로이 밝혀낸 것도 많다. 사실 이번에 내놓는 두 권의 가야사는 『흉노인 김씨의 나라 가야』를 준비하던 2006년 이후 날마다 고민하고 매달려온 문제들을 모아서 정리한 것으로서 말하자면 '지금까지의 가야사 연구에 대한 근본적인 재검토'라는 시각에서 완전히 새로 쓴 것이니 기존의 여타 연구서에서는 볼 수 없던 혁신적인 결과물이라고 할 수 있다.

그간 가야 지역에서는 많은 유물이 나왔고, 그들 유물과 유적에 대한 개별 연구는 꽤 진척되어 있다. 토기나 마구·금속유물의 유형분류, 지역간 속성비교, 무덤양식의 변화 등에 대해서는 어느 정도 체계가 잡혀 있다. 그렇지만 그것만을 가지고 가야사를 오롯이 복원할 수는 없다. 유적과 유물이 모든 것을 해결해주지는 못하기 때문이다. 유적과 유물은 어디까지나 가야사 연구에 보조적 수단이 되고 있을 뿐이다. 그렇다고 믿을만한 기록이 많이 남아 있는 것도 아니어서 가야사의 큰 틀조차도 제대로 구성할 수 없다. 기록은 없는데 유물만을 가지고 연구하려다 보니 유물의 형태와 속성, 각 지역 간의 차이점 등에 관한 고고학 자료만으로는 한계가 있는 것이다.

　지금까지 각 유적에서 나온 유물의 비교 분석, 마구와 철기·토기의 유형·제작기법·유형별 분류와 같은 것들은 어느 정도 체계가 잡혀 있어 웬만한 지식을 갖고 있으면 가야 유물의 시공간적 위치를 대략 어림할 수 있다. 그렇지만 그것들이 지극히 미시적인 분석에 그쳐 가야사 전체를 폭넓게 들여다볼 수 있는 시각을 제시하지 못하고 있다. 유물 각각에 지나치게 치중한 나머지 가야사 전체를 거시적으로 파악하는 안목이 부족하였다. 한국 고대사의 큰 흐름 속에서 여타 주변 국가의 발전단계에 맞춰 가야 사회는 과연 어떤 사회였는지, 그 체제와 구조를 파악하기 위한 노력도 부족하였다. 가야사를 보다 정확하게 들여다보고 이해하기 위해서는 국가의 발전단계에 맞춰 가야 사회를 분석하여 이해할 수 있는 '분석 틀'이 필요한 데도 아직까지 아무도 그런 수단을 제대로 제시해주지 못하고 있다. 다만 대가야에 한해서 부체제 사회였다고 보는 측과 고대국가(절대왕권을 바탕으로 한 왕권국가) 초기단계로 성장했을 것이라고 보는 주장이 제기되어 있을 뿐이다. 영남의 제한된 지역에 존재했던 소국이고, 그마저도 일찍이 신라에 통합된 뒤로 그 역사가 철저히 인멸된 결과이지만, 가야 사회의 구조와 지배체제에 관한 기본적인 기록조차 없으니 가야의 실상을 제대로 파악하기 어렵다. 가야사를 통사通史로 구성할 수 있는 기본 사료가 없는 것이 가장 큰 한계이다. 그런 까닭에 가야사는 연구자도 제한되어 있고, 신라사에 비해 그 역사가 제대로 평가받지 못하고 있다. 앞으로 문자로 기록된 획기적인 유물이 나오지 않는 한, 가야사 연구에 획기적인 성과는 기대하기 어려울지도 모른다. 그러나 이런 한계에도 저자는 이 책에서 많은 것을 시도하였고, 새로운 사실도 의외로 많이 알아내었다.

편의상 이 책은 3세기 가야 지역에서 일어난 포상팔국 전쟁에 관한 내용으로 시작하였다(제1장). 포상팔국은 과연 어떤 나라들이었으며, 포상팔국 전쟁이 일어난 시기는 과연 언제일까? 또 전쟁의 원인은 무엇이었으며, 전쟁 뒤에 가야 사회에 일어난 변화는 무엇이었을까? 이런 여러 가지 의문들에 대하여 지금까지 많은 연구자들이 제시한 견해를 요약하여 제시하면서 저자의 견해를 따로 설명하였다. 가야 사회를 새로운 단계로 변화시킨 포상팔국전의 발발과 전개과정, 그리고 그 가운데 벌어진 사회변화 즉, 전쟁 후의 변화는 물론, 포상팔국전에 관한 연구자들의 여러 가지 견해들에 대해서도 간략하게 살펴보았다. 나아가 포상팔국의 위치에 대해서도 심도 있게 짚어보았다. 포상팔국 중에서도 가장 큰 세력이었을 것으로 추정되는 칠국은 어디에 있었는지, 포상 8국의 위치에 대해서도 검토하였다. 포상팔국 전쟁 후 가야 사회에 일어난 변화는 격심하였다. 전반적인 가야 사회 내부의 변화라든가 인구이동, 지배세력의 재편 그리고 포상팔국 전쟁이 일본에 미친 영향에 관한 내용도 흥미로울 것이다(제2장).

포상팔국 여덟 나라의 위치를 새롭게 비정한 것 역시 오랜 세월 저자가 고민하고 연구한 결과로서 주목해 보아야 할 내용이다. 저자는 골포국을 지금의 진해, 고사포국을 창원으로 보았으며, 포상팔국 여덟 나라의 주도적 위치에 있던 칠포국(칠국)을 지금의 동래 복천동·연산동·칠산동 일대에 있었다고 보았다. 다시 말해서 칠포국·칠산국은 모두 칠국 내의 양대 세력이었거나 칠국의 다른 이름이었으며, 그것이 후일의 기록에 거칠국으로 기록되었으리라 보았다. 과거 칠국이었던 부산 동래 지역이 후일 임나가라의 칠군漆郡으로 편제되었고, 그 통치자 칠군漆君 또는 거칠군居漆君은 김해에서 파견되었을 것이라는 견해를 제시하였다. 그 후 다시 신라가 칠군을 통합, 거칠군居漆郡이 되었으며, 드디어 8세기 중반의 경덕왕 때 동래로 바뀌었음을 설명하였다.

김해가야는 포상팔국 전쟁에서 승리하여 칠포국·골포국·고사포국 등 포상8국을 통합하고 임나가라를 완성하였다. 포상팔국에 이어 가야권의 여타 소국들이 김해가야에 다시 통합됨으로써 김해 임나가라 본국과 그 아래의 후국들로 구성된 체제를 그대로 계승한 것이 4세기 이후의 가야 사회였다고 본 것이다. 이를테면 고령 대가야나 합천 다라국은 물론이고 합천 사이기국, 탁순국과 같은 소국들 역시 가야의 구성원이었으니 이런 측면을 감안하면 임나가라 본국이 멸망한 532년 이후의 가야 사회를 소국들의 분립 내지 할거 구도로 파악할 수도 있는 것이다.

제3장은 가야 연맹체론에 관한 내용을 중심으로 구성하였다. 가야 사회에 연맹은 실재하였는지, 단일연맹체론이라든가 지역연맹체론, 대가야연맹설과 같은 여러 가지 연맹체론에 대해서도 살펴보았다. 가야 연맹체론에 관련된 여러 가지 문제들에 대하여 의문을 제기하고, 하나하나 다시 검토하면서 가야의 체제를 완전히 새롭게 해석함으로써 좀 더 깊이 있게 분석하였다. 이로써 그간 잘못 알고 있던 가야사를 보다 정확하게 이해할 수 있을 것이다. 대가야연맹설과 관련하여 우륵12곡

에 대해서도 살펴보았다. 나아가 성주나 창녕·고성 지역은 여타 가야와 어떻게 다르며 그들은 어떤 위치에 있었을지에 대해서도 알아보았다. 그러나 저자는 여기서 한걸음 더 나아가 가야연맹체론의 허구성을 제시하는 동시에 그간 올바른 번역과 해석조차 하지 못하고 제쳐놓은 기본사료를 처음으로 해석하여 가야사 연구에 새로운 방향을 제시하였다. 이것으로써 여러 가지 연맹체론이나 가야사에 대한 그간의 잘못된 시각에서 벗어날 수 있을 것이다.

한편 제4장에서는 우리말 '불(부리)'라는 용어에 주목하여 그것이 지명이나 신분 칭호에 어떻게 사용되었는지도 알아보았다. 이를 바탕으로 포상팔국이 안라국을 공격하면서 쳐들어간 갈화성이 어디에 있었는도 심층적으로 살펴보았다. 갈화성은 함안 안라국의 후국인 탁순국의 중심 성이었을 것으로 파악하고, 그것을 바탕으로 가야의 통치체제나 사회구조와 같은 것들에 대해 보다 적극적인 해석을 시도하였다. 6장에서는 갈화성 싸움을 근거로, 아마도 함안 안라국이 탁순국을 점령하여 통합하자 선주세력으로서 탁순국과 전통적인 유대관계를 갖고 있던 포상팔국이 연대하여 안라국과 김해가야를 대상으로 벌인 싸움이 포상팔국전일 것이라고 보았다.

그러면 우리는 이제 가야 사회를 어떻게 이해할 것인가? 저자는 가야 사회를 임나가라 본국 왕(대왕)과 그 아래 다수의 후왕侯王, 다시 말해서 '소왕'이 존재한 사회로 파악하였다. 김해의 변진구야국은 함안 안라국과 함께 3세기에 주변국들을 흡수 통합해 나갔다. 이런 상황에서 위기감을 갖고 포상팔국이 함안과 김해에 저항하면서 촉발된 것이 포상팔국 전쟁이었다. 이 전쟁이 있기 전, 김씨들의 나라 가라국은 김해 변진구야국을 통합하였으며, 그 뒤에 다시 포상팔국 전쟁에서 승리하여 가야권을 통합하였다. 그 과정에서 김해의 임나가라 본국은 각 지역의 소국을 후국으로 거느리는 일종의 분봉제를 완성하였다.

변진 사회에 정치적으로 큰 변화를 몰고 온 것이 김씨들의 가라국이었다. 가라국이 김해 변진구야국을 통합하고, 가야권 전체를 아우르면서 임나가라 본국(김해가야) 아래 다수의 후왕이 존재하는 체제가 완성된 것이다. 그것은 3세기 변진구야국과 안야국의 체제를 그대로 계승한 것으로서 현후縣侯 즉, 후국侯國의 수장에게 나누어 맡겨 통치하는 간접 지배 방식이었다. 임나 본국과 그 왕 아래 임나 소국의 각 후왕(제후)들이 지배하는 체제가 4세기 이후에도 그대로 계승된 것인데, 이처럼 임나본국 대왕 아래에 있는 각 소왕과 지배층의 실체를 저자는 고구려·부여의 대가大加 또는 가加 계층과 같은 신분이었을 것으로 이해하였다. 그 한 예로써 '가라'라는 나라 이름을 들었다. '가라'는 복수의 가 신분층, 그러니까 제가諸加를 이르는 말이다. 이런 가 계층이 바로 임나가라 본국 왕 아래 최상층(지배층)이었고, 나아가 각 임나 소국의 왕이나 그 아래 신분이었을 것으로 보았다. 고구려의 체제와 비교하자면 광개토왕이 5부를 통합하여 절대왕이 되기 전, 각 부部의 수장(5부의 수장)이 소왕(후왕)에 해당하며 가야 소국의 왕 또한 그들 부장과 별반 다를 게 없는 존재들이었을 것으로 파악한 것이다(제4장). 이런 체제에서 가야 각 지역에는 군(읍)과 현을 두어 통치하였다. 중국과 일본의 기록에도 가야의 기본 행정체제는 군현제였다고 전해지고 있다.

그러나 532년 임나가라 본국이 멸망한 뒤로는 가야의 각 소국들이 난립한 열국의 분립구도로 되돌아갔다. 이런 분립 상태는 임나 본국의 세력이 약화된 5세기 초부터 시작된 것이지만, 임나가라 본국 멸망 후에는 고령 대가야가 임나가라 본국의 지위를 대신하려고 한 것으로 보았다.

임나본국 아래 임나 소국들은 후국으로서 5세기 이후 가야권을 지배하고 있었다. 그들은 각자 군사·외교·경제적으로 독립적인 운영 체계를 갖고 있었으니 가야는 대왕 아래 소왕 체제로서, 그 소왕들은 분봉 제후에 해당하며, 가야 사회는 일종의 분권적 지배체제였던 것이다. 따라서 임나가라 본국의 대왕은 3세기 이전과 같은 강력한 지배력을 갖지 못하였다. 임나가라 본국의 지배력 약화로 말미암은 누수 현상에 따라 5세기 이후 가야권은 열국들의 분립상태와 별로 다르지 않았을 것이다. 이것은 마치 중국의 주 왕조 하에서 각 제후들이 별도로 존재하던 체제(=봉건제)와 유사한 구조로 보아도 될 것이다. 이런 독특한 분권적 체제를 갖고 있었음에도 지금까지 가야사 연구자들은 가야 사회를 그저 연합이나 연맹 체제로 파악해 왔다.

이와 같은 독특한 구조는 가야 후기에 강력한 중앙집권적 왕권 체제를 구축하는 데는 심각한 장애가 되었다. 그리하여 가야 소국(후국)들은 끝내 통합을 이루지 못하고 신라에 차례로 통합되었다. 가야 소국 중 일부는 그 스스로 신라를 선택하였다. 6세기 초부터 탁순국이나 남가라 등이 신라를 선택한 것이 그 예일 것이다. 5세기 말~6세기 초를 지나면서 이렇게 가야 소국들은 하나 둘 신라에 흡수되었고, 532년 임나 본국의 멸망에 이어 562년에 고령과 함안·고성 등 가야권 전체가 통합됨으로써 결국 가야는 그 운명을 신라에 넘겼다.

한편, 백제 역시 일찍부터 가야 지역으로의 진출을 꿈꾸었다. 5세기 초 이후에 백제는 줄곧 가야 지역을 놓고 가야와 다투었고, 신라와도 경쟁하였다. 백제는 나름대로 영남권으로 진출하기 위해 가야의 서부권인 하동·구례·진주·남원·장수 지역을 차지하려 하였다. 특히 전남 동부 지역을 놓고 가야와 집요한 싸움을 벌였고, 그런 노력에 따라 6세기 초 백제는 섬진강 서편 지역을 편입하였다. 512년 임나4현과 513년 대사·기문을 차지한 것이다. 그럼에도 백제는 거기서 멈추지 않고 영남으로의 진출이라는 꿈을 포기하지 않았다. 가야(임나)와 힘을 합해 신라를 견제하기 위해, 그리고 일본과의 최단거리 뱃길을 확보하기 위해 영남권 거점이 절실했던 것이다. 신라의 압박이 거세지는 6세기 초까지도 백제는 끊임없이 가야 지역으로의 진출을 꾀하였다. 그러나 이런 백제의 사정은 장기적인 전략 면에서 볼 때 가야권을 자신의 품에 안는 포용정책에 뼈아픈 실패를 안긴 요인이었다. 백제에게는 소탐대실이었던 것이다. 그리하여 무령왕 시대를 지나 성왕은 가야(임나)를 껴안는 정책으로 전환하였다. 백제는 가야권을 결속시켜 신라에 대한 방패막이로 삼으려고 하였다. 그러한 노력이 임·제 상호동맹으로 나타났다. 하지만 백제로서는 분권적 체제의 가야를 다루기에는 까다로웠다. 신라는 백제와 가야의 상호동맹을 깨뜨리기 위해 가야 소국을 차례로 잠식하는 전략을 택했고, 그에 성공하여 결국 가야를 통합하였다. 신라와 가야의 대결은, 그 이면을 들여다보면 중앙집권제와 분봉제(일종의 지방 분권제 비슷한 개념으로 이해해도 되겠다)의 서로 상이한 체제를 바탕에 둔 것이었다.

이어 제5장에서는 중국의 기록을 바탕으로 안야국 왕과 구야국 왕의 호칭에 숨어 있는 비밀을 풀었으며, 그와 더불어 가야의 지배체제를 어느 정도 분석해낼 수 있었다. 또한 고조선 왕 위만과 고조선의 제후 회가 예국을 거쳐 변진으로 내려와 왕이 되었고, 그 후예들이 3세기 중반까지 안야국과 구야국의 주인들이었다는 사실도 기록을 통해 최초로 밝혔다. 『후한서』와 『삼국지』에 명백히 기록되어 있는 이런 사실을 어떻게 해서 지금까지 한 번도 거론한 적이 없는지 도무지 이해하기 어렵다. 그간 각종 연맹체론을 비롯하여 여러 가지 잘못된 견해들이 어지럽게 제시된 배경에는 이러한 기본적인 사료에 대한 해석조차 포기해 버린 데 있으므로 이에 대해서는 가야사 연구자 모두가 비판받아 마땅하며, 지극히 겸손한 자세로 반성해야 할 일이다.

한편, 제6장과 7장에서는 탁국·탁순국·탁기탄국 등과 같은 가야 소국들에 대해서 알아보았다. 6세기 초반 신라에 병합된 이들 가야 소국의 위치에 대해서도 그간의 몇몇 연구이론들과 함께 저자의 견해를 정리하여 제시하였으므로 가야사 이해에 큰 도움이 될 것이다.

제8장에서는 백제와 임나의 상호동맹 관계라든가 임나일본부 문제, 안라국의 '국내대인'을 통해 가야의 관직 및 신분체계를 알아보았고, 안라국의 '제왜신'의 실체가 무엇인지, 그리고 왜의 백제·임나에 대한 군사적 지원 사례 등을 두루 살펴보았다. 이런 문제들에 대한 견해 역시 대부분 저자가 처음으로 제기하는 내용으로서 가야사 연구자들에게 새

로운 시각을 열어줄 것이다. 백제와 임나의 상호 동맹, 임나에 관한 몇 가지 문제들, 임나일본부, 안라국의 국내대인 등에 대해 깊이 있는 분석을 시도하였으며 '안라국에 있었다고 하는 여러 왜의 왜신'의 실체가 무엇인지, 백제 다다라씨의 일본 진출 사실을 바탕으로 파악하였다. 나아가 6세기 중반, 신라에 대응하기 위해 백제와 임나가 요청한 왜의 지원군을 일본 지역으로 진출한 임나·백제계 교포와 그 후예들이었을 것임을 추론하였다.

『미완의 제국 가야』와 『영원한 제국 가야』 두 권의 책에서 저자는 가야사 이해에 핵심이 되는 주제들을 대상으로 서술하였다. 일반인은 물론이고 가야사 연구자로서 읽지 않으면 안 되는 내용들로 담아내겠다는 자세로 충분한 시간을 갖고, 나름대로 많은 노력과 열정을 들여썼다. 그러나 원체 분량이 많아서 이번에 출간하는 두 권의 책에 미처 싣지 못한 내용들이 있다. 그것은 따로 떼어놓았으므로 곧 이어서 가야사 후속편으로 간행할 계획이다.

2017년 9월 8일

저자 서 동 인

영원한 제국 가야

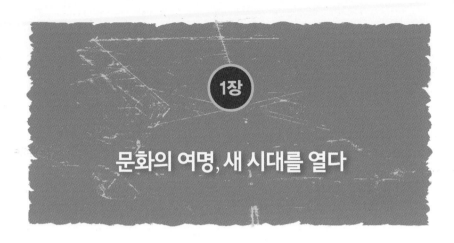

1장

문화의 여명, 새 시대를 열다

한국 남부에서의 최초 대규모전인 포상팔국 전쟁

400년, 고구려와 신라 연합군의 임나가라 원정은 침착하고도 신속하게 이루어졌다. 이 전쟁에서 고구려군과 광개토왕은 기대한 목적을 이루었다. 신라를 영향권 안에 두고, 신라로 하여금 백제를 견제할 수 있게 되었으며, 왜-가야-백제의 연결고리를 끊어 백제를 고립시키는 데 성공하였다. 신라는 신라 대로 거둔 게 많았다. 고구려의 힘을 빌어 이제까지의 상황을 반전시켰다. 그간의 수세적 입장에서 벗어나 백제와 가야에 대하여 공세적 위치에 설 수 있었고, 그리하여 신라는 백제와 가야보다 우월적인 입장을 가질 수 있었다. 또 고구려의 힘을 이용해 내부적으로는 정치적 안정을 꾀할 수 있게 되었다. 신라의 입장에선 고구려 원군을 이용하여 대내외적인 문제를 한꺼번에 해결함으로써 '일거양득의 효과'를 거둔 정치·군사·외교상의 전략적 승리였다고 평가할 수 있다.

그러면 이번에는 광개토왕의 군대가 가야 원정을 단행한 400년으로부터 약 200년을 거슬러 올라가 보자. 그 무렵 영남의 진한과 변한 지역에는 각기 12국이 있었다. 그리고 당시 경남 남해안 지역에는 포상팔국浦上八國[1]이란 나라들이 있었다. 해안 포구의 촌락을 중심으로 형성된 나라들이었기에 포상팔국 또한 엄연히 변진 지역의 소국들이었다. 그렇지만 이들이 어떤 나라였는지, 그것을 상세하게 전하는 기록은 없다. 『삼국지』 위지 변진조의 변진12국 명단에도 없는 나라들이다. 따라서 그들이 변진12국과 어떤 관계였는지도 명확하지 않다. 다만 변진 지역 바닷가 포구(=항구)에 있는 8개의 소국이라 하였으니 그 또한 변진8국으로 이해해도 좋을 것이다.

그런데 이 여덟 개의 나라는 3세기에 김해가야와 함안 아라가야를 대상으로 10년이 넘는 긴 세월에 걸쳐 전쟁을 벌였다. 변진 지역 해안가의 8개 소국이 어찌 해서 변진 지역의 양대 강자인 함안 안라국과 김해의 가야국을 상대로 그토록 처절한 싸움을 벌인 것일까? 싸움의 원인이나 배경 등을 알 수 없기에 포상팔국 전쟁에 대해 이해하기 어려운 것들이 많다.

전쟁이 있기 전에는 포상팔국 여덟 나라는 비교적 안정된 삶을 살았다. 바다를 끼고 있어 철마다 바꾸어 찾아오는 많은 종류의 물고기와 해산물은 그들의 삶을 풍요롭게 해주었다. 물길이 발달해 바다 밖 다른 나라와의 교역에도 유리하였으므로 포상팔국에서는 일본과 중국을 드나드는 이들이 꽤 있었다. 일본의 장사꾼들 중에도 부산이나 웅천(마

••••••••••
1. 바다의 포구를 끼고 형성된 8개의 변진 소국들로서 남해안 해상세력이었을 것으로 추정하고 있다. 골포국(骨浦國)·칠포국(柒浦國)·고사포국(古史浦國)·사물국(史勿國), 사천·보라국(保羅國)의 다섯 나라 외에는 그 이름이 전하지 않는다.

산·진해)·사천 늑도 등지에 들어와 장기간 머무는 이들도 있었다.

『삼국사기』나 『삼국유사』에 의하면 포상팔국은 202년 함안의 안라국安羅國[2]을 먼저 공격하였다. 이 싸움을 시작으로 포상팔국 전쟁은 모두 네 차례 치열하게 전개되었다.[3] 사활을 건 양측의 싸움은 끈질기게 이어졌다. 그리하여 첫 싸움으로부터 10년 후인 212년에 포상팔국은 드디어 멸망하였다. 포상팔국이 패함으로써 포상팔국의 물자와 인력은 김해가야에 흡수되었고, 포상팔국 사람들 가운데 일부는 일본으로 망명하였다. 포상팔국의 멸망과 함께 김해가야(임나가라)와 함안 안라국의 역량과 영역은 확대되었다. 『삼국지』 위지 동이전 한 조에 의하면 그 무렵 가야권은 함안과 김해 두 축을 중심으로 재편되어 가고 있었다.

그러면 영남 지방의 해상세력인 포상팔국이 역사의 무대에서 사라진 것은 어떤 의미를 갖는 것일까? 한 마디로 구세력을 신세력으로 교체한 사건이었다고 정리할 수 있다. 그것은 곧 본격적인 가야 시대의 전개를 의미하는 것이었다. 한 마디로 포상팔국 전쟁은 한국 고대사 최초로 남부지방에서 벌어진 변한 제국諸國 내부의 10년 전쟁이었다[4]고 할 수 있다. 이 포상팔국전은 가야 사회에 커다란 변화를 가져온 일대 사건이었다. 동시에 그것은 신소재로서 철기가 보급되던 시기에 맨 처음으로 겪은 가장 큰 규모의 살육전이었던 것 같다. 포상팔국이 침입해오자 다급해진 김해가야는 신라에 원조를 요청했고 신라는 가야를 구원하였다.

포상팔국은 『삼국사기』 신라본기 내해니사금 때인 202년 기록에 처음

· · · · · · · · · · ·

2. 안야국(安邪國), 아라가야

3. 기록을 분석해 보면 202년, 205년, 209년, 212년의 네 번에 걸쳐 싸움이 계속되었다.

4. 포상팔국 전쟁에 대하여 함안의 안야국이 낙동강 서부 및 해안 중심세력으로 성장하자 이에 불안감을 느낀 김해 구야국이 안야국을 견제하였고, 그런 김해 세력에 포상팔국이 반발하여 일어난 포상팔국 전쟁이라고 보는 견해가 있다.

등장한다. 그 이전에는 어디에도 보이지 않는다. 202년에 느닷없이 안라국을 공격하는 것으로 포상팔국이 나타나는 것이다. 그렇지만 신라의 개입으로 포상팔국은 완전히 정복되었고, 결국 그들은 212년 마지막 포상팔국전에서의 패전으로 역사의 무대에서 모습을 감추었다.

포상팔국 전쟁은 가야와 신라의 관계를 정반대로 돌려놓았다. 이 전쟁을 계기로 가야와 신라 사이에는 오랜 다툼과 갈등을 접고 화해무드가 조성되었다. 그렇지만 포상팔국 전쟁의 발단 원인이나 그 결과에 대해서 어느 것 하나 자세하게 전하는 기록은 없다. 기록이 너무 간략하고 단편적이어서 그 시대의 상황을 명확하게 유추하기도 어렵다.

포상팔국전이 시작된 해로부터 3년 뒤인 205년, 그리고 209년에 포상팔국은 김해가야를 연이어 공격하였다. 이에 김해가야는 왕자를 신라에 보내어 지원을 요청하였다. 신라는 석씨 임금이 정권을 쥐고 있던 때였으므로 장군 석우로昔于老[5]와 이벌찬 석리음昔利音 및 6부의 병사를 보내어 포상팔국의 장군을 모두 죽이고 포로 6천 명을 찾아오는 것으로 싸움을 일단락 짓는다. 그런데 그로부터 3년 후인 212년 또 다시 골포국骨浦國[6] 등이 연합하여 갈화성竭火城으로 쳐들어간다. 209년의 싸움에 이은 포상팔국 연합군의 마지막 총공격이었다.

그런데 웬일인지 이 싸움을 주도적으로 진압하는 쪽은 신라로 되어 있다. 김해가야와 포상팔국 사이의 싸움인데 기록에는 신라 내해왕이 직접 나서서 갈화성 전투를 지휘해 포상팔국의 3국을 제압하는 것으로 되어 있는 것이다. 신라 중심으로 역사가 기록되었으므로 전쟁을 승리로 이끈 주역이 마치 신라인 것처럼 되어 있다. 그렇지만 어디까지나

. . . .
5. 석우로는 신라 내해왕(奈解王)의 아들이다.
6. 이곳을 지금까지는 마산·창원 일대에 있던 고대 소국이라고 보아 왔다. 그렇지만 그렇게 보기는 어렵다.

싸움의 당사자는 함안 안라국과 김해의 가라였고, 신라는 김해와 함안을 도운 것이다. 신라의 도움으로 김해가야와 함안 안라국은 포상팔국 전에서 승리하였고, 그것을 계기로 김해가야는 변진 지역의 중심 세력으로 부상할 수 있었다.

포상팔국 전쟁 관련 기록과 전쟁 후의 변화

그러면 포상팔국이 김해가야와 싸운 기록을 살펴보자. 포상팔국 전쟁에 관한 기록은 『삼국사기』와 『삼국유사』에 다음 세 가지가 남아 있다. 당시의 상황을 들여다보기 위해서는 먼저 이 기록들을 세밀하게 분석해 봐야 할 필요가 있다.

(1) (내해왕) 6년 봄 2월 가야국이 화친을 요청했다(201년).……내해니사금 14년(209년) 가을 7월, 포상팔국이 함께 모의하여 가라加羅를 침입하려 했다. 주변의 8국이 연합해 압박해 오자 위기를 느낀 가라는 왕자를 신라에 보내 원군을 요청했다. 이에 신라 왕은 태자 우로于老와 이벌찬 이음利音으로 하여금 6부의 병사를 데리고 가서 구하게 했다. 팔국의 장군을 쳐서 죽이고 그들에게 붙잡혀 있던 포로 6천 명을 빼앗아 가지고 돌아왔다.(『삼국사기』 권2 신라본기 제2, 내해니사금 14년)[7]

(2) (물계자는) 내해니사금 때의 사람이다.……그때 포상팔국이 함께 모의하여 아라국阿羅國을 쳤다. 아라가 사신을 보내 와 구원을 청했다.…니사금이 왕손 나음捺音을 시켜 인근의 군과 6부의 군사를 끌고 가서 아라국을 구하도록 했다.

••••••••••
7. 六年春二月 加耶國請和 三月丁卯朔日有食之…十四年秋七月 浦上八國謀 侵加羅 伽羅王子來 請救王命太子于老與伊伐湌利音將六部兵往救擊殺八國將軍奪所虜六千人還之

그리하여 마침내 8국의 병사를 물리쳤다(202년).……그로부터 3년 후(205년) 골포骨浦·칠포漆浦·고사포古史浦 3국 사람이 와서 갈화성竭火城을 공격하니 왕이 직접 병사를 이끌고 나가 구했다. 세 나라의 군사를 크게 깨트렸다. 물계자가 수십여 명을 잡아 죽였다.…(『삼국사기』 권 48, 열전 제8, 물계자)[8]

(3) 제10대 내해왕 17년 임진년(212년) 보라국保羅國·고자국古自國·사물국史勿國 등 8국이 함께 변경을 침입해왔다. 왕이 태자 나음㮈音, 장군 일벌一伐 등에게 명하여 병사를 이끌고 가서 막도록 했다. 팔국이 모두 항복했다.[9]…내해왕 10년 을미(205년) 골포국 등 3국왕이 각기 병사를 이끌고 와서 갈화성을 공격했다. [갈화성은 지금의 울주 굴불屈弗이 아닌가 한다.] 왕이 친히 나가 막았다. 삼국이 모두 패했다.…(『삼국유사』 권 5, 물계자전)

사건이 일어난 해를 알아보기 쉽게 편의상 기사 중간중간에 연대를 표기해 보았다. (1)은 201년 신라·가야의 화해 그리고 209년에 일어난 사건을 연대순에 따라 『삼국사기』의 기록자가 간단히 요약한 기사이다.

그러나 (2)는 원래 정확한 연대가 없는 기사이다. 『삼국사기』 물계자 전에 나오는 내용으로, 전후사정 및 다른 기록을 감안하여 추정한 연대를 괄호 안에 표기해 보았다. 기록에 연대가 제시된 기사는 (1)과 (3)이다. 그래서 (3)의 기록과 견주어서 (2)의 사건이 일어난 연대를 추정하였다. 그런데 지금까지 연구자들은 (3)의 기사 뒷부분 '내해왕 10

••••••••••

8. 勿稽子 奈解尼師今時人也…時浦上八國同謀伐阿羅國 阿羅使來請救 尼師今使王孫㮈音率近郡及六部軍往救 遂敗八國兵…後三年骨浦柒浦古史浦三國人來攻竭火城 王率兵出救 大敗三國之師

9. 第十奈解王卽位十七年壬辰 保羅國古自國(今固城)史勿國(今泗州)等八國 併力來侵邊境 王命太子㮈音將軍一伐等 率兵拒之 八國皆降 十年乙未骨浦國(今合浦也) 等三國王各卒兵攻竭火(疑屈弗也今蔚州) 王親率禦之 三國皆敗

년'은 20년을 잘못 기록한 것이라고 판단해왔다. 내해왕 20년으로 보면 이 사건은 215년에 일어난 것이 된다. 이렇게 기록을 고쳐 자의적으로 생각하다 보니 그간 해석에 큰 혼란이 따랐고, 문제가 커졌다. 보다더 정확히 말하면 지금까지 이 기사들을 꼼꼼하게 분석하지 않았기 때문에 포상팔국 전쟁을 심층적으로 이해하는 데 한계가 있었다. 포상팔국 전쟁 기록을 연대별로 살펴보면 이 전쟁은 우발적으로 일어난 것이 아니라 네 차례에 걸쳐 매우 집요하고도 치열하게 전개되었음을 알 수있다.

기사 (3)의 내용만을 가지고 (1)과 견주어 보더라도 김해·함안의 정치 세력과 포상팔국 사이의 전면전이 10년간 진행되었음을 알 수있다. (3)의 기록에서 "제10 내해왕 즉위 17년(212년)···팔국이 모두 항복했다.···"는 기사는 212년에 일어난 사건이다. 연대가 확정된 기사이다. 그런데 그 뒤의 '내해왕 10년 을미 골포국'으로 시작되는 기사는 한문 기록 '十年'이 이십년=二十年의 잘못일 것이라고 보고, 20년으로 해석해야 한다는 터무니없는 주장이 제기되어 심각한 문제를 일으켰다. 앞에서 내해왕 17년 기사가 먼저 나왔으므로 그 뒤의 내해왕 10년은 20년의 잘못이라고 본 것이다. 연대 순서에 따라 기술한 내용이라면 당연히 그래야 한다는 전제에서 나온 판단이다. 이런 잘못된 해석과 견해 때문에 (1), (2), (3)의 기사와 그 사건 발생연도를 확정하는데 어려움이 컸다.

과연 내해왕 10년이 20년을 잘못 적은 것일까? 그렇게 편리하게 단정하면 안 된다. 20년을 10년으로 잘못 기록했다고 추정하면 (3)의 기사는 212년과 215년에 있었던 사건이 된다. 그대로 두고 해석하면 탈이 없는 내용을 가지고, 제 뜻대로 안 된다고 해서 무조건 기록이 틀렸다고 보는 것은 대단히 잘못된 자세이다. 그런 식으로 기록을 이리저리 뜯어고치니 더욱 복잡한 결과를 부른 것이다. 기록을 해석할 때 가장 경계해야 할 것이 편의대로 기록이 잘못되었다며 맘대로 고쳐서 보는 자세이다. 이 경우도 마찬가지이다. 일단 자료가 옳다고 보자. 그러면 또 다른 것이 보일 수 있다. (3)의 후반 기사 "내해왕 10년(을미) 골포국 등 3국의 왕이 각기 병사를 이끌고 와서 갈화성을 공격했다"는 기사를 기록 그대로 내해왕 10년으로 보면 이것은 205년의 일이다. 그리고 이 연대를 감안하여 (2)와 (3)을 비교해 보자. 결국 (3)의 뒷부분(내해왕 10년) 기사는 (2) 기사의 후반부에 이어지는 "…그로부터 3년 후…병사를 이끌고 나가 구했다"고 한 내용과 같은 사건임을 알 수 있다. 즉 (2)와 (3)의 갈화성 공격전은 모두 205년의 사건이다. (2)와 (3)의 후반부 기사는 205년 포상팔국이 갈화성을 공격한 사건이다. 이것만 보더라도 (3)의 '내해왕 10년 포상팔국 중 삼국이 갈화성을 공격했다'는 사실을 그대로 인정할 수밖에 없다. 다시 말해 『삼국사기』와 『삼국유사』 기록을 대조해 보면 (3)은 잘못된 기사가 아니다. 『삼국유사』는 기사를 반드시 연대 순서에 맞춰 쓴 기록이 아니다. 기록을 그대로 믿으면 내해왕 10년은 205년이며, 이 해에 일어난 사건을 『삼국사기』 물계자전은 (2)의 후반기사로 다루고 있고, 『삼국유사』 물계자전은 (3)의 "내해왕 10년…" 기사로 전하고 있는 것이다.

그런데 문제가 되는 것은 (2) 기사의 앞부분이다. 포상팔국은 안라국을 공격하는 것으로 전쟁을 시작하였다. 포상팔국이 '아라국'을 공격하자 아라가야의 사신이 신라에 달려가서 구원해 달라고 요청했고, 이에 신라가 지원하여 포상팔국이 패했다는 내용이다. 그런데 도대체 이 사건이 일어난 해는 언제일까? 그 시점을 알아야 세 번의 다른 전쟁과의 선후관계를 알 수 있다. 그 단서는 바로 이 기사 안에 있다. 이 사건 내용 바로 뒤에 이어지는 '그로부터 3년 후'라는 구절이 있으니 그 시점으로부터 소급해 올라가면 포상팔국이 아라국을 침공한 해는 202년이었음을 알 수 있다.

그런데 기사 (1)을 보면 201년에 가야국이 먼저 신라에 화친을 요청한 것으로 되어 있다. 여기서 말하는 가야가 함안 아라가야인지 김해가야(가라)인지는 알 수 없다. 다만 "내해니사금 14년…가라를 침입하려 했다"는 내용을 비롯하여 『삼국사기』 신라본기 1~2세기의 기사 중 신라와 김해가야의 잦은 싸움으로 미루어 보건대 화친을 요청한 가야국과 가라는 모두 김해가야였을 것이다. 그런데 기사는 묘하게 꾸며져 있다. (1), (2), (3) 기사 전체를 감안할 때 마치 포상팔국의 침입을 예상이라도 한 듯, 한 해 전인 201년에 가야가 신라에 화친을 요청한 것으로 되어 있기 때문이다. 가야 측의 기록이 없으니 이 기록을 그냥 믿어줄 수밖에.

그런데 문제가 하나 더 있다. 지금까지 사람들은 (2)의 기사 중 '아라국'을 '가라'로 적었어야 할 것을 잘못 기록하였다고 보았다. (2)의 기사에서 왜 갑자기 아라국(=안라국, 아라가야)이 개입되었는지 의아해하며 김해의 가라를 잘못 기록한 것이라고 보아 온 것이다. 사료의 신뢰도를 저울질해 보기 위해 기사에 대한 비판적 시각을 가져보는 태도는 좋은 자세이다. 그렇지만 기록을 마음대로 뜯어고쳐 가며 작위적으로 해석하는 것은 문제가 있다. 해석도 좋지만 기록이 원체 적고 더 이상 사건의 전말을 알 수 있는 증거가 없는 상황에서 자료에 문제가 있다고 보면 더욱 왜곡된 해석이 나올 수밖에 없다. 필요할 때마다 기록이 잘못되었다고 하면 믿을 기록이 어디 있는가.

물론 柯羅가라로 기록했어야 할 것을 阿羅아라로 잘못 적은 게 아니었을까 의심해볼 만한 여지는 충분히 있다. 이 점에서 일찍이 정약용이 '阿羅아라는 柯羅가라의 오기'일 것이라고 말한 것은 나름 의미가 있다. 정약용의 의심은 정당한 것이었다. 그러나 '가라'를 '아라'로 잘못 기록했을 것이라고 단정한 것은 크나큰 실수이다. 의심했다면 면밀히 분석해봤어야 하고, 꼼꼼이 따져봤다면 그렇게 주장하지 않았을 것이다. 먼저 (1)의 기사에서 보자. 이 싸움은 '가라'가 포상팔국과 벌인 209년의 전쟁이다. 그러나 (2)의 기사는 202년과 205년 안라국과 포상팔국 사이의 싸움이다. 그러니까 (1)과 (2)의 기사를 비교해보면 포상팔국이 안라국을 대상으로 싸움을 시작한 것으로 볼 수 있다. 더구나 '아라'라고 하지 않고 '아라국'이라고 하였다. 그 뒤에 다시 '아라'라고 썼으니 세 번씩 잘못 썼다고 보기 어렵다. (1)의 기사는 209년 포상팔국이 가라를 대상으로 한 싸움을 다룬 내용임을 알 수 있다.

앞에서 이미 설명했듯이 (3)의 후반부 205년 기사와 (2)의 후반부 205년 기사는 내해니사금이 직접 나섰고, 물계자가 참전한 갈화성 전투 기록이다. 202년엔 내해니사금의 왕손(손자) 나음이 안라국에서 가까운 신라 중앙군인 6부의 군대를 거느리고 가서 포상팔국을 물리치고 안라국을 구했다. (2)의 기사 중 포상팔국이 아라국을 친 사건이 202년의 일이라면 내해왕의 손자 나음은 202년의 싸움은 물론, 그로부터 10년 뒤인 212년의 싸움에도 두 차례나 장군으로 나가 군대를 지휘하였다.

기록대로라면 포상팔국전은 안라국을 대상으로 시작되었다. 그리고 209년엔 '가라'로 확대되었다. 209년 가라와 포상팔국 사이의 싸움에서는 태자 석우로가 전투를 지휘하였고, 이벌찬 리음利흡이 따라갔다. 202년 안라국과 포상팔국 사이의 싸움에서는 나음이 장군으로 전장에 나갔는데, 정약용의 주장대로 지금까지 가라柯羅로 적었어야 할 것을 아라阿羅로 잘못 적었다고 주장하는 이들은 어찌하여 (1) 기사의 리음利흡과 (2) 기사의 나음捺音은 같은 사람이라고 주장하지 않는가. 리음이 왕손인데 (2) 기사에선 나음이라고 썼으며 그것은 동일인에 대한 이칭이라고 주장해야 하는 것 아닌가? 그러니까 왕손 나음을 (1) 기사에선 그냥 利音리음으로 적고 내해왕과의 관계는 생략한 것이라고 해야 '아라阿羅는 가라柯羅의 잘못된 표기'라는 주장에 부합할 것이 아닌가? 이 대목에서 다시 한 번 (1)과 (2)는 분명히 다른 사건을 다룬 내용임을 부정할 수 없을 것이다. 더구나 『삼국사기』 물계자 전에도 포상팔국이 아라국阿羅國을 공격한 것으로 되어 있다.

"당시 포상팔국이 함께 모의하여 아라국을 치자 아라국은 우리(신라)에게 사신을 보내와 구원을 요청하였다. 내해니사금이 왕손 내음捺音을 시켜 인근의 군 및 6부의 군사를 이끌고 가서 안라국을 구하게 하였다. 그리하여 마침내 포상팔국의 군사를 물리쳤다.…"

이렇게 되어 있으니, 그렇다면 김부식도 일연도 똑같이 잘못을 저질렀다는 말인가? 일연과 김부식이 참고한 자료가 모두 아라국으로 되어 있었으므로 『삼국유사』와 『삼국사기』에 똑같이 아라국으로 기록된 것이라고 볼 수밖에 없다.

참고로, 두 기사를 보면 『삼국지』 한조의 끝 부분에 함안 안라국과 김해 변진구야국이 가야권의 소국들을 정복(통합)해가고 있었다는 내용이 떠오른다. 이 문제는 중요한 만큼 뒤에서 상세히 다룰 것이다.

그런데 (1)의 기사에는 변진구야국으로 되어 있지 않고 '가라'로 되어 있으니 우리는 이 기록에서도 '가라'가 변진구야국을 대신한 단서를 찾을 수 있다. 다시 말해서 김씨들의 가라국이 변진구야국을 장악한 뒤에 포상팔국전이 일어났음을 이것으로 확정할 수 있는 것이다. 『흉노인 김씨의 나라 가야』에서도 이미 가라국은 김해 대성동 일대에 중심을 둔 변진구야국을 혁명으로 정복하였다고 설명하였다. 포상팔국전은 변진구야국 정복 뒤에 일어난 사건이어야 한다.

한편 205년 갈화성 싸움엔 내해왕이 직접 출정하였다. 포상팔국이 안라국을 대상으로 한 싸움을 그린 (2)의 기사 뒤에 205년의 갈화성 싸움이 기록된 것으로 보아 포상팔국과 안라국의 첫 싸움은 202년에 있었던 일이 분명하다. 안라국을 도왔다 하여 그 보복전으로 3년 후에 포상팔국이 다시 쳐들어간 갈화성은 아마도 김해나 함안에서 가까운 곳에 있었던 것 같다(갈화성의 위치에 대해서는 뒤에 상세하게 논한다). 그 다음 209년의 전쟁은 '가라'를 상대로 벌인 것으로 되어 있다. 변진구야국을 통합한 '가라'를 대상으로 싸움을 건 것이다. 그리고 포상팔국이 '신라의 변경을 침입한 것'은 212년의 일이다. 이것은 신라가 김해를 도운 데 대한 보복전이었다. 그렇지만 포상팔국이 침입한 신라의 변경은 어딘지 제시되어 있지 않다.

그러면 앞에 제시한 (1), (2), (3)의 기사를 모두 해체하여 다시 정리해보면 어떨까? 포상팔국 전쟁의 시말과 그 과정을 보다 명확히 이해하기 위해서는 반드시 필요한 작업일 것이다. 세 가지 위 기사를 해체하여 사건발생 연대 순으로 다시 배열해 보면 다음의 A~E와 같이 된다.

A. 202년 : 내해니사금 때의 사람이다.…그때 포상팔국이 함께 모의하여 아라국阿羅國을 쳤다. 아라의 사신이 와서 구원을 청했다.…내해니사금이 왕손 내음捺音을 시켜 인근의 군 및 6부의 군사를 이끌고 가서 안라국을 구하도록 하였다.…그리하여 마침내 8국의 병사를 물리쳤다.

B. 205년 : …10년 을미 골포국 등 3국왕[10]이 각기 병사를 이끌고 와서 갈화

---
10. 포상팔국 가운데 3국을 의미한다.

성을 공격했다. 왕이 친히 나가 막았다. 삼국이 모두 패했다.…(『삼국유사』 권 5, 물계자전)

C. 205년 : …그로부터 3년 후 골포·칠포·고사포 3국 사람이 와서 갈화성竭火城을 공격하니 왕이 직접 병사를 이끌고 나가 구했다. 삼국(포상팔국)의 장수가 모두 패했다.(『삼국사기』 권 48, 열전 제8, 물계자)

D. 209년 : 가을 7월, 포상팔국이 함께 모의하여 가야를 침입하려 했다. 주변의 8국이 연합해 압박해 오자 위기를 느낀 가야는 왕자를 신라에 보내 원군을 요청했다. 이에 신라 왕은 태자 우로于老와 이벌찬 이음利音으로 하여금 6부의 병사를 데리고 가서 구하게 했다. 팔국의 장군을 쳐서 죽이고 그들에게 붙잡힌 포로 6천 명을 빼앗아가지고 돌아왔다.(『삼국사기』 권2, 신라본기 제2, 내해니사금 14년)

E. 212년 : 제10대 내해왕 즉위 17년 임진년 보라국保羅國·고자국古自國·사물국 등 8국이 함께 변경을 침입해왔다. 왕이 태자 나음捺音, 장군 일벌一伐 등에게 명하여 병사를 이끌고 가서 막도록 했다. 팔국이 모두 항복했다.

앞서 말한 대로 B와 C는 『삼국유사』와 『삼국사기』가 똑같이 다루고 있는 물계자전이다. 201년 가야와 신라 사이에 화친이 있었고, 이듬해 포상팔국이 아라국을 공격한 것을 시작으로 3년째인 205년에는 골포·칠포·고사포 등 마산과 창원·진해·사천 일대의 해상세력이 가야의 갈화성을 공격하였다. 그러나 싸움은 그치지 않아 209년 김해의 가라를 대상으로 한 전쟁으로 이어졌다. 그리고 나서 212년에 또 다시 포상팔국은 신라를 공격하다가 마침내 멸망하였다. 말하자면 이것은 평균 3년에 한 번 꼴로 벌어진 11년 전쟁이었다고 할 수 있다.

포상팔국 전쟁은 함안의 안라국(아라가야)을 공격하는 것으로 되어 있지만, 이 전쟁과 관련된 기사에 의하면 포상팔국과의 첫 싸움 이후 세 차례(205년·209년·212년)의 싸움을 신라가 모두 개입하였다. 그리하여 신라가 안라국과 가라[11]를 구한 것으로 되어 있다. 이 전쟁의 당사국은 어디까지나 포상팔국과 안라국 및 가라(김해가야)이다. 신라는 가야의 요청으로 지원군을 보낸 것인데, 『삼국사기』에는 이 전쟁을 이끌어간 주체를 신라로 적고 있다.

아울러 『삼국사기』 물계자전의 "(2) (물계자는) 내해니사금 때의 사람이다.……"라고 한 기사도 지금까지와는 다르게 이해할 필요가 있다. 이것은 가야의 기록을 신라의 것으로 옮겨놓은 듯한 느낌을 준다. 이때는 가야계의 김씨가 경주의 사로연맹에 진출해 석씨 계열과 연합하여 연립정권을 구성하고 있었다. 따라서 가야계 김씨들이 상당한 세력을 펴고 있던 때였으므로 순수한 신라군으로 보기 어렵다. 당시 낙동강 동편으로 진출해 있던 가야계 김씨 세력과 석씨계의 사로연맹군이 출정하였다고 보는 것이 타당할 것이다. 그러니까 내해니사금이 인근의 여러 군郡과 6부의 군사를 데리고 가서 아라국을 구한 202년의 싸움에서 말한 6부의 군사는 사로연맹의 군대이다. 중앙군과 지방군을 끌어모은 전력이었다. 그리고 (2)의 기사 뒷부분 "그로부터 3년 후…" 뒤로 이어지는 내용 역시 김씨가 세력을 펴던 연립정권 시절의 신라이다. 정확히 말하면 석씨와 김씨의 사로 연립정권 군대가 김해가야 갈화성을 방어한 내용으로 파악해야 하는 것이다.

당시 정치·경제·군사력 등을 감안할 때 신라의 위상은 가야를 구할

••••••••••
11. 여기서의 가라는 앞에서 설명한 대로 김해가야이다. 광개토왕비에서 말한 임나가라도 김해를 이른다.

만큼 강력했다는 증거가 없다. 신라는 아주 작고 가난한 나라였다. 그 무렵 신라는 신라가 아니라 사로국이었다. 사로국의 강역을 현재의 경주시 일원으로 보더라도 크게 틀리지 않을 것이다. 1~2세기에 신라 남쪽은 가야였다고 기록되어 있고, 신라 주변에는 소국들이 난립해 있었다. 여러 정황으로 판단할 때, 창녕·밀양·양산 일대로부터 부산 지역까지는 가야(변진)였다. 설사 포상팔국전이 일어난 시기를 3세기 후반으로 보더라도 그 시기에 신라가 대구 지역까지 진출하지 못했다. 2세기 초에는 경주의 북쪽에 실직곡국·음즙벌국이 있었으며, 이들을 놓고 가야와 신라가 다툰 것으로 되어 있다. 실직곡국·음즙벌국·경산 압독국이 신라에 편입된 시기를 『삼국사기』엔 1~2세기 초로 적었다. 그렇지만 신라가 주변 소국을 적극적으로 병합하기 시작한 시기는 3세기였다. 벌휴니사금 2년(185년)에 의성 소문국召文國을 신라가 병합했다고 하였는데, 이것도 실제로는 3세기에 이루어진 일이었을 것이다. 2세기까지 신라 주변에는 자잘한 고대 소국들이 있었다. 영천의 골벌국骨伐國·감문국甘文國·안동 고타국古陀國·경산 압독국押督國·청도 이서국伊西國·창녕 비지국比只國[12]·다벌국多伐國·상주 사벌국沙伐國 등이 있었다. 3세기 말에 나온 중국의 『삼국지』에도 진한 12국 가운데 신라도 사로국으로 등장하고 있으니 아직 신라는 그들과 별로 다르지 않은 소국으로서 이런 나라들에 에워싸인 형국이었다. 이와 같은 구도는 3세기 초에도 그대로 유지되었다.

3세기 초에 경남 양산 이남은 여전히 가야의 영역이었다. 소위 변진 지역으로서 이 지역과 함께 낙동강 서편에는 변진 12국이 있었다. 그 변진 12국 가운데 포상팔국 전쟁 당사국은 안라국(=아라국)과 김해가야

••••••••••
12. 비화가야

밖에 없다. 앞에서 설명하였지만, 골포국·칠포국·보라국[13]·고사포국·
사물국(경남 사천)은 포상팔국 중 우리가 그 이름을 알고 있는 나라이다.
그렇지만 어찌 된 일인지 이들은 변진12국 명단에는 없다.

경남 지역 남해안 일대에 있던 여덟 개의 이 고대 소국들은 변진12
국과는 전혀 다른 나라처럼 그리고 있으나 그 또한 변진 소국이었다고
봐야 한다. 그럼에도 포상팔국은 중국의 기록에서도 누락된 나라들이
었다. 포상팔국은 경남 남해안 변진 지역의 포구에 있는 나라들이었으
니 그 또한 변진소국에 포함되어야 마땅한데, 왜 이 나라들이『삼국지』
에는 기록되지 않았을까? 바로 이런 판단에서 포상팔국을 가야연맹 소
속국으로 보려는 이들이 있다. 물론 일부에서는 전기가야연맹의 주요
구성원이라고 보는 견해도 있다. 8국의 연합군이 함안과 김해를 공격
하였으니 이 경우 포상팔국 연합이란 용어를 써도 문제가 없을 것이다.
그러나 그것을 전기가야 연맹이라고 보는 것은 무리다. 변진구야국(김
해)·변진감로국(개령)·변군미국(사천 곤양)·변진미오야마국(합천 묘산)·변
진고자미동국(고성)·변진안야국(함안 안라국)·변진반로국·변진미리미동
국 등 변진12국은 3세기 중엽의 변진 여러 나라 명단이다. 여기엔 연맹
을 거론할만한 근거가 보이지 않는다. 이들 사이에 연맹 관계가 형성되
어 있었고, 만일 포상팔국의 한 나라인 고사포국古史浦國이 고자국이라면
포상팔국 전쟁에서 패하여 없어졌어야 할 고성의 고자국이 변진12국의
한 나라로 다시 남아 있을 수는 없다.

3세기 말 이전, 고성 지역에는 고사포국의 존재를 인정할만한 고고학

••••••••••
13. 이것을 반로국으로 추정하는 견해도 있다. 또 나주 반남으로 보는 견해도 있다. 반남이 고대에는
    발라(發羅)로 불린 적이 있다는 점을 감안한 해석이다. 물론 保羅(보라)를 본래 자주색을 의미하
    는 말 '바오라'의 한자 차음표기로 생각해볼 수도 있을 것이다. 그러나 경남 마산항 인근 어딘가
    에 있던 나라로 보고자 한다.

적 증거도 없다. 더구나 변진12국이 가야 연맹을 맺고 있었다면 포상팔국 중 한 나라인 고성의 고사포국이 함안 안라국과 김해가야를 공격하는 일이 어떻게 일어났을까? 다시 말해서 고성의 고사포국이 전기가야였다면 고자국은 후기가야란 말인가? 설령 고사포국이 고성 고자국의 전신이라 해도 포상팔국이 함안과 김해를 대상으로 벌인 싸움에서 포상팔국 중 유일하게 고사포국만이 살아남아 고자국으로 변신한 과정을 설명할 수 없다. 그런데도 포상팔국 전쟁은 전기가야연맹을 해체시킨 사건이라고 보는 견해가 제기되었다. 사실 정상적인 논리라면 고사포국은 고자국일 수 없고, 그래야 포상팔국이 가야연맹을 해체시켰다고 주장할 수 있다.

보라국·골포국·칠포국·사물국·고사포국의 다섯 나라가 포상팔국[14]의 주요 구성원이었으니 이들 사이의 연합은 인정된다. 본래 여덟 나라였으니까 포상팔국 전쟁은 김해가야·안라국을 상대로 한 싸움이었다. 그런데 앞의 (3) 기사, 즉 『삼국유사』 물계자 전에 고성의 고자국이 포상팔국에 속한 것으로 되어 있는 것이 가장 큰 의문이다. 고자국은 고성의 변진세력으로서 변진12국의 하나이니 고자국이 포상팔국 연합에 드는 나라였다면 답은 둘 중 하나다. 고사포국이 고자국이 아니거나 고사포국이 김해가야와 안라국을 침공한 이유를 다른 데서 찾아야 한다. 그렇지 않으면 포상팔국전은 당연히 가야 사회 내부에서 벌어진 충돌이며, 가야연맹이 아니라 가야권 전체의 분열로 봐야 한다. 이처럼 포상팔국전이 가야 내부의 혼란과 갈등에서 비롯된 사건이라고 보는 사람들은 이 전쟁을 '포상팔국의 난'으로 부르는 경향이 있다.

그리고 만약 포상팔국이 연맹을 이뤘다면 경남 남해안 해안가의 소

．．．．．．．．．．
14. 골포국·칠포국·고사포국·사물국·보라국의 다섯 나라 외에는 그 이름이 기록에 보이지 않는다.

국들이 왜 연합하여 그토록 집요하게 김해가야를 공격한 것일까? 포상팔국이 연합하여 함안 안라국과 김해가야(임나가라)를 상대로 싸웠으니, 과연 이것을 포상팔국 연맹과 그 나머지 가야 연맹의 싸움이었다고 볼 수 있을까? 그렇게 볼 수는 없을 것 같다. 포상팔국이 함안 안라국과 김해가야를 공격하였으니 변진(가야) 사회 내부의 혼전이었음은 분명하지만, 이 문제의 핵심은 왜 경남 남해안 해상 세력이 가야 내부의 다른 나라, 그것도 변진의 주요 세력인 김해가야와 함안 안라국을 사생결단으로 공격하였는가 하는 점이다. 다만 여기서 한 가지 기록상의 '아라'를 '가라'의 오기로 보면 포상팔국과 김해가야 사이의 전면전이 되는데, 도대체 포상팔국이 김해가야를 집중공격한 이유는 무엇이었을까 하는 문제이다.

처음으로 돌아가 다시 정리해 보자. 기록을 그대로 인정할 경우, 202년 포상팔국이 처음 쳐들어간 나라가 함안 안라국이었다. 그리고 그 다음이 김해가야였다. 안라국과의 싸움으로 시작하여 그 대상을 확대한 전쟁이었다고 하겠다. 함안 안라국은 변진 지역의 전통세력으로서 4세기 말부터 비로소 외래문화를 수용하면서 격렬한 변화를 겪었다. 그리고 3~4세기 함안은 김해로부터 영향을 많이 받았다. 김해의 서쪽에 위치한 함안이 3세기부터 김해가야의 영향을 받고 있었고, 그들과 어느 정도 밀착되고 있었다. 이런 움직임은 아마도 1~2세기 또는 그 이전부터 있었을지 모른다. 기록엔 포상팔국의 싸움이 3세기 초에 있었던 것으로 되어 있지만 그것을 굳이 기록대로 이해할 필요는 없겠다. 3세기 중엽 이후로 보자. 양동리 일대에 세력을 두고 있던 김씨들의 '가라'가 동쪽 김해 대성동으로 진출해서 세력을 확대한 직후에 포상팔국 전쟁이 일어났다고 보자는 것이다. 그런데 정작 포상팔국 전쟁은 함안 안라국(아라가야)을 상대로 시작되었다. 함안 안라국은 김해가야와 더불어 포상팔국전에서 살아남았고, 5세기 이후 멸망 때까지 고령의 '가라'와 함께 가야 지역의 양대 강자로 남아 있었다. 이런 점에서 보더라도 가야 사회에서 포상팔국 전쟁은 대단히 중요한 사건이었다.

그러면 왜 중국측 자료에는 포상팔국 전쟁이 기록되어 있지 않을까? 『삼국지』는 3세기 말에 나왔고,[15] 중국은 그 이전에 수집한 자료를 바탕으로 썼을 것이므로 포상팔국 전쟁에 대한 자료는 『삼국지』에 실리지 않았을 수도 있다. 다시 말해서 포상팔국 전쟁으로 포상팔국이 정리된 뒤의 명단이 소위 변진12국이었거나 3세기 초~중엽 변진 소국들의 명단을 중국에서 조사한 시점 이후에 포상팔국 전쟁이 일어났을 수도 있다는 의미이다. 포상팔국 전쟁은 3세기 함안 안라국과 김해가야가 주변 소국을 통합해 나가는 과정에서 포상팔국이 집단 반발하여 일어난 사건이었을 것이라고 보는 바이다. 뒤에 자세히 설명하겠지만 그 무렵 가야권에서는 함안과 김해 중심으로 소국들을 병합해 가고 있었다. 김수로의 가라국 정권이 대성동으로 진출하여 변진구야국을 병합하고, 안라국도 주변 소국들을 정복하자 이에 불안을 느낀 포상팔국이 안라국을 대상으로 포상팔국전을 개시하였고, 이후 싸움은 김해가야로 확대되어 포상팔국과 김해·함안 사이의 전면전으로 비화하였을 것이라고 추정하는 것이다. 즉, 안라국과 김해가 변진 지역 소국들을 하나하나 통합해가자 이에 위기를 느낀 주변 소국들이 집단 반발하여 사활을 건 싸움을 벌였고, 힘든 싸움 끝에 김해의 가라(임나가라)가 최종적으로 가야권을 통합한 것으로 이해하는 것이다.

결국 포상팔국전에서 패하여 고사포국·골포국·사물국·보라국·칠포국을 비롯한 포상8국은 김해가야에 통합되었다. 여기서 우리는 다음

••••••••••
15. 진수(陳壽, 233~297)가 위·촉·오 삼국과 진(晉, 220~280)이 중국을 통일하기까지의 역사를 기록

과 같은 가정을 해 볼 수 있다. 만약 고사포국을 고성의 고자국으로 볼 경우, 고자국이 포상팔국의 하나였고 포상팔국전에서 김해에 의해 멸망했다면 고성의 소가야란 이름은 김해가야가 정복한 뒤에 생긴 것이어야 한다. 즉, 포상팔국전 이전에 고성 지역에 존재했던 고대 소국으로서의 고사포국과 그 이후부터 4세기까지의 고자국·변진고자미동국, 그리고 5세기 이후의 소가야란 이름으로 바뀐 배경에 대해서도 설명할 수 있어야 '고사포국이 고자국이고, 고사포국과 포상팔국이 전기가야를 해체하였다'는 주장이 성립될 수 있다. 여기서 한 가지 참고해 볼 자료가 있다. 고성김씨 족보에 그 시조를 金末露김말로[16]라 하였고, 그의 손자를 미추왕으로 적은 것이다. 이것은 지어낸 내용은 아닐 것이다. 그것이 사실이라면 末露말로와 首露수로는 동일 인물을 다르게 표기한 것으로 볼 수 있다. 둘 다 지배자라는 의미의 '마리'를 한자로 표기한 향찰로 볼 수 있으니까. 이렇게 보면 김해김씨들이 자신들의 시조로 전해오고 있는 김수로를 고성김씨들 역시 자신들의 시조로 전해오고 있는 것이라 하겠다. 더구나 3세기 말 이전의 고성 지역엔 철기를 바탕으로 한 강력한 정치체가 없었다. 그와 같은 세력을 추정해볼 수 있는 유적과 유물이 아직 나타나지 않았다.

이것만으로 판단하면 고성김씨에 관한 기록은 포상팔국전을 계기로 김해가야가 고성 지역의 주인이 되었음을 알려주는 이야기로 볼 수 있을 것이다.[17] 그렇다면 포상팔국의 하나였던 고사포국은 고성에 있는 나

••••••••••
16. 김말로의 말로(末露)는 고대 사회의 수장 '마리·말'의 다른 표기인 '마로(まろ)'에 해당한다. 김수로(金首露)를 달리 읽으면 김마리·김마로이다. 首露는 '마리'의 향찰표기이다. 사람의 머리를 고대 사회에서 마리라 하였다. 그래서 한자 首를 빌려 썼으나 이것은 마리의 다른 표기이다. 末露(말로) 또한 首露(수로)와 똑같은 향찰표기이다. 다만 末露(말로)는 '마로(마리·마르)'의 소릿값에 가장 가까운 한자를 빌려서 표기한 것이다.
17. 그러나 이에 대해 정약용은 다른 해석을 했다. "浦上(포상)이라 하고 바다 가운데(海中)라고 하

라가 아니었다고 판단할 수 있다. 고사포국이 고자국이라고 단정할 근거가 없으니 고사포국을 고성의 고자국이라고 한 기록만큼은 잘못된 것으로 볼 수 있다.

『삼국지』 위서 동이 한韓 조에 의하면 낙동강 서편에서는 3세기까지 김해가야와 안라국이 변진12국을 재편해가고 있을 때[18] 낙동강 동편에서도 신라를 중심으로 똑같은 일이 벌어졌다. 신라가 주변 소국들을 병합해 가는 것이다. 기록에 의하면 경산의 압독국이나 실직곡국·읍즙벌국과 같은 소국은 1~2세기에 신라에 흡수 통합되었다. 의성 소문국은 석씨계인 벌휴니사금 2년(185)에 통합되었다고 하며, 조분니사금 2년(231)에 석우로가 감문국을 평정하고 신라의 군현으로 만들었다고 한다. 그리고 조분니사금 7년(236)엔 영천의 골벌국이 신라에 항복하였으며 조분니사금 13년(242)에는 안동의 고타군에서 신라에 벼를 진상하였다고 했으니 이 무렵에 안동의 고타국이 신라에 통합되었음을 알 수 있다. 3세기 말(297)에는 청도의 이서국이 통합되었다.

이상은 『삼국사기』 신라본기에 실려 있는 내용들이다. 설사 신라 상고사에서 그 연대가 과연 맞는가는 의문은 있지만, 기록을 충실히 따른다면 3세기까지 신라는 경북 지역을 대부분 수중에 넣었다. 그 후에도 낙동강 동쪽 지역에서는 신라가 주변의 여러 소국을 계속하여 통합해 갔다. 이렇게 영남 지역은 신라와 안라국·김해가야 구도로 세력 판도가 바뀌어 가고 있었던 것이다. 2~3세기의 조건에서 보면 김해의 가

· · · · · · · · · ·
지 않았으니 지금 거제와 남해는 여기애 해당되지 않는다. 지금(조선) 포상의 땅은 동쪽 창원으로부터 서쪽 곤양에 이르기까지 8읍에 꼭 들어맞는다. 그리고 함안과 고성은 본래 가야의 명칭이었으며 골포와 칠포는 이미 신라의 역사에 나타나 있다. 8읍이 포상팔국이라는 점은 의심의 여지가 없으며 설사 변천되어 온 내력이 있더라도 이곳에서 아주 멀지는 않을 것이다."
18. 『삼국지』 한조에 함안 안라국과 김해 변진구야국이 가야권의 양대 강자였던 것으로 그려져 있다. 뒤에 따로 자세히 설명하였다.

라나 신라는 새로운 정치세력이었다. 이들 신세력이 선주 구세력을 압박하면서 영남 여러 지역에서 충돌이 일어났는데, 그 중 변진 지역에서 일어난 가장 큰 사건이 포상팔국전이었다.

바로 이 무렵에 변진 지역엔 전기가야연맹이 형성되어 있었다고 보는 견해가 사실상 지금까지 하나의 통설처럼 되어 있다. 어떤 기록에도 연맹이나 연합을 암시하는 구절은 없는데도 어찌 된 일인지 연맹론을 포기하지 못하는 이들이 많다. 그들의 주장대로 과연 4세기 이전에 전기가야연맹이 존재했을까? 만약 그런 유대관계가 있었다면 왜 포상팔국전 때 김해가야와 함안 안라국은 다른 가야와의 연합이나 연계를 갖지 않았는가? 또 전기가야 연맹이 있었다면 변진12국 중 가야연맹 소속국인 함안 안라국을 사천의 사물국이나 고성의 세력이 어떻게 공격하는 일이 벌어졌으며, 그때 신라 외에 김해가야와 함안을 도운 가야 소국은 왜 없었을까? 이것은 적어도 3세기 또는 그 이전에 가야 연맹이나 연합이 없었음을 알려주는 것이다. 더구나 3세기 말 이전에 고성 지역엔 뚜렷한 정치체가 형성되어 있지 않았다. 전기가야 연맹이 있었다면 그것은 오히려 포상팔국 연합에 적용해야 마땅할 것이며, 당시의 신라는 가야계의 김씨가 정권을 인수하고 석씨와 연합한 사로국 연립정권이었으니 사로국이야말로 사로·가야연맹이었다고 할 수 있다.

그러면 400년 고구려·신라를 상대로 한 싸움이 있기 전에는 연맹이 존재했는가? 만약 있었다면 이것이 소위 전기가야연맹이라는 것인데, 5세기 전에 전기가야연맹이 성립되어 있었다는 명확한 근거가 있는가? 전혀 없다. 가야연맹이니 연합이니 하는 것이 있었다면 고구려 5만 군대가 신라를 앞세워 가야를 공격할 수는 없었을 것이다. 더구나 그 당시 상당한 수의 왜군이 가야(김해의 임나가라)에 들어와 있었지 않은가? 400년 가야대전 당시 고구려·신라 연합군이 임나가라를 궤멸하여 항복을 받아내는 데도 주변 가야 소국이 돕는 모습은 없으니 가야연맹이 있었다고 보기는 어렵다.

3세기 부산·진해·마산·사천 지역에 있던 포상팔국은 김해 가라국이나 함안 안라국과 별 차이가 없는 나라들이었다. 만일 그 당시 김해 가야가 가야권의 맹주였다면 소위 변진12국의 가야 소국들 사이에 군사 및 정치적인 협조가 있었을 것이고, 그들이 서로 연맹 상태였다면 포상팔국이 김해가야를 침공하기 어렵다. 포상팔국 연합군이 공격했다면 김해가야 측의 가야 연합도 있었어야 할 게 아닌가? 하지만 포상팔국의 공격을 받고 김해가야나 함안 안라국이 주변 여러 가야 소국에게 원병을 요청한 흔적이 없다. 신라만 지원군으로 참전하였다. 가야권에서 김해나 함안을 도운 세력은 없다. 그리고 만약 이런 구도에서 포상팔국이 김해가야 측의 연합군과 맞서 싸웠다면 그것은 변한 제국 내부의 전쟁일 것이다. 그러므로 이 시기 전기가야 연맹이 실제로 존재하고 있었다면 포상팔국 전쟁은 연맹의 해체를 가져온 사건으로 볼 수 있다. 만약 전기가야연맹이 없었다고 해도 포상팔국이 김해가야와 함안 안라국을 공격한 것은 변진 내부의 충돌이었음은 분명하다. 변진 즉, 가야권 내부의 분열상이 아니었다면 신구 세력 사이의 갈등으로 말미암은 세력 재편과정이었거나 변진 지역 소국들 사이의 정복전쟁이었을 수 있다.

여러 가지 정황들로 보아 당시 포상팔국 외에는 연맹 관계를 갖지 않았다. 그리고 전기가야연맹이 있었다면 포상팔국 멸망 후, 김해가야가 신라와 더욱 가까워질 필요도 없고 신라에 왕자를 인질로 보낼 이유도 없다. 더구나 전쟁이 끝난 뒤에도 다른 가야 소국이 김해와 함안을 도운 흔적을 찾아볼 수 없고, 김해가야와 신라 사이의 유대만 보인다. 포상팔국 전쟁 이전, 영남 지역에 가야 연맹은 존재하지 않았던 것이다.

더구나 『삼국지』 한조의 끝머리에 가야(변진) 지역을 함안 안라국과 김해 변진구야국 중심으로 통합해 나가는 것으로 표현한 것을 볼 때, 전기가야연맹이라든가 김해가 가야연맹의 맹주였다는 이야기도 가야사에 대한 잘못된 이해에서 나온 허구이다. 이 문제 또한 뒤에 다시 상세하게 짚고 넘어갈 것이다.

포상팔국은 변진 지역의 작은 소국들로서 그 통치자들은 작은 읍락邑落의 수장에 불과하였다. 이들은 김수로가 가라국을 건국할 당시 그의 정권을 받쳐준 아홉 촌장과 별로 다르지 않은 세력이었다고 볼 수도 있다. 포상팔국이 함안의 안라국을 공격할 이유가 없었다고 보았고, 그 때문에 연구자들은 이제까지 『삼국사기』 기록자가 김해가야를 아라阿羅 즉, 함안의 안라국으로 잘못 적은 것으로 보아 왔다. 만일 기록이 잘못된 것이 아니라면 함안과 김해가 포상팔국의 주 공격대상이 되었다는 얘기가 되는데, 함안과 김해가 포상팔국의 공격을 받은 이유는 무엇일까? 이 문제에 대해 몇 가지 갈래로 추리해 볼 수 있겠다.

전쟁의 원인을 가장 잘 설명해주는 것은 전쟁에서 승자가 최종적으로 거두는 이익과 관련이 있다. 다시 말해서 포상팔국의 몰락이 김해와 함안 측에게 가져다 준 이익이 무엇이었을까 하는 점으로 요약할 수 있다. 안라국과 김해가야는 낙동강 서편에 난립해 있던 세력들을 흡수하여 자신의 세력권으로 재편하여 갔고, 비슷한 시기에 신라는 낙동강 동편의 자잘한 세력들을 병합하여 그 영역을 넓혀나갔다. 이것은 기존 체제의 재편인 동시에 나라 즉, 國국의 규모가 확대되는 과정이었다. 그 과정에서 함안 안라국과 김해 가야가 거둔 정치·경제적 이득은 작지 않았을 것이다.

이런 변화에 따라 가야와 신라 두 세력 사이에도 어느 정도의 세력 균형이 유지되었다. 즉, 2세기까지는 신라가 가야보다 약세에 있었으나 3세기에 들어서서 신라의 입지도 어느 정도 올라가게 되었다. 함안 안라국과 김해가야는 일찍부터 가야 지역의 작은 소국들을 각자 자기의 세력권에 편입하기 위해 노력하였다. 그 과정에서 포상팔국의 반발이 일어났고, 포상팔국 전쟁에서 승리한 김해가야는 부산 지역을 포함하여 남해안 주요 항구들을 새로운 영역으로 병합하였다. 물론 낙동강 서편 지역에 대한 지배권도 갖게 되었다. 『삼국지』에 함안과 김해 두 나라가 각자 귀의후·중랑장·도위·장·백과 같은 지배체제를 가졌다고 한 것은 이미 3세기에 함안과 김해 중심으로 가야권을 재편해 가고 있었음을 설명한 것이다. 과거 변진 지역에는 군읍郡邑을 중심으로 소국들이 난립하여 정치·사회적으로 자잘한 문제가 있었다. 진한 지역과 마찬가지로 거수渠帥가 거느린 나라는 4~5천 호였다. 소국의 경우 6~7백 호였으니 이런 작은 나라들을 함안과 김해가 경쟁적으로 병합해 가고 있던 것이다. 소국 간 경계로 말미암아 다툼이 잦았을 것이다. 우선 통행과 경제적으로 복잡한 문제를 야기하였을 것이다. 이런 문제를 해결하기 위해서도 지역 통합이 필요하였다. 특히 김해가야는 철을 비롯한 생산품의 유통과 교역에 장애가 되는 포상팔국을 흡수하여 그 역량을 늘려야 할 필요를 느꼈을 것이다. 그것은 곧 경제 중심축의 이동을 의미하는 동시에 정치 단위의 통일을 의미하였다.

포상팔국 전쟁 전까지 포상팔국은 각자 왜나 중국 등과의 교역권을 갖고 있었다. 사천 늑도 유적에서 나온 낙랑 및 왜계 유물이 그 증거가 될 것이다. 늑도와 사천 일대는 이미 야요이 시대[19]부터 왜와 교류하였다. 그것은 동래 지역도 마찬가지였다. 포상팔국을 포함하여 변진(가야) 여러 나라는 평화롭게 어울려 살았다. 그러던 것이 3세기로 접어들

<hr />

19. 彌生時代. 기원전 3세기~기원후 3세기

면서 변진 지역에 변화가 왔다. 함안 안라국과 김해 변진구야국 중심으로 가야권이 통합되어 가고 있었다. 주변국들은 김해와 함안에 큰 불만을 갖기 시작하였다. 아예 김해가야와 안라국에 땅과 통치권을 바치고 항복한 소국의 왕들도 있었다. 그들이 바로 『삼국지』에서 말한 귀의후歸義侯이며, 정복하여 통합한 곳의 수장에겐 중랑장中郎將이란 신분이 주어졌다.[20] 중랑장과 도위란 직책을 처음 도입한 것은 중국 전한 시대였다. 당시의 예로 보아 정복지에서 항복한 수장에게는 중랑장이나 도위와 같은 신분이 주어졌다. 여기서 귀의후라든가 중랑장과 같은 직제로부터 함안과 감해의 정치세력이 갖고 있던 정복적·제왕적 성격을 읽을 수 있다. 귀의歸義는 전통적 유교에 바탕을 둔 개념으로서 왕의 통치에 귀순하는 것을 의미하고, 중랑장은 중국 한 나라 때 주변국을 정복하면서 피정복지의 수장에게 내려주었던 칭호이다. 따라서 이런 신분칭호 자체가 안라국과 변진구야국의 정복적 성향을 뒷받침하는 것이며, 3세기 두 나라는 가야권 소국들을 하나 둘 병합하여 지배하는 과정에 있었음을 알 수 있다. 이렇게 김해와 함안은 3세기에 힘이 닿는 데까지 주변 소국을 포용하거나 흡수하였다. 이런 정복적 기조는 가라국이 변진구야국을 정복한 뒤에도 줄곧 유지되었던 것이다. 이렇게 가야권이 함안과 김해 중심으로 재편되어 가는 상황에서 포상팔국이 집단 반발하여 일으킨 싸움이 포상팔국전이었을 것이라고 앞에서 설명하였다. 포상팔국의 위치를 감안할 때 김해가야의 경제적·정치적 역량이 커지면서 왜와의 거래를 김해나 함안이 독점한 것이 전쟁의 직접적인 원인이 되었을 수도 있다. 아마도 이 전쟁을 주도한 쪽은 포상팔국 중에서도 칠포국이었을 것이며, 여기에 골포국·사물국과 같은 소국들이 참여하였다

20. 이것은 중국 한(漢) 정부 때부터 시작된 제도로서 정복지에는 중랑장, 도위와 같은 직책을 두어 관리하였다.

고 보는 게 타당할 것 같다.

포상팔국 전쟁 당시 주변국의 움직임이나 대응관계를 보면 변진 지역에 포상팔국 연합은 있었어도 가야연맹은 없었다. 만약 연맹이 있었다면 그것은 포상팔국과 함께 함안과 김해가야(임나가라)를 견제한 세력이었을 것이다. 포상팔국 여덟 나라의 세력이 버거웠으므로 포상팔국전이 일어나자 함안 안라국과 김해의 가라는 신라에 도움을 청했다. 신라의 사로연맹을 구성한 석씨나 김씨 모두 선주족을 대신한 신세력이며, 김해의 김씨들이 세운 가라(가락국) 역시 신진 세력이었으므로 포상팔국 전쟁은 강력한 철기를 바탕으로 형성된 이들 신진 세력이 남해안 일대의 구세력과 벌인 체제변혁의 싸움이었다고 이해할 수도 있겠다. 부산 지방을 포함하여 영남 남해안 지역에 있는 패총 유적을 감안할 때 포상팔국이 있던 지역은 신석기와 청동기시대의 오랜 문화전통을 갖고 있었고, 기원전 3세기 이후 철기를 수용하여 새로운 변혁을 맞이하고 있었다. 바다와 강, 넓은 경작지를 갖고 있어서 변진 지역의 여느 소국과 마찬가지로 포상팔국은 여유로운 생활을 하였다.

낙동강은 바다 조석간만의 제한 없이 오르내릴 수 있는 좋은 여건을 갖추고 있어서 날짜나 시간에 제약을 받는 일이 드물었고, 특히 왜와의 교류에 유리했다. 당시 김해가야는 현재의 봉황동토성 일대에 중심을 두고 있었고, 그 남쪽은 바다로 열려 있어서 언제든 배를 댈 수 있는 조건이었다. 김해가야 역시 포상팔국과 마찬가지로 포구에 형성된 나라였다. 이런 조건에서 김해가야는 포상팔국과 깊은 관계를 맺고 있던 왜를 자신들의 세력권으로 끌어들였고, 그에 따라 교역의 중심이 김해로 이동한 것이 포상팔국전의 또 다른 원인이 되었을 수도 있다. 마산·창원을 비롯한 남해안의 여러 포구는 중국 및 낙랑과의 교역에도 중요한 해로와 연결되는 거점들이었다. 이런 거점 세력과 김해의 가라국 사이에 얽힌 이해관계로 싸움이 시작되었을 수 있다. 아마도 이때 김해 가라국은 44년에 소마시가 낙랑에 가서 염사읍을 봉토로 받은 근거를 가지고 포상팔국을 압박했을 수도 있다. 마산만과 사천·고성의 서해 항로는 낙랑으로 가는 교역로로서 김해가야 역시 포기할 수 없었을 것이다. 이런 갈등관계를 정리하고, 3세기에 비로소 포상팔국전에서 김해가야가 승리함으로써 경남 남해안 해상권을 거머쥘 수 있었다. 이 전쟁 직후 일본 땅으로까지 넘어가서 김해가야 세력은 포상팔국 잔여세력을 찾아서 토벌하는 추격전을 벌였던 것 같다.

하여튼 김해의 가라는 3세기 중반 양동리에서 동쪽으로 세력을 확장하여 대성동의 구세력(변진구야국)을 흡수 통합함으로써 확고한 발전의 토대를 마련하였으며, 곧 이어 포상팔국전에서 다시 승리하여 부산·동래 지역의 칠국(칠포국)과 포상팔국을 통합하고, 드디어 낙동강 서편의 지배자로 부상하였다.

포상팔국전은 김해 변진구야국을 대신한 김씨들의 세력이 전통사회를 해체해 새롭게 재편하는 계기가 되었다. 그때까지 가야 사회는 소읍이나 소국 중심의 독자적인 세력집단이 각자 할거하는 구도였다. 『삼국지』 위서 한조에 "국읍에는 비록 주수主帥가 있어도 읍락邑落에 뒤섞여 살아 읍락의 민民을 제대로 제어하지 못했다."(國邑主帥 邑落雜居 不能善相制御)고 하였으니, 이것은 각 소국 중심의 삼한 사회가 대략 다 같았음을 전하는 내용으로 볼 수 있다. 이런 구도에 변화가 온 것이 3세기이다. 마한이나 진한과 마찬가지로 변한 지역에서는 변진구야국과 안라국이 이런 소국들을 통합해 나가고 있었고, 마침내 포상팔국 전쟁은 이런 기존의 구도를 재편하였다. 이런 과정을 거쳐 가야권이 통합된 뒤, 중국이나 낙랑·백제·옥저·왜 등과의 활발한 교류를 바탕으로 김해가야는 성숙된 철기사회를 유지하며 풍요로운 생활을 하였다. 그러나 발굴 결과로 보면 5세기 초 이전까지는 함안의 안라국이 김해 세력과 다소 동떨어진 모습을 보여주고 있어 약간의 의문은 남는다. 함안은 김해보다 발전단계가 뒤져 있었던 것은 분명하지만, 3세기까지의 문화내용은 비슷하였다. 그렇지만 현재까지의 발굴결과만으로는 김해와 함안 사이의 관계는 어떤 것이었는지 선명하게 떠오르지 않는다. 아직까지 3세기의 함안 안라국에 관한 유물과 유적이 뚜렷하게 드러난 게 별로 없어 포상팔국전이 일어난 시기의 안라국을 좀 더 또렷하게 그려낼 수 없는 것이다. 그러니 그 또한 가야사의 미스터리 가운데 하나이다. 함안 안라국이 김해가야보다 약간 후진적인 모습을 보이는 것은 아마도 안라국이 포상팔국 전쟁에서 살아남았으나 경쟁관계에 있던 김해가야가 물자와 철·경제와 정보를 통제함으로써 생긴 결과일 수도 있지 않을까? 그러나 함안 안라국과 김해의 변진구야국은 고조선의 후예들이 내려와 차지한 정권이었으므로 함안과 김해는 오히려 더 가까운 사이였을 것이다. 그리고 변진 여러 나라 사람들 또한 대부분 고조선의 후예였다. 다만 이들이 내려오기 이전, 선주 세력은 한계韓系였으므로 함안·김해와 포상팔국은 고조선계와 선주 한계 사이의 갈등을 겪었을 가능성도 있다.

아무튼 포상팔국전에서 승리함으로써 김해가야는 임나가라를 완성하였다. 지금까지 진행된 함안 지역의 발굴 결과를 감안하면 3세기 후반~4세기 말 사이 언젠가 안라국은 김해가야의 지배하에 들어간 것 같다. 그리하여 400년 광개토왕 군대의 가야 원정 때 이런 위치를 벗어나기 위해 안라국은 신라·고구려 연합군을 후방에서 지원하는 배신의 길을 선택하여 김해가야와 거리를 두는 게 아닌가 생각된다.

포상팔국 전쟁의 원인에 관한 여러 가지 견해

포상팔국이 김해가야를 상대로 벌인 전쟁은 가야 사회 내부의 여러 세력 사이에 있었던 충돌로서 내전의 양상을 띠었으며, 경남 남해안 포구에 있는 나라들이 싸움을 주도했다는 데 큰 특징이 있다. 물론 포상팔국 여덟 나라 가운데 세 나라의 이름은 알 수 없고, 이름이 알려진 다섯 나라 중에서도 보라국이 과연 어느 곳에 있었는지는 분명치 않지만, 이 싸움이 영남 남부해안 지역에서의 주도권 다툼이었던 것은 분명하다. 그러나 포구를 중심으로 성장한 영남 해안의 소국들이 집단으로 반발하였을 뿐, 내륙 산간의 소국들은 여기에 참여하지 않았다.[21] 그것은 이 싸움이 일차적으로 해상권과 교역권을 놓고 벌인 경쟁이었을 가능성을 암시한다. 물론 포상팔국의 공격 대상에 김해와 함께 아라阿羅, 즉 함안의 안라국이 포함되어 있어서 이 전쟁의 당사국과 전쟁 원인 등을 이해하는데 다소의 혼란이 빚어지고는 있지만, 김해가야와 함안 안라국 그리고 신라 외에 포상팔국이 공격 대상으로 삼은 나라는 없다. 그렇다면 『삼국지』에 3세기 김해 변진구야국과 안라국이 가야권을 통합해가고 있었다고 하였으니, 이들 두 나라에 적대적인 소국은 일차적으로 함안 및 김해와 국경을 맞댄 남해안 포구의 여덟 나라였던 게 분명하다.

그런데 이 전쟁을 두고 "4세기 초 낙랑·대방의 철 시장을 상실함에 따라 일어난 가야 내부의 충돌로서 포상팔국 전쟁으로 전기가야 연맹이 해체되었다"고 보는 견해가 제기된 바 있다. 김해가야가 낙랑·대방

••••••••••
21. 정확히 말하면 포상팔국과 함안·김해 외에는 다른 소국들이 포상팔국전에 관여했는지의 여부를 알 수 없다. 함안과 김해 외에는 따로 언급하지 않았으므로 그 둘을 제외하고 다른 나라는 참여하지 않았다고 할 수 있다.

지역 철 시장을 잃은 데서 싸움의 원인을 찾고 있는 것이다. 말하자면 이것은 경제 문제가 정치세력을 해체하였다고 보는 것인데, 참고로 이 견해는 포상팔국전 대상국에서 함안은 제외하고 있다. 그렇지만 313년 낙랑 축출과 314년 대방의 소멸로 김해가야의 철 시장이 사라지고 나서 그것이 어떻게 해서 포상팔국 전쟁을 촉발시키게 되었는지, 그 인과관계를 분명하게 제시하지 않은 점이 문제이다. 만약 그것이 사실이라면 낙랑·대방에 김해가야가 철을 공급하는 과정에 포상팔국이 어떻게 참여했으며 시장의 상실이 어떻게 전쟁의 원인이 되었는지를 명쾌하게 밝혀야 할 것이다. 그것 말고도 다른 문제가 더 있다. 왜 포상팔국 외에 나머지 변진 여러 나라는 포상팔국전에 개입하지 않았는가 하는 점이다. 이것만 가지고 판단하면 이 시기에 가야 연맹이 있었다고 보기 어렵고, 포상팔국 전쟁이 일어난 시기에도 의문이 따른다.

이런 의문에 대하여 '포상팔국 지역연맹체가 해상교역권을 장악하기 위해 움직인 조직적인 대립사건'이라고 이해한 견해가 있다. 경남 동남해안에서의 교역권을 차지하기 위해 포상팔국이 김해가야와 함안의 아라가야, 신라의 외항인 울산(갈화성)을 공격하였다며 3세기 말~4세기 초에 일어난 사건으로 본 것이다. '포상팔국 전쟁은 9년간 세 차례에 걸쳐 진행된 해상교역권 다툼이었다'고 파악하고, 그것을 곧바로 포상팔국 지역연맹체에 대입한 것이다. 그리하여 포상팔국 전쟁 후 사물국은 고자국(고성)의 지역연맹체 권역에 흡수되었고, 칠포국과 골포국은 안라국 중심의 지역연맹체에 편입되었다고 이해하였다. 물론 이것은 포상팔국과 지역연맹체론에 관한 새로운 인식이라고 할 수 있다. 그런데 여기서 한 가지 주목되는 것은 칠포국을 마산·창원 인근에 있던 소국으로 지목하고, 칠포국·골포국을 '안라지역연맹체'로 묶어서 이해하려 한 점이다. 그렇지만 포상팔국이 고성·함안의 지역연맹체에 포함되었다는 증거가 없다. 증거가 없는데 지역연맹체론으로 묶어서 설명하였으니 그것은 하나의 가정이며 가설일 뿐, 사실이 아니다. 더욱이 포상팔국전에서의 승리로 칠포국이 함안에 흡수되었다고 보기는 어렵다.

포상팔국 전쟁은 네 차례, 총 11년간 지속된 장기전이었다. 포상팔국이 함안을 공격한 사건을 제외하면 세 차례이다. 이 전쟁으로 낙동강 서부권과 부산 칠포국 및 창원·진해권 등에 있던 포상팔국은 김해가야에 통합되었다. 여기서 아주 중요한 문제가 하나 있다. 고사포국에 관한 것이다. 고사포국을 고성의 고자국으로 본다면 포상팔국 전쟁 후 고사포국이 고성 지역연맹체에 흡수되었다는 이론은 성립되지 않는다. 이미 앞에서 설명한 대로 고성의 중심 세력이 멸망했는데, 그들이 어떻게 다시 살아나서 고성 지역연맹체의 중심이 될 수 있는가? 그러므로 고사포국을 고자국으로 볼 수는 없다. (3)의 『삼국유사』 물계자 전에 실린 내용에는 고자국으로 되어 있는데, 이것은 일연이 잘못 기록한 것이거나 고사포국과 고자국을 혼동한 결과로 보인다. 또, 싸움에서 승리하여 포상팔국을 흡수하였다면 고성의 고사포국은 가까운 함안이 흡수하였어야 하지 않는가? 그러나 4세기 이전에 고성 지역에선 고사포국의 흔적을 찾을 수 없다. 앞으로 고성읍내에서 4세기 이전의 고고학 자료가 풍부하게 나와서 고사포국으로 볼 수 있는 후보지가 있어야만 이 이론은 성립된다. 5세기 이후 고령 대가야와 함안 세력이 고성 지역에 진출한 것은 분명하지만, 3세기 중반 이전 김해와 함안 사람들의 자취는 없다.

뿐만 아니라 그 당시의 가야 사회를 지역연맹체와 같은 개념으로 설명할 수 없다. 만약 이 사건을 계기로 지역연맹체라는 구도가 형성되었다면 심각한 문제가 하나 더 있다. 앞에 제시한 대로 전쟁 시점을 4세기 초로 볼 경우, 고사포국의 주인들은 과연 고성의 어느 곳을 근거지로 삼았는가 하는 문제에 맞닥뜨리게 된다. 지금까지의 발굴 결과로 보면, 고성 지역에 정치 세력이 형성되는 시기는 5세기 후반이니 1세기 반이 넘는 시간 공백을 어떻게 메울 것인가.

고성 지역에는 3세기 말~4세기 초에 처음으로 가야의 묘제인 목곽묘가 등장한다. 그것도 아직은 하나의 사례밖에 없다. 송학동 제1호분 내의 1E호분(목곽묘)에서 나온 토기의 제작 시점이 일러야 3세기 말이므로 만약 포상팔국전에 참여한 고사포국이 고성의 고자국이라면 포상팔국전은 바로 이 송학동 1E호분의 토기를 기준으로 해서 3세기 말 이후에 있었던 사건이어야 한다. 다시 말해서 1E호 목곽묘의 주인을 포상팔국 전쟁에서 승리한 김해가야의 실력자로 볼 수밖에 없고, 그가 고성에 들어가 직접 지배를 시작한 증거로 보는 게 타당하다는 얘기다. 고고학적 자료로는 고성 세력은 5세기 후반이 되어서야 비로소 고성 지역의 중심으로 부상하게 된다. 따라서 현재로서는 3세기 말로부터 2세기 가까운 시간 동안 고성 지역은 공백기로 남아 있으므로 이 문제를 해결하지 못하면 고성 고사포국설을 성립시킬 수 없다.

이런 여러 가지 문제로 말미암아 포상팔국 전쟁이 일어난 시기를 언제로 볼 것인가에 대한 시각도 각기 다르다. 포상팔국전 발발 시기에 관해 지금까지 제기된 견해는 대략 다섯 가지. ① 3세기 말 ② 4세기 초 ③ 5세기 초 ④ 5세기 후반 ⑤『삼국사기』기록대로 3세기 초로 보는 견해로 요약할 수 있다. 포상팔국전이 3세기~5세기 후반 사이에 일어난 사건임은 분명하지만, 아무도 명쾌하게 언제라고 확정하지는 못하고 있다.

그 시기를 가늠하기 위해 여러 가지 방법을 동원하고 있으나 원체 변수가 많아서 의견이 분분하다. 먼저 토기 유형을 바탕으로 한 견해가 있다. 소가야의 토기가 5세기 전반에 전라도 지역과 일본까지 널리 확산되는 것으로 보아 포상팔국 전쟁을 5세기 전엽에 일어난 사건으로 보거나(박천수), 유물과 유적에 기준을 두고 5세기 중반 이후의 사건으로 보기도 한다. 또 '고고학적 관점에서 포상팔국은 5세기 후반에 형성된 연맹체로서 그 전쟁은 5세기 후반에 있었던 사건'이라고 추정하는 견해(신경철)가 있어 다소 특이하다. 이들은 소가야연맹, 즉 소가야 주도로 포상팔국전이 일어났다고 파악한 공통점이 있다. 진실 여부야 어떻든, 고성 지역의 유물만으로 보면 그와 같은 주장들을 완벽하게 부정할 여지가 딱이 없다. 그렇지만 5세기 포상팔국전 발발설은 인정하기는 어려울 것 같다. 5세기 후반의 가야권 상황이라든가 그 당시의 여러 가지 여건을 감안할 때 그 가능성은 낮고, 더구나 고성 소가야 주도로 포상팔국전이 일어났다고 보기는 더욱 어렵다. 포상팔국전이 언제 일어났는지, 그 시기에 관한 견해가 이처럼 복잡하게 얽힌 것은 포상팔국의 하나인 고사포국을 일연이 고자국古自國으로 기록한 탓이다. '고자국은 지금의 고성이다(今固城)'라고 하는 설명을 덧붙여 놓았을 뿐 아니라, (3)의 물계자 전에서 '포상팔국이 변경을 침입하여 점령하였다(併來侵邊境)'고 하여 포상팔국이 마치 신라의 변경을 침입한 것으로 잘못 적은 탓도 있다. 또 포상팔국이 쳐들어간 갈화성을 울산으로 설명한 이상한 견해 때문에 이 문제를 제대로 이해할 수 없게 만들었다.

예문 (2)와 (3)에서 갈화성 싸움은 205년에 일어난 일로, (2)와 (3)의 서술은 약간 다르다. 『삼국사기』 물계자전의 (2) 기록은 "칠포·골포·고사포 3국 사람이 와서 갈화성을 공격하니 왕이 직접 나가서 구했다."고 하였고, (3)의 『삼국유사』 물계자 전에도 '골포국 등 3국 왕이 병사를 이끌고 와서 공격하니 왕이 친히 나가 막았다'고 하였다. 그러나 갈화성이 신라의 변경에 있는 성이었다면 '왕이 친히 나가서 구했다'고는 하지 않았을 것이다. 신라가 아니라 가야 땅에 쳐들어왔으니 신라왕이 직접

나가서 구해주었고, 포상팔국 군대를 물리친 것이다. 물론 202년 함안 안라국과 포상팔국의 싸움을 신라가 도왔으므로 205년의 갈화성 싸움은 포상팔국의 신라에 대한 보복전으로 이해할 수도 있다. 그 다음 209년의 싸움은 포상팔국이 김해의 가라를 침입하였으며, 212년에는 포상팔국이 신라를 공격한 것으로 되어 있다. 이것도 신라가 김해가야를 도운 데 따른 보복전으로 볼 수 있다. 그런데 여기서 한 가지 갈화성의 위치에 문제가 있다. 202년 함안을 상대로 한 싸움에서 함안·신라 군대에 포상팔국이 패한 뒤, 서로 경계를 맞댄 나라도 아닌데 주적을 앞에 놓고 포상팔국이 신라의 동남단 울산 지역으로 쳐들어가서 두 개의 전선을 펼 수는 없다. 도대체 함안을 상대로 한 싸움에서 포상팔국이 어째서 동해 남부에 있는 신라의 변경을 침입했을 것인가. 이 역시 명백한 오류이다. 더구나 포상팔국의 위치에 대한 잘못된 견해가 제기되어 가야사를 제대로 이해하기 어렵게 만들었고, 이로 인해 포상팔국전 주도 세력을 어디로 볼 것인지, 그리고 그 싸움의 원인이나 발발 시기에 관한 여러 가지 설이 어지럽게 제기되었다.

일연은 갈화성을 "울산 굴불이 아닌가 의심된다."고 하였지 갈화성을 울산으로 단정하지 않았다. 일연도 똑같은 의심을 갖고 있었던 것이다. 포상팔국에 대응하기 위해 함안과 김해 모두 신라에 지원요청을 하였고, 어디까지나 포상팔국의 전쟁 당사국은 김해와 함안이었다. 신라가 참전했으니 싸움이 신라의 변경 지역으로 확전되었을 수는 있다. 202년의 싸움은 함안, 209년의 싸움은 김해를 대상으로 한 것이었고, 205년과 212년엔 포상팔국이 신라에 보복전을 한 것처럼 되어 있다. 그러나 네 차례 모두 포상팔국이 함안과 김해를 대상으로 하였고, 매번 신라가 지원군을 보내어 포상팔국이 멸망에 이른 것으로 이해해야 할 것이다. (2)와 (3)의 자료는 군대를 보내 지원한 내해왕과 물계자를 중심으로 기록하다 보니 마치 신라가 포상팔국 전쟁을 주도한 것처럼 그려져 있다. 그렇지만 그 당시의 상황에서 포상팔국이 김해와 함안을 따로 따로 공격해도 버거운데 신라까지 주적으로 삼아 울산으로 쳐들어간다는 것은 정말 무모한 일이다. 더구나 갈화성을 공격한 삼국 중 고사포국을 고성으로 보면 사천 너머 고사포국에서 동쪽으로 멀리 신라의 변경을 공격하는 것은 쉬운 일이 아니었을 것이다. 만일 부산·동래에 있던 칠포국을 거점으로 갈화성을 공격했다 하더라도 함안과 신라를 모두 적으로 삼은 이 싸움은 포상팔국의 입장에서는 대단히 불리한 싸움이었다. 갈화성은 오히려 칠포·골포·고사포국이 공격하기 용이한 함안 인근에 있었다고 보는 게 자연스럽다. 더구나 갈화성을 공격한 나라는 포상팔국 중 세 나라밖에 안 되니 포상팔국과의 전면전도 아니었다. 양측 싸움의 발단은 202년 함안과의 싸움이었으므로 그때는 함안과 가장 직접적인 이해가 걸려 있는 세 나라가 포상팔국전을 주도했다고 볼 수 있다. 더욱이 212년의 싸움이 마산~사천의 소국이 신라의 변경을 침입한 것이라면 그 역시 이해하기 어려운 일이다. (3)은 마치 포상팔국이 신라의 변경을 까닭 없이 공격한 것처럼 그려져 있다. 그러나 209년 신라가 김해를 도와 포상팔국을 물리쳤으니 일단 그에 대한 보복전으로 이해할 수 있다. 그런데 칠포국과 골포국·고사포국은 뒤에 자세히 설명하겠지만, 부산과 진해 그리고 함안의 남쪽 해안 가까이에 있는 나라들이었다. 신라의 변경 울산으로 이들 포상3국이 쳐들어갔다면 함안은 거꾸로 칠포·골포·고사포국을 공격함으로써 신라를 도와야 마땅한데 그런 움직임은 없다. 결국 (2)와 (3)의 기사는 김해·함안을 대상으로 한 포상팔국의 싸움을 마치 포상팔국과 신라 사이의 전면전인 것처럼 그리고 있다.

이런 문제를 해결하기 위한 대안으로 함안 양식의 토기를 기준으로 포상팔국전이 일어난 시기를 새롭게 이해하려는 시각도 있다. 동래 지역과 안라국이 가까워지면서 동래 일대에 함안 토기가 등장하는 점에 주목한 이론이다. 4세기 전후에 함안 토기가 김해 토기를 대신하는 것으로 보아 "포상팔국 전쟁은 3세기 후반~4세기 전반의 변화를 가져온 사건(이희준)"이라거나 "4세기 함안 양식의 토기를 확산시킨 계기가 된 것이 포상팔국 전쟁이었다"는 견해도 있다. "3~4세기 고자국엔 대형목곽묘가 없고 독자적인 형식의 토기도 없는 반면, 포상팔국전에서 승리한 함안 안라국은 4세기 이후 가야 지역 내륙의 교역권을 장악하게 되었다"고 본 주장도 있는데, 이것 역시 함안 토기가 확산되는 시기에 기준을 두고 조명한 것이다. 이런 것들은 토기에 기준을 두고, 고성 소가야 또는 함안의 입장에서 분석한 주장이다. 이들은 한결같이 포상팔국 전쟁을 3세기 초 신라 내해왕 때의 사건으로 기록한 『삼국사기』에 대한 불신을 바탕에 두고 있다.

반면 이런 시각과 정반대로, 기록을 그대로 믿고 포상팔국전을 202~212년에 발생한 사건으로 보는 이들도 의외로 많다. 문헌 기록을 따라서 3세기 초의 사건으로 이해하는 대표적인 사례가 '3세기 초 해상교역권 다툼(이현혜)'이었다고 보는 견해와 '소가야연맹체와 금관가야 연맹체 사이의 교역권 쟁탈전이었다'고 보는 주장이다. 고성과 김해 사이의 싸움으로 본 이들은 포상팔국이 공격한 아라를 '가라'의 오기이며 포상팔국전의 주도 세력이 고성의 고사포국(고자국)이었다는 이해를 전제로 하고 있다.

이 외에도 다양한 견해가 있다. 대표적인 사례 몇 가지를 더 들면 "포상팔국이 교역권과 농경지 확보를 위해 내륙으로 진출하려던 과정에서 빚어진 충돌(백승옥)"이라거나 "3세기 후반 농경지 확보를 위한 목적에서 벌인 전쟁(남재우)", "4세기 초반 해상교역권을 놓고 벌인 가야 세력 사이의 내분(김태식)", "구야국의 쇠퇴에서 비롯된 교역권 다툼(백승충, 3세기 초 발발설)", "3세기 후반~4세기 전반에 일어난 변한 여러 소국 사이의 주도권 쟁탈전"으로 이해하는 견해들이 있다. 『삼국사기』의 기록대로 3세기 초에 일어난 사건으로 보는 이들을 제외하면 대략 포상팔국 전쟁을 3세기 말 이후에 일어난 사건으로 파악하는 견해가 우세하지만, 한결같이 교역권·농지 및 식량 확보 또는 주도권 싸움이었다는 데 초점을 맞추고 있다.

앞에서 설명하였지만, 고고학적 관점에서 포상팔국 전쟁을 4세기 초 또는 5세기 후반에 일어난 사건으로 보는 견해도 있다. 이것은 고성 지역에서 출토된 토기와 무덤 양식에 주목한 견해이다. 송학동 1호분 1E호분에서 나온 토기의 하한연대를 4세기 초로 보고, 이런 목곽묘 문화가 고성에 유입된 계기를 4세기 초의 포상팔국전으로 이해하는 것이다. 이것은 포상팔국전 발발 시기를 4세기 초로 보는 점에서는 같지만, 그 사건을 바라보는 시각은 전혀 다르다. 포상팔국전의 원인을 교역권 다툼이나 주도권 싸움 또는 낙랑·대방의 소멸과 기타 가야 사회에 찾아온 변화에서 찾는 것이 다른 점이다.

포상팔국전을 5세기 후반의 사건으로 보는 시각은 고성 송학동 1호분 내의 1A호 및 1B호 무덤에서 출토된 토기와 수혈식석곽에 기준을 두고 있다. 1A·1B호분의 축조 시점이 5세기 후반이며, 바로 그것이 전성기의 고성 지역 수장층 세력을 반영한다고 파악한 것이다. 그렇지만 포상팔국전을 5세기 후반의 사건으로 보면 여기엔 중요한 문제가 하나 있다. 400년 광개토왕 군대의 가야원정으로 이미 힘을 잃은 김해가야가 포상팔국을 대상으로 그토록 장기간 싸울 수 있었을까 하는 의문이다. 이 점에서 고성 송학동 제1호분과 출토유물을 기준으로 제시한 '5세기 후반 포상팔국전 발발설'은 성립되지 않는다고 할 수 있다.

5세기 초 발발설도 문제가 있다. 고구려를 등에 업고 김해를 공격한 신라에 대한 김해 지배층의 적대심이 높아진 시기에 신라에 원군까지 요청하고 정권을 연장했을까? 400~407년 무렵은 고구려·신라가 가야·왜·백제의 연합세력을 와해시킨 시기이다. 포상팔국전을 5세기 초의 사건으로 보는 이들은 김해 대성동 일대의 고고학적 결과에만 주목한 나머지 그저 단순히 토기와 무덤 양식만을 토대로 포상팔국전을 5세기 초의 사건이라고 주장하게 되었다. 이런 입장에 선 사람들은 고구려군의 가야원정을 아예 없었던 일이라고 부정하지 않는 한, 자기 모순에 빠지게 된다. 결국 그들은 고구려 군대의 가야원정 기사를 무시하지 않으면 안 되었다. 이것이 바로 "고구려군의 가야 원정기사는 장수왕의 염원을 표현한 것이지 실제 있었던 일이 아니다"라는 주장이 나온 배경이다. 광개토왕 군대의 가야 원정이 실제 있었던 일이 아니라는 주장은 김해·고성·함안·부산권의 고고학적 결과를 바탕으로 나왔다. 복천동이나 김해 대성동에서 고구려계 유물(무기·병장기 등)이 한 점도 나오지 않은 사실 하나만을 근거로 한 것이다. 그러나 부정확한 유물과 유적 자료만을 지나치게 중시하고 광개토왕비의 기록을 무시한 것은 대단히 큰 문제이다. 그런 식이라면 광개토왕비의 다른 기사도 허구여야 하지 않을까?

이 문제에 대한 올바른 견해를 갖기 위해 먼저 몇 가지 요점을 정리해 보자. 함안 세력이 부산 지역과 교류하는 것은 5세기부터이다. 미루어 짐작하건대, 이것은 고구려·신라의 연합군이 김해가야·백제·왜를 누르고 나서 함안이 전면에 부상하면서 빚어진 결과일 것이다. 고·신연합군의 가야원정 이전에는 부산 복천동·연산동·김해와 왜 사이에는 긴밀한 관계가 유지되었다. 그것은 유물로도 입증된다. 그러나 고·신연합군의 가야대전 이후에는 부산 지역과 왜의 교류가 단절되고, 그 대신 고령과 왜의 밀접한 교류현상이 엿보인다. 물론 함안과 왜의 관계도 계속 유지되었다. 부산·동래 세력과 함안의 교류도 종전처럼 유지되었지만, 왜가 부산 동래를 제외한 것은 큰 변화이다. 이러한 변화의 밑바탕에는 4세기까지 김해가야와 왜 사이에 유지된 끈끈한 연계가 있었다. 만약 포상팔국이 김해가야를 대상으로 해상교역권을 놓고 다투었다면 포상팔국전은 적어도 5세기 초 김해가야의 쇠퇴 이전에 있었던 일이어야 한다.

그렇지만 중국의 어떤 기록에도 포상팔국이 보이지 않는다. 3세기 말에 나온 『삼국지』에도 포상팔국이 없다. 그것은 단순한 기록의 누락이라기보다는 3세기 말 이후 포상팔국의 부재를 의미한다. 『삼국지』동이전 자료 조사 시점을 3세기 중반 이후 어느 시점으로 보면 이 문제에 대한 답이 쉽게 얻어질 수 있다. 다시 말해서 포상팔국전이 3세기 말 이전에 일어난 사건이었음을 뜻한다. 여기에 고성 송학동 제1호분 E호 목곽묘는 중요한 의미를 갖는다. 즉, 4세기 초 이전에는 고성 지역에 김해 일대에서 보는 대형 목곽묘가 존재하지 않는다는 사실은 포상팔국 전쟁 시기를 가늠하는데 중요한 기준이 될 수 있다. 포상팔국전 당시 고성의 구세력이 완전히 제거되었거나 흡수된 것이 아니라면 고성 지역이 서부경남 해안의 중심으로 부상하는 5세기 후반까지 고성은 교역권의 중심에서 배제되어 있었다고 볼 수 있다.

고성군 내에서 송학동 1E호분 외에는 지금까지 3~4세기의 목곽묘 유적이 나타나지 않았다. 이것은 바꿔 말해서 4세기 이전, 고사포국의 흔적을 고성 지역에서 찾을 수 없다는 뜻이다. 그러므로 송학동 1E호분만을 기준으로 보면 포상팔국 전쟁을 3세기 말~4세기 초의 사건으로 보는 견해가 성립될 수 있다.

이상의 여러 가지 요소들을 감안하여 나는 포상팔국전이 3세기 후반에 발생한 사건으로서 변진 소국 통합과정에서 일어난 진통이었다고 보는 바이다. 포상팔국전은 함안과 김해 중심의 양대 구도로 가야권 통합과 재편이 계속되는 과정에서 벌어진 필연적인 충돌이었으며, 그 배후에는 새로운 경제 축을 구성하기 위한 의도가 있었던 것 같다. 아마도 여기에 3세기 말 갑작스런 기후변화(혹한이나 한해·냉해 등)로 말미암아 농업생산력에 심각한 차질이 있었을 수도 있다. 그래서 강과 수로·평야가 없는 포구에 중심을 둔 소국들이 식량 문제를 해결하기 위해 넓은 평야지대를 갖고 있는 김해·함안을 습격하였을 가능성도 있다고 보는 이들도 있다. 충남 공주의 장선리 토실유적에서 보았듯이 3세기 말에는 소빙하기가 있었기 때문에 혹심한 겨울 추위와 여름철 심각한 냉해로 곡물 수확이 크게 줄어 극심한 식량난을 겪었을 가능성이 있다. 기후변화는 강수량에 심각한 문제를 일으켰거나 봄~가을 가뭄이나 홍수로 곡물생산에 큰 어려움이 있었을 수도 있다. 만약 기후 변화가 있었다면 그 당시의 식량부족은 해를 거듭하여 누적된 일일 수 있다.

이와 달리 포상팔국전을 4세기 초의 사건이라고 보는 시각이 있음을 앞에서 설명하였다. 이것은 낙랑·대방 지역의 철 시장 상실이라는 문제에만 초점을 맞추고 가야 사회 내부의 문제는 고려하지 않아 내재적 요인을 간과한 결함이 있다. 그렇다고 고고학적 결과만을 중시하여 5세기 초반이나 중반의 사건으로 추정하는 견해는 그로부터 다시 파생되는 여러 가지 복잡한 문제가 있으므로 받아들일 수 없다. 다시 말해서 당시 가야와 신라가 처한 여러 가지 상황으로 보면 적절치 못한 요소가 너무 많아 인정하기 어려운 것이다.

포상팔국전 발발원인에 대한 견해와 추론

앞에서 언급하였지만, 포상팔국은 경남 남해안 포구(항구)에 있던 나라들이었다. 그러나 그들의 위치를 명확하게 알려주는 자료는 별로 없다. 포상팔국이란 변진 지역 포상浦上에 있던 여덟 나라였으니 경남 남해안의 포구에 있던 가야시대 소국임이 분명하다. 그래서 일찍이 다산 정약용은 『아방강역고』 변진별고에서 포상팔국을 마산·창원 일대로부터 사천·곤양에 이르는 8읍의 주요 포구에 있던 나라들로 이해하였다.

A) ……동쪽 끝은 김해이며 서쪽은 웅천熊川, 창원昌原, 칠원漆原, 함안咸安, 진해鎭海, 고성固城, 사천四川이며 서쪽 끝은 곤양昆陽이다. 신라사에서 포상팔국은 모두 이들을 가리키며 이것이 옛날 변진의 땅이다.……(『疆域考』 권2 弁辰別考)

B) ……골포는 지금의 창원에 합쳐지며 칠포는 지금의 칠원이다. 고사포 古史浦는 고성을 가리킨다(古史浦의 본래 이름은 古自國이다). 나머지는 알 수 없다.……(『疆域考』 권2 弁辰別考)

C) ……(포상팔국의) 포상浦上이라는 것은 바다 한가운데를 이르는 말이 아니므로[22] 지금의 거제巨濟·남해南海라고 할 수는 없다. 포상팔국은 동쪽 창원으로부터 서쪽 곤양昆陽에 이르는 팔읍八邑이다. 함안咸安과 고성固城은 본래 가야의 이름이며 골포骨浦·칠포漆浦도 이미 신라의 기록에 나타나므로 8읍이 포상팔국이라는 것은 의심의 여지가 없다.……(『疆域考』 권2 弁辰別考)

•••••••••••
22. '해상'이 아니라는 뜻(저자 주)

정약용은 포상팔국이 창원~곤양 사이의 바닷가 포구에 있던 나라들이라고 판단하였다. 그런데, 정약용을 포함하여 지금까지 연구자들이 추정한 팔국의 위치는 각기 다르다. 그것을 정리하면 몇 가지 갈래로 구분할 수 있다. 이를테면 칠포국의 위치를 함안 칠원으로 보는 견해와 그 외 몇 가지 주장을 예로 들 수 있다. 또 골포국을 마산으로 보고 있지만, 여기에 대해서 누구도 이견을 내놓지 않고 있다. 그리고 보라국保羅國의 위치를 어디로 볼지는 아무도 설명하지 못하고 있다. 또 고사포국을 고성으로 보고 있지만 여러 정황상 고성 고사포국은 인정할 수 없다. 포상팔국의 여덟 나라 이름도 제대로 전해지지 않았고, 포상팔국 각 나라의 정확한 위치도 알 수 없다. 그들 변진 소국의 위치가 확실하게 기록으로 전해지지 않고 있어서 이에 대해서 조선시대부터 논란이 있어왔다. 대표적으로 정약용은 포상팔국의 후보지로서 거제와 남해는 제외된다는 점을 먼저 밝혔다. 그것은 매우 올바른 판단이었다고 본다. 포상8국이었지 해상8국이라고 하지 않았으니까 섬은 제외된다는 것이 정약용의 판단이었던 것이다. 다시 말해서 육지와 연결된 포구에 있는 나라여야 포상팔국의 조건에 합당한 것이다. 정약용의 견해대로 포상팔국은 경남 남해안의 포구에 있는 소국들로서 그들은 각기 주요 해상 거점들이었음은 분명하다. 그렇지만 다만 한 가지, 그가 고사포국을 고자국으로 단정한 것은 문제가 있다. 음운과 표기법에 차이가 있으므로 고자국과 고사포국은 다른 나라로 보는 게 좋을 것 같다. 또 곤양은 『삼국지』 변진 조에 변곤미국이라고 하는 나라로 추정되는 만큼, 포상팔국 대상에서 제외된다.

그 당시 포상8국 사이의 교류는 육로보다는 주로 연안 해로를 따라 이루어졌을 것으로 보인다. 사람들은 연안의 섬과 섬 사이로 흐르는 조류와 바람을 타고 이동하는 게 훨씬 편리하였을 것이기 때문이다. 그

해로상에는 부산·진해·마산·사천 등의 주요 거점들이 있었고, 이들의 주요 교역국은 왜였을 것이다. 그렇다면 그 가운데 가장 중요한 지역은 고성이나 사천 지역이 아니라 오히려 부산으로 봐야 한다. 요약하자면 부산이나 진해·마산에 있는 소국들이 주축이 되어 포상팔국전을 주도하였다고 보는 것이 합리적이다. 왜냐하면 그 지역이 김해 및 함안과 직접적인 이해가 달려 있는 곳이었을 테니까.

그리고 또, 대마도나 왜로 가는 데는 진해나 마산에서 내려가는 조류를 타는 것이 가장 편하고 빠르며, 일본이나 대마도 방향에서 들어올 때는 부산으로 들어가는 게 수월하다는 이야기가 『조선왕조실록』에까지 기록되었을 뿐 아니라 지금도 그 지역 사람들에게 전승되고 있다. 이런 것들은 과거 왜와의 교역에서 부산·진해·창원·마산 지역의 중요성을 알려주는 이야기이다. 이들 포상팔국의 위치에 대해서는 뒤에 자세히 설명할 것이다.

그러면 경남 동남 해안 지역 포구에 중심을 둔 포상팔국이 왜 김해가야를 공격했으며, 신라는 왜 김해가야 편에 서서 포상팔국을 멸망시킨 것일까? 그 배경과 원인을 분석한 견해 몇 가지를 살펴보면 이 전쟁의 성격과 발단 배경을 추리해볼 수 있지 않을까?

우선 "포상팔국전은 함안 등지에 경작지를 확보하고 보다 진전된 사회로 나가기 위한 시도였다"[23]고 보는 견해에 대한 검토이다. 이것은 남해안의 주요 포구(항구)에 있는 나라들이 북쪽 내륙 지역을 공격한 사건이라는 데 초점을 맞추고 해석한 주장이다. 생산력이 높은 여건을 갖춘 김해·함안 지역을 찾아 나선 내전이었다고 본 것이다. 이것은 단순히 식량확보에만 초점을 맞춘 것인데, 만일 식량문제로 말미암은 사건

----

23. 「포상팔국 전쟁과 그 성격」, 남재우, 『가야문화』 제19호, 1997

이었다면 의외로 쉽게 이 문제를 설명할 수 있다. 포상팔국은 어염(해산물)을 함안과 김해에 공급하는 공급자의 입장이었을 것이다. 따라서 소금이나 해산물을 교환하여 식량문제를 해결할 수도 있었다. 또, 단순히 식량 문제라면 10여 년 동안 네 차례에 걸쳐 그토록 집요하게 싸움을 이어갔을 것 같지는 않다. 다시 말해서 경작지 및 식량 확보를 위한 것이었다기보다는 한층 설득력이 있는 분석이 필요하다. 그러려면 이 문제를 좀 더 다면적으로 검토해봐야 한다.

반면 김해가야의 성장에 따라 자신들의 기득권을 상실하게 되자 그 반발로써 포상팔국이 김해가야를 공격했다거나 포상팔국의 연합이 와해되어 김해가야 쪽으로 이탈하는 것을 막기 위한 움직임이었다고 보는 시각도 있다. 또 철의 교역에서 얻은 이익을 분배하는 과정에서 이익분배의 공정성에 문제가 생겨서 포상팔국전이 일어났다고 보는 주장도 있다. 왜와의 교역에서 배제되었거나 낙랑·대방에 철을 공급하여 얻은 이익을 분배하는데 문제가 생겨서 포상팔국이 들고 일어났다고 보는 것인데, 이런 견해를 가진 이들은 포상팔국전을 313~314년 이후의 사건으로 본다. 그렇지만 과연 이런 주장을 그대로 인정할 수 있을까? 낙랑·대방의 소멸로 김해가야가 철 시장을 잃었을 것이라는 점은 인정되지만, 그것 때문에 가야 내부에서 갈등과 충돌이 빚어졌다고는 보기 어렵다.

그렇다면 이번에는 변진 지역 내 각 세력 간의 변화에서 그 원인을 찾을 수는 없을까? 김해가야가 월등한 철기 생산력을 바탕으로 가야권의 중심이 되어 갔고, 이웃 함안이 그와 밀착되어 가야권의 새로운 강자로 부상하자 그것을 견제하기 위해 함안을 먼저 공격한 것이 포상팔국 전쟁의 시작이었다고 가정해 볼 수도 있을 것이다.

여기서 결론부터 제시하고 가야겠다. 앞서 몇 차례 설명한 대로 포상팔국전은 함안 안라국과 김해가야가 포상팔국 또는 그들과 관계 있는 소국을 병합하려 하자 그 반발로 일어난 전쟁이었다고 보는 바이다. 변진 지역이 함안과 김해의 양대 구도로 바뀌어 가자 이에 불안해진 포상팔국이 견제 차원에서 벌인 전쟁이었다는 얘기다. 김해와 함안의 두 세력이 가야권의 각 소국들을 하나하나 통합해 가는 과정에서 변진 지역 내부의 여러 가지 문제가 작용하여 일어난 사건이었다고 보는 게 타당하다. 『삼국지』 위서 한조의 기록에 포상팔국전 이전, 김해와 함안 세력의 약진이 두드러지게 나타나는 것을 보더라도 그렇다. 이 경우라면 포상팔국 전쟁은 신진세력인 김해 가라·함안 안라에 대한 구세력의 저항이라고 볼 수도 있겠다. 그 당시의 시점에서 보면 포상팔국 전쟁은 선주 세력과 새로운 유민 사이의 갈등에서 빚어진 대결이었던 것 같다.

544년 사비성에서의 임나부흥회의에 임나가라의 여러 대표가 "가라·안라 왕에게 여쭤 보고 결정하겠다"고 한 대답으로 보더라도 532년 임나가라 본국이 사라진 뒤로부터 가야 멸망 때까지 낙동강 서편에서 고령과 함안이 제일 강한 양대 세력으로 존속하였는데, 이에 대한 실마리는 『삼국지』 한조에 '안라국과 변진구야국이 변진 소국을 통합해가는 상황'으로 서술한 부분에서 찾을 수 있을 것 같다. 김해의 가라는 3세기에 김해와 함안 중심으로 통합해가던 전통을 계승한 것으로 이해할 수 있다.

여러 기록을 검토해보면 함안 안라국이 변진 소국을 병합하면서 포상팔국전이 촉발된 것으로 보인다. 바로 이 사실 하나만으로도 포상팔국 전쟁의 원인을 가늠해 볼 수 있는 게 아닐까 싶다. 포상팔국전에서 승리함으로써 김해가야는 마침내 가야 지역의 주도권을 장악하였다고 보는 게 타당하다. 이 점에서 『삼국지』 위서 한조에 함안 안야국과 변진구야국(김해가야)이 가장 큰 나라로서 그 수장을 예우하여 부르는 호칭이 따로 소개되어 있는 점에 주목해야 할 것으로 본다. 『삼국지』가 나온 것이 대략 3세기 말이니 김해와 함안 주도의 세력 구도는 그 이전 가야 지역의 정치 세력과 판도를 전하는 기록인 만큼, 여기서 당시 가야 사회를 짐작할 수 있는 내용이 몇 가지 있다.

『삼국지』 변진 조는 두 부분으로 나누어져 있다. 그 중 하나는 한조의 끝 부분에 실려 있다. 한조의 끝에 월지국 관련 기록과 함께 함안 안라국·변진구야국(김해)의 수장과 통치체계에 관한 내용이 따로 실려 있는데, 아마도 이것은 이전의 어느 기록에서 옮겨온 것이거나 3세기 중반 이전의 정보를 바탕으로 한 것이 아니었나 생각된다. 그 기록에 따르면 3세기에 함안 안라국과 김해 변진구야국 두 세력은 주변 소국을 정복해 가고 있었다. 이것이 포상팔국 전쟁의 직접적인 발단이 되었던 것이다.

그와 더불어 혹시 김해와 함안이 해상교역을 장악한 것이 원인이 되지 않았을까? 왜와의 교역에서 8국이 누리던 이익을 김해와 함안이 나누어 갖게 된 데 대한 반발이 작용했을 가능성도 있을 것 같다.

말이 나온 김에 여기서 좀 더 깊게 추리하여 정리해 보자. 그 당시 3세기까지 북방에서 많은 유민이 내려와 살게 되자 갑작스레 늘어난 인구와 식량난이 가중되었고, 이런 마당에 김해와 함안의 정복 정책에 반발함으로써 포상팔국전이 촉발되었을 수 있다. 여기에 기상이변으로 곡물생산이 급감한 것이 도화선이 되었을 수도 있다. 각 지역에 난립해 있던 소국들의 경계와 제한으로 말미암아 식량과 물자의 유통이 원활하지 않아 지역간 불균형과 경제력의 차이가 발생하였고, 그 때문에 상대적으로 생산력이 월등한 김해·함안 지역이 탈취의 대상이 되었을 수도 있다. 교통과 운송이 발전하지 않은 시절이니 지역간 생산력의 차이가 많았으므로 이런 불균형을 전쟁이라는 방법으로 해소하려 했을 수도 있으니까.

경남 남부의 곡창지대는 함안·창원·김해 지역이었다. 그러므로 포구를 중심으로 한 변진 소국들은 그 곡창지대에서 생산되는 곡물에 의존할 수밖에 없었을 것이다. 그런데 그때 마침 연이어 찾아온 가뭄이나 홍수와 같은 자연재해로 말미암아 식량 공급 기반이 취약한 포상팔국이 풍족한 평야지대의 함안과 김해 지역 곡물을 차지하기 위해 벌인 약탈전이 포상팔국전으로 비화되었을 수는 있다. 농업생산에서 강과 하천·평야는 필수조건이다. 포상팔국은 포구의 해상세력으로서 농업생산에 있어서는 대단히 취약한 곳인 만큼 포상팔국전이 있었던 3세기 후반, 가뭄이나 홍수와 같은 자연재해 문제도 함께 고려해야 할 필요가 있겠다. 그러나 단순히 식량 문제가 원인이었다면 전쟁은 한두 번으로 충분했을 것이다. 그리고 이상에서 추리해본 대로 여러 요소들이 포상팔국전의 원인이 되었다 하더라도 그것은 어디까지나 부수적인 것이지 주된 요인이었다고 보기는 어렵다.

이 전쟁으로 함안이나 김해가야가 얻은 이익이 무엇인지를 알려주는 기록은 없다. 전쟁 개시 기록에 등장한 포상팔국의 나라 이름 외에는 그들 각자의 구체적인 움직임이라든가 전쟁의 전개과정을 보다 상세하게 알 수 있는 기록이 없다. 다만 이 전쟁으로 가장 큰 피해를 입은 쪽이 포상팔국이라는 것 한 가지는 분명하다. 또 포상팔국 전쟁으로 김해가야와 함안 안라국이 거둔 최대의 수확은 포상팔국을 멸망시키고 그 땅과 인구·물자를 흡수한 것이라고 할 수 있다. 포상팔국과의 전쟁이 끝나고 3~4세기에 김해가야가 크게 발전하였으며, 4세기에 함안이 김해나 외부로부터의 영향을 받는 것으로 보아 김해와 함안의 성장과 포상팔국의 멸망은 깊은 관련이 있다고 볼 수 있다. 지금의 경남 남부 지역에 있던 8개의 소국들을 통합하였으니 포상팔국전 후에 변진(가야) 지역이 김해와 함안의 양자 구도로 재편된 것도 분명하다. 다만 함안 안라국이 어떤 과정에 의해 임나가라 내의 소국으로 편입되었으며, 김해의 임나 본국이 어떻게 해서 함안을 지배 하에 두었는지 그에 대한 문제는 해결되지 않았다. 아마도 이 문제는 앞으로도 명쾌하게 풀릴 것 같지는 않다.

정리하자면, 포상팔국의 멸망은 과거 군읍郡邑에 있던 군소 세력을 통합하여 국國의 규모를 확대하는 동시에 신분의 분화와 계층화를 심화시킨 사건이었다고 볼 수 있다. 진한 지역의 경우 신라가 흡수한 이서국伊西國[24]·골벌국骨伐國[25]·소문국召文國[26]과 같은 나라는 변진 지역 포상팔국의 여덟 나라와 같은 단계의 소국이었다. 삼한의 국읍에 있었다는 주수主帥는 이와 같은 소국들의 주인을 이른 것이고, 변진 지역 주수와 같은 세력으로서 가장 큰 힘을 가진 자가 '신지'였다. 진한 지역 내에서도 이런 소국들을 신라가 통합하여 새로운 신분 계층을 탄생시켰다. 가야권에서도 그와 똑같은 과정에서 일어난 사건이 포상팔국 전쟁이었던 것이다. 비록 내전의 성격을 갖고 있기는 하지만 포상팔국전은 변진 소국의 통합을 이룬 주요 사건이었다. 결과적으로 보면 포상팔국전은 변진, 즉 가야권 통합을 위한 산통이었다고 평가할 수 있겠다. 다만 그 위치로 보건대 함안 남쪽 포구에 있던 포상팔국 몇 나라는 함안 안라국에 흡수되었을 것이고, 그 나머지 소국은 김해가야의 후국侯國으로 편입되었을 것이다. 이 과정에서 자잘한 소국들의 왕이 김해 가라국 소속의 후왕侯王으로 편제되었다고 할 수 있다. 이에 대해서는 뒤에서 상세히 설명할 것이다.

앞에서 말한 바와 같이 포상팔국 전쟁은 변진 지역에서 김해와 함안

• • • • • • • • • • •
24. 경북 청도
25. 경북 영천
26. 경북 의성

두 축을 중심으로 재편해 나가던 구도를 새롭게 바꾼 계기가 되었다고 본다. 즉, 가야권을 김해 중심으로 통합, 재편하는 계기가 된 것이 포상 팔국 전쟁이었고, 그 도화선이 바로 함안의 안라국을 포상팔국이 공격 한 것이라고 이해하려는 것이다. 그러면 왜 포상팔국은 함안 안라국을 먼저 공격한 것일까? 그에 관한 기록이 없으니 알 길이 없다. 다만 함 안이 골포국이나 그 외 다른 소국과 가져온 그간의 유대관계에 급작스 런 변화가 왔고, 그 당시 김해의 가라국과 함안 안라국이 계속해서 소 국들을 병합해가자 포상팔국 소국들이 쳐들어가기 쉬운 함안을 먼저 공격하였을 가능성이 있다. 포상팔국 공동의 이익을 침해한 함안을 응 징하기 위해 함안을 공격했겠지만, 그 외에 달리 떠올려볼 만한 요소는 별로 없다. 다만 포상팔국의 위치와 규모로 추정해 보면 처음에 함안 을 공격한 것은 함안 안라국이 주변 소국을 병합한 때문인 것 같고, 김 해에 맞서 일어나 포상팔국 전쟁을 주도한 나라는 아마도 칠포국과 고 사포국·골포국이었을 것이다. 그러나 칠포국을 비롯한 포상팔국은 결 국 김해에 흡수되었다. 3~4세기 김해가야(가라)가 급격히 성장할 수 있 었던 배경은 포상팔국을 흡수하여 그 인력과 물자, 문화와 영토를 발판 으로 삼은 데 있었다. 김해가야가 흡수한 해상 포구는 주요 교역로이자 교역창구로서 김해가야의 도약에 큰 힘이 되었을 것이다.

　포상팔국이 10년이 넘는 오랜 기간 동안 전쟁을 벌인 이유를 추리해 보기 위해서는 무엇보다도 먼저 포상팔국의 위치를 고려해볼 필요가 있다. 포상팔국은 영남 남해안의 주요 해상 거점에 있던 소국들이다. 그 당시 이 8개 소국들을 잇는 해상로는 매우 중요한 교역로였고, 포 상팔국은 교역 거점들이었다. 그들은 서쪽으로 전남 남해권과 서해로 나가기 위한 중간거점인 동시에 왜와의 교역에 반드시 필요한 요충이 었다. 그런데 함안과 김해의 세력 확장으로 포상팔국과의 사이에 교역과 경제에 불균형이 초래되었고, 결국 이런 문제를 타개하기 위한 방편으로 포상팔국은 경쟁관계에 있던 함안에 이어 김해를 공격하게 된 것이라고 볼 수 있다.

또한 당시의 교역 규모와 경제 관계로 볼 때 좁은 영남 남부 지역에 포상팔국을 비롯하여 가야 소국들이 지나치게 밀집되어 있었다. 하나로 통합되어야 안정을 유지할 수 있는 협소한 지역에서 포상팔국과 김해가야·함안 안라국 및 그 외 여러 소국들로 나뉘어 있어 그들 사이의 경쟁이 과열되었고, 그로 인해 서로의 손익불균형이 발생한 것으로 볼 수도 있다. 따라서 이들을 병합하여 분산체제로부터 벗어나야 할 필요가 있었고, 그런 분위기는 3세기에 무르익어 생산력이 높고 세력이 큰 김해와 함안 주도로 가야 소국이 통합·재편되어 갔던 것이다. 이에 반발하여 그간 주도권을 쥐고 있던 칠포국·골포국·사물국 등은 자신들의 이익을 지키기 위해 힘을 합쳐 김해와 함안에 맞설 수밖에 없었을 것이다. 포상팔국 전쟁은 이런 과도기적 변화에 따른 갈등이었으며 그것이 바로 그 시대의 흐름이었다. 이것은 앞에서 설명했듯이 3세기에 신라가 주변 소국들을 부지런히 통합해 나가는 과정과 동일한 것이었다. 그 과정에서 '국國의 개념과 영역이 점차 확대'되었다. 변한12국·진한12국의 영남 각 소국들을 가야권과 신라의 구도로 통합해 가는 과정에서 겪어야 했던 변화의 진통이었다. 후일 가야가 최종적으로 신라에 통합되는 것도 '국가의 개념과 영역(정치·경제) 확대'라는 연장선에서 이해할 필요가 있는 것이다.

당시의 여건을 종합해 추정해보건대 함안은 남쪽 마산 방향으로 영역을 확장해갔고, 그것이 포상팔국이라는 경제공동체의 이익을 심각하게 침해하였으므로 포상팔국이 함안을 선제공격했으며, 김해가야 또한 진해나 부산 방향으로 세력을 넓혀가는 과정에서 포상팔국과 정치·경제적으로 갈등을 일으켰을 것이다. 그것이 아니면 그 이전부터 누적되어 온 구시대의 사회 체제와 구조적 문제에서 비롯된 필연적인 충돌이었을 수도 있다.

앞에서 설명한 대로 포상팔국이 김해가야와 힘을 겨룬 사건은 당시 철의 생산과 보급 그리고 국제적인 교역권을 놓고 다툰 주도권 싸움의 일면도 있을 것이다. 단순히 생각하면 포상팔국 전쟁은 '영남 내부에서의 철 주도권을 갖기 위한 전쟁'이었다고 볼 수도 있겠지만, 소국 중심의 난립된 사회체제를 마무리하고 통합을 향해 사회구조와 체제를 바꿔 나가는 과정에서 필연적으로 빚어진 국지전이자 내전의 성격을 갖는 싸움이었다고 보는 것이 타당하다. 다만, 포상팔국이 함안과 김해를 대상으로 치른 장기전이었다고 해서 포상팔국을 1~3세기 전기가야 연맹으로 파악하는 것은 받아들일 수 없다. 또 포상팔국을 제외한 가야 소국들의 가야 연맹도 실재한 것으로 볼 수 없다. 4세기 이전의 전기가야 연맹이니 연합이니 하는 것들은 기록과 자료를 제대로 이해하지 못한 데서 나온 허구적 가설이다.

포상팔국 전쟁은 3세기 후반에 일어난 사건

그러면 포상팔국 전쟁이 일어난 시기는 언제인가? 앞에서 포상팔국 전 발발 시기에 대한 견해를 모두 다섯 가지로 정리하여 설명하였다. 그러나 그 범위가 『삼국사기』의 기록대로 3세기 초로 보는 시각부터 5세기 후반까지 대략 250여 년이나 되는 긴 기간에 걸쳐 있으니 매우 혼란스럽다. 『삼국사기』 신라본기에는 포상팔국 전쟁이 내해왕(202~212) 때의 사건으로 기록되어 있다. 이 기록을 그대로 신뢰하여 3세기 초의 사건으로 이해하려는 이들은 주로 전쟁의 원인을 영남 지역 내부에서 찾으려 한다. 그래서 포상팔국전을 내란적 성격을 가진 사건이었다고 해서 종전에는 '포상팔국의 난'으로 이해하였다. 물론 여기서 사용한 난 亂이라는 용어는 과거 왕조시대에 전쟁과 사회적 혼란을 대신하는 개념인 동시에 어떤 조직이나 사회 내부에서의 충돌과 갈등을 지칭하는 용어이다. 체제에 순응하지 않고, 반발하거나 저항하는 사건을 규정하는 용어로도 쓰인다. 물론 외적으로 말미암아 일어난 전쟁도 난으로 설명하지만, 이 경우 난이라 함은 대외 전쟁이 아니라 변진 사회 내부의 혼란상으로 규정하려는 것이다.

이와 달리 3세기 말의 사건으로 그 연대를 내려서 보는 시각은 『삼국사기』 신라본기의 초기 기사가 실제 연대보다 최소 60년 이상(1갑자) 위로 상향 조정되었으므로 그만큼 내려 봐야 실제 연대에 부합한다는 연대 불신론에 기초를 두고 있다. 그리고 4세기 초의 '내전'으로 보는 견해는 고성 송학동 제1호분 안에서 확인한 목곽묘(1E호분)에 기준을 두고 있다. 송학동 제1호분 안에 있는 1E호분에서 나온 토기가 3세기 말~4세기 초에 제작된 것이어서 이 목곽묘의 주인을 포상팔국전에 참여한 고사포국의 주역으로 보는 것인데, 여기에도 3세기 말의 사건으로 보는 입장과 4세기 초로 해석하는 견해가 있다. 앞에서 간단히 소개하였듯이 4세기 초 낙랑과 대방의 소멸 직후에 일어난 전쟁으로 보는 이들은 김해가야가 낙랑·대방 지역 철시장을 상실한 데 원인이 있다고 믿는다. 이 견해는 외부 요인과 내부 상황의 몇몇 조건에서 야기된 사건이었다고 이해하려는 의도가 있다. 토기편년에 비중을 두고, 포상팔국전을 이해하려는 이들은 포상팔국 전쟁에서의 승리 후에 고성 지역을 접수한 이의 무덤이 송학동 1E호분일 것이라고 추리한다.

이 외에 고자국(고성 소가야)의 중심지인 고성 지역에서 출토되는 토기류에 기준을 두고 5세기 초 또는 5세기 후반에 일어난 사건으로 보는 견해가 있다. 5세기 후반으로 보는 시각은 내산리나 율대리 등, 고성 지역의 분묘가 5세기 후반에 집중적으로 조성되는 사실을 바탕에 두고 있다.

한 사건을 두고 이처럼 바라보는 시각이 다르고, 포상팔국 전쟁 발발 연대에 대한 추정 범위도 250년 이상 3세기 가까이 벌어진 것은 최근까지 발굴한 고고학 자료를 바탕으로 『삼국사기』 신라본기 초기 기사에 대한 불신에서 비롯되었다. 『삼국사기』 기록 중 신라 상고사 연대 문제는 이미 오래 전부터 제기된 과제이다. 특히 3~4세기 이전의 신라사 기록은 실제 연대보다 한참 많이 위로 끌어 올렸으므로 그만큼 연대를 내려 봐야 한다는 것이다. 대략 1~2주갑 정도 연대를 내려 보아야 한다는 데는 이견이 별로 없는 것 같다. 그러나 아직까지 연대를 얼마나 끌어올렸을지, 그에 대해서도 의견이 분분하다.

김부식이 『삼국사기』를 쓰면서 신라본기의 연대를 의도적으로 조작함으로써 고대사 해석에 치명적인 문제를 남긴 결과이다. 그는 삼국의 건국시점도 조작하였다. 그 자신 경순왕의 후예로서 삼국을 통일한 신라가 제일 먼저 건국된 것으로 꾸몄다. 신라의 건국이 고구려(B.C. 37), 백제(B.C. 18)보다 먼저 성립되었다고 설정하고, 거기에 맞춰서 연대를 끌어올리면서 한국고대사의 비극은 시작되었다고 할 수 있다. 구차하게 여러 가지 사례를 들 필요는 없을 것이다. 그가 연대를 조작한 증거 하나만을 예로 들고 넘어가겠다.

왜왕 히미코(卑彌乎)가 중국에 사신을 파견한 일이다. 히미코는 235년에 처음으로 중국에 사신을 보냈다. 그런데 『삼국사기』 신라본기에는 히미코가 신라 아달라니사금 20년(172) "여름 5월에 왜의 여왕 히미코(卑彌乎)[27]가 (신라에) 사신을 보내왔다"고 되어 있다. 히미코가 신라에 사

---

27. 『삼국지』 위서 동이전 왜인 조에 야마대국(邪馬臺國)의 여왕으로 기록되어 있다.

신을 보낸 것은 이때가 처음이었다. 그러나 신라에 사신을 보냈다고 한 그 당시에 히미코는 생존하지도 않았다. 간단히 말해서 왜국 여왕 히미코는 235년에 중국에 처음 사신을 파견하였다. 바로 이 해에 중국과 신라에 처음 사신을 보내어 자신이 정통성이 있는 왜왕임을 알렸다. 그러나 두 기사는 63년의 차이가 있다. 우리는 이 연대 차이에 주목해야 한다. 63년이라는 연대는 단순한 오류가 아니다. 연대를 끌어올리다가 실수가 빚어졌고, 그 증거가 63년이란 숫자 안에 숨어 있기 때문이다. 왜국의 여왕 히미코가 신라에 처음 사신을 보냈다고 하는 아달라니사금 20년(172)에서 63년을 내려가면 235년이다. 이 해에 히미코는 중국에 처음 사신을 보낸 것으로 중국의 역사서에 남아 있으니『삼국사기』와 중국의『삼국지』두 기사를 맞춰보면 둘 중 하나가 잘못된 것이 분명하다.[28]『삼국지』의 연대가 맞으며,『삼국사기』의 연대는 틀린 것이다. 63년이란 연대는 왜왕 히미코가 두 명이 있지 않고서는 극복하기 어려운 시간이다.

그러면 왜 60년이 아니라 63년의 차이가 발생하였는가. 이것 또한 대단히 중요한 사실이므로 자세히 설명하고 넘어가야겠다. 김부식이 남긴 범죄의 흔적이 63년 중에서 바로 이 3년에 남아 있는 것이다.

주지하다시피 60갑자甲子의 간지干支는 60년 주기이다. 그러나 여기엔 숫자의 마법이 있다. 사람이 환갑을 맞는 것은 자신이 태어난 해로부터 61년째이다. 자신이 태어난 해를 제외하고 그 다음해부터 계산해야 60년째에 똑같은 간지가 찾아온다. 이를테면 갑오년과 갑오년 사이의 공차(=등차)는 59년이지만, 양쪽 갑오년을 다 계산해서 넣으면 61년이 된다.

지금처럼 10진법에 따르지 않고 61년 주기의 간지로 연대를 계산하

....
28. 그러나 이 연대에 관한 한 중국의 연호로 기록된 것이 옳다. A.D. 235년에 있었던 일이 맞다.

던 시대였기에 간단한 계산기나 연표에 의존하지 않고 일일이 수를 헤아려야 했던 김부식은 이 마법의 수에 걸려든 것이다. 즉 63년의 3년은 3갑자를 조작한 증거로 볼 수 있다는 말이다. 신라의 건국년도를 3갑자 끌어올리면서 거기에 기준을 두고 나머지를 조작하다 보니 1갑자마다 1년씩 세 번 누적되어 3년의 차이가 생겼고(61×3=183), 그것이 기원후 2~3세기의 신라본기 기사에 3년의 차이를 가져온 것으로 볼 수 있다. 설령 그것이 아니라 해도 이것은 간지를 잘못 센 결과이다. 61년째마다 반복되는 간지를 세 번 중복하고 남은 3년을 김부식은 마지막에 미처 감안하지 못한 것이다. 물론 3년이란 연대 차이는 원년元年 설정에서 비롯된 문제일 수도 있다. 새로 왕이 즉위하면 원년을 선왕이 죽은 해로부터 계산할 것인가, 아니면 그 다음해부터 할 것인가에 따라 1년의 오차가 생길 수 있다. 하지만 그런 염려는 하지 않아도 될 것 같다. 애초 김부식이 참고한 자료는 맨앞에 간지干支로써 '연월일'이 꼬박꼬박 제시되어 있었을 것이므로 그것을 혼동했을 리는 없다. 그냥 옮겨 적기만 하면 되는 것이었다. 후대의 기사를 갈라서 연대를 위로 끌어올려 여기저기에 적절히 배치해가며 없는 연대와 날짜를 만들어 내다가 실수하였고, 거기서 이런 오차가 발생한 것이라고 볼 수밖에 없는 것이다.

그러면 이것을 가지고 신라의 건국연도를 따져 보자. 박혁거세가 신라를 건국한 해를 3갑자 끌어올려 기원전 57년으로 설정하고는 형편에 따라 기원후 1~3세기의 기사를 180년에서 60년까지(1갑자~3갑자) 조정해가며 배치한 것으로 볼 수 있다는 사실을 떠올려 보면 이해가 쉬울 것이다. 신라의 건국시점을 위로 3갑자 상향조정하고 기사를 나누어 배열하다 보니 아마도 기원후 3세기의 기사는 1주갑을 상향조정하였을 것이다. 따라서 3세기의 사건은 60년을 내려서 보면 실제의 사건 발생 연대가 될 것이다. 이런 추정에 따라 포상팔국 전쟁을 1주갑 내려서 보면 이 전쟁은 실제로는 262~272년에 일어난 사건이 된다. 적어도 히미코 관련 기사로 알 수 있는 것은 포상팔국 전쟁 연대도 60년을 내려야 사실에 부합하리라는 것이다. 이것을 신라의 건국년도에 적용하면 신라의 실제 건국년도는 3갑자를 내려서 A.D. 123년으로 봐야 합당할 것이다. 그 이전은 진한이며, 『삼국사기』에 실려 있는 123년 이전의 기사 중에는 진한의 기록도 다수 포함되어 있을지 모른다. 가야 관련 기사도 예외가 아닐 것으로 본다. 즉, 박혁거세 때부터 1세기까지 신라가 가야를 병합했다는 기사도 2~3갑자 가량을 내려야 실제 연대에 맞을 것이다. 박혁거세 19년(기원전 39) '봄 정월에 변한이 나라를 바치고 항복해 왔다'는 것이나 파사니사금 8년(87) '…(신라의) 남쪽으로는 가야와 경계를 맞대었다…' 또는 파사니사금 17년(96) '가야인들이 남쪽 변경을 습격하였다'고 한 것 그리고 파사니사금 18년 '봄 정월에 군사를 일으켜 가야를 치려 했으나 그 나라 왕이 사신을 보내어 사죄하므로 그만 두었다'는 등의 기사는 그 연대를 아래로 한참 내려야 시대적 상황이 맞을 수 있다.

지금까지 『삼국사기』 신라본기 상고 시기의 연대 문제를 놓고 시비를 벌여오고 있는 데는 그럴만한 이유가 있다. 4세기의 기사도 연대가 잘 맞지 않는다. 이를테면 미추왕(262~283)과 내물왕(356~401) 사이의 연대 차이다. 미추왕의 딸과 결혼한 내물왕은 미추왕의 사망 시점으로부터 73년 후에 미추왕에 이어 왕위에 올랐다. 여기서도 최소 60년 가량 연대를 조절해야 장인과 사위가 살아서 만날 수 있는 시간이 나온다. 『증보문헌비고』 제계고帝系考에 이 문제의 답이 있다. 거기엔 '미추왕의 동생 김말구金末仇가 각간으로서 죽은 뒤에 갈문왕에 추증되었으며 바로 이 김말구가 내물왕을 낳았다'고 되어 있다. 이것이 양산김씨 족보 김말구 관련 내용과 일치하며 내물왕이 왕위에 오른 시기도 진晉 영화永和

12년(356)으로 적어『삼국사기』내용과 같다. 미추왕은 김말구의 큰형이며, 내물왕의 큰아버지이자 장인이다. 미추왕의 큰사위가 실성왕이며 둘째사위가 내물왕이다. 실성왕(402~416)과 내물왕의 재위 시기로부터 미추왕의 재위 시기 사이는 무려 120여 년이나 된다. 이것은 장인과 사위가 도저히 만날 수 없는 기간이다. 연대 공백을 메우기 위해 미추왕의 생존연대를 지나치게 끌어올린 결과, 이런 일이 벌어진 것이다. 또 미추왕의 뒤를 이은 유례니사금[29]이 있는데, 신라 제3대 유리니사금[30]이 따로 있어 이것도 사실은 부풀린 연대를 메꾸기 위해 이리저리 둘러대고, 심지어 없는 왕까지 만들어낸 게 아닌가 한다.[31]

또『삼국사기』신라본기에 흘해니사금은 석우로의 아들이며 내해왕의 손자로 되어 있다. 그런데 포상팔국전은 내해왕 때(202~212) 일어난 것으로 되어 있어 포상팔국전이 끝난 해라고 하는 212년부터 흘해니사금의 퇴위시점까지를 계산해도 무려 143년이나 된다. 이 시간을 석우로 혼자서 연결해야 하는데, 그것은 생물학적으로 불가능하다. 내해니사금은 벌휴니사금의 손자이고, 내해니사금의 뒤를 이은 조분니사금(230~246)도 내해니사금의 손자이다. 그 뒤를 다시 조분니사금의 친동생인 첨해니사금이 이었다. 결국 내해니사금의 장자였던 석우로는 왕이 되지 못했다.[32] 석우로가 250년 경에 결혼하여 흘해니사금을 낳았다

●●●●●●●●●●
29. 儒禮尼師今(284~297)
30. 儒理尼師今(A.D. 24~56)
31. 『삼국사기』에는 미추왕 뒤로 석씨계인 유례니사금(儒禮尼師今, 284~297), 기림니사금(基臨尼斯今, 298~309), 흘해니사금(訖解尼師今, 310~355)으로 되어 있다. 흘해니사금이 아들이 없어 내물왕이 그 뒤를 이은 것으로 되어 있는데, 미추왕이 大西知(대서지)·말구와 형제인 점을 감안할 때 그 연대가 크게 잘못 되었음을 알 수 있다.
32. 『삼국사기』석우로전(열전)에는 석우로와 관련된 사실들이 연대별로 정리되어 있다. 253년 기록에 왜국 사신이 객관에 와서 머물 때 석우로가 그들을 접대하며 농담하기를 "조만간 당신네 왕을 소금 굽는 종으로 만들고 왕비는 밥 짓는 부엌데기로 만들 것이오"라고 실언을 해서 왜군

고 해도 흘해니사금이 310~356년에 왕위에 있을 수 없다. 그런데 다
행히도 『삼국사기』 석우로 전에는 그가 죽던 해에 흘해가 어려서 걷지
도 못했다고 하였으니 석우로가 죽은 해를 235년으로 보면 그때 흘해
는 서너 살도 안 되었던 것이다. 신라본기 흘해니사금 조에는 흘해니사
금이 356년에 사망한 것으로 되어 있다. 흘해니사금이 설령 253년에 태
어났다고 해도 103살이 넘은 해인 356년에 죽을 수는 없다. 내해니사금
의 통치기간을 위로 끌어올리고 적당히 안배하다 보니 이렇게 연대가
크게 벌어지게 된 것인데, 이런 것들을 대조해 보면 기록상의 포상팔국
연대를 적어도 60년 가량 끌어내려야 내해니사금-석우로-흘해니사금
이 생물학적으로 자연스럽게 연결될 수 있음을 알게 된다. 포상팔국전
이 202~212년에 있었다는 기록은 그래서 도무지 믿을 수 없는 것이다.

　이상의 몇 가지 사례로 보면 포상팔국전을 3세기 초의 사건으로 보
기 어렵다. 적어도 3세기 중반 이후의 사건으로 내려 볼 수밖에 없다.
지금까지 김수로의 김씨 정권이 3세기 중반 변진구야국을 정복하였다
고 본 것은 이런 점까지 감안한 것이었다. 가라국 정권이 변진구야국을
정복하자 포상팔국의 반감을 불렀고, 곧 이어 왜와의 교역에서 주도권
마저 빼앗기자 이에 위기감을 느낀 포상팔국이 연대하여 전쟁을 전개
했다고 보는 게 순리에 맞을 것이기 때문이다. 이렇게 볼 경우 김수로
와 탈해 사이의 싸움이라든가 기타 신라 관련 1~3세기의 기사 역시 연
대를 아래로 내려서 이해해야 훨씬 자연스럽다. 쉽게 생각해서 기원전
의 신라본기 기사는 3갑자, 1~2세기의 기사는 2갑자, 3세기의 기사는 1

이 쳐들어왔고, 이를 무마하기 위해 삭우로가 왜군 진영에 갔다가 붙잡혀 화형을 당했다고 되어
있다. 석우로의 죽음이 253년 이후인 것은 분명하지만 그 정확한 연대를 알 수 없다. 그런데 석
우로가 내해왕 14년(209) 포상팔국전에 참전한 것으로 되어 있다. 이것을 269년(수정연대)로 조
정해서 보면 석우로의 사망시점은 최소한 269년 이후라야 합당하다. 이 무렵 흘해가 두세 살이
었다면 310년 흘해니사금으로 즉위할 당시에는 40대 초반의 나이가 된다.

갑자 하향조정해서 읽어보는 것이다. 그렇게 보면 기사의 내용과 실제 사건연대가 비슷하게 맞아 떨어질 것이다. 그런데도 3~4세기의 기사 중 일부는 60~70년 이상 틈이 벌어지는 것들이 꽤 있다. 그것 역시 기록자의 단순한 실수가 아니라 조작의 흔적으로 볼 수 있다.

이런 기준에서 보면 고성 송학동 제1호분 내의 1E호분 주인은 3세기 말 포상팔국전에서 승리한 김해가야 김씨 계열 또는 그 친위세력의 수장이었다고 이해할 수도 있을 것 같다.

고성 송학동 제1호분 발굴 이후에 1E호분의 목곽묘와 토기에 기준을 두고 포상팔국전을 3세기 말~4세기 초의 사건으로 보는 견해를 따르는 이들이 많이 늘었다. 아마도 지금은 그것이 대세인 것 같다. 포상팔국전을 3세기 말의 사건으로 보는 이들은 포상팔국전을 3세기 초에 일어난 사건으로 볼 수 없는 이유를 다음과 같이 제시한다. "3세기 초에는 골포국骨浦國·칠포국漆浦國·사물국史勿國·보라국保羅國·고사포국古史浦國 등 포상팔국보다 김해가야 세력이 월등해서 포상팔국이 김해를 공격할 이유도 실력도 없었다"[33]고. 이러한 주장을 감안하여 "포상팔국 전쟁은 낙동강 서남부 지역의 사회적 변화에 따라 일어난 3세기 말의 사건"으로 시대를 내려 보는 입장도 있다. 이 견해는 연대문제에 있어서는 고성 송학동 1호분 1E호분에서 나온 토기 3점을 근거로 들어 3세기 말~4세기 초의 사건으로 보는 견해와 같다. 다만 그 판단 기준이 사뭇 다른 것이다.

그렇지만 김해가야와 포상팔국의 세력 차이는 3세기 초보다도 3세기 말에 더 크게 벌어졌다. 이 무렵 김해가야는 포상팔국 각 소국들보다 월등히 강했다. 그것만으로 단순비교하면 포상팔국은 김해가야에 대적

33. 「咸安 安羅國의 成長과 變遷」, 김태식, 『韓國史研究』 86, p.82, 1994

이 되지 못했을 것이다.

이 외에 '285년 부여 왕족과 난민이 내려와 김해가야를 정복한 것이 계기가 됐다'는 의견도 있지만 부여 왕족의 김해정복설은 근거가 부족하다.[34] 그것은 한 마디로 허구적 가설에 지나지 않으며, 이에 대해서는 『흉노인 김씨의 나라 가야』에서 이미 소개하였으므로 자세한 설명을 생략한다.

아울러 3세기까지 영남 지역의 토기양식은 같았으나 4세기를 전후해 기형과 기종이 분화하면서 각 지역마다 특성이 나타난다는 점을 감안한 이론이 있는데[35] 이 역시 포상팔국 전쟁을 4세기 초에 있었던 것으로 이해하는 견해이다. 그러나 이것은 낙랑의 멸망(313년)과 대방의 소멸(314년) 이후에 일어난 전쟁으로 보아 4세기 초의 사건이라고 파악하는 점에서는 같지만, 그것을 바라보는 시각은 전혀 다르다. 다만 고성 송학동 제1호고분군 내의 대형목곽묘라든가 토기, 그리고 영남 각 지역에 따른 토기의 기종과 기형 분화를 바탕에 두고 포상팔국전의 성격을 이해하려 한 시도는 긍정적으로 평가할 수 있다.

종합적으로 판단할 때 포상팔국 전쟁을 3세기 말의 사건으로 보는 것은 타당하다. 『삼국사기』에 기록된 연대에 60년을 추가, 수정연대를 적

· · · · · · · · · · ·

34. 부여는 494년(고구려 문자명왕 3년 2월)에 고구려 항복하여 멸망하였다.
35. 경남 해안 지역에서 출토되는 무개고배에 기준을 두고 포상팔국의 위치를 찾으려는 시도가 있다. 포상팔국 전쟁을 4세기 전반의 사건으로 전제하고 고식 도질토기인 무개고배의 분화현상은 4세기 전반 영남 지역에서의 정치적 변동과 무관하지 않다는 가정 하에 영남 남부 지역의 여러 세력이 서로 연합하거나 갈등을 겪었던 것으로 파악한 것이다. 이러한 변화를 한 마디로 '포상팔국의 난과 가야 연맹의 동서 분열'로 정리하면서 포상팔국의 위치를 마산 현동고분군, 마산 진북면 대평리·신촌리 유적, 함안군 칠서면 일대, 진주시 압사리·평촌리·하촌리 유적, 함안 도항리·황사리고분군, 합천 쌍책 옥천고분군, 의령군 예둔리고분군 등과 연계하여 찾으려는 시도이다. 그러나 이런 고고학적 접근법만으로는 포상팔국의 위치를 찾는데 만족할만한 결과를 얻기 힘들 것이다.

용하여 3세기 후반(262~272)의 일로 보는 게 정확할 것이라 믿는다. 바로 이 시기부터 3세기 말 사이에 김해 대성동에 지배층의 무덤이 부쩍 많이 등장하는데, 그것은 포상팔국 전쟁에서 희생된 사람과 갑작스럽게 찾아온 기후변화로 말미암아 농작물의 소출이 줄어들어 기아와 전염병으로 사망한 이들이 늘어난 결과일 수 있다고 추정하는 바이다.

포상팔국 전쟁은 사회 체제의 변화에 따른 단일화 과정

김해가야 및 함안 안라국을 대상으로 벌인 포상팔국의 전쟁은 질기고도 집요한 싸움이었다. 포상팔국 연합군이 안라국과 김해가야를 공격했지만 그들은 번번이 패하였다. 드디어 전쟁이 끝난 212년[36] 봄 3월, 가야는 왕자를 신라에 인질로 보냈다. 아마도 그것은 신라가 지원군을 보내준 데 대한 감사와 신뢰의 표시였을 것이다. 이후 신라와 가야는 상당히 가까워졌다.

김해가야와 포상팔국의 전쟁은 그야말로 당사자 모두에게 생존을 건 총력전이었다. 그만큼 중요했기에 『삼국유사』와 『삼국사기』가 모두 다루고 있는 것이다. 신라는 탈해왕 때 석씨와 김씨, 박씨가 연합하여 연립정권을 세웠다. 그리고 탈해왕의 손자 벌휴니사금, 벌휴니사금의 손자 내해니사금 그리고 조분니사금의 석씨계로 왕위가 이어졌다. 그리하여 3세기까지 신라의 왕은 석씨계가 하였으나(미추왕 제외) 가야계인 '알지' 김씨 계열 또한 그에 버금가는 실권을 장악하고 있었다. 따라서 가야와 신라는 그 이전처럼 적대적인 시기가 아니었다. 포상팔국전이 있은 3세기 후반은 가야의 김씨들이 신라를 장악하여 김씨들의 나라가 되

---

36. 편의상 『삼국사기』 신라본기의 연대를 그대로 따라서 설명하였다. 앞에서 설명한 대로 수정연대로는 272년에 해당한다.

어버린 때였다. 후일 『구당서』 신라전에 '신라국은 본래 변한의 후예'라고 한 것은 김해가야의 김씨가 신라를 장악한 것을 의미한다. 이런 배경 때문에 내해니사금 6년(201년), 그러니까 수정연대로는 261년에 가야는 신라와 화친을 했고, 화친의 조건이 있었기에 그 이듬해 가야는 신라에 원병을 요청할 수 있었다.

신라의 지원으로 가야가 포상팔국 전쟁에서 승리하였고, 포상팔국은 김해에 흡수되었다. 전쟁을 도운 데 대한 답례로 김해가야가 신라 측에 건넨 현실적인 보상(대가)이 무엇인지는 알 수 없다. 다만 김해가야는 왕자를 신라에 볼모로 보냈고, 양국 사이에는 평화무드가 조성되었다. 이후 가야와의 화해로 신라는 안정을 찾고 자신의 입지를 키울 수 있었다. 포상팔국의 소멸로 김해가야와 안라국은 이후 부산에서 사천·고성에 이르는 해로는 물론 남해안 지역을 손아귀에 넣고 가야권의 강자가 되었다.

그러나 함안의 안라국과 김해의 변진구야국 및 포상팔국은 김씨들의 가락국(=가라국)보다 먼저 성립된 선주세력이다. 변진구야국을 정복한 김씨들의 가라국이 일어서기 이전에 변진 지역에 뿌리를 내린 실력자들이었다. 함안 지역 유적 발굴 결과로 함안 안라국은 대략 1세기에 형성되었을 것이라고 보고 있으나 『후한서』에는 함안과 김해는 고조선의 정통후예들이라고 하였다. 변진 지역에는 기원전 3세기 말 이후 고조선의 유민들과 함께 한계 사람들이 내려와 있었다. 선주 변한 소국들의 입장에서 보면 김해의 구야국과 함안 안라국 역시 신진 세력이었다. 그러므로 포상팔국전은 선주 변한 소국들을 김해와 함안 세력이 흡수하면서 벌어진 사건으로 볼 수 있다. 그래서 지금까지 포상팔국 전쟁은 신세력이 구세력을 해체하여 통합하면서 일어난 사건이었다고 설명하였다.

그러나 함안 안라국이 어떤 이유로, 어떻게 해서 포상팔국의 공격을 받게 되었는지 정확히 알 수는 없다. 다만 『삼국지』 변진 조의 설명으로 조금 짐작할 수 있을 뿐이다. 그 무렵 변진 지역은 구야국(가야국)과 함안 안라국 양대 구도로 통합되어 가고 있었다. 뒤에 자세히 설명하겠지만, 주변 소국들은 안라국이나 김해가야에 항복(귀순)하여 그 후국侯國이 되는 방식으로 생존의 길을 찾고 있었다. 함안과 김해에 항복한 소국의 우두머리로서 귀의후를 비롯한 몇 단계의 신분층을 『삼국지』 한조에 기록한 것이 증거이다. 귀의후 아래로는 중랑장·도위와 같은 신분층이 있었다. 안라국 및 김해가야와 귀의후의 관계는 쉽게 말해서 본국의 대왕과 소왕(후국)의 관계로 볼 수 있다. 이런 배경을 감안하면 포상팔국전은 '통합과 갈등의 내전적 성격을 가진 사건'이었던 것이다. 읍락의 작은 정치 단위로서 소국들이 난립해 있던 체제에서 벗어나 새로운 구도로 통합되어 가는 과정에서 빚어진 충돌이었던 것이다. 가야권은 통합의 방향으로 나아가고 있었고, 그 과정에서 일어난 갈등과 소용돌이가 포상팔국 전쟁이었던 것이다. 포상팔국 전쟁은 함안과 김해가 구세력인 포상팔국을 무너뜨리고 낙동강 서편의 양대 세력으로 부상하면서 가야 사회에 급격한 변화를 가져왔다.

그 사이, 신라는 남쪽과 북쪽으로 세력을 확장해 갔다. 신라 세력이 차츰 커지자 가야는 긴장하게 되었고, 이런 구도에서 가야는 왜와의 유대를 통해 신라를 견제하려 하였다. 3세기의 신라는 김알지계가 세력을 형성하고 있었으므로 신라와 가야는 우호적이었다. 4세기 전반까지만 해도 이런 우호관계는 어느 정도 유지되었다. 신라는 아직 그 세력이 가야에 미치지 못하였다. 더구나 3세기 중반 이후엔 김해 가야가 더욱 빠른 속도로 성장하였으므로 신라는 김해 가야의 상대가 되지 못하였다. 대신 김해 가야는 왜와 친밀한 관계를 가졌다. 그러나 4세기 말에 이르면 사정은 약간 복잡해진다. 고구려와 백제의 대립, 백제와 신라의 갈등은 여러 가지 문제를 자아냈다. 왜는 김해가야와 밀착되었고, 신라와는 적대적 입장에 섰다. 그리하여 신라와 김해의 경쟁관계가 지속되었고, 결국 백제·가야·왜가 연합하여 신라에 대응하는 구도가 형성되었다. 이에 위기를 느낀 신라는 그 타개책으로 고구려와의 전략적 제휴를 선택하였다. 마침 고구려는 백제를 견제해야 했고, 백제와 김해 가야·왜의 연합을 차단해야 했다. 그러려면 고구려로서는 신라를 돕는 것이 가장 효과적인 방법이었다. 김해의 배후 세력인 함안 안라국을 끌어들여 김해를 고립시킬 필요도 있었다. 이렇게 해서 고구려가 신라의 요구에 응하게 되었고, 결국 고·신·함안 연합군이 왜·김해·가야·백제 연합을 격파함으로써 힘의 균형에 변화가 왔다.

　400년 고구려의 개입으로 신라와 김해가야(임나가라) 양측의 균형은 무너졌다. 고구려·신라 연합군의 가야 원정은 한강 이남 백제·신라·가야 사이의 구도를 바꾸어 놓았다. 그러나 이 시기의 고구려·백제·신라·가야 4국의 움직임을 소상하게 알려주는 기록이 없다. 대략적인 흐름만 알 수 있는 정도이다. 고구려·신라 연합군의 김해가야 침공사건은 포상팔국전 이후 영남지방에 가장 격렬한 변화의 바람을 몰고 온 최대 사건이었음은 분명하다. 고구려 군대의 가야 원정은 압록강 이남 고대 4국의 판도를 완전히 바꿔 놓았다. 포상팔국전과는 그 규모와 성격이 달랐다. 포상팔국전이 변진 지역 소국들을 통합하여 국國의 규모를 확대하는 계기가 되었다면 고·신 연합군의 가야 원정은 영남 지역에서 신라 우위로 세력 판도를 바꿔버린 세기적 사건이었다.

김해가야 세력의 포상팔국 잔여세력 일본 토벌전

김해가야와 포상팔국의 싸움은 212년(수정연대 272년)으로 다 끝이 난 것 같지는 않다. 『일본서기』에 김해가야의 실력자가 일본으로 내려가 토벌전을 벌이는 것으로 짐작되는 기록들이 있기 때문이다. 이는 마치 후일 신라가 삼국을 통일한 뒤, 일본으로 망명한 고구려·백제계 세력을 추격하여 토벌하는 양상과 동일한 현상이 포상팔국 전쟁 직후에 나타나는 것이라고 생각된다. 고구려와 백제 멸망 직후 왜가 나라奈良에서 교토京都로 황급히 수도를 옮기고 국호를 일본으로 바꾸는(670년) 것은 신라의 보복전을 염두에 둔 포석이었다. 포상팔국전 직후에도 비슷한 일이 벌어진 것으로 추정된다. 포상팔국전에 패하여 일본으로 건너간 가야 망명객들을 추격하여 내려간 사람들은 대개 천신天神 계통으로 기록되어 있다.

쓰쿠시에 내려가 나라를 연 니니기노미고토ニニギノミコト나 이즈모국 (出雲國)에 내려간 스사노미고토(素戔嗚尊)는 모두 천신들이다. 일본의 고대기록에서 천신이라 하면 주로 가야계를 지칭한다. 스사노미고토는 일본 천조대신天照大神의 남동생인데, 그는 일본으로 내려갈 때 누이를 데리고 내려갔다고 한다. 일부에서 천조대신과 스사노미고토를 신라계라고 보는 이가 있지만 신라계가 아니라 가야계로 판단된다.

"스사노미고토가 말하기를 가라(韓) 고향의 섬에는 바로 이와 같은 금과 은이 있다"[37]고 한 구절이 『일본서기』에 있다. 그런데 여기서 말한 '가라'를 지금까지 신라로 이해해 왔다. 가라를 韓으로 표기하였으니 신라로 판단한 것이다. 그러나 이 경우의 가라(韓)는 가야(가라)이지

----

37. 素戔嗚尊曰韓鄕之嶋是有金銀

신라가 아니다. '가라'라고 하였으니 변진구야국이 아니라 김씨들이 세운 가라국이 분명하다. 『일본서기』 초기 기록에 나오는 韓한은 대개 가라이다. 때로는 가라를 '하늘[天]'로 그리기도 하고, 가야계 인물을 천신으로 표현하는 것이 일반적이다. 이와 같이 지배자를 천신 또는 '하늘의 아들' 즉, 천손계天孫系라는 인식은 흉노족과 선비족에 기원을 두고 있다. 『고사기古事記』에서는 '가라쿠니(韓國, カラクニ)를 향한 길지'라고 하였는데, 이 경우의 가라쿠니 역시 가라이다. 다시 말해, 가라는 한국이 아니라 김해의 가라국을 이르는 말이라고 보는 게 옳다. 가야계의 스사노미고토가 일본에 내려가 머리와 꼬리가 각각 여덟 개인 큰 뱀을 죽이는 장면이 『일본서기』에 다음과 같이 묘사되어 있다.

"머리와 꼬리가 각기 여덟 개였다. 눈알은 마치 붉은 꽈리 같았다.…이에 차고 있던 십악검을 뽑아 그 뱀을 토막 내어 죽였다. 꼬리에 이르러 검의 날이 이가 빠지는지라 뱀의 꼬리를 가르고 보니 그 속에 검 한 자루가 있었다. 이것이 이른바 초치검草薙劍이다. 스사노미고토가 이르기를 '이것은 신검이다. 내 어찌 이것을 사사로이 취할 수 있겠는가'라 하고는 천신에게 이 초치검을 바쳤다.…"[38]

이 기록에서 말하는 십악검十握劍이란, 한 손으로는 휘두르기 어려운 장검長劍을 가리킨다. 두 손으로 쥐고 흔들어야 하는 칼이다. 그 긴 칼로 뱀의 꼬리를 토막 내는 참인데, 그 속에 초치검이 들어 있어서 십악검 칼날의 이가 빠진 상황을 묘사하면서 신검을 거두게 되었다고 기술했

••••••••••
38. 頭尾各有八岐 眼如赤酸醬 乃拔所帶十握劍寸斬其蛇至尾劍刃少缺故割裂其尾視之中有一劍 此所謂草薙劍(俱娑那伎能都留伎, 本名天叢雲劍)也素戔鳴尊曰是神劍也吾何敢私以安乎乃 上獻於天神也

는데, 그 초치검이 신검이었다는 얘기이다.

그렇다면 초치검이란 무엇일까? 『일본서기』의 원문에 초치검을 어떻게 읽어야 하는지, 그 소릿값을 친절하게도 구사나기노쯔루기(倶娑那伎能都留伎)로 적어놓았다. 바로 이 이름에서 '구사나기의 검'이란 답을 얻을 수 있다. 이 이름은 대단히 소중한 정보들을 담고 있다. 우선 쯔루기つるき는 우리말의 '찌르개'에 해당한다. 장난스럽게 생각할지 모르겠으나 그것이 우리말과 일본어의 어감을 살린 가장 적합한 대응어일 것이다. 검은 베기 위한 것이 아니라 찌르기 위한 것이다. 두 나라 말의 음운과 생성원리·의미 모두를 감안할 때 쯔루기와 찌르개는 가장 정확한 대응어라고 할 수 있다.

그 다음의 '나기'는 칼을 뜻한다. 즉, 나기=쯔루기つるき이다. 칼은 칼인데 찌르개이고, 찌르개는 검이다. 여기서 말하는 나기なぎ는 '구사'에서 만든 것을 의미한다. 구사나기쯔루기는 구사에서 만든 칼이란 뜻이니 'Kusa made.'로 이해할 수 있다.

우리가 알고 있는 칼에는 도刀와 검劒의 두 가지가 있다. 도刀는 외날[片刃]의 칼로서 일본어로는 나타なた로 읽는다. 베는 기능을 중시한 칼이다. 참고로, 일본의 나기나타[39]라는 무기를 설명하기로 하자. 이것은 언월도나 청룡도와 비슷한 칼이다. 나기なぎ는 일차적으로 칼이라는 의미이지만 칼이라는 뜻 말고도 여러 가지 의미가 더 있다. 도(刀, 나타)와 달리 검은 창의 기능 일부가 칼의 모습에 합쳐진 것인데, 검을 일본어로는 반드시 쯔루기つるき라 한다.

그러면 구사나기倶娑那伎의 '구사'는 무슨 의미일까? 이 부분이 초치검의 草薙초치에 해당하며 그 뜻을 담고 있는 말이다. 쿠사(=구사)는 일본

••••••••••
39. なぎなた. 長刀(장도) 또는 薙刀(치도)로 표기한다.

어로 풀[草]이다. 그러나 여기서는 풀이란 의미의 일본어 쿠사 くさ로 쓰지 않았다. 물론 소릿값을 저장하기 위해 풀[草]의 일본음 쿠사 くさ를 빌려온 것은 맞다. 그러나 나타내려 한 뜻은 풀이 아니다. 먼저 이 문제를 풀기 위해 김해로 돌아가 보자. 김해의 옛 이름이 구사久斯였다. 구지가에서는 '구시'로 읽어서 구지龜旨라는 한자를 빌려 썼다. 구지龜旨는 구사·구시의 소릿값과 뜻을 교묘하게 조합한 말로, 김수로가 천명에 의해 구시마로(구사마로)를 토벌하는 내용을 표현한 것이라는 점을『흉노인 김씨의 나라 가야』에서 자세히 설명하였다. 久斯를 '구사' 또는 '구시'로 읽은 까닭은 당시 斯의 소릿값이 확정되지 않아 사·시·스의 세 가지 소리로 읽었기 때문이다. 지금도 斯의 소릿값은 '사'와 '시' 두 가지가 있다. 스사노미고토가 거둔 '구사나기노쯔루기'의 구사倶娑는 바로 이 김해의 久斯구사를 표기한 것이지 풀(くさ, 草)을 나타낸 것이 아니다. 따라서 풀이라는 의미의 일본어 '쿠사'와는 아무런 관련이 없고 '구사' 다음의 '나기'와 합쳐져서 '메이드 인 김해'를 의미한다. 쉽게 말해 일본어 나기なぎ는 칼이란 뜻이 아니라 구사에서 '나온' 것이란 뜻으로 사용되었다. 여기서 '나'는 낳다·생산하다는 의미이며, '기'는 물건이나 물체를 나타낸다. 따라서 '나기'는 생산된 것, 만들어진 것을 의미한다. 여기서 이해를 돕기 위해 예를 더 든다.

구더기의 '기'나 쓰레기의 '기'는 생물이나 물체·물건을 나타낸다. 또 번데기는 일본어로 사나기さなぎ이다. 여기서의 '사'는 새로운, 새로움의 '새'와 같은 것이고 '나기'는 태어난 것을 의미한다. 구사나기의 なぎ나기도 이와 같은 것이다. 다시 말해 구사나기는 '구사에서 나온(=생산한) 것'이란 말이다. 따라서 구사나기노쯔루기는 '구사에서 생산한 검'이며 '구사의 검'이 초치검의 본뜻이다. 다만 구사나기는 도刀가 아니라 검이라는 사실을 알리기 위해 구독상 후대에 쯔루기つるぎ를 추가하여 구사나

기노쯔루기가 되었을 수 있다. 한 가지 분명한 것은 '김해 칼' 구사나기는 긴 자루가 달린 장검이라는 점이다.

양동리나 대성동에서 출토된 80cm~120cm나 되는 '김해 장검'이 구사나기이고 구사나기노쯔루기이다. 즉 초치검이라는 신검은 김해에서 제작된 장검이며 스사노미고토는 자신의 고향에서 제작된 신검을 금방 알아본 것이다. 청동기시대 지배자들이 사용한 청동검은 기껏해야 40~50cm 이내이다. 그에 비하면 1m 내외의 긴 장검은 소름 끼치는 살상력을 가진 것이었다. 더구나 철검은 그 강도는 물론 번쩍이는 광채와 날카로움이 이전엔 보지 못한 것이었다.

그런데 『일본서기』 보검출현장寶劍出現章[40]에도 "…뱀이 취해서 곯아떨어졌다. 그러자 스사노미고토가 가라사히노쯔루기(韓鋤之劍)로 뱀의 머리와 배를 베었다.…꼬리를 갈라 들여다보니 한 자루의 칼이 있었다. 이를 구사나기노쯔루기라고 불렀다.…"고 하여 가라에서 내려간 검으로 분명하게 표기했다. 똑같은 내용을 다르게 기술한 이 기록에서 '가라'는 김해의 가라이고, '사히(鋤)'는 '삽(사비)사히)'의 고어형으로서 원래의 뜻은 호미이다. 그러나 당시에는 '날이 있는 물건'을 이르는 말로 쓰인 것 같다. 비록 『일본서기』[41]에서는 십악검으로 나타내어 차이가 있으나 가라(韓)에서 온 검을 의미하는 점 만큼은 같다.

기원전 3~2세기 중국의 단조철기 문화가 이 땅에 전파된 이후, 다시 2~3세기가 흘러 김해에서는 철제 농공구가 개발되고 철기는 빠르게 발전하였다. 한국식 동검(김해식 동검)과 함께 주조철부라든가 철착이 출토되는 것으로도 알 수 있는 일이지만, 기원후 1~2세기가 되면 철제 농

----

40. 『일본서기』 권 제1 신대(神代) 편, 보검출현장(寶劍出現章)
41. 신대 상(神代 上) 제8단 본문

기구와 병기의 종류가 다양해진다. 2~4세기엔 철제 무기가 보다 예리해지고 크기도 대형화한다. 칼과 창의 길이가 길어지고 살상용 무기가 더욱 정교해지는 변화는 2~3세기에 활발히 진행된다. 그리하여 4세기에는 가야 전역에 고도로 세련된 철제 무기가 보급된다. 그것은 40cm 안팎의 청동 단검과 비교하면 큰 변화였다. 짧은 철검에서 벗어나 70~80cm 이상의 긴 칼이 주로 사용되면서 살상력이 크게 높아졌다. 양동리에서 이미 2세기에 만든 120cm나 되는 대도가 출토된 것은 이러한 변화를 반영하는 것이다.

그 검으로 뱀을 토막 내어 죽인 뒤의 감회를 '소아素鵝'하다고 표현하였다. 이 말의 진의가 담겨 있는 素鵝를 글자 뜻 그대로 번역하면 흰 거위(White goose)이다. 정확히 말하면 흰 고니이다. 상대를 죽이고 난 뒤의 느낌을 적은 말인데 '흰 거위'라니? 뭔가 이상하지 않은가? 이것은 그럴듯한 포장에 불과하다. 느낌을 말한 것이니 그 말은 형용사로 쓰였을 것이다. 그렇다면 무슨 말일까? 실제로 素鵝소아는 '사'의 반절 표기였다. 素鵝소아라고 쓰고, '사'로 읽었던 것이다. 이와 같이 반절을 정확히 표기할 줄 알았다면 이 글을 남긴 이는 철저하게 한문지식을 익힌 지식계층이었다.

그런데 그 뜻을 보다 쉽게 알 수 있도록 『일본서기』에는 素鵝 뒤에 '淸地청지'라는 말을 추가해 놓았다. 두 단어를 비교해서 제대로 읽으라는 취지에서 소위 '독음'을 부기해 놓은 것이다. 素鵝소아라는 어려운 한자를 동원했으나 그것은 간단한 소리를 표기한 것에 불과하다. 이것을 『일본서기』 번역서에는 대부분 '속이 시원하다'고 한 말이라고 해석하였다. 물론 일본어에서 淸청을 시ㄴ로 읽으면 '시원하다'는 뜻이 될 수도 있다. 하지만 과연 그것이 시원하다는 뜻일까?

이해를 돕기 위해 먼저 '淸地청지'의 地는 무슨 뜻인지부터 알아보자.

우리는 천자문에서 地를 '따 지'라고 배운다. 지금도 '땅 지'로 말하지 않는다.[42] 땅을 '따(타)'라고 하던 때부터 계속돼 온 독음이다. 地의 중국식 소릿값은 '지'이고 일본어로는 チ치이다. 우리말 소리는 '따'이고 한자음은 '지'인 것이다. 일본 사람들은 대신 田자를 써놓고 타た로 읽는다. 추정하건대 따·타의 고대음은 '다'였을 것이다.

자, 여기서 정리해 보자. 素鵝소아 옆에 淸地를 별기한 까닭이 따로 있다. 앞에서 素鵝소아의 소릿값을 사ㅎ라고 밝혔다. 그런데 그 곁에 淸을 부기해 놓은 것은 淸을 시ㄴ가 아닌 '사'라는 소릿값으로 읽어야 한다는 원칙을 반절표기 素鵝소아로 제한해 놓은 일종의 지시어이다. 이렇게 해서 사ㅎ라는 소릿값을 확정받았다. 그러니까 옆에 별도로 부기한 '淸地청지'는 '사지' 또는 '사다'로 읽으라는 주문이다. 그렇다면 이게 무슨 말일까? 지금도 우리는 이 말을 쓰고 있다. '죽어도 싸지(싸다)'라고 말할 때의 용례이다. 실제로는 (그 뱀이 죽은 것이) "싸지, 싸다"라는 말이었다. 물론 측은하다는 의미의 '(마음이) 싸하다'는 의미일 수도 있다. 이것이 정복자 스사노미고토의 말이었다. 그렇다면 이것이 뱀이었겠는가. 뱀이 꼬리 속에 긴 검을 감추었을까? 대가리가 여덟 개이고 꼬리가 여덟 개인데 몸이 하나란, 팔국이 연합한 세력이고 그 마지막 하나를 제압한 기록이라고 하겠다. 뱀을 죽이고 나서 한 말이 방언으로 '내 마음이 시원하다(吾心淸淸之)'는 뜻이라고 번역한 것은 후대에 일본인들이 붙여놓은 해설이다. 물론 시원하였을 것이다. 그러나 실제의 뜻은 '죽을 짓을 한 놈이니 죽은 것이 싸다'는 말이었던 것이다.

지금도 경상도 사람들은 '싸다'는 말을 '사다'로 발음한다. '싸다'라는 말을 경상도 사람들에게 정확히 발음해 보라 하면 '사다'라고 발음한다.

· · · · · · · · · · ·
42. 여기서 땅은 훈(訓)이고 '지'는 음(音)이다.

그래서 다시 해 보라 하면 "그래, 사다"라고 발음할 것이다. 쌀과 살을 제대로 구분해서 발음하지 못하는 경상도 사람들의 발음 전통을 생각해 보면 쉽게 이해할 수 있을 것이다.

네 차례에 걸친 전쟁에서 패한 포상팔국의 잔여세력을 토벌하기 위해 일본까지 쫓아 들어간 스사노미고토가 그들을 토벌하고 '자신의 고향 가라'를 말하고 있는데, 그것이 어찌 사람이 아닌 신들의 이야기이고 단순한 뱀의 이야기일 수 있는가?

천조대신天照大神은 스사노미고토의 누이로 기록돼 있고, 일본에 내려갈 때 스사노미고토는 누이 하나를 데려갔다고 하였다. 그 시대의 정황으로 보건대 김해 가야의 누군가 주요 인물이 일본에 쫓아 내려가 자신들과 적대 관계에 있는 세력을 제압한 사실을 그린 기록으로 볼 수 있다. 천조대신은 이즈모국(出雲國)을 건국한 천신이고 니니기노미고토는 츠쿠시[43]에 내려간 천신이다. 여러 가지로 보아 이 설화는 김해에서 내려간 사람들의 모습을 그리고 있는 것이라고 생각한다.

포상팔국의 위치와 그에 관한 여러 가지 견해

포상팔국 여덟 나라는 어디에 있었을까? 이제 그 위치를 확정해야 할 순서이다. 정약용이 부산~고성의 남해안 주요 8읍八邑을 포상팔국 여덟 나라로 제시한 이후, 국내 연구자들은 지금까지 창원~고성 지역에 있던 나라라는 점에 대략 합의하고 있다. 그들이 참으로 편리한 길을 선택한 까닭은 보다 치열한 연구가 싫었기 때문일 것이다. 경남 남해안의 주요 포구로서 고성을 서쪽 한계로 보는 이유는 고사포국을 고

••••••••••
43. 築紫. 지금의 후쿠오카 일대

성의 '변진 고자미동국'으로 보고 있기 때문이다. 고사포국古史浦國을 과연 고성 소가야의 전신인 고자국으로 볼 수 있을지는 의문이다. 고사포국이 고자국古自國이 아닐 수도 있으니까. 오히려 고자국은 고사포국과 다른 나라였을 가능성이 더 크다. 향찰 표기법과 그 속에 담긴 음운과 음절로 볼 때 같은 나라가 아니라는 판단이 든다.

고성의 고자국은 3세기 말에 나온 중국의 『삼국지』 위서 동이전 변진 조에는 변진고자미동국弁辰古資彌凍國으로 올라 있다. 고자국이나 고자미동국은 표기만 다를 뿐, 같은 나라이며 고성의 정치세력으로 볼 수 있다. 그렇지만 우리의 기록에는 고사포국이 포상팔국의 한 나라로 되어 있고, 중국의 기록엔 포상팔국에 관한 언급이 아예 없다. 포상팔국은 변진 지역의 포구에 있던 나라들이었으니 그 역시 변진소국이었음은 분명하다. 그러나 정작 고사포국이 어디에 있던 나라인지는 알 수 없다.

포상팔국전을 3세기 후반에 있었던 일로 보면, 고성 지역 어딘가에는 그 무렵에 살았던 사람들의 집단 취락지나 무덤군이 있어야 한다. 그렇지만 고고학은 아직까지 그 답을 정확히 제시하지 못하고 있다. 고고학 연구가 제대로 이루어지지 않아서가 아니라 3세기 고자미동국이나 고사포국의 존재를 인정할만한 유적이 고성군 일대에 없기 때문이다. 비록 고성읍내 송학동 제1호고분군 안에서 나온 1E호분과 토기로써 3세기 말~4세기 초의 고성 지역 수장이 실재하였음을 알았으나 그 이전의 수장층 유적은 아직까지 발견되지 않았다. 그렇다면 포상팔국의 하나인 고사포국이 3세기 중반 이전에 고성 지역에 존재했다는 증거가 없는 것이고, 고사포국이 고자국 또는 고자미동국이었다는 우리의 기록도 믿을 게 못 된다. 다시 말해서 고사포국이 고성에 없었다면 고성 이외의 남해안 포구에서 다시 찾아야 한다.

포상팔국과 위치

소국명	김태식설	남재우설	백승옥설	정중환설	서동인설
골포국(骨浦國)	마산	창원	마산·창원	마산	진해
칠포국(柒浦國)	칠원	칠원	칠원	거제 칠천량(柒川梁)	부산
고사포국(古史浦國)	고성	고성	고성	고성	창원
보라국(保羅國)				진동	마산
사물국(史勿國)	사천	사천	사천	사천	사천

그러면 고사포국은 어디에 있었을까? 창원 지역에 있던 소국이라고 생각한다. 가야시대 창원은 구사군仇史郡으로 불렸다. 구사군의 남단 항구가 구사포仇史浦였을 것이고, 그것의 다른 표기명이 고사포古史浦였을 것이라고 보는 바이다. 우리말을 한자로 표기하던 가야 사회에서 그 정도의 차이는 인정할 수 있을 것이다.

다음은 골포국의 위치 문제이다. 지금까지 가야사 연구자들은 어느 한 사람 예외 없이 골포국은 마산이라고 생각해 왔다. 일연이 『삼국유사』 물계자 전에 골포국을 마산 합포合浦로 기록한 이후, 이것이 마치 정설처럼 굳어져 세심한 검토조차 없었던 것이다. 마산 골포국설은 설득력이 없다. 그런데 왜 이 문제에 대해서는 이견이 없는 것일까? 후대의 여러 자료와 견주어 보면 골포국은 진해에 있던 나라가 분명하다. 진해에는 조선시대 경상우수영의 하나인 안골포安骨浦[44]가 있었다. 골포의 안과 바깥쪽이라는 기준에서 외골포와 구분하여 부르던 것이 안골포

••••••••••
44. 현재의 창원시 진해구. 골포를 안과 밖으로 구분한 것으로 본다. 그러니까 안골포 바깥, 바닷가 쪽에 원래 골포국이 있었던 것으로 볼 수 있다. 『경국대전』 경상좌우도 병선 배치(兵典 外官職 慶尙道條, 同水軍條, 諸道兵船條 등)에 따르면 동래 수영(水營)에 좌도수군절도사, 안골포에 우도수군절도사를 두었다. 안골포는 웅천현(熊川縣) 안골진(安骨鎭)에 수영을 두었고 웅천현 동쪽 20리 거리에 있었다. 수군만호를 두고 전선 1척, 병선 1척, 사후선(伺候船, 일종의 순시선) 1척을 두고 지킨 것으로 되어 있다.

일 것이라고 추정된다. 김해와 함안 남쪽 진해에 골포가 있었던 흔적이 안골포이니 골포국을 진해의 안골포와 그 주변에 있었던 변진 소국이 었다고 보는 것이 여러 가지로 합당하다. 『삼국사기』에 골포현에 관한 내용이 실려 있다.[45] 골포현은 굴자군屈自郡에 속한 곳으로 되어 있고,[46] 합포현이 본래 골포현으로 되어 있다. 만약 합포를 골포라고 하였다면 그 경우의 골포는 마산까지 아우르는 광역 개념이었다고 볼 수 있다. 골포현骨浦縣의 중심이 골포에 있었고, 그곳이 과거 골포국의 중심이라 고 볼 수 있다. 지금은 진해가 창원시 진해구로 편제되어 있지만, 가야 시대 골포국은 현재의 진해구를 아우르는 범위였을 것이라고 추정하는 바이다.

사물국을 사천에 있었던 소국으로 보는 데엔 이의가 없다. 그러나 보 라국에 관해서는 마산 진동 일대에 있던 나라로 보는 견해 외에는 아 직 별다른 의견이 없다. 마산 서쪽 포구로서 북쪽으로 함안과 바로 이 어지는 요충이니 가능성이 있다. 그러나 나는 보라국을 마산항 일대 에 있던 나라로 보고자 한다. 다만 마산의 옛 이름 합포合浦의 合은 우 리말 향찰표기인 保羅보라의 반의어였을 것으로 추정된다. '보라'를 '벌 리다' 또는 '벌어지다'는 의미로 새겨 보는 건 어떨까? 그 후 언젠가 그 와 반대의 뜻을 갖는 合이란 글자를 택해 합포가 되었으리라고 생각해 볼 수 있다. 원래 '보라'는 자주색을 뜻하는 '바오라'에서 유래한 말일 수 도 있다. 이 경우라면 포구에 있는 나라였으니 보라국을 적포국赤浦國으 로 추정해볼 수도 있다.

••••••••••
45. 義安郡 本屈自郡 景德王改名 今因之 領縣三 漆隄縣 本漆吐縣 景德王改名 今漆園縣 合浦縣 本骨浦縣 景德王改名 今因之 熊神縣 本熊只縣 景德王改名 今因之(『삼국사기』 권34 地理1, 義 安郡)
46. 경덕왕이 굴자군을 의안군(義安郡)으로 고쳤다.

칠포국의 위치에 대해서도 지금까지 함안으로 보는 설이 제기되어 있다. 거제 칠천량으로 보는 설이 있으나 이것은 정약용이 '포상팔국은 포구에 있는 나라이지 외딴 섬 해상에 있는 나라가 아니다'고 한 말로써 간단히 부정될 수 있다. 지금은 많은 이들이 함안 칠원에 칠포국이 있었다고 보고 있다. 칠포국을 함안 칠원[47]으로 보는 견해는 조선시대 정약용[48]으로부터 시작되었다. 아마도 가야사 연구자들 사이에서는 칠원 칠포국설을 가장 신뢰하고 있는 것 같다. 아직 그 대안으로 제시할 만한 곳이 없기 때문이겠지만, 칠원 칠포국설에는 큰 결함이 있다. 만약 칠포국이 칠원이었다면, 포상팔국 전쟁 당시 칠포국이 함안이나 김해로 진격하기 위한 공격거점이 칠원이었다는 얘기가 된다. 그러나 칠원은 함안읍을 기준으로 너무 가깝다는 데 일차적인 문제가 있다. 칠원 서쪽에 함안이 붙어 있고, 동쪽엔 김해가 있다. 함안과 김해 사이에 칠원이 있으니 칠포국은 양쪽에 두 적(함안과 김해)을 끼고 있는 셈이 된다. 만약 이 경우라면 포상팔국이 네 차례나 공격하지 못하도록 김해와 함안이 힘을 합쳐 아예 칠포국부터 없애 버리면 싸움은 한결 수월하였을 것이다. 함안과 김해 사이에 끼여 있는 소국이 그토록 오래 존속했을까? 그곳에 없었으니 11년 전쟁에서 마지막 싸움까지 칠포국이 참여한 것이다.

함안 칠원면은 고려시대 초에는 칠원현이었다. 그 이전에는 칠제현이었다. 신라 경덕왕이 칠제현漆堤縣으로 고쳤다가 고려 초 칠원현漆園縣으로 바꿔 금주(金州, 김해)의 속현으로 삼았다. 그러다가 고려 말에 현

• • • • • • • • • • •
47. 경남 함안군 칠원면. 정약용이 「아방강역고(我邦彊域考)」 변진별고에서 추정한 포상팔국은 웅천·창원·칠원·함안·진해·고성·사천·곤양이었다. 그러나 이와 달리 웅천·창원·마산 진동·고성·삼천포·거제·사천·칠원으로 보는 견해(남재우)도 있다.
48. 浦上八國者今昌原漆原咸安固城之地本皆迦羅之屬同是弁辰之族而首露新薨八國作亂故居登王請救於新羅也(「아방강역고」 권2, 弁辰別考)

재의 마산시 구산면에 있던 구산현龜山縣에 칠원을 옮기면서 구성龜城이란 이름을 갖게 되었다. 그러나 통일신라 이전 칠원현의 지명은 칠토현漆吐縣이었다. 칠제 또는 칠토라는 지명으로 보아 이곳은 포구라기보다는 둑방의 의미를 가진 명칭이었음이 확실하다. 인천 부평(계양)의 백제시대 옛 지명이 주부토主夫吐였던 것도 한강변의 긴 제방에 의미를 둔 이름이었다. 오히려 길게 둑을 쌓아 평야를 경영한 데에서 칠토현이라는 지명이 부여된 것이라고 볼 수 있겠다. 단순히 생각하면 유기질이 풍부한 충적평야로서 흙이 검은 벌판이기에 칠원漆園이란 이름을 갖게 되었을 것이라고 우길 수도 있을 것이다. 그러나 이것은 중국 지명을 그대로 가져다 쓴 것이다. 장자莊子가 한때 칠원漆園의 관리를 지낸적이 있다. 그곳이 초楚의 칠원이라는 설도 있고, 지금의 산동성山東省하택시荷澤市라는 설도 있다. 또 수호전水滸傳의 무대인 양산박梁山泊이 있던 곳이라는 설도 있고, 하남성과 안휘성安徽省이 만나는 지역에 있었다는 설도 있다. 시대에 따라 행정구역을 조정하면서 자주 바뀌었으므로 혼란이 일고 있는 것이다. 그가 칠원의 관리였다는 사실은 당나라 시인 왕유王維의 '칠원漆園[49]이라는 시로도 확인된다. 아마도 신라는 7~8세기에 이 지명을 그대로 갖다 쓴 것으로 볼 수 있다. 이런 배경을 갖고 있으므로 사실 신라시대의 자료도 믿기 어렵다. 통일신라 이전 칠토현이라고 했다는 기록도 신뢰하기 어렵고, 칠원이라는 지명에 의미를 두기도 그렇다. 함안 칠원을 정해놓고, 그 서편에 있는 곳을 칠서, 그 북쪽을 칠북이라고 하였을 뿐이다. 통일신라 이전에 함안을 칠토漆吐 또는 칠제漆堤라고 했다 하여 칠포국의 漆칠에 지나치게 집착해서는

••••••••••
49. 옛날 장주(莊周)는 도도한 관리가 아니었고, 본래 세상을 이끌어갈 능력이 없었다. 어쩌다 하급 관직에 몸을 담았지만 한가롭게 작은 숲에서 소요하리라(古人非傲吏 自闕經世務 偶寄一微官 婆娑數株樹).

안 될 것이다.

그런데 칠원을 칠포국으로 보는 칠원 칠포국설은 칠원을 접도국으로 보는 견해를 대신하여 제기되었다. 애초 변진접도국弁辰接塗國을 칠원에 비정한 이는 이병도였다. "칠원漆原은 나대羅代의 칠토현漆吐縣으로 경덕왕 때 칠제漆隄라 개칭되었는데, 이것이 接塗접도에 당할 것 같다"며 함안의 칠원면 일대를 접도국으로 설정하였다.[50] 하지만 '칠원=접도국설'은 당시의 표기법이나 음운적인 측면 같은 것들을 전혀 고려하지 않고 그저 막연히 갖다 댄 견해이기에 인정하기 어렵다.

칠원 접도국설 못지않게 칠원 칠포국설도 근거가 약한 것은 마찬가지이다. 그래도 '칠원 칠포국설'을 고집하는 이들이 있다면, 그들은 두 가지 중 하나를 선택해야 한다. 칠원 칠포국설을 포기하거나 '울산에 갈화성이 있었다'고 보는 입장을 버리지 않으면 안 된다는 것이다. 함안 바로 옆의 작은 나라 칠포국이 울산으로 쳐들어갔다면 안라국은 칠포국의 군대가 나라를 비운 사이, 그냥 칠포국을 점령하기만 하면 되었을 것이다. 더구나 칠원에 가야시대 소국인 칠포국이 있었다는 기록은 어디에도 없다. 함안에 안라국이 있었다는 사실은 기록 외에도 여러 가지로 인정된다. 무덤 유적 뿐 아니라 현재 함안군 내에 함안의 중심인 함안면과 가야읍이 따로 존재하고 있어 그것만으로도 과거 가야 소국의 존재를 가늠할 수 있다. 그러나 칠원에는 칠포국과 같은 소국의 존재를 유추할만한 곳이 딱이 없다. 물론 몇몇 유적을 들어 설명하기도 하지만, 그것만으로는 부족하다. 그리고 무엇보다도 먼저 '울산=갈화성' 이론부터 부정하지 않는 한, 칠원 칠포국설은 성립되지 않는다. 골포국 등 3국이 공격한 갈화성은 칠포국의 공격 대상이었다. 칠원의 칠

50. 「三韓의 諸小國問題」, 李丙燾, 『韓國古代史硏究』, p.274, 博英社, 1976

포국이 동해남부의 울산 갈화성을 공격한 이유는 무엇인가? 결론부터 말하자면 설사 갈화성이 김해나 함안 인근에 있는 요충이었다고 하더라도 칠포국이 칠원에 있었을 가능성은 희박하다.

김해와 함안을 대상으로 벌인 싸움에서 포상팔국이 쳐들어간 갈화성은 최소한 함안과 김해 지역에 있어야 한다. 그런데 주요 싸움터이며 적의 심장부인 함안과 김해를 놔두고 포상팔국이 동해 남부의 부산 지역을 돌아서 울산 갈화성으로 쳐들어갔다는 것이 말이 되는가? 갈화성이 울산에 있었다고 주장하면, 그 당시 울산 지역까지 모두 김해 또는 함안 소유의 가야 땅이었어야 한다. 그 근처에 가야와 신라의 국경이 있었을 것이고, 그래야 포상팔국이 신라에 대한 보복전으로서 울산을 공격한 것이라고 믿을 수 있다. 하지만 포상팔국은 바로 옆의 김해·함안과 마주하고 있었다. 공격자와 피공격자가 서로 코앞에 마주 한 상태이므로 전선은 김해·함안 일대에 있어야 마땅하다. 신라가 함안을 도와 싸움에서 포상팔국이 패했다 해서 감정적으로 보복을 위해 울산을 공격했으리라고는 보기 어렵다. 전쟁은 철저히 실리와 현실적인 조건에 따를 수밖에 없다. 그리고 주적을 앞에 두고 멀리 신라의 남쪽 변경에 있는 울산을 칠 만큼 포상팔국에겐 여유가 없었다. 서로간의 공격권에서 멀리 떨어진 동쪽 울산으로 이동했다면, 우선 그에 합당한 설명부터 해야 한다. 언제 공격해올지 모르는 주적이 앞에 있는데, 가야를 도운 신라를 공격하기 위해 부산 앞바다를 돌아서 울산까지 쳐들어갔다고 보는 주장은 이해하기 어렵다. 더욱이 그런 공격 방법은 군사 전략상 있을 수 없는 일이다. 그런데도 현재 가야사 연구자들은 한결같이 갈화성을 울산에 있는 신라의 요충으로 설정하고, 그것을 신봉하면서 칠원 칠포국설에 동의하고 있다. 하나의 사례에 불과하지만, 이런 것들이 지금까지 가야사 연구상의 이론적 한계이다.

칠포국이나 갈화성의 위치는 2~4세기 가야사와 포상팔국전을 이해하는데 하나의 밑그림이 되는 까닭에 대단히 중요하다. 그래서 장황하나마 앞에서 칠포국(=칠국)의 위치에 대하여 몇 가지 설과 주장이 있음을 설명하였다. 그러나 그것들은 단지 주장일 뿐, 설득력을 가진 이론은 아니다. 갈화성에 대해서는 뒤에 따로 설명할 것이다.

애초 함안 칠원 칠포국설이 제시된 배경은 간단하다. 그저 단순히 칠원과 칠포의 漆칠 자가 같다는 데서 나왔다. 그 소릿값이 비슷해서 동래를 독로국 자리로 본다는 것과 하나도 다르지 않다. 물론 이것 또한 기록과 자료의 한계에서 비롯된 문제이기는 하지만, 전후좌우 살펴야 할 것들을 면밀하게 분석하지 않고 그저 막연하게 추리하고 근거 없이 뚝뚝 떼어다가 이리 붙이고, 저리 갈라놓은 결과이다.

칠원 칠포국설은 포상국으로서의 기본조건에도 맞지 않으므로 받아들일 수 없다. 이 견해가 성립되려면 무엇보다도 먼저 '포구를 끼고 있는' 남해안 해상세력으로서 포상국浦上國이란 조건을 충족시켜야 하건만 칠원은 바다에 접한 곳이 아니므로 이 조건에서 가장 먼저 배제될 수밖에 없다. 1937년 이마니시류(今西龍) 역시 포상浦上이라는 조건을 충족시키지 못하므로 칠포국 자리를 칠원으로 볼 수 없다는 점을 명확히 밝힌 바 있다.[51] 이 점만큼은 그의 판단이 아직도 유효하다.

그리고 또 칠원에는 딱이 칠포국에 갖다 댈만한 유적과 유물도 없다. 이 역시 칠원 지역을 칠포국으로 볼 수 없는 요소이다. 그 점에서는 차라리 함안 칠원설보다는 고성 칠포로 보는 견해가 오히려 '포구에 있는 나라'라는 조건에는 합당할 것이다. 칠포국을 고성 지역에 있던 소국으로 보는 고성固城 칠포국설은 "왜적이 고성 칠포로 들어와 어민을 잡아

••••••••••
51. 『朝鮮古史の研究』, p.372, 今西龍, 近澤書店, 1937

가니 대장군 한희유를 보내 바닷길을 막고 지켰다"[52]는 『고려사』의 기록[53]을 토대로 일본인 츠다소우기치(津田左右吉)가 처음으로 주장[54]하였다. 고성의 칠포가 칠포국의 중심지였다면 그것을 뒷받침할만한 유적과 유물이 있어야 하며, 고성 지역 어디가 칠포국 자리인지도 확정해야 한다. 그러나 고성 칠포국설을 주장할 수 있는 증거는 별로 없다. 무엇보다도 과거 번영한 칠포국의 흔적이 어디에 있는지를 제시할 수 없으니 고성 칠포국설은 인정받지 못하고 있다. 대신 지석묘와 청동기 유적을 감안하여 칠포국을 마산 진동[55]으로 본 견해가 있다. 함안의 남쪽 가까이에 있는 포구로서 안라국의 대외 활동에는 대단히 중요한 요충이었을 것이므로 포상팔국의 한 나라가 있었을 만한 후보지로 떠올려 볼 수는 있다. 진동에서는 청동기 유적(고인돌)이 발굴되었는데, 그 규모로 보아 일찍이 선주인들의 취락이 크게 형성되어 있었음을 알게 되었다. 더욱이 포구를 통해 해산물을 거두어 풍족하게 살 수 있는 여건을 갖추고 있어서 변진 소국의 한 나라가 있었을만한 곳이 된다. 그러므로 그곳에 고사포국과 같은 포상팔국 한 나라가 있었으리라고 추정해볼 수는 있겠으나 칠포국 자리로는 보기 어렵다.

• • • • • • • • • • •

52. 倭敵入固城漆浦虜漁者而去遣大將軍韓希愈 防守海道(『고려사』 세가 제29 충렬왕 6년 5월)
53. 「포상팔국 전쟁과 그 성격」, 남재우, 『가야문화』 제19호, 1997
54. 「任那疆域考」, 津田左右吉, 『朝鮮歷史地理研究』 1, P.155~156, 1913
55. 「포상팔국 전쟁과 그 성격」, 남재우, 『가야문화』 제19호, 1997

2장

변화하기 시작한 한반도 남부의 세력판도

동래 복천동과 칠산동 일대는 칠국의 중심지였다

그러면 칠포국을 어디로 봐야 할까? 결론부터 말하자면 칠포국은 부산에 있는 나라였다. 현재의 부산 동래 지역에 칠포국이나 칠산국으로 불리던 나라가 있었다. 본래 칠포국·칠산국은 칠국[1]의 이칭이었으며, 칠국은 그 둘을 아우르는 이름이었다. 아마도 칠포국 또는 칠국의 영역은 칠포로부터 황령산·동래 복천동·연산동 일대를 아우르는 범위였을 것이다. 이것 또한 저자가 처음 주장하는 것인데, 부산 연산동과 복천동 일대를 칠포국으로 볼만한 근거가 있다. 『동래부지』에 '칠포는 동래부 남쪽 10리에 있다'고 하였다. 그러니까 동래읍성에서 남쪽 10리 거리라면 연산동 일대의 온천천 주변 어딘가를 이르는 것이니 동래패총 인근을 말하는 것으로 볼 수 있을 것 같다. 그렇게 보면 현재의 칠산동 일

---

1. 칠국의 칠을 漆 또는 柒로 한자표기는 다르다. 그러나 '칠'이란 소릿값을 나타낸 것은 같다.

대에 있던 나라는 칠산국으로 유추할 수 있다.

그런데 칠산은 나중에 내산萊山으로 바뀌었다. 그리고 신라 경덕왕 이후 다시 동래로 바뀌었다. 아마도 내산 동쪽 마을이라는 의미에서 8세기 중반 경덕왕이 동래로 바꾸었다고 보면 크게 무리가 없을 것 같다.

동래의 내성 주거지 유적에서는 기원전 3세기에 제작된 쇠화살촉(1점)과 철기 1점이 발굴된 바 있다. 이것으로 복천동 지역이 영남의 다른 어느 지역보다 먼저 철기를 받아들였음을 알 수 있었다. 아마도 동래 일대에서는 앞으로 기원전 3세기 초·중반의 철기유적이 나타날 가능성도 없지 않다. 동래역 남쪽 가까이에 있는 동래패총을 비롯하여 이 지역에는 신석기시대부터 사람들이 살았던 흔적이 여러 곳에 남아 있고, 철기시대에 이르기까지 문화가 단절된 시기가 한 번도 없었다. 복천동에 목관묘와 목곽묘를 남긴 세력들은 이전의 문화전통을 토대로 새로운 금속문명을 일궜다. 그들은 칠국(칠포국·칠산국)의 주인들로서 자신들의 기득권을 지키기 위해 남해 포구의 여러 소국과 함께 김해가야를 대상으로 10여 년에 걸친 전쟁을 벌였다.

부산의 칠산국과 칠포국은 본래 칠국이라는 나라로서 칠포로부터 칠산동에 이르는 지역을 중심으로 마을을 이루고 살았을 것이다. 기록에 칠포국이라 하였으니 칠포 일대에 취락이 먼저 형성되었고, 점차 인구가 늘어나면서 취락 범위가 현재의 칠산동 지역으로 확대되었을 것이다. 따라서 동래 일대에 있던 칠산국과 칠포국을 칠국이라는 하나의 변진소국 정치단위로 이해하는 것이 바람직하다. 그렇다면 현재의 부산항 일대를 포함한 부산·동래 지역 전체를 칠포국 범위에 넣어서 생각해볼 수도 있다. 이것은 함안 칠원 지역이 가야시대 칠포국이었다고 보는 그간의 연구를 뒤집는 것이어서 냉큼 받아들이지 못하는 이들도 있을 것이다.

그럼 부산·동래 지역에 있던 칠국이 어떤 과정을 거쳐 김해가야에 편입되었을까? 그 과정을 검토해볼 필요가 있다. 『삼국사기』 지리지에는 동래군[2]이 원래 거칠산군居柒山郡이라고 하였다. 신라가 거칠산국居漆山國을 병합한 뒤, 군으로 강등시킨 것으로 되어 있다. 거칠산국은 거칠국의 다른 이름으로, 동래 복천동 옆 칠산동 일대에 있었던 나라였음이 분명하다. 신라가 이 지역을 차지한 것은 6세기 중반이다. 그러니까 고령과 함안이 신라에 병합되기 얼마 전, 신라가 차지하기 전의 이름이 거칠국인 것으로 되어 있다. 그런데 그 한자 이름은 居柒과 居漆 두 가지로 전해오고 있다. 이처럼 한자를 달리 쓴 것은 애초 그 이름이 한자의 의미를 빌린 것이 아니라 소릿값에 비중을 두고 표기하다 보니 기록자에 따라 그리 된 것일 수도 있다. 두 이름 모두 '거칠'이란 소릿값은 같지만 居도 漆(또는 柒)도 애초에는 나름대로 중요한 의미가 있었을 것이다. 이 문제에 대해서는 뒤에 자세히 설명할 것이다.

거칠산국은 그 외에도 다른 이름이 더 전하고 있어 혼란스럽다. 거칠국은 장산국萇山國 또는 내산국萊山國으로도 불렸다고 한다. 어떻게 해서 이런 현상이 빚어진 것일까? 신라가 이곳을 차지할 당시에 동래 일대에는 장산국과 내산국 등 여러 소국이 더 있었기 때문일 것이다. 그들을 거칠국과 함께 한꺼번에 정복했거나, 아니면 이미 그 이전에 거칠국이 장산국과 내산국을 통합하여 동래 지방의 패권을 쥐고 있었는데, 신라가 최종적으로 거칠국을 정복함으로써 세 가지 이름이 함께 전해졌을 수도 있다. 그런데 『동래부지東萊府誌』[3]에는 "옛날에 장산국萇山國 또

----

2. "동래부는 안령(鞍嶺) 아래에 있으며 동쪽으로 기장현 경계까지는 21리, 남쪽 해안까지는 15리, 서쪽 양산군(梁山郡) 경계까지는 8리이며 북쪽 동래부 경계까지는 29리이며 서울까지는 960리, 대구감영까지는 270리, 울산좌병영(蔚山左兵營)까지는 120리, 진주우병영(晉州右兵營)까지는 300리가 된다."…(『동래부지』)
3. 부산광역시 동래구 발행, 1995년 12월

는 내산국萊山國이라고도 하였다. 신라가 점령하여 칠산군漆山郡을 두었다
가 경덕왕 16년(757)에 지금의 이름(동래)으로 고쳤다"고 하였다. 이 기
록을 통해 알 수 있는 것은 신라가 동래 지역을 처음 차지하였을 당시
에는 칠산漆山으로 불렀고 경덕왕 때 비로소 '동래'라는 이름으로 바뀌
었다는 사실이다. 여기서 우리는 8세기 중반의 통일신라 이전에 이곳을
동래라고 부른 적이 없음을 알게 된다. 내산·칠산·장산·거칠산으로 부
르던 지명이 동래로 바뀌었을 뿐이다. 『동래부지東萊府誌』에는 "장산萇山은
동래의 주산으로서 장산에서 간비오산干飛烏山으로 이어져 해운대로 연
결된다. 장산은 항간에 상산ㅗ山 또는 상살뫼라고도 한다"고 되어 있다.
장산을 상산이라고도 하였으며 장산·상산·내산·칠산·거칠산을 거론
하였다. 그리고 거칠산居漆山에 대해서는 "신라가 처음 이곳을 쳐서 거칠
산군을 두었다"고 하였다. 거칠산은 '거칠뫼'로서 지금의 황령산荒嶺山을
말한다. 또 『동래부지東萊府誌』 산천 조에는 "황령산은 동래부의 남쪽 15
리에 있다. 봉수烽燧가 있다"고 하였으며 상산에 대해서는 "장산[4]이라고
도 하고 봉래라고도 한다. 동래부의 동쪽 15리에 있다.······산의 정상에
평탄한 곳이 있으며 그 가운데가 저습하다. 사면이 토성과 같은 모습이
며 둘레는 2천여 보步이다. 항간에 장산국 터(萇山國基)라고 한다"고 되
어 있다. 상산·장산이 동래 동쪽 15리 거리에 있다는 것이니 지금의 우
동 뒷산이 바로 그곳이다.

　이와 같이 여러 기록을 대조하여 보았을 때 장산국 혹은 상산국은
현재의 동래 동쪽 15리(우동 일대)에 있는 나라였고, 내산국萊山國은 지금
의 동래에 있던 나라였음을 알 수 있다. 따라서 이로부터 우리는 황령
산 동쪽 우동에 있던 장산국과 동래의 내산국을 통할한 것이 거칠(산)국

··········
4. 장산은 현재 동래 동쪽 해운대구에 있다. 높이 634m이다.

이었음을 알 수 있다. 이상의 몇몇 자료에서 확인할 수 있는 사실은 장산국은 본래 상산국이었고 그곳은 동래에서 동쪽으로 수영천 건너 우동 뒷산에 있는 나라였으며, 내산국의 다른 이름이 칠산국이었다는 것이다. 그러나 내산국과 칠산국의 관계는 알 수 없다. 다만 칠산국은 내산국을 병합하였고, 그것이 후에 거칠산국으로 전해졌을 것이다.

그런데 『동래부지東萊府誌』 관방 조 부산釜山 항목에서 "(부산은) 동래부 남쪽 20리에 있으며 좌도수군절제사左道水軍節制使가 있는 곳으로서 두모포豆毛浦·해운포海雲浦·염포鹽浦·감포甘浦·포이포包伊浦·칠포漆浦·도포島浦·축산포丑山浦·다대포多大浦·서생포西生浦를 관장한다"고 설명하고 있다. 동래부를 기준으로 해운포는 남쪽 9리에 있고 다대포는 남쪽 54리, 두모포는 남쪽 21리, 개운포는 남쪽 21리, 감포와 축산포·포이포는 각기 동래부 남쪽 10리에 있으며 칠포漆浦 역시 동래부의 남쪽 10리에 있다고 하였다. 앞의 기록에서 동래부 남쪽 15리에 황령산(거칠산)이 있고, 동래부 남쪽 10리에 칠포가 있다고 하였으니 기록대로라면 황령산 북쪽 5리에 칠포가 있었다고 볼 수 있다. 동래부 중심인 복천동과 칠산동에서 남쪽 10여리 거리인 연산동 일대의 온천천 강변 어딘가에 칠포가 있었던 것이다. 그러니까 이 일대에 있던 변진소국이 칠포국이었음도 분명하다 하겠다. 물론 과거 동래읍 자리에서 서남쪽으로 10여 리 거리에 있는 서면 범천동~부전동 일대도 과거 포구가 있었던 게 아닐까 추리해볼 수는 있겠다. 동래읍성을 기준으로 10리를 계산하면 거리상 범천동~부전동·범일동 일대도 해당되기 때문이다. 그렇지만 황령산이 동래부 남쪽 15리에 있다고 하였고, 황령산 정상을 동래의 남쪽 경계로 본다면 그곳에서 다시 남쪽으로 10리 거리에 있는 부산항 북단을 칠포로 보기는 어렵다. 동래부 남쪽 10리라 하였으니 온천천 주변 연산동 일대라야 하는 것이다.

한편 『동래부지』에 신라가 점령하고 나서 칠산군으로 고쳤다고 한 사실로부터 동래 칠산동·복천동 일대에 있던 나라 이름은 본래 거칠산국이 아니라 칠산국이었음을 미루어 알 수 있다. 통일신라가 칠산군으로 개편한 것은 이 지역이 과거 칠산국이었기 때문이다.

그런데 언제부터인지 거칠산국이라는 나라 이름이 함께 사용되었다. 칠산국과 거칠산국 외에도 거칠국居漆國이라는 이름이 더 있다. 한 나라에 대한 이름이 왜 이처럼 여러 가지로 전하는 것일까? 이들 세 가지 이름엔 '칠'이라는 말이 공통적으로 들어가 있다. 이것을 보면 거칠산국이나 거칠국·칠국·칠포국은 본래 한 나라의 이칭으로 볼 수 있다.

이상의 내용을 정리해 보기로 한다. 동래 칠포 지역은 칠포국이었다. 아마도 애초 연산동 일대를 부르던 명칭으로 볼 수 있다. 지금의 칠산동·복천동 일대는 칠산국으로 불렸다. 이렇게 볼 때 칠국은 칠포에 중심을 둔 칠포국과 칠산의 칠산국을 아우르는 개념이었다. 이로부터 나중에 거칠국·거칠산국·거칠군과 같은 이름이 생겨난 것이라고 이해할 수 있다.

현재의 칠산동·복천동·연산동 일대를 중심으로 한 동래 지역은 오랜 문화전통을 갖고 있었다. 신석기시대 이후 청동기시대에 이르기까지 오랜 세월 채집과 어로를 겸하여 살아온 사람들의 흔적을 부산 지역의 여러 패총으로도 알 수 있다. 영도구의 조도패총·동삼동패총·영선동 패총, 부산 사하구의 다대포패총, 그리고 동래의 동래패총 등이 있다. 동래패총에서는 소라·홍합·전복·굴·따개비와 같은 패각류(조개류)를 중심으로 참돔·숭어·방어·상어·침치(다랑어)·대구와 같은 바닷고기 뼈들이 나와 단순히 해산물 채집만이 아니라 상당한 수준의 어로행위가 있었음을 알게 되었다. 특히 돌작살이라든가 조합식낚싯바늘은 청동기·철기가 보급되기 전까지 부산 지역에 산 사람들의 생활을 전해주고 있다.[5] 이런 전통은 청동기시대를 거쳐 기원전 1~2세기에 전파된 철기를 바탕으로 새로운 문화를 발전시키는 바탕이 되었다. 이 일대에 살던 이들은 북방에서 내려온 유민과 그들의 문화를 받아들여 기원후 1~2세기에 자신들의 문화를 새로운 단계로 발전시켰다. 왜와도 교류하는 가운데 독자적인 세력을 형성하였고, 칠국(칠포국·칠산국)은 변진 지역에서 가장 앞서 있었다.

이제 여기서 부산 동래 지역의 거칠국 또는 칠국과 관련하여 거칠군이라는 인물을 떠올려 볼 필요가 있다. 수로왕릉 구비舊碑에 "허 황후는 10남2녀를 두었는데, 일곱 아들은 모두 처자를 떠나 칠불암에 들어가 부처가 되었다. 한 아들은 거칠군居柒君이다."라고 한 내용에 거칠군이 등장한다. 여기서 말한 거칠군은 부산 동래 지역의 거칠국, 거칠산국 및 칠국과 관련이 있는 것은 분명하다.

그러면 우리는 거칠군과 거칠국이라는 이름에서 어떤 의미를 추출할 수 있을까? 거칠군이나 거칠국이란 이름에 담겨 있는 의미부터 파악해야 비로소 그 실체를 알 수 있을 것이다. 먼저 거칠군을 보자. 거칠군居柒君이 다스린 나라를 거칠국居柒國이라고 하였으니 여기서 대단히 중요한 의미를 발견할 수 있다. 비록 한자로는 柒과 漆의 차이는 있으나 그 소릿값 '칠'은 같다. 그리고 거칠군을 한자 본래의 뜻으로 풀면 '칠국에 거주하며 그곳을 다스리는 군주'라는 의미이다. 이 의미를 통해 비로소 우리는 김해가야 거등왕과 그 아우 선仙에 관한 초선대 설화를 어렴풋이 이해할 수 있다. 거등왕의 아우 선이 거칠군으로 등장하는 만큼, 이 거칠군과 동래 거칠국을 묶어서 생각할 수 있는 것이다. 거등왕은 때로 아우 선을 불러 초선대에서 거문고를 타며 춤추고 놀았다는 설화로부

••••••••••

5. 부산 지역에서 해운대 주변의 좌동·중동에는 후기구석기시대 유적이 있다. 부산 지역에는 구석기시대부터 사람들이 살아온 것이다. 이들은 대략 2만년 전의 유적으로 보고 있다.

터 김선金仙이 거칠군이었고, 거칠군이 동래 거칠국의 군주였음을 미루어 알 수 있다. 거등왕과 그 아우 김선 그리고 초선대 설화는 허구가 아니라 실제 있었던 사실로, 가야 시대에 김해에서 파견하여 동래 지역을 다스린 사람이 거칠군居柒君이었음을 전하는 이야기인 것이다. 결국 거칠군이라는 이름은 거칠국지군居漆國之君의 줄임말로 볼 수 있다. 다시 말해서 거칠지군居漆之君이며 '漆(또는 柒)'에 거주하는 군주'가 그 본의라고 할 수 있다. 거칠군을 글자 뜻 그대로 풀면 '칠국에 머무르는 군주' 또는 '칠국의 대군大君'이었음은 아주 명확하다. 이런 근거로 보면 거칠국이나 거칠군은 본래 칠국·칠군이었다. 다시 말해서 '칠군漆君'이라고 불렀어야 할 것을 언제부턴가 '거칠군'으로 잘못 불러온 것이라 하겠다. 그것은 아마도 후대에 구전을 기록으로 남기는 과정에서 실수가 있었던 것이 아닌가 생각된다.

우리는 여기서 새로운 사실을 유추하였다. 거칠국이나 거칠산국 이전에 동래 복천동과 칠산동·연산동 일대는 과거 가야시대 또는 그 이전에 '칠국'이었으며, 김해에서 그곳에 책임자를 파견하여 다스렸을 것이라는 사실이다. 군君이나 대군大君은 일종의 소왕이다. 당시 김해가야의 영역은 부산·동래 일대를 아우르는 범위였으며, 민물과 바닷물이 뒤섞인 낙동강 하구로 서로 격리된 지역을 다스리기 위해 김해에서 동래에 칠군을 따로 파견하였던 것이다. 김해가야가 부산 동래 지역을 이런 방식으로 다스렸다면 그것은 김해가야의 정치체제가 중국의 분봉제를 모방하였다고 볼 수 있다.

그러면 김해가야가 부산 지역을 수중에 넣고, 칠군을 파견한 계기는 언제였을까? 3세기 포상팔국전에서 승리하여 칠포국을 접수한 뒤의 일이라고 추정하는 바이다. 즉, 칠포국은 바로 동래의 칠국이었던 것이다. 김해의 변진구야국을 넘겨받은 김씨들의 김해가야는 곧 이어 포상팔국의 도전으로 위기를 맞았다. 그러나 신라의 지원을 받아 포상팔국을 제압하고 한 단계 더 발전하였다. 김해에서 가라국을 건국하였고, 곧 이어 변진구야국을 넘겨받은 뒤로 그들은 임나가라로 불리게 되었다. 그리고 또 다시 포상팔국전에서의 승리로 임나가라의 영역은 가야권 전체로 확대되었다. 3~4세기 김해에 중심을 두고 있던 지배층에게 그 어느 곳보다도 중요한 곳은 동래를 포함한 부산 지역이었다. 신라의 남진을 막고, 왜와 신라의 연계를 차단할 수 있는 곳이었기에 중요하였다. 김해가야는 포상팔국 전쟁에서 승리하여 동래·부산 일대의 소위 '칠국'을 흡수한 다음, 동래에 칠국의 통치 중심을 두었다. 그리고 동래 지역 책임자로 칠군柒君을 따로 파견하였다. 김해 왕가의 인물 중에서 적임자를 임명하고, 그에게 동래·부산을 일종의 봉토로 내주어 후국으로 다스렸다고 볼 수 있는 것이다. 이런 전통이 있었기에 400년 고·신연합군의 임나가라 원정 직후에 신라·고구려 연합군은 그 도성인 김해 종발성에 살던 사람들 일부를 복천동 일대로 이주시켰을 가능성은 있다. 거기에 꽤 많은 수의 지배층도 포함되었을 것이다. 나머지는 낙동강 서편의 여러 지역으로 분산되어 지역마다 가야의 지배층이 분점한 체제가 5세기 이후의 임나가라 사회였을 것이라는 게 『흉노인 김씨의 나라 가야』 편과 이 책에서 지금까지 설명한 내용의 요지이다.

『삼국지』 변진12국 명단에는 칠포국이나 칠국은 없다. 칠산국도 없다. 그렇지만 이 소국들은 3세기에 김해가야에 통합된 것이 분명하다. 부산 지역의 칠국은 임나가라에 편입되었고, 김해에서 보낸 칠국의 책임자 칠군은 아마도 김선金仙을 시작으로 그 후손들이 대를 이어 맡았을 가능성이 있다. 이상의 추론은 고고학적 결과를 토대로 부산·김해가 임나가라 권역이었다고 보는 견해(신경철)와 결과에 있어서는 같다고 할 수 있을지 모르겠으나 그 이론적 토대와 개념은 전혀 다르다.

포상팔국 전쟁에서 승리한 이후 김해에서 보낸 칠군漆君이 동래·부산에 머물러 살면서 통치하였으므로 그를 '칠국에 머무르는 군주(소왕)'라 하여 거칠군居漆君으로 부르던 것이 후일 칠군을 대신하는 이름이 되었고, 거칠국이란 이름도 여기서 시작되었다고 보는 게 옳다. 이 지역이 칠국으로 불리게 된 것은 『삼국지』 위서 동이전 변진 조에 기록된 바와 같이 '왜와 가까워서 남녀 모두 몸에 문신을 하고 살았던' 데서 비롯되었다고 이해하는 바이다.[6]

김해가야는 포상팔국 전쟁에서 승리하여 칠국(칠산국·칠포국)의 인구와 물자를 흡수하고 그들의 문화전통을 수용하였다. 그리하여 이후 더욱 신속하게 도약의 발판을 마련하였다. 이런 사실로부터 우리는 가야사를 이해하는데 매우 중요한 문제를 하나 해결하였다. 거등왕이 아우 선을 불러 수시로 놀았다는 초선대 설화는 실제로는 본국과 후국侯國 책임자의 정치적 회합이었을 것이라는 점이다. 그렇다고 해서 그것이 반드시 거등왕 및 그의 동생 선仙과 관련된 이야기라고 볼 필요는 없을 것 같다.[7] 초선대招仙臺의 선仙이 거칠군(=칠군)의 실제 이름이라고 하니 그가 김선金仙이었다는 전승은 아마도 맞을 것이다. 그 이름이 지금까지 잘 전해온 것으로 볼 때, 포상팔국전에서 승리한 김해가야가 부산 지역을 병합한 뒤에 처음으로 파견한 후국의 군주가 김선이었을 것이다. 낙동강으로 격리된 부산·동래 지역의 통치자 칠군漆君은, 칠국에 거주하였기 때문에 거칠군으로 불렸고, 그로부터 그 나라 이름도 거칠국으로

· · · · · · · · · · ·

6. …남자·여자 모두 왜와 가까워서 문신을 한다. 전쟁은 보전(步戰)을 위주로 하며 병장기는 마한과 같다(男女近倭亦文身便步戰兵伏與馬韓同).

7. 거등왕이 그의 아우 김선(金仙)을 수시로 불러서 놀았던 곳이라 해서 초선대라고 전하지만, 이것은 김선을 시작으로 동래·부산 일대를 통치한 이들에 대한 설화로 보는 게 타당할 것이다.

기록되었으며 후일 신라로 편입된 뒤 군郡으로 강등되어 거칠군이 된 것이다. 400년 광개토왕 군대의 임나가라 정벌 후로도 이 칠국은 체제가 그대로 유지되었을 것이다. 이상으로, 초선대 설화와 칠군·거칠군이라는 이름으로부터 그가 나가 있던 곳이 동래 지역이었음을 알게 된 것은 가야사 연구에서 대단히 의미 있는 일이라 하겠다.

전해오는 이야기에 허황후의 아들이 거칠군이라고 하였지만 그것을 굳이 허황후·김수로의 아들로 한정해서 이해할 필요는 없을 것이다. 초선대 설화나 거칠군 이야기는 동래의 칠국(칠산국)과 김해가야의 관계를 전하는 내용이 틀림없다. 거등왕이 아우 김선金仙[8]을 불러 거문고를 타며 수시로 놀았다는 이야기나 초선대 바위에 새긴 인물화가 거등왕의 실제 모습이었다는 김해의 초선대招仙臺 설화는 포상팔국 전쟁 직후에 김해가야가 동래·부산 지역을 수중에 넣고 칠군이 직접 통치한 사실을 반영하는 이야기인 만큼 칠산국漆山國이나 칠포국漆浦國은 모두 칠국漆國의 다른 이름일 수밖에 없다. 부산과 김해를 하나의 정치체인 임나가라로 보는 부산·김해 임나가라설은 고고학에 의해 먼저 제시되었지만(신경철), 칠군·거칠군과 같은 이름이라든가 초선대 설화는 그것을 증명하는 결정적 증거로 이해할 수 있으리라 본다.

고대사회에서는 소국을 병합하면, 그곳은 군郡으로 강등되며, 정복지에 새로운 통치자를 보낼 때 제후의 자격으로서 통상적으로 '○○군君'을 봉하게 된다. 이런 전통에 따라 칠군이나 거칠군은 김해가야가 부산·동래 지역의 칠국을 병합한 뒤에 파견한 현지 책임자였으니 이것을 제후국의 군주 신분으로 말할 수 있다. 포상팔국전에서 칠포국을 정복하고 동래 지역에 책임자를 파견하여 통치한 이런 체제는 말하자면 임

----

8. 仙(선)은 한(漢) 나라 때의 소릿값으로는 '산'이다. 그리고 그 당시의 원자는 僊이다(『說文解字』, 許愼).

나가라 대왕 아래의 소왕 체제이다. 이와 같은 소왕 분봉체제는 그 원류가 중국에 있지만, 낙동강 서편 임나가라 내의 다른 소국에 대해서도 똑같이 적용했을 것으로 보는 바이다.

김해가야(임나가라)가 칠포국을 병합한 뒤, 새로 파견한 칠국의 책임자 칠군을 역사서엔 거칠군으로 기록하였다. 그런데 후일 신라의 기록자는 '거칠'만을 따로 떼어 우리말 '거칠다'는 뜻으로 새기고는 '거칠 荒황'이라는 한자로 치환하여 버렸다. 그래서 동래 일대의 임나가라 후국인 가야 소국 칠국(거칠국)을 병합한 신라의 거칠부[9]를 황종荒宗으로, 그리고 연산동 남쪽에 있는 산을 '거칠뫼'라는 의미의 황령산荒嶺山으로 잘못 전하고 말았다.

아마도 거칠부는 김해가야의 소왕 거칠군과 마찬가지 작명법을 따른 인물로 보인다. 기록에는 그가 내물왕의 후손으로 되어 있다. 진흥왕 6년(545) 대아찬 거칠부居柒夫는 신라의 『국사』를 편찬하였고, 551년에는 그가 고구려를 쳐서 10개 군을 빼앗은 것으로 기록되어 있다. 거칠군과 마찬가지로 그의 이름이 거칠부인 것으로 보아 동래 지역이 신라에 병합된 것은 진흥왕 때 거칠부에 의한 것(551년 이후)이었거나 거칠부가 거칠군 출신이었을 수 있다. 아울러 거칠산국을 병합했다고 하는 거도居道는 거칠부의 다른 이름이었을지도 모른다. 바꿔 말해서 석탈해 때 거도가 거칠산국을 병합했다는 기록을 믿기 어렵다는 뜻이기도 하다. 여러 자료들을 비교해 보면 거칠산국의 본래 이름은 칠산국이 맞다. 동래 복천동 일대의 무덤군과 연산동의 가야 고분이 관련이 있는 것도 칠포국·칠산국과 무관하지 않다.

• • • • • • • • • • •

9. 거칠부(居柒夫)는 내물왕의 손자 김습보(金習寶)의 5세손으로서 사다함은 그의 조카뻘이다. 이사부는 거칠부의 삼촌 뻘로서 같은 내물왕계이며 성은 모두 김씨이다(『增補文獻備考』).

칠포국[10]은 포상팔국 가운데 한 나라로서 김해가야와 11년에 걸친 기나긴 전쟁 뒤에 김해가야에 흡수당하였지만, 그 위치나 남아 있는 유적의 규모로 볼 때 포상팔국 전쟁을 주도한 나라로 볼 수 있을 것 같다. 김해가야는 칠포국을 수중에 넣음으로써 부산·동래 지역을 임나가라의 중심지 가운데 하나로 만들었다. 포상팔국전을 통해 김해에 중심을 두었던 정치 세력은 비로소 임나가라를 완성하였다. 그리하여 이제 임나가라는 가야권을 대신하는 이름이 되었다. 이런 배경에서 저자는 부산 지역에 있던 칠국에 대하여 다음과 같이 믿고 있다.

"3세기 말부터 김해와 부산의 지배층은 한 집안이었다. 동래 지역의 피지배층은 본래 칠국(칠포국)의 주인들이었다. 그들은 김해의 지배층에게 정복당한 피정복민의 신세로서 임나가라에 대한 반감을 감추고 살았을 수도 있다. 그들의 과거에 대한 향수는 400년 가야대전 당시 고구려·신라 연합군에게 협조하게 하였을지 모른다. 즉, 부산 지역의 기층민들은 임나가라에 등을 돌리고 신라에 협조하였을 수 있다. 불과 120~130여 년 전, 칠군의 피지배층은 자신들의 할아버지 세대가 김해가야에 정복된 사실을 기억하고 있었고, 그에 대한 반감을 간직하고 있었을 것이다. 신라는 동래 지역의 지배 세력과 피지배층 사이의 바로 그와 같은 구도를 이용하여 4세기 중반부터 부산 복천동 지역과의 교류를 늘렸을 것이며, 5세기 초 이후부터는 반김해 세력·반임나가라 인사들을 통해서 부산과 김해의 지배층을 감시하였을 가능성도 있다."

칠포국의 오랜 문화전통을 해체하고 김해에 예속시킨 정권에 대한 피지배층의 반발과 저항의식이 5세기 초 부산 지역으로 하여금 친신라

----
10. 『삼국사기』 물계자전에는 칠포국(柒浦國)으로 되어 있다.

노선을 선택하게 한 요인이 되었으리라고 보는 것이다.

가야 초기 신라와의 충돌 및 경쟁관계

『삼국사기』 기록대로라면 포상팔국 전쟁이 있기 전까지는 신라와 가야 사이에 전쟁이 그치지 않았다. 박씨와 석씨의 신라 연립정권이 계속해서 가야와 마찰을 일으켰고, 두 나라 사이에는 싸움이 잦았다. 그 이전과 이후에도 박씨 왕들은 가야에 적대적이었다. 『삼국사기』에 의하면 신라와 가야의 첫 싸움은 탈해왕 시대에 있었다. 『삼국유사』 가락국기에도 김수로와 석탈해 사이의 싸움을 기록하였지만, 그들 사이의 첫 싸움이 언제 일어난 것인지는 정확히 알 수 없다.

다만 탈해왕 9년(A.D. 65년) '김알지를 석탈해가 자식으로 맞아들이고 시림始林을 계림鷄林으로 고쳐 국호로 삼았다'고 한 기록[11]으로 미루어 보건대 이 사건은 아마도 김알지와 신라 석탈해의 싸움이 마무리되고 양측의 화해가 이루어져 알지와 탈해 사이에 정략결혼이 맺어진 것을 우회적으로 그린 내용으로 이해할 수 있다. 싸움에서 진 탈해왕이 김알지에게 화의를 요청하였고, 그 결과 가야계 김씨와 신라 석씨 사이에 연립정권이 태동된 사실을 전하는 이야기라고 짐작할 수 있다는 것이다. 그렇지 않고서야 까닭 없이 김알지가 신라로 들어가 석탈해의 나라 이름을 제멋대로 계림으로 고쳐 부를 수 있는가? '알지'가 신라(사로) 연립정권의 패권을 쥔 배경이 생략되고 단지 '알지가 국호를 계림으로 고쳤다'고 전하게 된 것이다. 이것은 김해가야의 배후 지원을 받은 김알지가 석탈해의 경쟁상대로 등장한 사실을 전하는 내용이라고 이해할

···········
11. 『삼국사기』 신라본기 탈해왕 9년(65년) 조

수도 있겠다. 석탈해의 정치적 발판을 김알지가 아우르자 이에 석탈해는 김알지와 연립정권을 세울 수밖에 없었다. 그리하여 석탈해는 아들 강조[12]의 딸과 김알지를 결혼시킨 사건을 "김알지를 대보大輔로 받아들였다"고 기록하게 되었으리라고 보는 게 순리에 맞을 것이다. 거슬러 올라가 신라 2대왕 남해차차웅 5년(8년) '봄 정월에 탈해가 어질다는 말을 듣고 왕이 맏딸을 아내로 주었다'고 한 기록도 박씨와 석씨의 정치적 연합을 전하는 내용으로 볼 수 있다.

한 마디로 김씨와 석씨 두 가문의 정치연합으로서 경주 가까이 진출해 있던 김알지가 사로국을 손에 넣게 되자 다급해진 탈해가 손녀딸[13]과 김알지의 혼인을 성사시켰고, 이렇게 해서 김알지 계열과 석탈해 사이에 연립정권이 탄생했다면 이 무렵의 사로(신라)는 석탈해·김알지의 협력으로 불안한 평화가 유지된 것이라고 해석할 수밖에 없다.

석탈해와 김알지계의 연립정권에 대한 반발로써 이후에는 파사니사금·지마니사금과 같은 박씨 왕들이 정권을 잡고 가야에 대한 반격전을 계속하는 것으로 이해할 수 있다. 전후 사정으로 보아 「가락국기」 속의 석탈해와 김수로 사이의 싸움은 A.D. 65년 알지와 석탈해의 연합을 가져온 대결이었거나 그것이 아니면 석탈해 21년(A.D. 77년)에 있었던 황산진[14]의 싸움으로 볼 수 있다. 이렇게 보면 석탈해와 싸운 김수로는 허 황후의 남편이 아니라 1세수로 김시金諟이거나 김시의 아들(=2세수로)로 볼 수 있다. 그렇지만 오히려 석탈해와 김수로의 싸움을 2갑자(120년) 아래로 내려 185년과 197년의 사건으로 보는 게 합당할 것이다. 다

⋯⋯⋯⋯⋯⋯
12. 구추(仇鄒)라고도 한다. 이 구추 각간(角干)의 아들이 벌휴니사금(伐休尼師今)이며 벌휴니사금은 김알지의 처남이 된다.
13. 아들 강조의 딸
14. 현재의 물금이거나 아니면 양산의 가야진으로 생각된다.

시 말해 허황후의 남편 김수로와 석탈해를 2세기 말의 인물로 봐야 무난하리라는 얘기다. 거등왕까지 수로시대로 볼 경우 3갑자를 내리면 김씨 세력이 대성동으로 진출한 시기에 근접할 것이라고 생각한다. 탈해왕 기록을 포함하여 『삼국사기』 신라본기의 초기 기사 중 그 연대에 의문이 있는 기록이 많으므로 석탈해와 알지의 싸움을 적어도 2주갑 가량 내려 보면 가야와 신라 사이의 연대 문제가 의외로 쉽게 풀릴 수 있다. 내용의 신뢰성보다는 그 연대에 관한 것이다. 즉, '사실 관계는 옳은 것이고, 그 연대만 잘못된 것'이라고 이해하면 될 것 같다. 『삼국사기』 신라본기의 연대 문제와 포상팔국 전쟁 연대에 대해서는 따로 설명하였으므로 이 문제에 대해서는 더 이상 거론하지 않겠다.

일단 김수로왕과 신라 탈해왕의 싸움 기록을 있는 그대로 받아들여 보자. 기록을 그대로 따른다면 김수로와의 대결은 대략 A.D. 65년(탈해왕 9년) 이전 또는 77~79년 사이에 있었던 일로 볼 수 있다. 그런데 77년에 있었던 양자 대결은 석탈해가 김수로의 자리를 빼앗기 위해 벌인 싸움으로 되어 있다. 이 싸움에서 진 탈해는 배를 타고 아진포阿珍浦로 달아났다. 『삼국사기』에는 이것이 '77년의 황산진 싸움'으로 기록되어 있다. 석탈해는 그로부터 2년 뒤인 79년에 죽었다. 다시 말해서 김수로와 석탈해의 황산진 대전은 77년의 일이니까 두 사람의 첫 싸움은 65년에 있었다. 하지만 그 외에는 김수로와 석탈해 양측의 싸움이 없다. 여기서 다음과 같은 경우를 떠올려 보자. 김수로왕이 3세기에 등장했고, 김수로왕 신화가 3세기 후반에 탄생했다고 보는 견해이다. 이것이 사실이라면 우선 석탈해와 김수로가 65년과 77년에 벌였다는 싸움은 거짓일 수밖에 없다. 그러나 그 기록이 사실 관계는 옳은 것이고 연대만 잘못된 것이라면 탈해의 생존연대를 적어도 2세기 말로 끌어내려서 이해할 수 있으며, 그렇게 되면 석탈해와 싸운 김수로왕은 허황후의 남편이 맞을 것이다. 이 경우 석탈해 관련 『삼국사기』의 기록은 물론 3세기 이전의 다른 내용도 연대를 수정해서 봐야 한다. 기록상 석탈해가 가야를 상대로 벌인 두 번째 싸움은 이렇게 기록되어 있다.

"가을 8월 아찬 길문이 가야 병사와 황산진구[15]에서 싸워 1천여 명의 목을 베었다. 그 공으로 길문은 파진찬이 되었다."[16]

탈해왕 시대의 이 싸움으로부터 신라 파사니사금[17]과 지마니사금에 이르는 116년[18]까지 약 40년 사이에 가야와 신라는 모두 아홉 차례의 싸움을 치렀다. 그 중에서도 양측에 가장 많은 전투가 일어난 것은 파사니사금 때이다. 황산강[19]은 김해 동쪽의 강이므로 지금의 양산 지역으로 생각하면 된다. 석탈해는 황산강에서 김해가야 군대와 접전을 벌였다가 대패하였다. 그 후 가야계 김씨들과 연합했고, 석탈해가 죽은 뒤 신

••••••••••

15. 이 황산진과 관련해서 가야진(伽倻津)이라는 지명에 주목할 필요가 있다. "일명 옥지연(玉池淵)이라고도 하며 양산군 서쪽 40리 거리, 황산강 상류에 있었다. 이 일대의 강을 기음강(岐音江)이라고 불렀다"(『신증동국여지승람』). 이곳은 후일 신라의 사독(四瀆) 가운데 하나가 되었다. 이 기록으로 보면 가야진이 황산진이었다고 볼 수 있다.
16. 탈해이사금 21년(A.D. 77년)
17. 婆娑尼師今(파사니사금)의 파사(婆娑)는 바람과 파도를 이른다. 그가 바다 또는 물과 관련된 인물임을 미루어 짐작케 하는 이름이며, 니사금(尼師今)은 '닛금'의 향찰표기다(닛금→닝금→임금).
18. 신라 지미이사금 5년
19. 황산강(黃山江)은 김해부 동쪽 40리 양산군의 기음(岐音)에 있다고 하였다. 김해 동쪽의 강을 말한다. 현재의 양산 가야진이 황산진으로 추정되며, 이 황산진을 중심으로 한 낙동강의 한 부분을 황산강이라고 불렀을 것이라 생각된다. 한편 "양산군에서는 군의 서쪽 18리 거리에 황산강이 있으며 신라 4독(四瀆)의 하나이다. 고려 때 밀양 무안의 용진(龍津), 광양의 섬진(蟾津) 그리고 이 황산강을 3대수(三大水)라고 하였다(『신증동국여지승람』)." 이 기록으로 보면 양산 용당리의 가야진이 황산진이었다고 판단된다. 신라의 4대 나루 가운데 나머지 하나는 흥해의 아등변(阿等邊)에 있었다. 신라는 이곳에서 해마다 동해의 신에게 제사를 지냈으며 이 외에도 신라의 중요한 요충으로서 참포(槧浦)라는 나루가 하나 더 있었다. 참포는 토지하(吐只河)라고도 부르며 신라 동독(東瀆)의 하나였다고 한다.

라 박씨 왕들의 가야 공격은 매우 집요하게 이루어지고 있다.

1) 파사니사금 8년(87년) : 가을 7월 짐이 덕이 없어 나라 서쪽으로는 백제가 가까이 있고, 남으로는 가야가 접해 있으며 …이달에 가소加김·마두馬頭 두 성을 쌓았다.

2) 파사니사금 15년(94년) : 봄 2월 가야가 마두성을 포위하였다. 아찬 길원吉元을 보내어 장병과 기병 1천으로 추격해 쫓아버렸다.

3) 파사니사금 17년(96년) : 9월 가야인이 남쪽 국경을 침략했다. 가성加城의 성주 장세長世를 보내어 막았다. 그러나 적에게 죽임을 당하자 왕이 노하여 용사 5천을 거느리고 나가 싸워 이겼다. 포로가 매우 많았다.

4) 파사니사금 18년(97년) : 봄 정월, 병사를 일으켜 가야를 치려고 했으나 그 나라 왕이 사신을 보내 죄를 빌므로 이에 중지했다.

5) 파사니사금 22년(101년) : 봄 2월에 성을 쌓고 월성月城이라 하였다. 가을 7월에 왕이 월성으로 거처를 옮겼다.

6) 파사니사금 23년(102년) : 가을 8월에 읍즙벌국과 실직곡국이 영토를 다투다가 왕에게 와서 판결해줄 것을 청했다. 왕이 난처하게 여기고 금관국 수로 왕이 연로해 아는 것이 많으리라고 생각하고 그를 불러 물었다.…

7) 파사니사금 27년(106년) : 봄 정월, 압독押督[20]에 행차하여 빈궁한 사람들을 도왔다. 3월에 압독으로부터 돌아왔다. 가을 8월 마두성 성주에게 명해 가야를 쳤다.

8) 파사니사금 29년(108년) : 여름 5월, 홍수가 나서 백성이 굶주렸다. 10도에 사신을 보내 창고를 열어 백성을 구휼했다. 병사를 보내 비지국比只國, 다벌

••••••••••
20. 현재의 경산시

국多伐國, 초팔국草八國[21]을 정벌하여 복속시켰다.

9) 지마니사금 4년(115년) : 봄 2월 가야가 남쪽 국경을 침공했다. 가을 7월 왕이 친히 가야를 정벌했다. 보기步騎를 거느리고 황산하黃山河를 건넜다. 가야 인이 숲에 복병을 숨겨놓고 기다렸다. 왕이 이를 깨닫지 못하고 곧바로 나가니, 복병이 뛰쳐나와 몇 겹으로 에워쌌다. 이에 왕은 군사를 지휘해 맹렬하게 싸워 포위를 뚫고 퇴각했다.

10) 지마니사금 5년(116년) : 가을 8월 장수를 보내 가야를 쳤다. 왕이 장병 1만을 거느리고 그 뒤를 따르자 가야가 성을 닫고 굳게 지켰다. 때마침 오래도록 비가 내려 돌아왔다.

다만 이상의 기사에서 말하는 가야가 모두 김해가야였는지는 의문이다. 경주 주변에 있던 변진 세력을 가야로 기록했을 수 있을 수도 있기 때문이다. 그것이 아니라면 기록에는 없지만 신라 주변에 있던 친가야 세력일 수도 있고, 창녕 비사벌比斯伐[22]이나 변진독로국[23]과 같은 소국을 가야로 말한 것일 수도 있다. 그래야만 『삼국사기』 신라본기 박혁거세 19년(기원전 39) 조의 "봄 정월에 변한卞韓이 나라를 바쳐 항복해 왔다"고 한 기록도 비로소 이해할 수 있게 된다. 통상 낙동강 서편으로 생각하는 변한이 박혁거세 시대에 신라에 항복했다는 것은 대단히 잘못된 이야기이다. 물론 위 예문 8)의 비지국·초팔국 등이 파사니사금 때 병합되었다는 기사도 2세기 초의 상황에서는 인정할 수 없는 내용이다.

••••••••••
21. 비지국은 안강의 옛이름 비화(比火)와 같고, 과거 의창군(義昌郡) 퇴화(退化)와 '다벌'이 유사하다 하여 다벌국을 퇴화 지역으로 보고, 초팔국은 기계면의 옛 지명 모혜(芼兮)일 것으로 본 견해가 있다(「三韓攷 제3부─삼한의 국가형성」, 천관우, 『韓國學報』2·3집, 1989).
22. 불사국(不斯國)·비자발(比自鉢)·비화가야 등의 이름이 더 있다.
23. 弁辰瀆盧國. 이곳을 지금의 포항시 연일 도구리로 보았다.

이런 기사들은 진왕辰王이 지배하던 진국의 중심, 즉 월지국月支國을 신라가 흡수하고 경주 인근의 변진 지역 소국에 대한 지배권을 차지했다는 의미로 볼 수 있다.

"101년 신라 파사니사금은 월성을 쌓고 그곳으로 거처를 옮겼다."[24]는 기사 역시 여전히 그 연대에는 의문이 있지만, 전후사정으로 보아 이것은 신라가 비로소 어느 정도의 위상과 왕권을 세운 뒤 주변국에 대한 적극적인 대비책을 마련하기 위한 것이었다고 이해할 수 있다. 그리고 그 이듬해(102년) 신라 파사니사금과 가야 사이엔 영토분쟁이 있었다. 음즙벌국·실직곡국을 놓고 신라 파사니사금과 김해가야의 김수로왕이 대립하고 있는데, 그 내용은 음즙벌국과 실직곡국을 차지하기 위한 싸움이었다. 그러면 여기에 등장하는 김수로왕은 누구였을까? 기록상의 연대를 보면 가라국 창업자 김시의 아들이거나 3세 수로로 판단할 수 있다. 연대를 그대로 인정하기 어려운 것이다. 그러므로 김수로의 가야 창업 시점으로부터 적어도 60년을 아래로 더 내려 보아야 할 것이다.

102년 신라와 김해가야의 영토분쟁은 음즙벌국音汁伐國[25]과 실직곡국悉直谷國 두 나라를 신라가 병합한 사건이다. 그런데 엉뚱하게도 신라 파사니사금은 가야의 김수로왕에게 실직곡국과 음즙벌국의 분쟁을 중재해 달라고 부탁한 것으로 기록되어 있다. 그렇지만 가야의 김수로왕은

··········
24. 『삼국사기』 신라 파사니사금 22년(101)
25. 『삼국사기』 지리지 4에는 의창(義昌) 또는 포항 안강으로 되어 있다. 과거에는 포항 안강 일대까지가 의창이었다. 이런 근거로 안강에 있던 소국으로 보게 되었다. 그러나 경주 강서면(江西面) 일대라고 보는 견해도 있다. 음즙벌(音汁伐)은 본래 '음지벌'의 표기였을 것으로 보인다. 하지만 현재의 경주시 천북면 성지리(聲池里) 일대를 음즙벌국의 자리로 보고자 한다. 이곳을 흔히 소리라 부른 적이 있고, 그곳에 있는 큰 저수지를 '소리지'라고 부르고 있는 것을 볼 때 본래 이 마을을 음지벌이라고 불렀을 것으로 보인다. 성지 및 소리지의 다른 이름이 음즙벌(音汁伐, 소리지벌)의 음즙(=음지)일 것으로 보기 때문.

실직곡국·음즙벌국과 신라 사이의 영토분쟁에 중재자로 위촉된 게 아니다. 실제로는 신라 파사니사금婆娑尼師今과 영토를 다툰 당사자이다. 이 사건이 있었던 해가 102년이라고 하였으니 김해가야(금관가야·가라국)의 창업자(1세수로) 김시金諟가 설령 42년생이라고 가정하더라도 102년[26]은 그의 나이 61세가 되는 해이다. "김수로[27]가 나이가 많아 아는 것도 많으리라고 생각해서 그에게 중재를 요청했다"는 기록에는 일단 부합하는 나이다. 그러나 『흉노인 김씨의 나라 가야』에서 설명했듯이 김시가 44년에 낙랑에 들어가 염사읍군이 되었으므로 그때 그의 나이가 20~30대 또는 장년이었다면 신라 파사니사금과 영토를 다툰 수로는 김시의 아들이거나 손자일 수도 있다.

이렇게 '김수로'와 관련된 연대가 문제가 되는 것은 김해가야의 왕을 '수로'로 부른 '수로시대'가 꽤 오랜 기간 지속되었기 때문이다. 아마도 김씨들은 대성동 일대로 진출하여 변진구야국을 정복하고, 또 포상팔국을 통합하기까지 '왕'이란 호칭 대신 '수로(수리)[28]'를 오래도록 사용한 데서 비롯된 결과일 것이다. 『삼국유사』 가락국기를 토대로 생각해 보면 아마도 거등왕의 아버지 시대까지 또는 거등왕 이후로도 꽤 오랫동안 왕을 수로(사실 이것은 '마리'의 표기)라고 불렀을 수 있다.

"가을 8월에 음즙벌국과 실직곡국이 영토를 다투다가 왕에게 와서 판결해줄 것을 청하였다. 파사왕이 난처하게 여기고 '금관국 수로왕이 나이가 많아 아는 것이 많으리라'고 생각해서 수로왕을 불러 물었다. 수로가 의견을 내어 다투던

••••••••••
26. 신라 파사니사금 23년
27. 가락국기에 A.D. 42년에 태어났다고 기록된 김수로왕을 1세수로 김시(金諟)로 본다는 점은 『흉노인 김씨의 나라 가야』에서 자세히 밝힌 바 있다.
28. 한자로 首露라고 한 것은 '마리'의 향찰 표기다. 신라 마립간(麻立干)의 마립(麻立)에 해당한다.

땅을 음즙벌국에 속하도록 하였다. 이에 왕(파사니사금)이 6부에 명하여 수로 왕을 위해 향연을 베풀도록 했다. 5부는 모두 이찬이 접대하게 하였으나 유독 한기부만은 지위가 낮은 사람으로 하여금 접대하게 하니 수로가 노하여 종 탐하리耽下里를 시켜 한기부의 부주部主 보제保齊를 죽이고 돌아갔다. 탐하리는 달아나 음즙벌주[29] 타추간陀鄒干의 집에 숨었다. 사람을 시켜 그 종을 수색했으나 타추가 내보내지 않았다. 왕이 노하여 군사를 몰아 음즙벌국을 치니 음즙벌주와 그 무리가 스스로 항복하였다. 실직곡과 압독押督 두 나라 왕도 와서 항복하였다."(『삼국사기』 신라본기 파사니사금)

여기에 나오는 음즙벌국이 후일 안강安康에 합쳐지는 것으로 보아 단순히 위 내용만으로는 이해하기가 애매한 것들이 많다. 통상 음즙벌국은 경주의 서북 지역 어딘가에 있었을 것이라고 보고 있다. 일단 음즙벌은 '음지벌'의 표기로 추정된다. 그렇다면 음지벌은 평해平海일 가능성도 있으며[30] 경주와 안강의 사이에 있는 지역일 수도 있다. 그런데 위 내용은 조선시대 허목의 「동사」에는 약간 다르게 기록되어 있다.

"신라 임금 파사婆娑가 6부 대인에게 명하여 수로왕에게 향연을 베풀게 하니 모든 부에서 두렵게 여겨 이찬으로 김수로를 접대하게 했다. 그러나 유독 한기부만이 지체가 낮은 사람으로 수로를 맞게 했다. 그러자 수로왕은 '오만하여 예로 맞지 않는다'며 보제를 쳐 죽였다. 가야에 죄를 짓고 도망한 자가 읍즙벌에 숨으니 수로왕이 사신을 보내어 찾게 하였으나 읍즙벌에서 내주지 않았다. 이에 수로가 군사를 보내어 공격하니 읍즙벌이 항복하였다. 뒤에 신라 지마祗摩가

• • • • • • • • • • •
29. 音汁伐主, 음즙벌국을 가리킨다.
30. 평해의 옛 이름이 근을어현(斤乙於縣)이었고 '근을어'는 '그늘(陰)'의 표기로 볼 수 있으므로 음지벌은 곧 평해라고 보는 견해가 있을 수 있다.

즉위하자 가락을 침범하여 황산하黃山河에서 대패했고, 이로부터 가야는 더욱 강성해져서 동으로는 황산하, 북으로는 대량주(大良州, 합천), 서남으로는 바다에 접하고 서북으로는 거타주(居拖州, 거창)의 백제 경계에까지 이르렀다.(허목, 『미수기언』東事, 가락국기)

허목의 기록을 보면 음즙벌국을 병합한 것은 신라 파사니사금이 아니라 가야 김수로이다. 그러니까 음즙벌국은 친가야 세력이었다. 김수로의 지원을 받은 음즙벌국을 신라가 통합한 내용을 우회적으로 전한 기록인데, 음즙벌국이 김수로를 대신하여 신라와 싸우는 것처럼 그리고 있다. 이 기록을 통해서 음즙벌국은 김해가야의 지원을 받는 소국으로 존속되었음을 알 수 있다. 만일 이것이 맞다면『삼국사기』파사니사금 22년(102)의 기록은 가야의 역사를 신라에서 도둑질한 것이거나 상당 부분 진실이 은폐되어 있다고 볼 수 있다. 먼저 "김수로가 그 종(노예) 탐하리를 시켜서…"라고 한 구절에는 신라 측의 적개심이 들어있음을 알 수 있다. 신라 중심의 기록인 점을 감안하면 탐하리는 김수로의 종이 아니라 김수로가 신임한 인물이었다고 볼 수 있다.

그러면 위 내용을 어떻게 해석해야 할까? 김수로는 음즙벌국을 놓고 신라 파사왕과 다투었다. 김수로가 보낸 탐하리는 신라 한기부의 수장 보제를 죽이고, 음즙벌국 왕 타추간에게 가서 그를 지원하였다. 그때 신라는 음즙벌국을 공격하여 빼앗았고, 그 내용을 신라본기 파사니사금 조의 이야기로 전한 것이라고 이해해야 한다. 신라와 가야가 대치하는 상황에서 신라6부의 대표와 가야 측 대표 탐하리의 협상이 결렬되었고, 탐하리가 신라 한기부의 보제를 죽인 뒤, 음즙벌국왕 타추간을 지원하기 위해 간 것을 음즙벌국왕의 집에 숨어 있었다고 적은 것이다. 어디까지나 이 기사는 가야와 신라 두 나라에 관한 기록이므로 탐하리는 김수로의 충직한 장군으로 봐야 하며, 결국 위 기록은 음즙벌국이 신라에 넘어간 과정을 신라 측에서 각색한 것이라고 볼 수 있다.

나중에 신라는 실직곡국마저 빼앗고 압독국도 항복시킨 것으로 되어 있다. 이것을 단순히 음즙벌국과 신라 사이의 분쟁처럼 그렸지만, 실제로는 신라에서 한기부의 보제를 보내어 김해가야의 영향권에 들어 있던 음즙벌·실직곡 두 나라를 차지하기 위한 싸움을 벌인 것이니 보제 또한 신라의 장수였던 것이다. 앞에 소개한 두 기사는 신라 파사니사금이 음즙벌국을 차지하기 위해 군대를 보낸 사실을 전하고 있는 것이다. 음즙벌국을 놓고 벌인 가야와 신라의 영토분쟁을 마치 김해가야와 관계없는 분쟁 중재 기사로 탈색시켰으나 이것은 신라 측의 기록인 까닭에 음즙벌국·실직곡국·압독국을 병합한 사실을 미화한 내용으로 볼 수 있다. 압독국은 지금의 경북 경산 압량[31]에 있는 나라였으므로 이 사건은 동북편과 서북쪽 지역으로 신라가 세력을 펴나가는 과정에서 김해가야와 빚은 마찰이었다고 이해할 수 있다.

그리고 신라 파사니사금이 6부의 대표에게 명하여 수로를 위해 잔치를 벌이도록 했다고 하였는데, 그것도 사실은 신라에게 불리한 진실을 은폐하기 위한 포장이었다고 판단된다. 영토를 다투고 있는 마당에 상대국의 국왕에게 잔치를 베풀었다는 것이 말이 되겠는가? 파사니사금이 까닭 없이 김수로에게 향연을 베풀었을 리도 없다. 더군다나 김수로나 파사니사금이 그 향연에 무턱대고 참석했을 가능성도 없고, 김수로가 자신의 이익과 전혀 관계 없는 일에 휘말렸을까? 이것은 김수로와 신라 파사니사금이 음즙벌국과 실직곡국·압독국을 두고 정복전을 벌이

••••••••••

31. 현재의 경북 경산시 압량 일대. 경산시 임당동고분군을 압독국 사람들이 남긴 무덤으로 보고 있다.

는 과정에서 생긴 충돌과 갈등을 우회적으로 그린 것이다.[32]

김부식은 이 사건을 『삼국사기』에 남기면서 실제와는 다르게 적었다고 판단된다. 신라 파사니사금의 영토 확장 야욕을 숨기고 부드럽고 완곡하게 표현하였다. 신라의 기록인 까닭에 거기에는 많은 부분 진실이 가려져 있는 것이다. 음즙벌국은 친가야 소국으로서 반신라 입장이었으며, 파사니사금은 한기부를 앞세워 음즙벌국을 시작으로 실직곡국과 압독국 정복전을 추진하였음을 짐작할 수 있다.

싸움의 발단은 음즙벌국이 실직곡국을 빼앗고 신라를 압박한 데 있었던 것 같다. 이것은 석탈해와 알지 사이의 연립정권이 형성되기 이전, 박씨 왕들이 주변의 소국들을 정복하면서 가야와 신라 사이의 주도권 다툼을 하던 사정을 그린 것으로 볼 수 있다. 그렇지 않고서야 까닭 없이 신라의 한기부가 실직곡국의 입장에서 가야 김수로왕에게 영토분쟁 중재를 부탁했을 리가 없고, 영토분쟁 중재 요청이라는 것도 꾸며낸 이야기이다. 간단히 말해서 실직곡국과 음즙벌국의 분쟁은 신라와 가야의 대리전이었다고 할 수 있다.

이들 사이의 문제를 가야와 신라가 협상하기 위해 만난 것이 양측의 '향연'으로 그려졌을 수는 있다. 또한 한기부는 그 당시 사로(신라) 정권의 한 축을 담당했던 세력이다. 기사의 행간에 남아 있는 느낌으로 보아 처음부터 실직곡국은 친신라 입장이었던 것이 분명하다. 아마도 신라 쪽에서는 한기부가 실직곡국을 통해 음즙벌국과 분쟁을 일으키면서 싸움을 일으킨 게 아닌가 생각된다. 결국 가야의 장군 탐하리가 음즙벌

• • • • • • • • • • •

32. 이 문제에 대해서 『증보문헌비고』는 짧지만 비교적 정확하게 적고 있다. "음즙벌국의 伐은 火로도 표기하는데 벌판을 伐이라 하고, 火를 불이라고 하는데 '벌' 음이 변해서 불이 된 것이다. 두 음이 서로 비슷한 까닭이다(音汁伐國 伐或作火 新羅方言 坪謂之伐 火謂之弗 變伐爲火 二音相似故也)"라고 설명하고 "파사왕 23년 음즙벌국과 실직곡국이 영토를 다투었다"며 양국의 강역다툼이었음을 명확히 하였다.

국을 보호하고, 실직곡국을 공격하여 취하려 하자 신라 파사니사금은 화의를 요청해 가야를 안심시킨 뒤에 실직곡국과 음즙벌국·압독국을 차례로 병합하였다는 이야기일 것이다.

이 사건이 있은 뒤로 『삼국사기』에는 왜가 신라에 강화를 요청하고 (123년) 신라·왜 사이의 수교가 이루어졌으며(158년), 172년에는 왜왕 히미꼬(卑彌乎)가 사신을 보내 신라와 화해한 것으로 되어 있다.[33] 마치 왜가 신라와의 관계를 개선하려 한 것처럼 기록되었지만, 이것은 당시 가야·신라·왜 사이에 무엇인가 중요한 변화가 있었음을 암시한다. 이 시기 영남 내부에서는 세력균형을 위한 부단한 움직임이 있었다. 그렇지만 이상하게도 123년부터 약 70여 년 동안은 가야와 신라 사이에 전쟁이 없다. 이어 184년에는 김알지의 후손과 혼인관계로 맺어진 석씨 벌휴니사금이 들어서면서 신라와 가야의 관계는 크게 개선되었다. 그리하여 신라는 가야와 우호적인 관계를 유지하였다. 그 뒤로 일성왕과 아달라왕의 박씨 왕 시대에는 신라와 왜도 가까워지고 신라는 친가야 성향을 보인다. 그리고 그 다음 석씨계 내해니사금 6년[34]에 가야국이 신라에 화친을 요청한 것으로 되어 있다. 그러나 이 기록도 사실은 사로연립정권 시절의 기록이다. 그때는 가야계 김씨가 사로연립정권의 주요 축을 맡고 있었으므로 김씨와 연합하여 왕이 된 석씨계 임금은 가야계의 힘을 무시할 수 없었다. 이 시기의 신라는 가야에 대적이 되지 않을 정도로 국력이 약했으므로 신라가 가야에 화해를 요청했을 가능성이 있다.

••••••••••

33. 그러나 히미코는 235년 중국에 처음 사신을 보낸 것으로 중국측 기록에 나와 있어 『삼국사기』 신라본기의 기록에 큰 의문이 있다. 이것은 신라의 기록을 대략 60여 년 정도 위로 끌어올린 것으로 볼 수 있는 내용이다. 바로 이런 문제 때문에 『삼국사기』 신라본기 초기의 기사를 불신하게 되었다. 이 문제에 대해서는 따로 설명하였다.

34. 201년. 봄 2월의 일로 기록되어 있다.

그러나 이 사건의 실체를 이해하는 데 있어서 사실 어느 쪽이 먼저 화해를 요청했는지는 별로 중요하지 않은 문제일 수도 있다. 그보다 중요한 것은 그 당시 영남 지역에서 신라와 가야의 정치적인 구도이다. 신라와 가야 사이의 화해무드가 조성되고, 그 다음해(202년)에 포상팔국이 김해가야를 공격하였다. 『삼국사기』와 『삼국유사』 가락국기의 내용대로라면 포상팔국전이 처음 일어난 202년은 허 황후의 남편 김수로가 죽고 3년째를 맞는 해이다. 이 해에 시작된 포상팔국 전쟁은 신라와 가야가 연합해 포상팔국을 제압하고 영남 지역의 패자로 등장하는 전기를 마련하였다. 그래서 '3세기 초 구야국 체제에서 가야로 바뀌었다'고 보는 견해가 나왔는데, 이런 시각은 『삼국사기』 신라본기 기사의 연대를 그대로 믿고, 김해가야가 포상팔국을 평정한 사실에 바탕을 두고 있다. 그 싸움에서 포상팔국이 패했으므로 포상팔국의 패배는 곧 전기 가야연맹의 해체였다고 보는 것이다. 그렇지만 가야연맹이란 있지도 않은 허구이고, "구야국이 가야로 바뀌었다"는 주장 또한 가야 사회를 제대로 이해하지 못한 데서 나온 이야기이다. 한 마디로 그런 해석은 맥락을 잘못 짚은 데서 나온 것이어서 받아들이기 어렵다. "구야국狗倻國이 곧 가야국加耶國이고 가야"이다. 이 점에 대해서는 『흉노인 김씨의 나라 가야』에서도 자세히 설명하였다.

한편, 신라는 남쪽이나 서쪽 가야와의 영역 다툼에만 그치지 않고 북으로도 눈을 돌렸다. 2세기 중반에 신라는 계립령(156년)과 죽령(158년)의 두 내륙로를 처음 개척하였다. 물론 그 외에도 동해안 해상로를 이용하여 낙랑이나 중국 동북 지역으로의 진출을 시도하기도 했다. 서해안 해로보다는 내륙 교역로와 동해 연안 해상로에 비중을 두고 낙랑과의 교역을 추진한 것이다. 이와 같이 가야와 신라가 왜·중국과의 교역을 위해 분주하게 움직이면서 출항지와 교역권의 중심이 이동되었고,

포상팔국은 거기서 배제되었을 가능성은 있다. 포상팔국이 신라의 대중국 교역에서 경쟁국이었으므로 신라와 김해가야가 포상팔국을 제압하고 그 이익을 나누었을 가능성이 있다는 뜻이다. 물론 그것은 하나의 가정이지만, 결국 이런 변화에 따라 일어난 집단 반발이 포상팔국 전쟁이었을 수도 있다는 얘기이다.

그렇지만 낙랑과 관련하여 약간 다른 주장이 있다. 기원후 146년 고구려가 서안평을 공격하여 낙랑군의 기능이 마비되었고, 그로 인해 낙랑과의 교역으로 성장한 가야(구야국)가 쇠퇴했다고 보는 견해[35]이다. 이것을 증명할 수 있는 증거는 없다. 그래서 이런 주장에 대한 반론도 있다. 즉 '1~3세기 구야국이 교역을 독점한 근거는 없다[36]'는 견해가 그것이다. "중국에서 돈을 사용하는 것처럼 모든 시장에서는 물건을 사는데 철을 사용하며 낙랑·대방 2군에 철을 공급한다[37]"고 한 기록은 변진 지역에서 낙랑과 대방 2군에 철을 공급한 사실을 말한 것일 뿐, 김해가 독점한 증거가 없다는 견해는 일견 타당해 보인다. 그렇지만 그 당시에 중국은 염철을 중앙정부가 통제하던 시기였으므로, 낙랑군과 대방군에 철을 공급한다고 한 것은 그 자체가 독점일 수 있다. 그리고 기록에 변진의 철로 되어 있으나 실제로는 김해가야가 그 중심에 있었을 가능성이 많다. 3세기에 낙랑과 조선의 중심은 대릉하大凌河 주변의 조양朝陽을 거쳐 요동으로 이동하였다.[38] 다시 말해서 그 무렵의 낙랑을 오늘의 중

··········

35. 「1~3세기 가야 세력의 성격과 추이—수로집단의 등장과 浦上八國의 亂을 중심으로」, 白承忠, 『釜大史學』 13, p.27~31, 1986
36. 「三韓의 國邑과 그 成長에 대하여」, 李賢惠, 『歷史學報』 69, p.4~5, 1976
37. 諸市買用鐵如中國用錢 又以供給二郡(『삼국지』 위서 동이전 변진 조)
38. 기원후 1~2세기 전반의 낙랑은 지금의 요령성(遼寧省) 조양시(朝陽市)일 수 있다고 본다. 즉, 대릉하(大凌河)를 경계로 하였다고 보는 것이다. 아마도 그 이후 조선의 중심은 지금의 요양 지역으로 다시 옮긴 것으로 보고자 한다.

국 요령성 조양시朝陽市 또는 요양遼陽 및 그 서편으로 본다는 뜻이다. 김해에서 이 지역까지 오가며 철을 공급한 것인데, 중국의 군현으로 편입된 낙랑군과 대방군에 철을 공급하는 지위를 김해가야가 갖고 있었다면 그 당시 김해와 그 외 변진 소국들 사이에 이해관계가 얽혀 있을 수 있다.

이것을 좀 더 구체적으로 살펴보면 애초 변진의 몇몇 소국들이 생산하던 철이 김해가야의 등장으로 그 주도권을 빼앗겼을 수가 있다. 시간이 지나면서 김해가야가 철의 생산과 교역의 중심에 섰고, 그에 따라 결국 왜와 중국으로 통하는 교역로가 김해가야 쪽으로 변경되었을 수 있다. 특히 칠포국과 진해·마산 서편의 3국이 심하게 반발한 것을 보면 김해가야(=가라)가 낙동강 하구의 진해·마산·부산 지역을 제치고 왜와의 교역에서도 중심적인 역할을 하였기 때문에 포상팔국이 격렬하게 반발했다고 볼 수 있는 여지는 있다. 김해가야와 함안 안라국이 변진소국을 통합해가는 과정에는 단순히 영토를 다투기 위한 것만이 아니라 철의 생산과 교역이라는 경제적 요소도 작용하였을 것이란 얘기다.[39]

가야와 신라가 가까워지는 시기에 중국은 어수선하였다. 후한 환제~영제(A.D. 147~189) 시대에 정치적으로 혼란하였고, 이로 말미암아 많은 사람들이 한반도로 내려왔다(『삼국지』). 이어 2세기 말~3세기로 접어들면서 후한의 말기적 상황이 드러나기 시작했다. 특히 후한 말 헌제 시대 이후, 중국 하북성과 요령성 지역에서 많은 유민이 내려왔고, 그 후로 요서지방에서는 공손강[40]이 독자적인 세력을 떨치기 시작하였다.

••••••••••

39. 이런 관계는 가야와 신라 사이에도 그대로 유지되었다고 볼 수도 있다. 2세기 중반, 북으로 가는 내륙로를 신라가 개척한 것도 대외 교역과 관계가 있다.

40. 公孫康(?~221)

204년에는 낙랑군 둔유현屯有縣에 대방군을 설치함으로써 낙랑과 대방에 변화가 있었다. 그리하여 낙랑·대방과의 관계 속에서 포상팔국 전쟁의 원인을 찾고 "구야국의 김수로 집단이 한사군 설치 이후에 초기 가야권의 구심체로서 물자 재분배의 기능을 갖고 있었으나 2세기 중반 이후 그 기능을 상실함에 따라 포상팔국이 구야국을 공격한 사건"[41]이라고 본 이가 있는데, 이것은 사실 여부를 떠나 어느 정도 의미가 있는 해석이라고 하겠다. 아울러 포상팔국과의 갈등을 '2세기 중반 이후 한반도 남부지방의 변화에 따라 3세기 초에 벌어진 사로세력권과 가야세력권의 경쟁'으로 파악하는 견해가 있는데, 이런 것들은 모두 중국과의 교역에서 신라와 가야가 차지하는 위치에 기준을 두고 분석을 시도한 주장들이다. 그런데 『삼국유사』 가락국기의 내용을 그대로 믿고 "김수로의 죽음(199년) 이후 구야국의 지배층이 일본으로 옮겨가자 포상팔국이 구야국을 침입했다"고 본 견해[42]도 있다. 그런가 하면, 거꾸로 포상팔국이 교역의 주체였을 가능성이 있다고 보는 시각도 있다. 그러나 이 문제는 44년 염사읍군이 된 김시金諟로써 말끔히 해결되었다고 볼 수 있다.[43] 낙랑·대방에 철을 공급하면서 2군과의 교역이 확대되었고, 그에 따라 김해가야는 급속도로 발전하면서 강성해졌다. 이 무렵 김해가야의 발전상을 알려주는 것이 김해 지역의 유물이다.

3~4세기 김해 양동리나 대성동의 유적과 유물을 보면 김해가야는 한결 발전하였다. 사회 규모가 확대되고 더욱 여유로워졌다. 철기 부장

••••••••••

41. 「1~3세기 가야 세력의 성격과 추이–수로집단의 등장과 浦上八國의 亂을 중심으로」, 白承忠, 『釜大史學』 13, p.27~28, 1986
42. 『伽耶史研究』, p.16~19, 천관우, 일조각, 1977
43. 이에 대해서는 『흉노인 김씨의 나라 가야』, p.135~156, 「가라국의 1세 김수로는 김시」에서 자세히 설명하였다.

량이 늘고 토기 규모도 커지는데, 그것은 그만큼 풍요로워진 사회를 반영한다. 따라서 구야국의 쇠퇴나 교역 재분배 기능을 상실해 구야국이 쇠퇴했다는 주장은 설득력이 부족하다. 강성해진 힘으로 김수로의 가라국이 변진구야국과 주변 소국을 정복하여 흡수하였고, 함안 또한 확장책을 펴자 선주세력으로서 포상팔국이 위기감을 갖고 가라국을 공격한 사건이 포상팔국전이었으며, 여기에 신라가 개입되었다고 이해하는 것이 훨씬 타당하다.

그때까지 변진 지역은 여러 소국들이 분할하고 있었다. 3세기의 가야 사회는 이미 이런 상황에서 벗어나 새로운 체제, 통합된 단일 경제 체제로 이행하고 있었으며 그 첫 신호가 포상팔국전이었다고 이해할 수 있을 것 같다. 결과적으로 포상팔국은 새로운 세력으로 부상한 김해의 가야(임나가라)에게 흡수 통합되었다. 그리하여 포상팔국의 퇴장 이후 영남은 김해가야 : 신라의 구도로 정리되었다. 이후 김해가야는 부산으로부터 진해·창원·마산 및 고성·사천 일대의 교역항을 장악하고 중국 및 왜와의 교류를 확대할 수 있게 되었다. 김해 가야는 포상팔국의 인력과 물자를 아우르고, 대외 교역항을 확보함으로써 빠르게 성장할 수 있는 역량을 갖게 되었다.

한 예로 경남 사천은 낙랑·대방·중국으로 가는 해상로의 길목이자 과거 사물국의 근거지였다. 그 흔적의 하나로서 늑도가 있다. 기원전 3세기가 지나서 세형동검 문화와 더불어 삼각형점토대토기가 요동지방[44] 및 청천강 이북 지역에서 서해 해로를 통해 이곳으로 직접 들어왔다. 늑도유적에서 출토된 다량의 철기는 기원전 1세기의 것으로, 늑도유적은 기원전 2세기를 전후한 시기에 이미 북방부 지역과 남부지방

----

44. 요하 동편 태자하(太子河)·혼하(渾河) 일대

의 상호접촉이 이루어졌음을 보여주는 대표적인 사례이다. 기원후로 접어들면서 영남 지역의 패총이나 토광묘 등에서 쇠칼·철촉·철부 등이 서서히 늘어나고 철제농구도 많이 출토되는 것으로 보아 이때부터 철기가 널리 보급된 사실 또한 분명하다. 그러나 초기의 철기 보급 속도는 느렸다.

반면 2~3세기에 들어서면 철기의 보급 속도는 한결 빨라진다. 영남 지역의 철기 보급과 관련하여 다호리를 한 예로 생각할 수 있을 것이다. 다호리에서는 기원전 1세기 말~기원후 1세기 초반 판상철부나 철정 및 철기의 보급과 함께 와질토기가 출현했다. 가야의 화폐 철정鐵鋌과 관련해서『후한서』에 "무릇 모든 무역에서 철을 돈으로 사용한다 (凡諸貿易 皆以鐵爲貨)"는 구절이 있는데, 여기서 말한 철은 가야의 철정을 가리킨다. 가야 철정의 원류는 판 모양 쇠도끼란 의미의 판상철부이다. 판상철부는 김해 인근의 다호리, 경주 조양동, 경주 구정동, 경주 입실리 유적을 비롯해 멀리 황해북도 은파군 갈현리나 함경북도 무산 호곡 유적 등지에서도 출토됐다. 그러나 이 외에도 판상철부형철기라는 이름의 쇳덩어리 역시 철정의 범위에 속한다. 이것은 판모양쇠도끼 (판상철부)와 모양은 유사하나 쇠도끼의 기능은 없다. 10의 배수로 무덤에 넣었기 때문에 화폐로 보고 있다. 5세기 대의 철정과 동일한 기능을 가졌다고 보는 것이다. 이 철정(鐵鋌, =덩이쇠)에 대해서는 화폐설이 제기돼 있다. 철정 화폐설은 앞에 소개한『후한서』의 기록을 그대로 해석한 견해이다. 철기 제작을 위한 중간소재로 보는 견해도 있다. 철기 제작을 위한 원료(재료)로서 그 자체가 교환의 대상이었다는 것이다. 하지만 위 두 가지 모두를 포괄하는 것으로 보는 게 한결 합리적이다.

2세기 이후 무덤의 철정은 10의 배수로 부장된 사실과 일정한 규격을 갖추었다는 점에서 화폐로서의 기능이 강화되었음을 의미한다. 그러나 판상철부의 기능과 형태가 차츰 변화하여 판상철부형철정(판모양도끼형덩이쇠)가 되고, 이것은 후에 다시 철정(덩이쇠)으로 변한다. 초기에는 길이가 30cm 이상에 이를 정도로 대형이지만, 5세기 이후에는 소형화한다. 대표적으로 6세기의 무덤인 부산 두구동 임석5호분 횡구식설실묘(앞트기식돌방무덤)에서 나온 길이 4.1~5.1cm, 너비 1.4~1.9cm의 소형 덩이쇠는 분명히 화폐로 볼 수 있다. 덩이쇠 자체는 철기 제작을 위한 중간소재 역할을 했으나 낙동강 하류지역과 경주 지역에서 출토되는 덩이쇠는 판상철부의 성격이 변해 일정한 규격을 가진 화폐로 제작되었다. 그리하여 무덤에 넣은 철정은 철 소재이자 화폐로 사용되었다. 그래서 무덤 속의 철정은 매지권買地券이자 위신재委身財의 성격을 갖고 있다고 본다.

동경이라든가 기타 중국의 영향을 받은 유물도 출토되었다. 이것은 낙랑과의 관계를 알려주는 것으로서 문화·사회 전반의 변화를 의미한다. 성주 예산 백전리 유적이나 창원 다호리 유적에서 나온 유물은 고조선의 문화유형을 닮았다. 정확히 말하면 고조선의 문화이다. 고조선의 유민과 선주인 그리고 예·옥저·부여 등 여러 계통의 사람들이 만나 새로운 문화의 중심이 형성되었다. 중국 측의 기록에 의하면 고조선의 위만衛滿이라든가 조선후 회淮와 같은 지배층은 예왕으로 있다가 기원전 2세기 전반에 함안·김해 지역으로 남하하여 변진의 왕이 되었다. 그로부터 조금 후인 기원전 108년, 위만의 손자 우거왕이 죽고, 고조선이 멸망하자 그 유민들이 다시 변진 및 진한 지역에 내려와 합류하였다. 그러므로 실제로는 고조선은 기원전 108년에 멸망한 것이 아니며 변진 및 가야의 문화는 고조선을 계승한 문화이다. 고조선의 주요지배층과 대부분의 유민이 변한으로 내려왔고, 그 일부가 고조선의 옛 땅인 낙랑에 남았으므로 '변한의 후예가 낙랑에 산다'는 기록이 남게 된 것이지 변한에 살던 사람들이 낙랑 땅으로 옮겨가서 살았다는 뜻이 아니다. 압록강 너머 광대한 고조선의 옛 땅으로부터 내려온 고조선의 유민들은 한반도 남단, 영남 남부 지역에서 또 다시 선주 세력을 비롯하여 다양한 사람들과 만나 가야라는 이름의 국가를 만들고 그들만의 철기문화를 꽃피웠다.

3장

가야는 과연 연맹체 사회였는가?

가야연맹은 실재했는가?

기록상 가야가 존속한 기간은 42년부터 562년까지이다.[1] 이것은 김해 가라국의 건국과 함안 안라국 그리고 고령 대가야의 멸망 연대에 기준을 둔 것이지만, 존속기간이 521년이나 되니 조선왕조와 맞먹는 세월이다. 『삼국유사』 가락국기에 의하면 김해의 김수로 가야(가라국)는 42년부터 532년까지 490여 년간 왕권을 유지했다. 고령 대가야와 함안 안라국의 멸망연대인 562년을 기준으로 하면 '삼국시대'는 백제가 멸망한 660년까지 1백 년이 채 안 된다. 그러므로 한국 고대사회의 대부분은 삼국시대가 아니다. 그렇지만 양동리고분군이 처음 조성된 기원전 2세

....

1. 『삼국유사』 가락국기와 기타의 기록에 기준을 두고 계산하면 A.D. 42~562년까지 521년이다. 그러나 고조선 멸망 후, 그 유민이 내려와 변진 지역에 정착하면서 가야(가라)가 탄생한 것을 기준으로 하면 그 역사는 7백 년 이상으로 볼 수 있다.

기 말~1세기 초로 김해가야(가라국)의 시작을 잡으면 가야 전사全史는 7백 년 가까이 된다.

1천 년 왕국 신라에 버금가는 가야사는 한국 고대사의 중요한 부분이다. 그럼에도 그간에는 가야사가 한국사의 중심에서 배제되어 있었다. 그것은 가야가 하나로 통합된 강력한 왕권국가를 이루지 못하고 6세기 중반을 끝으로 역사의 무대에서 사라졌기 때문이다. 가야는 독특한 문화를 바탕으로 그 역사를 개척하였으나 자신의 기록을 남기지 못하였다. 더구나 신라에 흡수된 국가라는 인식 틀에서 한국의 고대사가 쓰였으므로 신라사 중심의 역사서술은 자연히 가야사의 왜곡을 부를 수밖에 없었다. 그래서 가야사는 더욱 소외되거나 배제되었으며, 그 결과 가야의 역사를 정확히 전하는 기록은 없다. 그러므로 이제 와서 가야의 역사를 통사로 완벽하게 재구성할 수는 없다. 더구나 유적과 유물 외에는 구체적 증거와 자료가 부족해서 명쾌하게 증명할 수 있는 것은 적고, 추정이나 가정이 많을 수밖에 없으니 앞으로도 완전한 모습의 가야전사加耶全史는 기대할 수 없을 것이다.

영남지방에는 일찍이 진한 외에 변진구야국을 비롯한 변진12국이 존재했으며 이와 별도로 5가야 또는 6가야가 있었다고도 전한다. 변진12국과 가야의 관계를 명확하게 전하는 자료는 없지만, 변진12국이 곧 가야의 소국이었음은 분명하다. 그런데 그 가야 소국들이 어떤 형태로든 서로 연합하여 연맹체를 이루었으리라고 보는 것이 가야연맹체론이다. 이 가야연맹체론은 가야사를 말할 때 빠트리지 않고 반드시 거론되어 왔다.

그러나 가야 관련 기록 어디에도 연맹이니 연합이니 하는 말은 없다. 그런 용어를 떠올릴만한 관계가 가야 소국들 사이에 전혀 보이지 않는다. 다만 「가락국기」에 '6가야는 김수로와 그 형제로부터 시작되었다'

고 전하고 있어 이것이 가야연맹체론의 근거가 되었다. 그것 말고는 가야 사회를 딱 부러지게 연맹이라고 볼 수 있는 근거가 없다.

　그렇지만 가야가 김수로와 그 형제들로부터 시작되었다는 설화조차도 사실이 아니다. 다만 가야 시조 형제설화는 신라 말~고려 초에 생겨난 것이라는 견해가 제기되었다. 물론 6가야의 시조가 한 형제라는 이야기는 사실로 볼 수 없다. 그런데도 가락국기에 6가야의 시조가 형제였다고 한 것을 가지고 가야 각국은 어떤 형태로든 연합이나 연맹을 이루었을 것이라고 짐작하여 연맹론을 만들어낸 것이 문제였다. 『삼국지』 위서 동이전 변진 조에도 변진12국의 이름만 기록되어 있을 뿐, 그들 사이에 연맹이나 연합을 떠올릴 만한 구절이 없다. 그래서 가야 각국 사이에 연합이나 연맹 같은 것은 아예 없었다고 보는 연맹체 부정론도 있다. 그렇지만 웬일인지 연맹체론을 부정하는 이들보다는 그것을 인정하는 쪽이 훨씬 많은 것 같다. 가야권이 분열되어 있었다는 것보다는 결속력을 갖고 하나로 뭉쳐져 있었다는 가정이 훨씬 매력적으로 받아들여지고 있는 것일까? 연맹체론에도 몇 가지 갈래가 있으며, 근래엔 연맹체론의 진화 버전도 나왔다.

　그러나 이미 앞에서 설명한 대로 가야연맹은 존재하지도 않았다. 그럼에도 여기에 굳이 연맹체론을 소개하는 까닭은 현재까지 제기된 여러 갈래의 가야연맹론을 정리함으로써 그 허구성을 다각도로 조명하기 위함이다. 연맹체론을 논하려면 그 전에 적어도 가야 사회 전체의 모습은 어떤 것이었는지 그리고 가야 각국의 발전과정과 그들 사이의 관계가 어떤 것이었는지를 먼저 알아야 한다. 그러나 지금까지의 연구는 가야 각 소국 사이의 관계라든가 사회체제 등에 관하여 연맹과 관련된 내용들을 살펴보는 것이 아니라 실체가 없는 대상을 공허하게 이론화하는 데 그치고 있다. 자료가 부족해서 그렇지만 연맹 관계를 분명하게 분석하지도 못하면서 연맹론을 포기하지도 못하니 안타까운 일이다.

가야는 멸망할 때까지 각기 분립 상태였다. 3세기까지는 함안과 김해의 두 맹주를 중심으로 변진소국들이 통합되어 가고 있었다. 3세기 후반엔 부산 지역이 김해에 통합되어 임나가라의 영역이 되었다. 포상팔국전에서의 승리로 김해가야는 부산 지역과 낙동강 서편 영남권으로 그 영역을 넓혀 임나가라를 완성하였다. 낙동강 서편과 부산 복천동 일대 그리고 창녕·영산 지역까지를 포함한 범위가 통상 우리가 생각하는 가야이지만, 일단 창녕 지역을 여기서는 논외로 하자. 특히 4~5세기 낙동강 동편에서 신라와 가야의 경계가 어디까지인지 그것을 확정하기 애매하니 대략 부산권과 낙동강 서편이 임나가라의 영역으로 확정된 3세기 후반, 포상팔국전 이후의 상황으로 이야기해 보려는 것이다.

우리가 함안 안라가야·창녕 비화가야·고성 소가야라고 부르는 이름이 적어도 3세기 이전의 명칭은 아니며, 포상팔국전 이전에는 변진구야국만이 가야였다는 것은 이미 앞에서 밝혔다. 또 가야라는 말을 변진 지역 전체로 확대해 쓴 계기도 포상팔국전 이후일 것이라고 설명하였다. 그러나 우리는 아직도 5세기 이후 김해가야와 고령·함안·고성 등지의 소국들은 각자 서로 어떤 관계였는지도 제대로 모른다.

다만 우리가 추정할 수 있는 것은 이런 것들이다. 400년 고구려·신라의 연합군이 김해가야(임나가라)를 정복함으로써 임나가라 본국인 김해가야의 영향력이 와해되었고, 그로 말미암아 각 소국들을 묶고 있던 연결고리가 느슨해지면서 김해 임나 본국의 영향권에 있던 가야 소국들은 어느 정도 독립적으로 운영되었을 것이라고 보는 바이다. 말하자면 열국列國 구도의 분산 체제다. 그렇지만 연맹체론의 입장에선 가야연맹의 맹주인 김해가 유명무실해지자 부산과 창녕 지역은 물론 낙동강 서편의 여러 소국들은 연맹 상태에서 벗어나 독자적인 길을 걸었을 것이라고 보는 게 대체적인 시각일 것이다. 즉, 이 단계를 연맹 해체의 상태로 파악한다는 것이다. 하지만 실상은 그렇지 않았다. 기록에 의하면 3세기에 김해가야는 함안 안라국과 함께 가야권을 통합해 가고 있었고, 함안 안라국과 함께 가야 지역의 지배적인 위치에 있었다고 하였다. 그렇다면 그 사회는 연맹이나 연합으로 설명할 수 있는 체제가 아니다.

가야 사회를 연맹 관계로 보게 된 것은 5가야 또는 6가야라는 명칭으로부터였다. 6가야는 대가야(고령)·금관가야(김해)·소가야(고성)·성산가야(성주)·비화가야(창녕)·아라가야(함안)이다. 『삼국유사』에는 따로 5가야 조가 있는데, 거기에는 아라가야(함안)·고령가야(상주 함창)·대가야·성산가야(성주읍)·소가야로 되어 있다. 김해가야(금관가야)는 빠져 있다. 그렇지만 김해 금관가야는 따로 설명하였으니 그 역시 6가야이다. 그런데 이들 가야 여러 나라의 중심적인 역할을 한 세력은 마치 김해가야인 것처럼 별도의 설명을 곁들여 놓아 연맹론을 믿고 싶게 만들었다. 『삼국유사』도 가야를 6가야로 설명하고 서로 간의 결속을 암시하였다. 그런데 앞서의 6가야 명단에는 창녕의 비화가야가 들어 있고, 『삼국유사』 5가야 명단에는 비화가야 대신 고령가야가 들어 있어 차이를 보인다. "자줏빛 끈이 하늘에서 내려오니 그 끝에 6개의 둥근 알이 있었는데, 다섯은 각기 그 읍으로 돌아가고 하나만 이 성(가락국)에 남았다. 하나는 수로왕이 되었고 나머지는 5가야의 주인이 되었으므로 금관가야가 그 다섯에 들지 않는 것은 당연하다"며 「가락국기」는 6가야를 설명하였다. 바로 이 6개의 둥근 알과 6가야 시조의 탄생 및 형제 설화가 연맹론의 불쏘시개가 된 것이다. 하지만 이런 설화는 「가락국기」나 『삼국유사』를 쓸 당시 기록자의 굴절된 의식을 반영하고 있다. 다시 말해서 앞의 「가락국기」 내용은 가야 시대 당시의 사실이라고 볼 수 없으며 6가야의 이름 또한 가야시대에 있던 소국 명단 그대로가 아니다.

『삼국유사』에 제시된 5가야는 금관가야(김해)·아라가야(함안)·고령가야(상주 함창)·성산가야(성주)·소가야(고성)이다.[2] 그런데 똑같은 『삼국유사』의 기록인데도 "『본조사략本朝史略』에 의하면 고려 태조 천복 5년(940)에 5가야의 이름을 고치면서 성산가야·아라가야는 그대로 두고 금관가야·고령가야·비화가야를 새로 넣었다"고 하였다.[3] 대가야·소가야는 빼고, 그 대신 금관가야·비화가야(창녕)·고령가야를 새로 넣은 것이다. 가야시대의 소국 이름(명단)이 고려시대까지 그대로 전해졌다면, 『삼국유사』를 기록하면서 고려시대에 이처럼 가야의 명단을 멋대로 넣고 빼면서 조정하는 일은 있을 수 없다. 가야가 멸망하고 7백여 년이 흐른 고려시대에 와서 가야의 명단을 새로 조정해야 할 이유가 없는 것이다. 이런 점을 보더라도 '○○가야'와 같은 식의 가야 명칭은 처음부터 전해진 이름이 아니라 후대에 지어 붙인 것이 분명하다. 앞에서 설명한 여러 가야의 이름을 고려하면 가야는 모두 7가야가 된다. 이것만 보더라도 지금 우리가 알고 있는 '○○가야'라는 가야국들의 이름은 가야시대부터 전해온 명칭이라고 볼 수 없다. 그래서 "고령가야가 있었다고 하는 함창읍에서도 가야토기는 없고 신라토기만 출토된다"[4] 또는 "함창에

••••••••••

2. 阿羅(一作耶) 伽耶(今咸安) 古寧伽耶(今咸寧) 大伽耶(今高靈) 星山伽耶(今京山一云碧珍) 小伽耶(今固城)…(『삼국유사』 권1 五伽耶條)

3. 『삼국유사』 5가야에 관한 기록에는 가야가 ①대가야(고령)·고령가야(함창)·아라가야(함안)·성산가야(성주)·소가야가 소개되었고, 김해의 금관가야는 빠져 있다. 그러면서도 지금은 전하지 않는 고려시대의 「본조사략(本朝史略)」에서 인용한 것이라며 제시한 5가야는 다르게 적고 있다. 즉 ②금관가야(김해)·고령가야(함창)·비화가야(창녕)·아라가야(함안)·성산가야(=벽진가야)의 5가야인데, 여기에는 대가야가 없으며 소가야 대신 비화가야가 올라 있다. 이들 두 종류의 5가야 기록을 종합하면 가야 소국은 모두 7개이다. 5가야에 대한 지금까지의 해석은 ①의 5가야에서는 가야연맹의 맹주인 김해 금관가야가 생략된 것은 당연하며, ②의 5가야에서 대가야가 빠진 것은 고령의 대가야가 맹주로 있던 시대의 5가야 명단이기 때문이라고 한다. 다시 말해 ①의 5가야는 5세기 초 이전의 전기가야 명단이고 5가야는 5세기 이후의 ②의 5가야 명단이라는 얘기다.

4. 『삼국유사』에는 경북 상주 함창에 고령가야가 있었다고 하였다. 그러나 아직까지 함창에서는 가

고령가야가 있었다고 볼 수 있는 여지가 없다"거나 "6가야 또는 5가야 형제설화도 신라 말 가야권의 단결을 주문하는 과정에서 탄생되었다(김태식)"는 주장이 나왔다. 매우 의미 있는 중요한 이론으로서 이런 견해가 제기되면서 고령가야니 성산가야니 하는 명칭들이 진실과는 상당한 거리가 있음을 알게 해주었다. 이런 시각은 그간 5가야니 6가야니 하는 왜곡된 개념을 벗겨내고 그 실체를 선명하게 세우는데 크게 기여하였다.[5]

사서(사료)	5가야				
삼국유사	김해 금관가야	함안 아라가야	상주 고령가야(함창)	성주 성산가야	고성 소가야
본조사략	김해 금관가야	함안 아라가야	상주 고령가야(함창)	성주 성산가야	창녕 비화가야

애초 '가야'라고 말할 수 있는 나라는 변진구야국 뿐이었음은 앞에서 몇 차례 설명하였다. '가야'라는 개념이 변진 지역 전체로 확대된 계기와 과정, 그리고 임나·임나가라가 탄생하게 된 배경에 대해서는 따로 설명하였지만 다시 한 번 정리한다. 가라국이 변진구야국(=가야국)을 통합하였고, 그 영역과 인구를 흡수하면서 임나가라가 탄생하였으니 구야국의 영역은 그대로 가야이면서 가라·임나가라인 것이다. 그리고 나서 다시 포상팔국전을 계기로 가야·가라·임나가라라는 명칭이 가야권 전체로 확대 적용되었으므로 가라의 시작과 가야 또는 임나가라라는

야의 유물이 확인되지 않았다.

5. 『삼국사기』 지리지 고령군(古寧郡) 조에 "본래 이름은 고령가야국(古寧伽耶國)이며 신라가 이곳을 빼앗아 고동람군(古冬攬郡)으로 삼았으며 경덕왕이 고령군으로 고쳤다"고 하였다. 상주 함창을 고령가야로 부르게 된 배경을 밝힌 것이지만, 그곳에선 아직 가야토기가 발견되지 않았다. 상주나 함창은 가야인의 남하와 그 이동로 상에 있는 거점의 하나일 수 있어 앞으로 가야토기가 나온다면 사정이 달라질 수는 있다.

명칭을 쓰게 된 배경이 다르다. 따라서 가라와 가야는 구별해서 써야한다. 3세기 후반 이후 가야는 임나가라 전체로 확대되었다. 다시 말해 가야국(변진구야국의 후신)이 자신의 세력권 안에 아우른 영역이 가야이고, 임나가라이다. 그러니까 5세기 이후 반파叛波·다라국과 같은 나라는 각기 반파국·다라국이라는 이름을 갖고 있었지만, 그들은 모두 임나가라에 속한 소국이었다. 또 가라국은 김해가야의 이칭인 동시에 가라의 광역 개념인 임나가라를 뜻하는 이름으로도 쓰였다. 그리하여 3세기 말 이후 임나가라 내의 소국 각자는 가라이고 임나이고 가야였다. 그러니 반파국·다라국은 임나이고 가라이며 가야이다. 따라서 반파가야·다라가야 또는 반파가라·다라가라로도 부를 수 있는 것이다. 『일본서기』에 전하는 가야 소국 임나10국이 각자 가야이며 가라이고 임나 또는 임나가라이다.

3세기 중반 이전에는 함안 안라국도 가야국은 아니었다. 변진 소국이었을 당시의 가야국은 김해 구야국에만 붙일 수 있는 이름이었다. 함안 안라국은 그저 안라국 또는 안야국安邪國이었지, 애초엔 안라가야가 아니었다. 함안 안라국이 안라가야로 불려야 한다면 그 역시 언젠가 김해가야(임나가라 본국)에 정복된 소국일 수 있다. 함안 역시 김해와 종속 관계에 있던 임나소국의 하나로 봐야 한다는 것이다. 고령이나 고성·합천 다라국·남원 등도 마찬가지이다. 그러나 창녕 비화가야는 애초 가야가 아니었는데도 비화가야라 부르고 있다. 그것이 잘못된 게 아니라면 3세기 후반 이후에 김해가야에 편입되었으며, 5세기 초 가야대전에서 패배한 김해가야가 지배권을 잃기 전까지는 가야였을 것이다. 그렇기에 『삼국지』 변진전에 불사국不斯國이 진한의 소국으로 올라 있는 이나라를 '가야'라는 이름으로 부르는 것이다. 이 불사국을 우리가 창녕비화가야로 말하고 있지만, 이 나라는 엄연히 변진 소국이 아니었다.

다시 말해서 『삼국지』에 기록될 당시엔 진한의 불사국不斯國이었지 변진 불사국도 아니었고, 비화가야도 아니었다. 창녕은 임나가라 본국의 강력한 지배권이 와해된 5세기 전반 독자적인 길을 걷다가 6세기에 다시 신라에 편입된 것으로 볼 수 있다.

다시 말하지만, 『삼국지』 변진 조의 변진12국을 가야로 불러야 맞다면, 언젠가 김씨들의 나라 김해가야가 가야권을 통일하고 각 소국들을 아울렀다고 볼 수밖에 없는 것이다. 또한 포상팔국은 김해가야에 패하기 전, 변진소국 가운데 기록에서 누락된 나라들이니까 그들 역시 변진소국의 일부라고 보아야 한다. 이와 비슷한 처지의 소국들로서 또 다른 사례가 『일본서기』에 나오는 탁기탄·탁순국과 같은 나라들이다. 이들은 임나가라의 소국이라 하였으니 가야의 소국이었음이 분명하다. 이 소국들이 각자 어떤 관계를 갖고 있었는지 구체적으로 알려주는 기록은 없다. 설사 그들이 임나의 소국이며 서로 유대관계가 있었다 해도 그 나라들이 연맹 관계로 유지되었다고 볼 수 있는 근거는 없다.

실제 가야는 우리가 알고 있는 것과 얼마든지 다를 수 있으며 가야나 가라를 연맹의 통합적 개념으로 보려는 것은 옳지 않다. '임나10국을 하나로 말할 때는 임나이고 각기 소국의 이름이 따로 있다'는 『일본서기』의 기록을 연맹의 증거로 삼는 이들이 있으나 그것은 연맹관계를 설명하는 구절이 아니다. 임나10국 각각의 명칭은 임나가라(본국) 울타리 내에 있던 각 소국들 이름이다. 그들은 가라에 통합되었거나 아니면 투항(귀순·귀의)이라는 절차를 거쳐 임나가라의 후국이 되었다. 따라서 그들 소국 각자는 자신의 영역과 인구 및 물자를 그대로 가진 상태에서 임나가라 본국에 복속하는 형식을 거쳤다. 그렇게 함으로써 소국들은 봉토(=임나)를 받은 후국侯國의 위치로 바뀌었다. 그들은 『삼국지』 동이전 한조에 기록된 대로 임나가라 대왕 아래의 후侯 또는 임나 각 소국의 왕으로서 이른바 귀의후였으며, 이들이 각자 자신의 소국을 독자적으로 통치하였다. 이런 통합과정에서 이른바 국읍國邑에 있었다는 주수主帥와 같은 이들이 임나의 후왕으로 편입된 것이다. 그보다 작은 세력은 임나가라 본국에 흡수되어 중랑장·도위의 작위를 받은 것으로 볼 수 있다.

『삼국지』에 읍군邑君을 맨 먼저 적고 그 다음에 귀의후·중랑장·백·장의 순서로 기록한 것에서도 3세기의 변진 지역은 연맹사회가 아니었음을 유추할 수 있다. 읍군이란 삼한의 전통적인 지역세력으로서 이들 가운데도 후에 임나가라에 귀의한 자가 있었으며, 읍군·후 이하 장·백이 임나가라의 근간이 되는 지배층이었다.[6] 여기엔 연맹의 개념이 없다. 임나가라 본국왕 아래 후왕 그리고 그 아래로 몇 단계의 신분적 체계가 있었던 것이다.

변진구야국을 정복하였고, 그로써 구야국(가야)의 계승권을 갖게 된 가라국(임나)은 다시 포상팔국전에서 승리함으로써 임나가라를 완성하였다. 그 과정에서 소위 임나10국과 같은 소국들을 아울렀다. 임나10국은 임나가라의 소국이며 후국의 위치이지 그들 사이의 연합은 없었다. 임나10국은 각자 수평적 관계였다. 그들은 서로 협력하거나 경쟁자의 입장이었다. 그렇지만 그들 사이엔 때로는 협력보다는 갈등이나 경쟁이 더 크게 작용하였을 수 있다.

고령 대가야와 김해가야의 시조가 한 형제에서 나왔다고 한 것도 사실은 김해가야의 몰락으로 김해에서 나온 사람들이 고령 등지에 자신들의 정권을 세운 사실을 바탕으로 지어낸 이야기일 수도 있다. 그렇다면 거기엔 어떤 의도가 있을 것이다. 후대에 어떤 목적에 따라 윤색된

••••••••••
6. 『삼국지』위지 동이전 한조에 안야국과 구야국 중심으로 설명하면서 읍군·귀의후·중랑장·도위·백·장과 같은 직위가 있다고 하였고 그 중에서 후(侯)는 왕을 칭한다고 되어 있다. 이런 체제는 포상팔국전 이후에도 그대로 유지되었다고 보는 바이다.

것이라고 볼 수 있으니까 나쁘게 말하면 날조이고 허구이다. 이에 대하여 가야 말기에 고령의 지배층이 가야권의 대통합과 단결을 부르짖으며 모든 가야인들에게 결속과 통합을 강조한 데서 생긴 이야기일 것이라고 보는 시각이 제기되어 가장 설득력 있게 받아들여지고 있다. 통일신라 말기에 가야권의 단결을 외치며 각 지방 호족들 사이에서 생겨난 설화일 것이라고 이해하는 시각도 기억해둘 만하다. 즉, 후백제가 백제를 계승한다는 기치를 걸었던 것과 마찬가지로 한 형제, 가야권의 통합의지를 부추기면서 통일신라 말기에 이런 설화가 생겼을 것이라고 볼 수도 있다는 것인데, 귀담아 들을 만한 견해이다.

결국 "하늘에서 자주색 끈이 내려와 그 끝에 둥근 알이 여섯 개가 있었는데, 다섯 개는 각 읍으로 돌아가고 그 하나만이 가락국에 남았으니 그 하나가 수로왕이다. 나머지 다섯은 5가야의 주인이 되었다. 금관가야가 다섯에 들지 않는 것은 당연하다"[7]고 한 이 설화는 가야 시대에 나온 이야기가 아니라 나중에 어떤 정치적 목적에서 꾸며낸 것으로 볼 수 있다. 5세기 이후부터 가야 말기에 이르는 어느 시점에 대가야를 중심으로 가야 통합을 유도하기 위해 지어낸 이야기이거나 그것이 아니면 통일신라 말 이후에 형성된 설화일 수 있다고 보는 견해는 그 자체로서 이미 가야시대의 연맹을 부정한 것이다.

이와 다른 시각도 있다. 대가야와 김해가야의 시조를 형제 관계로 그린 것은 가야 형성기에 가야 세력의 남하과정을 반영한 이야기라고 보는 주장이다. 쉽게 말해서 북쪽에서 남하한 가야 창업 세력이 고령을 거쳐 김해로 정착한 노정을 암시한 설화로 이해한다는 것인데, 이 이론이 성립되려면 평양–상주·김천(구미)–고령–김해의 노정 중에서 한

••••••••••
7. 「삼국유사」 5가야조

계통, 하나의 '가야'로 판단할 수 있는 유적이라든가 그 무엇이 있어야 한다. 그렇지만 이 견해는 논리적으로는 매우 그럴듯해 보이지만 유물과 유적에 의한 고고학적 판단으로는 상당한 거리가 있다.

가야는 여러 명의 형제를 시조로 한다는 5가야 또는 6가야 형제 설화는 표면적으로는 꽤 낭만적인 이야기이다. 그러나 그 이면에 도사리고 있는 의도는 계산적이고 정치적인 색채를 담고 있다. 그래서 일반인들을 제외하고 이제 그 설화를 곧이곧대로 믿는 연구자는 없다. 6가야 또는 가야연맹(연합) 자체를 부정하는 가야연맹부정론이 등장하고 1980년대 이후 가야권 유적을 집중적으로 발굴하는 과정에서 고고학 자료가 차츰 축적됨으로써 그와 같은 설화가 갖고 있던 낭만도 사라졌다. 고고학이 새로 쓴 가야사는 그 허구성을 말끔히 벗겨주었다. 그럼에도 가야연맹론은 아직도 많은 추종자들을 확보하고 있으며, 사람들의 시선을 끌기에 충분히 매력적이다.

가야연맹론을 부정하는 견해로서 고령 대가야와 김해가야의 시조가 한 형제라고 하는 설화에 대한 반론이 일찍이 제기되었는데, 그것은 6가야 연맹체라든가 가야의 최초 맹주국을 대가야로 설정한 것 자체를 받아들이지 않는 견해이다. 설화 자체가 가야 멸망 이후 고려시대까지 매우 긴 기간에 윤색되었고, 그 내용 또한 시간적 순서를 무시한 것이므로 가야의 시조가 한 형제에서 시작되었다고 하는 설화는 전후순서와 시말이 불분명하다고 보는 것이다. 사실이 아니며, 한 마디로 날조라고 이해하는 것이다. 대가야를 맹주국으로 설정하면서 등장한 연맹론은 먼저 고고학에 의해 무너졌다. 고령읍내 지산동의 대형 봉분은 모두 5세기부터 등장하였고, 대가야는 김해가야보다 한참이나 늦게 시작되었음을 알게 된 뒤로, 6가야 형제 설화는 더욱 받아들이기 어렵게 되었다.

그리하여 그 후로 가야 건국 설화에 대한 새로운 해석판이 나왔다. 고령과 김해 두 가야의 시조를 형제관계로 그린 것은 5세기 초 이후 대가야가 김해 지역을 포섭하기 위한 시도였다는 것이다. 간단히 말해서 이것은 김해와 그 외의 가야 시조는 본래 형제가 아니라는 얘기이다. 이런 견해가 나오면서 논란은 새로운 국면을 맞았다. 가야 시조 형제 설화의 이면에 도사리고 있는 의도를 몇 가지로 유추해볼 수 있게 된 것이다. 그래서 "대가야가 김해 지역과의 혈연적인 유대관계를 내세움으로써 지배체제의 정당성을 확보하기 위해 설정한 이야기이며, 그것도 후대에 조작한 이야기"라는 이해가 나왔다. 따라서 "후대의 정치적 인식이 반영된 이야기로서 대가야의 시조라고 하는 뇌질청예도 사실은 최치원에 의해 만들어진 가공의 인물"이라고 파악하기도 한다(백승충). 석리정전釋利貞傳[8]에 실린 이야기는 부족국가 또는 부족연맹 단계에서 혈연적 관계를 지나치게 인식한 나머지 혈연관계를 연맹으로 설정한 데서 나온 이야기라고 보는 것이다. 가공의 혈연관계를 가지고 연맹(연합) 관계를 상정한 것이니 가야를 연맹으로 설명하는 것은 문제가 있음을 지적한 것인데, 여기서 짚고 넘어가야 할 게 하나 더 있다. 「석리정전」이라고 하는 전기의 실체도 애매모호하다는 점이다. 한 마디로 거기서 거론한 가야 설화 자체가 허구일 가능성이 높은 것이다.

김해가야와 대가야의 형성 시점을 기준으로 보면 김해가야 지배층 일부가 고령으로 갔다고 볼 수는 있을 것이다. 이 점에서 보면 애초 대

••••••••••

8. "가야산신 정견모주(正見母主)는 천신 이비가(夷毗訶)와 만나 대가야 왕 뇌실주일(惱室朱日)과 금관국왕 뇌실청예(惱室靑裔) 두 사람을 낳았다. 즉 뇌실주일은 이진아시(伊珍阿豉)의 별칭이며 뇌실청예는 수로왕의 별칭이다"라고 한 내용을 지칭한다. 최치원의 「석리정전(釋利貞傳)」 외에 「신증동국여지승람」에도 같은 내용이 있다. 「석리정전」의 리정(利貞)이라는 이름은 본래 중국 노자의 할아버지 이리정(李利貞)을 가리킨다. 그러므로 석리정전은 속성이 이씨인 승려의 전기를 의미한다.

가야와 김해가야는 하나의 시조에서 출발했으므로 그것이 후에 형제설화로 가공되었을 수는 있다. 뿐만 아니라 김해가야가 가야권 전체를 통합하였으므로 5가야 또는 6가야의 주인들이 모두 한 형제에서 시작되었다는 설화가 탄생하였을 수도 있다. '가야인들은 한 형제의 후손'이라는 구호는 가야시대 말 또는 통일신라 시대에 가야권의 단결을 외치는 지배층의 정치적 의도가 반영된 이야기라 할 수 있다.

이상과 같은 가야의 성장과 변화를 감안하여 5세기 이후를 대가야 중심의 연맹체 사회로 규정하면서 4세기까지의 전기가야 맹주를 김해가야로 상정한 것이 소위 단일연맹체론이다. 이에 대해서는 뒤에 자세히 설명할 것이다.

가야와 신라의 회색지대, 창녕과 성주는 과연 가야인가?

그러면 이번에는 기록에 전하는 5가야 중에서 창녕 비화가야를 보자. 창녕의 가야시대 정치세력을 비화가야라고 부르지만 정작 창녕 지역의 유물에서 4세기 이전의 가야는 찾아볼 수 없다. 또 창녕의 주요 유적에서 출토된 토기의 유형을 보면 5세기 중반 이후의 창녕은 완전한 가야일 수 없다. 신라의 영향을 받아 이미 창녕권에서는 순수한 가야토기가 발견되지 않기 때문이다. 낙동강의 동편 지역인 창녕에는 왕릉으로 부를 만한 대형고분과 중형고분이 약 170여 기 이상 있는데, 지금까지의 발굴 사례로 판단하건대 아직 발굴하지 않은 무덤 속에 들어 있는 유물들도 이제까지 보여준 것과 별로 다르지 않을 것이다.

창녕 지역의 고분군은 교동과 송현동 및 창녕읍 남쪽 10km 거리의 계성리·영산 등에 나뉘어 있다. 그런데 교동고분군에서는 고신라 색채의 토기와 함께 고령 지산동고분군에서 나온 6세기 전반의 토기와 유사한 것들이 출토되었다. 상하 2단직렬투창고배 및 단추 모양의 뚜껑이 있는 도질토기가 그 예이다. 계성리 B지구 13호 무덤에서도 역시 동일한 모양의 뚜껑이 있는 고배가 나왔다. 그러나 5세기 중엽 이후 창녕 지역의 도질토기는 이 지역만의 독자성을 띤다. 이러한 양식을 편의상 창녕형 토기라고 정의한다. 창녕만의 특징적인 양식을 의미하지만 그렇다고 그것이 완전한 가야 양식은 아니다. 동시에 완전한 신라 양식도 아니다. 신라 색채가 가미된 것으로, 이러한 창녕형 토기

■ 성주 성산동 38호분 상면부석과 유물 출토 상태 (동에서, 계명대학교 행소박물관)

는 5세기 말이 되면 드디어 신라토기로 전환한다. 그러므로 5세기 중엽 이후의 창녕형 토기는 크게 보면 성주·대구나 동래와 함께 양식적인 면에서는 거의 신라화한다. 그래서 이 시기의 창녕·성주·대구·동래를 신라문화권으로 본다. 다만 5세기 말까지도 신라토기 양식을 고스란히 받아들이지 않는 것으로 보아 그때까지도 창녕의 지배층은 정치적으로든 문화적으로든 신라에 완전히 편입되지는 않았을 것이라고 짐작하고 있다. 이 시기 창녕에 고령 대가야나 신라의 토기 양식이 함께 나타나는 것을 감안해 보면 5세기 중엽~말의 창녕 토기는 신라의 영향을 받

으면서도 고령 양식도 일부 수용하고 있었다는 판단이 가능하다. 이것
은 다른 한편으로 아직 창녕 세력이 신라에 완전히 예속된 상태가 아니
었음을 말해주는 것으로서 창녕 세력이 신라 및 가야권과 지속적으로 가
져온 자연스런 교류의 결과라고 할 수 있다.

　대표적으로 5세기 후반에 조성된 것으로 보이는 창녕 교동7호분은
봉분의 직경이 40m나 되는 대형급 원형고분이다.[9] 이 무덤에서는 상당
히 많은 유물이 나왔다. 유물은 대부분 신라적인 요소가 아주 분명한
데, 그 중에서도 가장 대표적인 사례로 대구(띠고리)를 꼽을 수 있다. 교
동 10호·11호·31호·89호 무덤에서도 신라·고구려·백제의 왕릉급 무
덤에서 출토된 것과 같은 화려한 유물이 많이 나왔다. 10호 고분에서
나온 쌍룡환두대도는 백제 무령왕릉과 신라 식리총·호우총[10]·천마총,
고령 지산동고분군에서 나온 것과 유사하다. 또한 11호·12호·31호 고
분에서는 곡옥·유리구슬·은구슬 등 많은 양의 구슬 종류가 나왔는데,
그 유형과 양식으로 보면 신라 외에도 백제·고령의 것들이 꽤 있다. 이
시기 창녕에 신라·백제·고령 양식이 공존하는 것 역시 주변국들과 활
발하게 교류한 사실을 말해준다. 물론 그 당시의 세력 구도를 감안할

∙∙∙∙∙∙∙∙∙∙∙

9. 금동관(2)·금동신발(1쌍)·금귀걸이(1쌍)·은가락지(2)·은제 환두대도·금과 은 및 동으로 만든 팔
　찌·금동안장·철제갑옷(1쌍)·말재갈·나무판에 금동판을 씌운 등자·행엽·쇠화살촉(80)·손칼(37)
　등 7백여 점의 유물이 나왔다.

10. 호우총(壺杅塚)은 해방 후(1947년), 우리의 손으로 처음 발굴한 경주의 신라 고분이다. 부장품은
　그 질과 양에서 금관총이나 금령총(金鈴塚)·서봉총(瑞鳳塚)에 비해 낫다고는 할 수 없다. 그러
　나 5세기 중반 이후의 신라 문화상을 밝히는데 매우 중요한 자료가 되고 있다. 피장자의 목침 아
　래서 자작나무 껍질이 나와 자작나무를 재료로 한 제품이 있었음을 확인했다. 또한 방상씨 탈로
　보이는 유물도 나왔다. 방상씨(方相氏) 탈을 곰 가죽으로 만드는 기원은 시베리아 계통에 있다
　고 한다. 곰 가죽을 쓰고 무기를 쥔 모습으로 역신(疫神)을 물리치거나 묘광에 들어가서 악귀를
　쫓는 것은 북방의 샤만 습속에서 비롯되었음을 시사한다. 방상씨에 대해서는 『순자(荀子)』 비상
　편(非相篇)에 "눈이 네 개인 것을 방상(方相)이라고 하며 눈이 두 개인 것은 기(俱)라고 한다(四
　目爲方相兩目爲俱)"고 하였다. 방상은 앞과 뒤를 살피고 경계하는 네 개의 눈을 가진 모습을 이
　른다.

때 창녕의 지배층이 신라와 고령 대가야 사이에서 힘의 균형을 유지하며 등거리 외교정책을 편 결과일 수도 있겠다. 유물에 보이는 이런 양상을 감안하면 창녕 세력이 가야 연맹에 속했다고 볼 수 없다. 그렇다면 적어도 5세기엔 신라에도 예속된 상태가 아니었으며, 양측으로부터 퍽 자유로운 입장이었던 것 같다.

실제로 5세기 중반 이후의 창녕 세력은 김해·동래(복천동)·함안·고성 등 여러 지역과 빈번하게 교류하였고, 전남 동부 지역까지 진출한 흔적도 꽤 있다. 해당 지역에서 출토되는 창녕토기가 그 증거물이다.

5세기 초 영남 지역은 한 마디로 대동란의 시대였다. 고·신연합군과 왜·임나가라 사이의 가야대전 이후 낙동강 서편 지역은 인구이동에 따라 사회가 어수선하였다. 김해로부터 흩어진 유민이 지역마다 분산되어 새로운 땅을 개척하면서 낙동강 서편 지역에는 처음으로 사람이 들어가 사는 곳도 생겼다.

같은 시기 낙동강 동편 지역에서는 신라의 영향력이 크게 확대되었다. 창녕 지역에도 신라의 손길이 미치기 시작했다. 5세기 중반 이후로 창녕의 유물에 신라 색채가 점차 강해지다가 5세기 말~6세기 초가 되면 신라 유물이 압도적인 비중을 차지한다. 어느 정도 독자성을 유지하던 창녕의 수장층은 6세기에 들어서면 신라 고유의 묘제를 받아들인다. 그 대표적인 예가 교동 12호분이다. 창녕의 고분들에는 5세기 후반~말이 되면 완전히 신라적 색채가 뚜렷해지는데, 이런 현상은 단순한 교류에서 온 것이라기보다는 정치적 관계를 고려해봐야 한다.

신라는 4세기 중반 이후부터 5세기 중후반까지 고구려의 영향을 많이 받았다. 경주 호우총에서 나온 고구려의 호우[11] 한 점으로도 충분히

──────────

11. 장수왕 3년(415)에 만든 것으로, 을묘년(乙卯年)이란 간지가 명시되어 있어 그 제작연대를 정확히 알 수 있었다. '乙卯年國岡上廣開地好太王壺杅什'이란 명문이 확인되었으며, 왕릉묘역에서

짐작할 수 있는 일이지만, 신라는 4세기 말 이후 고구려의 직접적인 영향을 받기 시작했다. 고구려는 신라의 강력한 후견인 역할을 하였다. 고구려의 힘을 빌려 신라는 가야나 백제에 대하여 자신의 열세를 극복할 수 있었고, 그것을 기회로 성장할 수 있었다. 고구려의 개입으로 사실 영남 지역에서의 중심축은 신라로 이동하였으며, 드디어 5세기 이후엔 영남 지역에서 신라가 주도권을 쥐게 되었다.

5세기 중반 이후가 되면 신라의 정치·군사제도·장신구류 등에서도 고구려의 영향을 느낄 수 있다. 신라의 태환식 귀걸이라든가 무기·마구·장식품 등에 보이는 양식상의 몇몇 특징들은 사실 그 연원이 고구려에 있다. 신라의 군사조직 당幢도 그 원류가 고구려의 군사편제에 있다. 같은 시기 신라와 가깝게 교류한 창녕 세력도 고구려의 영향을 받았을 수 있다. 물론 신라를 통해 고구려의 문물을 받아들였을 수도 있다. 교동7호분에서 나온 띠고리 드림장식 쇠붙이가 경주 금관총 및 집안시輯安市 고구려 330호 고분에서 나온 것과 비슷하다. 설령 경주에서 만들어 보낸 것이라 해도 그것이 고구려의 영향을 받지 않았다고 부정할 수는 없을 것 같다. 그 당시 창녕이 신라의 영향권에 있었고, 창녕 또한 얼마든지 고구려와의 직간접 교류를 하였을 수 있다. 창녕 교동7호분에서는 고구려계의 초두와 삼엽환두대도 그리고 f자형 경판비가 출토되었으며, 교동 11호분에서는 고구려의 직관명 '선인先人'이 새겨진 환두대도가 출토되었다. 간접적이든 직접적이든 그것은 고구려의 영향으로 파악할 수 있다. 교동7호분에서 나온 청동합은 보주형 꼭지가 달린 뚜껑에 네 줄의 돋을무늬가 새겨져 있는데, 그 모양이 고구려에서 신라에 준 호우와 똑같이 생겼다. 4세기에 김해 대성동고분군과 복천동

••••••••••
　나왔다.

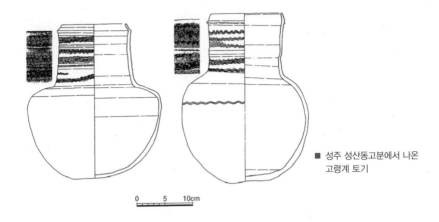

■ 성주 성산동고분에서 나온
고령계 토기

0 5 10cm

고분에는 고구려계의 갑주와 마구가 등장한다. 물론 이런 것을 부여 또
는 선비족의 유물로 보는 견해도 있지만, 고구려계의 색채가 뚜렷한 유
물이 더러 섞여있는 것도 분명하다. 4세기 말~5세기 이후의 가야 지역
갑주나 마구에 보이는 양식적 요소는 고구려의 안악3호분이나 쌍영총·
덕흥리고분 등에서 보는 것과 닮은꼴이다. 함안 마갑총에서 나온 마갑
역시 고구려 고분벽화에서 보는 전형적인 고구려 마갑이다. 이것은 400
년 고구려군대의 가야 원정 당시 고구려 군대로부터 노획했거나 고구
려로부터 받은 것을 후에 무덤에 넣은 것이 아니면 고구려의 것을 모방
하여 함안에서 만든 것일 수 있다.

　낙동강 동편의 창녕은 함안이나 김해보다 직·간접적으로 고구려의
영향을 더 많이 받았을 것이다. 경주를 통해 고구려의 문물을 더 쉽게
접할 수 있는 위치에 있었기 때문이다.

　창녕 지역에서 벌어진 이와 같은 현상은 5세기 중반 이후, 낙동강 서
편의 성주 지역에서도 일어나고 있었다. 성주권도 5세기부터 신라의 영
향을 많이 받아서 가야의 전통을 계승한 고령의 대가야와 차이가 있다.
고령 대가야와 성주 성산가야는 비슷하면서도 분명히 다르다. 한 예로

봉분 직경 13.6m인 성주 성산동 1호무덤은 수혈식석실분[12]으로, 여기서 나온 은제띠고리는 장방형의 얇은 은제판에 인동초[13]의 세잎무늬를 돋을새김한 것이었다. 이 고분을 발굴한 일본인 야츠이세이이치(谷井齊一)는 여기서 나온 띠고리와 똑같은 것을 창녕고분에서 여러 개 찾아냈는데, 어떤 것은 성주의 것과 창녕에서 나온 것을 분간하기 어려울 정도였다고 밝힌 바 있다. 또 성주 성산동 37호분에서 나온 반원형의 말재갈은 창녕 교동11호분에서 나온 것과 똑같았다. 뿐만 아니라 성산동고분에서 나온 편원어미형행엽[14]은 대구 달서고분과 경주 지역의 여러 고분 그리고 함안 도항리 고분에서 나온 것과 같다. 이와 같이 물고기 모양을 닮은 행엽은 경주에서 대구와 함안·성주·옥전(합천) 지역에 전달된 것으로 볼 수 있다.

성주 성산동고분군에서는 5세기 이후의 신라토기가 많이 출토되었다. 물론 이 지역이 4세기 이전에 가야 소국이었는지, 그것을 확인할 수 있는 것들은 아직 명확하게 나타나지 않았다. 다만 성주와 고령은 인접지역으로서 4세기 이전의 문화유형은 같았다고 할 수 있다. 창녕과 고령은 낙동강을 사이에 두고 마주해 있는 데다 5세기 이후 이들이 낙동강의 동편과 서쪽에서 각기 중심축을 형성하고 있었으므로 그들 각자의 개성은 독특하다. 4세기 이전의 성주와 고령에는 그 문화의 바탕에 동질성이 있었던 것과 달리 5세기 이후 성주·고령과 창녕 사이에는

••••••••••

12. 성산가야의 고분은 기본적으로 수혈식석실분이다. 이 양식으로부터 이후 수혈계 횡구식석실분·횡혈실석실묘가 발전되었으며 이 외에 드물지만 할석식석곽묘·판석식석곽묘도 있다.

13. 일반적으로 인동초(忍冬草)라는 이름으로 부르지만 금은화(金銀花)라는 별도의 이름이 더 있다. 이 식물의 잎새 모양을 본뜬 문양을 당초문이라고 한다.

14. 扁圓魚尾形杏葉. 물고기꼬리모양행엽이라고도 한다. 이 용어에 대해 저자는 불만을 갖고 있다. 몸통이 납작한 물고기를 어류학에서는 측편형(측편어)으로 분류하고 있다. 차라리 '측편어형행엽'이라는 말로 고쳐 부르는 게 좋으리라 생각한다.

이질적인 것들이 상당히 많이 있다. 아마도 이런 변화는 5세기 이후에 성주가 신라의 영향을 받은 결과일 것이다.

일찍이 성주 지역에도 변진의 문화유형이 존재하였다. 또 청동기 말기의 문화는 고령이나 성주 모두 동일하였다. 그 후 낙동강 서편 여느 지역과 마찬가지로 성주 일대엔 기원전에 매우 세련된 문화를 가지고 내려온 이들이 터를 잡고 살았다. 그들이 남긴 대표적인 유적이 성주 예산리와 백전리 유적이다. 성주 예산리 고분에서 나온 기원후 1~3세기의 와질토기는 북방 색채가 짙은 것으로, 철기로의 이행기에 형성된 이 유적은 창원 다호리와 유사한 요소들이 있다. 그런데 어찌 된 일인지 5세기 이후에 성주권은 고령 지역의 문화유형과 달라진다. 이러한 변화는 토기의 모양과 양식에서 가장 두드러지다.

성주의 토기양식은 낙동강 동편의 대구 지역과 매우 가깝다. 성주가 경산부京山府[15]로서 고려시대 현재의 칠곡·왜관·대구 지역 일부까지 경산부에 속해 있던 전통을 감안할 때, 성주 지역이 신라와 친밀한 관계를 가졌다면, 그것은 5세기부터의 변화였음이 분명하다. 본래 성주는 가야의 권역이었으나 신라의 본피부本彼部[16]가 된 것으로 보인다. 기록에는 그 관계가 분명치 않으나 8세기 이후 가리현이었다고 한다. 성주의 가리현은 고려 말까지 그 이름을 그대로 쓰고 있었다. 성주이씨 족보에

••••••••••
15. 고려시대의 경우지만, 성주는 성주목에 속하였다. 성주목에는 경산부(京山府, 성주)와 안동부의 두 지사부가 있었다. 경산부는 원래 신라의 본피부(本彼部)로서 지금의 성주·구미·왜관 및 대구 서부의 일부를 포함하는 개념이었다. 경북 성주의 성산가야는 원래 본피현(本彼縣)이었으나 신라 경덕왕이 8세기 중반에 신안현(新安縣)에서 성산군(星山郡, 성주군)으로 고쳤다. 후에 다시 벽진군으로 고쳤다. 그래서 성산가야란 이름도 실제로는 경덕왕 때에 나온 것으로 보는 견해가 있다. 고려시대엔 성주를 가리현이라고 하였고, 그 전에는 가리부(加利部)라고 한다는 기록도 있다.
16. 『삼국사기』 지리지에는 '성산군(星山郡)은 본래 일리군(一利郡)이다. 이산군(利山郡)이라고도 한다. 경덕왕이 이름을 고쳤다. 지금은 가리현(加利縣)이다'고 하였다.

도 가리현加利縣으로 되어 있고, 『삼국사기』에도 경덕왕 이후 가리현으로 기록되어 있다. 이곳이 신라의 본피부가 되었다면 그 시기는 아마도 5세기 이후일 것이다. 성주 성산동고분과 성주 지역에서 나오는 가야시대 토기가 5세기 중반 이후 낙동강 동편의 양식을 닮아가는 것은 그 시기의 정치적 변동을 알려주는 게 아닌가 생각된다. 그래서인지 5세기의 성주 지역 토기는 고령 토기와도 다르다. 창녕과 마찬가지로 5세기 이후의 성주 세력은 신라 문화의 영향을 받았다. 그렇지만 5세기 후반까지도 신라의 양식을 완전히 닮지는 않았다. 성주 지역의 토기가 완전히 신라 양식을 갖는 것은 6세기이다. 창녕 역시 6세기 초에야 거의 모든 유물이 신라화 하는 것으로 보아 결국 성주나 창녕 지역은 6세기 초반 언젠가 비슷한 시기에 신라의 영향권 안에 들어간 것으로 볼 수 있다. 추정하건대 성주 세력은 520년대에 신라에 병합되었을 것이다.

그러면 고령과 성주가 남북으로 서로 인접한 지역인데 5세기부터 두 지역의 양식이 왜 서로 달라졌을까? 그것은 성주와 고령에 불어닥친 정치적 변동과 깊은 관련이 있을 것이다. 고구려·신라 연합군의 가야 침공 이후 김해에서 넘어간 이들이 고령에 새로운 정권을 구축한 이유도 사실은 구미·김천 지역이 가야권으로부터 이반되어 낙동강 서편의 가야 북부권이 신라로 넘어갈 수 있다고 판단하고, 선제적 방어 차원에서 대응한 결과일 수도 있겠다. 신라가 서북 지역으로의 세력 확장을 꾀하면서 김천·성주 지역을 중시하였으므로 가야권의 북쪽 변경인 성주 지역을 지키는 동시에 가야 북부권에 새로운 중심축을 둘 필요가 있다고 판단하였을 것이다. 이런 전략은 실제로 약 1세기 남짓 효과를 거두었다. 『일본서기』의 관련 기록을 감안하면 신라는 성주와 그 이북 지역을 529~530년경에 완전히 통합했을 것으로 보는 바이다. 대가야의 이뇌왕이 신라 이찬 비조부의 누이를 아내로 맞이한 것이 522년인데,

그 이후 7년만인 529년에 가야와 신라의 갈등이 벌어졌다. 바로 그 무렵에 신라 군대가 가야 북경 5성을 함락하였다고 한다. 아마도 그것은 이 해에 대가야의 북쪽 국경 너머 성주·김천 지역에 있던 다섯 개 성을 신라가 빼앗은 사실을 전하는 것이라 여겨진다. 이때 신라는 비로소 성주를 본피부로 개편하여 확실한 발판을 마련하였을 것이며, 그로부터 30여 년 뒤인 562년 이사부[17]와 사다함[18]이 전단문을 넘어 고령 대가야를 병합할 때에도 성주를 거점으로 삼았을 가능성이 있다.

성주와 고령은 서로 이웃해 있는 곳인데도 5세기 중반 이후의 문화유형이 묘하게도 다르다. 토기 하나만을 보더라도 고령은 멸망기까지 가야인데, 성주는 대구·창녕과 동질성이 엿보이며 5세기 중반 이후로 더욱 신라를 닮아간다. 이런 것으로 보면 성주 지역이 가야가 아니며, 가야 연합에 소속되었을 리도 없음을 알게 된다. 고령의 몇몇 지역(반운리·고령읍 쾌빈리)에는 4세기에도 목곽묘를 사용하던 세력이 꽤 있었다. 물론 성주나 고령 모두 5세기부터 무덤 양식에 변화가 왔다. 5세기 이후에 조성된 고령읍내 대가야 고분들이나 성주 지역 무덤은 수혈식석곽으로 바뀌었다. 성주나 고령 모두 무덤 양식은 똑같이 수혈식석곽묘로 바뀌는데도 토기 양식만은 서로 다르다. 성주 토기에만 변화가 나타나는 것이다. 이와 같은 차이는 어디서 나온 것일까? 성주와 고령은 본래 하나의 정치 세력이 아니었으며 각기 독자성을 갖고 있었다. 5세기 중반 이후 성주 지역이 차츰 낙동강 동편의 대구나 창녕을 닮아가는 데도 고령 지역은 낙동강 서편의 가야 문화를 온전히 지켜가고 있다. 이것은 매우 단순한 사실이지만 시사하는 바가 크다. 신라가 일찍부터 김

· · · · · · · · · · ·

17. 이사부(異斯夫)는 내물왕(奈勿王) 손자 김습보(金習寶)의 현손(玄孫)이다.
18. 사다함(斯多含)은 신라 내물왕의 6세손 김구리지(金仇梨知)의 아들이다.

천·성주로 통하는 내륙로를 개척하기 위해 노력을 기울였으며, 그 거점으로서의 중요성 때문에 성주를 공들여서 친신라화 하였을 수도 있다. 이런 변화는 5세기 초부터 나타난 것으로, 가야의 북쪽 영역이 신라에 넘어가는 것을 막기 위해 김해의 지배층은 서둘러 고령에 새로운 소국을 세워 대응한 것이라고 보고 싶다. 물론 어디까지나 막연한 추정이다.

다음으로 문제가 되는 것은 성주의 벽진가야란 명칭에 관해서이다. "벽진가야란 이름은 벽진군碧珍郡 장군 이총언李悤言이 등장한 신라 말~고려 초 이후에 생겨났다"고 한다(김태식). 다시 말해서 "성주에 벽진국이라는 작은 나라가 있었다"[19]는 기록은 가야시대의 사실이 아니라 고려 초 이후에 나온 설화라는 것이다.[20] 벽진군이란 지명이 등장한 시점이 신라 말 이후이니 그것이 맞을 것이다. 비록 현재의 벽진면은 성주읍에서 서쪽으로 한참 떨어져 있지만, 벽진면도 우리가 통상적으로 생각하는 성주 성산가야의 일부였음은 분명하다. 그런데 어쩐 일인지 5세기 중엽 이후 성주의 고분군에서는 신라 색채가 강한 토기만이 출토된다. 아무래도 이런 것들은 성주의 지배층이 가야 대신 신라를 택한 결과로 봐야 할 것 같다. 한 예로, 성주 성산동 1호무덤에서는 신라의 영향을 받은 금귀걸이·금고리띠·관장식 등이 꽤 나왔다. 이런 것들을 보더라도 이 시기의 성주 세력을 완전한 가야로 보기는 어렵다. 앞으로 성주 지역에서 1~4세기의 유물이 많이 나온 뒤라야 보다 명쾌하게 말할 수 있겠지만, 아무래도 토기나 유물의 유형으로 보면 이 지역의 정

••••••••••
19. 『경상도지리지』 성주목조, 세종 7년(1425년)
20. 19세기 초에 쓴 『경상도읍지』 성주목 조에는 이렇게 되어 있다. "『삼국유사』에 의하면 성산가야를 6가야의 하나라고 하였으나 의심스럽다. 신라가 성주를 취하여 본피현으로 삼았다. 신라 경덕왕이 신안(新安)을 성산군(星山郡)으로 개명하였다. 후에 벽진군으로 고쳤다. 고려 태조 23년에 다시 성산부(星山府)로 고쳤다.…"

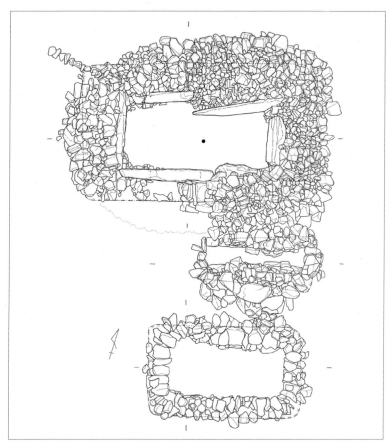

■ 성주 성산동 제38호분 내부시설의 개석제거후 평면 배치도(계명대학교 행소박물관)

치체로서 가야소국이라는 분류는 4세기까지만 유효할 것이다. 5세기의 유물은 가야도 아니고 그렇다고 완전한 신라도 아니어서 애매하다. 바로 그 점에서 5세기의 성주나 창녕은 가야의 '회색지대'라고 할 수 있다. 지금까지의 조사 결과로는 성주에는 성주읍의 성산동고분군[21]을

••••••••••
21. 성주읍 동남리 성산에 있는 수혈식석실무덤

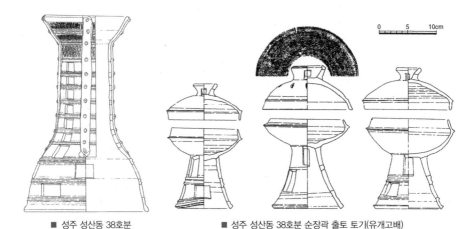

■ 성주 성산동 38호분
  부장곽 출토 기대

■ 성주 성산동 38호분 순장곽 출토 토기(유개고배)

비롯하여 74개소에 고분군이 있다. 이들을 모두 발굴하면 성주 지역의 5~6세기 특징이 보다 선명해질 테지만, 지금까지 성산동고분군을 발굴한 결과만 보더라도 5세기 이후 성주 지역은 낙동강 동편의 칠곡 및 대구 지역 문화양상과 닮았음을 부정할 수 없다.

■ 성주 성산동 38호분 제2석곽(문화재청 사진)

성주군 내에는 꽤 많은 고분이 아직 조사하지 않은 채로 남아 있다. 주로 5~6세기의 수혈식석곽묘이지만 5세기 이전의 목곽묘도 꽤 있을 것이다. 발굴해 봐야 전모를 알 수 있겠지만, 추정하건대 성주 지역에 목곽묘가 있다면 그것은 고령의 목곽묘와 차이

■ 성주 성산동 38호분 부장곽 유물 출토 상태(계명대학교 행소박물관)

가 없을 것이다. 성주·고령 지역은 그 이전 동일한 청동기 문화를 바탕으로 하고 있었고, 그 후로 목관묘·목곽묘 문화는 김해·부산 등과 다르지 않았다. 그런데 5세기 중반경부터 성주 지역의 여러 가지 유물이 낙동강 동편의 대구·창녕 등지와 같아지는 것은 성주의 수장층이 가야권보다는 신라와 가까웠음을 말해주는 요소다. 성주의 북쪽 지역인 김천일대도 성주와 함께 대략 4세기까지는 가야권에 속했으나 후에 신라의 본피부로 편입되었을 것이라고 이해할 수 있다.

성주 지역의 중대형 봉토분들은 대략 5세기부터 6세기 전반에 생긴 것들로, 내부 매장부가 수혈식석곽이다. 일부 횡혈식석실분도 있다. 수혈식 석곽을 가진 대형 봉토분들은 대략 5세기에 집중적으로 들어섰으며 5세기 말~6세기 이후엔 횡혈식석실분이 주로 만들어졌다. 성주에는

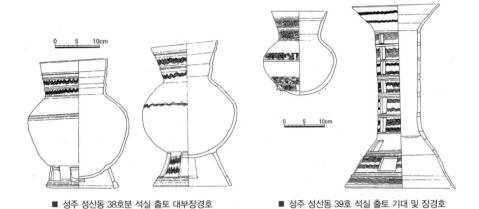

■ 성주 성산동 38호분 석실 출토 대부장경호　　　　　　■ 성주 성산동 39호 석실 출토 기대 및 장경호

성주읍의 성산고분군, 금수면의 명천동고분군, 월향면의 용각리·수죽
동고분군 세 군데에 가장 큰 규모의 대형봉토분이 밀집되어 있다. 다만
용각리·수죽동은 6세기에 주로 축조된 무덤들이 중심이며 횡혈식석실
분 또한 성산동보다 이곳에 많다.

대표적으로 성주 성산동고분군에서 발굴한 5기의 대형봉토분(수혈식
석곽)[22]은 성주는 물론 대구·동래 등과의 비교적인 시각에서 신라 및 가
야를 이해하는 데 도움이 될 수 있다. 1987년에 발굴한 5기의 성산동고
분은 5세기의 무덤들로서 주곽 외에 별도의 순장곽이나 부장곽을 갖고
있었다. 주곽과 부곽을 따로 쓴 복천동 38호분처럼 성산동 38호분도 주
곽[23]과 별도로 부장곽을 갖고 있었다. 다만 성산동 38호분이 다른 점 하
나가 있다면 부장곽 외에 순장곽을 하나 더 갖고 있는 것이다. 그렇지
만 성주 성산동고분의 형식과 유물상은 대구 불로동고분, 달성 죽곡리

•••••••••••
22. 1986년 10월부터 1987년 4월까지 발굴, 『星州 星山洞古墳群』, 啓明大學校 行素博物館, 2006
23. 석곽 안에 목곽을 따로 넣었다.

■ 제38호분 부장곽 출토 유물(계명대학교 행소박물관)

고분, 대구 비산동의 달서고분과 대략 같다. 또 성산동고분에서 나온
토기나 마구·무기류 중에는 고령 양식도 있다. 다만 몇 가지 유물로부
터 4세기 이전 성주 지역의 문화는 고령 지역과 본래 바탕이 같았다는
사실을 미루어 짐작할 수 있었다. 그런데 5세기 중반부터 양측은 서로
달라진다. 이를테면 고령과 성주의 경계지대인 성주 가천면·수륜면의
대가천大加川을 포함하여 지금의 고령군 지역은 대가야권으로서 성주와
는 비교적 뚜렷한 차이를 보인다. 5세기부터 고령과 성주 사이에 나타
나는 이런 변화는 가야권으로부터 성주가 이탈한 사실을 대변하는 것
으로 볼 수 있다. 바로 이런 것들로 말미암아 김천 지역을 포함하여 성
주의 수장은 5세기부터 그 소속을 가야에서 신라로 바꾸었고, 가야권이
북쪽에서부터 도미노처럼 무너지는 것을 막기 위해 고령에 새로운 정

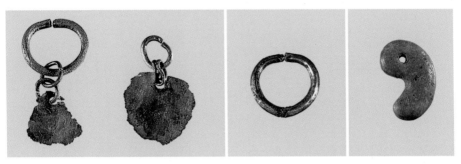

■ 제38호분 석실 출토 유물(계명대학교 행소박물관)

치 중심을 형성하여 가야권의 방패막이 역할을 한 것이 아닌가 하는 생각을 떨칠 수 없다. 신라는 성주의 친신라 세력을 지원하였고, 이를 바탕으로 드디어 529년에 성주 지역을 통합하였으며, 이곳을 발판으로 고령 대가야를 562년에 멸망시켰으리라고 이해하는 바이다.

그런데 성산가야는 현재의 성주에 있던 것이 아니라 고령군 성산면星山面에 있었던 가야라는 주장이 있다. 다시 말해서 성산가야의 성산을 현재의 성주읍 성산리가 아니라 고령 성산면으로 보는 것이다. 성산가야 및 신라의 성산군을 고령의 성산면으로 이해하는 이런 시각은 기록의 신뢰도에 대한 검토 차원에서 감안해 볼 필요는 있다. 현재의 고령군 성산면 일대는 과거 신안현[24]이었다. 그런데 신안현이 고령 지역의 중심지 역할을 하다가 신라에 통합되어 8세기에 성산군星山郡이라는 지명으로 개편되었고, 여기서 성산가야란 말이 붙게 되었을 것이라고 판단하여 성산가야란 이름은 신라 경덕왕 이후에 나왔을 것이라는 견해가 제시되었다. 결국 성산가야가 고령 성산면에 있었는가, 아니면 성주 성산리에 있었는가 하는 문제인데, 무덤유적을 감안하면 성주 성산리를

••••••••••
24. 현재의 성주읍. 8세기 중반 신라 경덕왕이 성주의 본피현(本彼縣)을 신안현(新安縣)으로 고쳤다.

성산가야의 중심으로 보는 게 타당하다.

여하튼 이런 주장이 나온 뒤로 6가야에 관한 개념마저 완벽하게 무너졌다. 성주군에 있었다고 믿어온 성산가야를 다시 생각해보게 한 이 견해로부터 한발 더 나아가 반파국(伴跛國)이 원래 고령 대가야국의 이름이었다는 주장까지 나와 적잖은 혼란을 주고 있지만, 여하튼 고령이 남쪽으로 산청·합천·진주 지역으로 산길을 열고 고성으로 세력을 확장하며 부심하는 사이, 성주의 지배 세력은 낙동강 동편과 연계되었다. 이것은 고령과 성주에 중심을 둔 두 세력이 취한 생존전략의 차이를 설명해주는 것이라고 이해할 수 있다. 성주와 고령의 지배층이 함께 가야권의 단결을 위해, 공조하고 연합하는 마당이었다면 그와 같은 이질적인 모습은 보이지 않았을 것이다.

성주와 다른 가야의 교류 관계

정약용은 아방강역고(『여유당전서』)에서 "소가야는 변진 고자국이며 지금의 고성현이다. 신라 지증왕이 멸망시켰다"고 하였다. 고성의 수장층은 멸망 때까지 신라·백제·왜와 줄곧 교류하였다. 그러면서도 고성은 자신들만의 색깔을 유지하였다. 한 마디로 유물에 보이는 고성 양식은 가야가 분명하지만 여타 가야와는 또 다르다. 유물로 보면 소가야 양식은 가야이면서도 고성 지역 특유의 지역성이 담겨 있는 것이다. 고성 지역은 5세기 후반이 되어서 서부경남 해안의 중심으로 떠오른다. 본래 소가야小伽倻는 고자국古自國·고차국古嵯國·변진고자미동국이었지 소가야가 아니었다. 『일본서기』에 구차국久嵯國으로 기록된 나라 역시 고성의 고자국일 것으로 추정된다. 구차久嵯는 우리말 곶이(串)의 고어 구치(口, 〈ち)를 표기한 것이라 여겨진다. 고자古自 역시 같은 의미로 볼

수 있다. 대개 고구려계 지명에 보이는 홀차忽次와 같은 것으로 볼 수 있다.[25]

그런데 대체 어떤 연유에서 고성 지역을 소가야라고 부르게 되었을까? 우리는 지금까지 소가야란 이름이 어떻게 해서 생겼으며, 언제부터 그런 이름으로 불리게 되었는지에 대해서조차 정확히 알지 못하고 있다. 고령에서 나간 세력이 고성에 정착하면서 상호 관계를 대·소로 구분한 것이 대가야와 소가야의 시작이었는지, 아니면 그 외에 다른 어떤 연유가 있는지는 알 수 없다. 통상 우리는 대가야·소가야에 관해서는 이런 생각을 갖게 된다.

"고성을 소가야로 불렀다면 그것은 대가야와 소가야 사이의 동질적 유대의식 즉, 고성과 고령의 가야인들은 한 집안이라는 의식을 가졌기 때문에 생긴 이름일 것이다. 대·소는 단순히 크기의 차이를 나타낸 것이 아니라 본가와 본가 이외의 지파支派를 구분하되, 그들이 모두 하나의 계통임을 드러낸 표현일 것이다."

고령과 고성의 정치 세력 차이라든가 국가 규모에 따른 것이라기보다는 우선 혈통과 정통성에 바탕을 둔 것이 아니었을까 추정해보게 된다. 다시 말해서 고성 세력은 그 출신이 고령에 있었기에 고령과 고성을 큰집과 작은집 정도의 개념에서 대·소 가야로 묶어서 하나의 그룹으로 특징을 지운 이름이 아닌가 의심해보는 것이다. 만약 그렇다면 둘 사이엔 혈통적으로나 정치적으로 불가분의 관계가 있었다고 볼 수밖에 없다.

··········
25. 강화도를 갑비고차(甲比古次)라고 한 것도 마찬가지이다. 古嵯나 久嵯·忽次는 차용한 글자만 다를 뿐, 같은 대상을 표기한 것이다.

고성 지역에 정치 세력이 뿌리를 내리는 시기는 5세기 중반 이후이다. 그로부터 한참이 지난 5세기 말, 고성 지역 수장과 지배층은 백제·고령·신라·왜와 폭넓게 교류하며 한창 역량을 키워나갔다. 그 과정에서 고성은 고령의 외교 및 교역을 담당한 창구 역을 맡았을 수도 있다. 혹시 고성이나 고령의 지배층이 자신들의 이익을 위해 의도적으로 '고성은 고령에 뿌리를 두고 있다'고 내세웠고, 이런 동류의식으로부터 발전된 개념은 아니었을까? 그것이 아니라면 어째서 중국과 일본의 기록에는 대·소 개념의 가야로 설명한 구절이 없으며, 백제나 신라의 기록에도 대가야나 소가야는 없는 것일까? 그리고 또 어찌해서 대가야와 소가야라는 명칭은 오직 우리의 자료에만 등장하는 것일까? 『삼국지』 변진 조에도 대가야·소가야는 없으며 『삼국사기』에도 고령을 대가야, 고성을 소가야로 적지 않았다. 『삼국유사』에만 그와 같은 이름이 보이는 것이다. 정작 가야시대에는 대가야·소가야와 같은 이름이 없었다. 대가야·소가야·성산가야·금관가야와 같은 6가야의 가야국 이름이 가야시대 당대에는 없었는데 그 후, 구전으로만 전승되던 이야기를 바탕으로 '○○가야'라고 해서 지명이나 그 특징을 앞에 추가하여 구분하게 되었고, 그런 것들이 『삼국유사』에 남게 된 것이 분명하다.

앞에서 '가야'라는 개념이 임나가라 전체로 확대된 것은 최소한 3세기 말 이후일 것이라고 설명하였다. 또 고성의 유적과 유물로 보면 소가야·대가야란 이름은 아무리 빨라도 5세기 중엽 이후에 나왔을 것으로 봐야 할 텐데, 애석하게도 그것을 증명할 자료는 없다. 다만 그 이름으로 보아 고령과 고성의 지배층 사이에는 무언가 관련이 있었을 것이라는 추정만 가능하다. 그럼에도 고성의 소가야계 유물이 성주 성산동 고분이나 성주 지역에서는 보이지 않는다. 그것은 두 지역 사이의 인적, 물적 교류가 없었음을 알려준다.

반면 장수·남원 그리고 서부경남의 산청·거창·진주·고성은 고령과 밀접한 관계를 갖고 있었다. 그들 사이의 관계는 해당 지역에서 나오는 유물로 설명된다. 합천 쌍책의 옥전고분에서 나온 다라국 유물 중에는 고령의 것이 있고, 고령의 유물 가운데엔 다라국의 유물이 있어 고령과 합천(쌍책)의 교류도 엿보인다. 그것이 연맹이나 연합을 보증하는 것은 아니지만 인적·물적 교류가 꽤 빈번하였을 것이다. 서로 경계를 맞대고 있는 인접국들이었으니 그러한 교류는 자연스러운 것이었다고 볼 수 있다. 그러나 다라국의 유물이 성주 성산동엔 나타나지 않으며 백제의 유물이 다라국왕 무덤엔 들어 있어도 다라국의 유물이 고성에서 나오거나 소가야 유물이 다라국이나 성주의 수장층 무덤에서 나오지도 않았다. 가야권이 하나의 연맹(또는 연합)을 이루고 있었다면 각 지역 간의 원활한 교류상이 적어도 왕 또는 수장층의 무덤엔 나타나야 하지 않을까? 성주와 고령, 성주와 합천 다라국, 성주와 고성 사이에 적극적으로 교류한 흔적이 없는데 그것이 단순히 지리여건상 교류하기 어려웠기 때문이었을까?

다음은 고령과 함안의 관계이다. 5세기부터 낙동강 서편에서의 세력구도는 크게 함안과 고령으로 나뉜 것으로 보고 있다. 그러나 기록에 의하면 김해와 함안 중심의 양대 구도는 이미 3세기부터 정해진 것이었다. 그런데 이런 구도에도 5세기부터 다시 변화가 왔다. 5세기 후반에는 고령과 함안만이 아니라 경남 고성이라든가 남원·장수·합천 다라국(쌍책)·동래 복천동 등 여러 지역에 가야의 또 다른 정치 중심이 형성되었다. 이런 분할구도는 후일 신라가 가야를 병합하는데 큰 장애로 작용하였지만, 동시에 신라에 대항하는 가야의 입장에서는 오히려 유리한 조건이 되었을 수도 있다. 신라와 고구려의 협공에 의해 경남북 서부 산간지역으로 밀려난 가야 세력은 그 외에도 거창·산청·함양 등으로 확산되었다. 일부는 담양과 장성의 영산강 상류 산간지역으로까지 이동하였다. 전남 담양읍 오계리 산비탈에서 확인한 담양 계동고분[26]은 가야인들이 영산강 상류를 통해 호남 지역으로 진출하였음을 알려주는 매우 구체적인 자료이다. 남원 운봉고원을 넘어 전북 임실이나 전남 장성과 담양으로 나간 것이다. 물론 여수·순천 등지로 내려간 이들도 있었다. 이들 여러 지역에 남긴 가야 고분들로 보아 5세기에 낙동강 서편 영남 지역을 넘어 호남 동부권으로까지 분산된 가야 유민이 수장층을 중심으로 한동안 세력을 형성해 성장한 것을 알 수 있다. 그러나 전체적으로 보아 가장 큰 세력은 역시 고령·함안·고성·부산 복천동·합천·남원 지역에 있었다. 함안은 고령과 고성에 못지않은 세력의 통치 중심이었다. 여러 개의 임나 소국이 있었지만 끝까지 가야권의 가장 큰 세력으로서 주도적 위치를 유지한 집단은 고령과 함안이었다.

세력 규모(정치력)로 볼 때 동래나 함안은 고령에 못지않았으므로 그들 또한 대가야에 버금가는 큰 세력이었다. 만약 가야시대에 고령을 대가야로 불렀다면 532년 임나본국 멸망 이후 가야권의 대동단결을 외친 고령 세력의 정치적 의도에서 나온 것일 수 있다. 또 고령에 비해 함안 세력이 다소 약세였다 하더라도 순서로 따지면 오히려 함안을 대가야로 불렀어야 타당할 것이다.[27] 그런데도 함안을 대가야로 부르지 않은

••••••••••

26. 2기의 무덤을 발굴하였는데, 봉분은 없고 둥근 도랑(주구) 자리가 확인됨으로써 봉분 주위로 파 놓았던 도랑이 남아 있는 사실을 알게 되었으며 그 안에서는 가야 토기와 가야 유물이 출토되었다. 이로써 영산강을 통해 호남 서해안으로 가야인들이 진출하였음을 알게 되었고, 나주 반남 지역에서 나온 대가야계의 유물 일부와 전남 신안군 안좌도에서 나온 가야 무사의 갑옷과 같은 유물을 통해 가야인들이 서해로 나가기 위해 노력한 흔적을 알 수 있게 되었다.

27. 지금까지의 조사 결과로 보면 도항리 일대에 목관묘가 나타나는 시기는 1세기 중반이어서 이때를 안라국의 형성시기로 보고 있다. 이것이 목곽묘로 대치되는 시기는 4세기이며, 4세기 후반부터 김해의 영향을 받는 것으로 파악하고 있다.

것은 무슨 까닭일까? 애초 김해나 고령을 제외한 가야권과 함안 사이
에는 넘을 수 없는 벽이 있었던 것 같다. 그것이 구체적으로 무엇인지
는 알 수 없다. 다만 함안과 고령의 지배층 또는 피지배층은 이질적인
집단이거나 묘한 애증관계였을 수도 있다. 또 서로간의 이해가 달랐거
나 안라국의 성장과정에서 김해 또는 고령과 뭔가 갈등이 있었다고 볼
수 있지 않을까? 그래서인지는 모르지만 고령과 함안은 다소 소원하
였다. 『일본서기』를 비롯하여 몇몇 일본측 자료를 보면 때로는 갈등을
보이기도 하고, 비협조적인 느낌을 읽을 수 있다. 그들은 가야권의 주
도적 위치를 차지하기 위해 끝까지 경쟁한 대립적 관계였을 수도 있다.
이 문제와 관련하여 우륵12곡의 곡명을 떠올려 보자. 임나가라, 즉 가
야권의 통합을 위해 만들었다는 우륵12곡의 곡명이 12개 가야소국의
이름이었다고 보는 견해가 제시되어 꽤 인정을 받았다. 적어도 우륵12
곡의 곡명이 12개 가야 소국의 이름이었다는 점에는 대략 공감을 하고
있다. 그런데 우륵12곡 곡명에 함안 안라국은 없다. 왜 없는 것일까?
만약 함안이 가야 또는 임나가라의 테두리 내에 있는 소국이었다면 12
곡의 곡명에 함안 안라국의 이름이 없을 수 없다. 안라국이 없는 것으
로 보아 고령은 5세기 이후 함안을 '임나가라' 부흥이라는 가야권 통합
대상에서 제외하였던 것인가? 이 점에서 보면 일본측 기록에 임나10국
중 안라국이 등장하는 것이 의심스러울 정도이다. 부여의 사비성에서
백제 성왕이 개최한 임나부흥회의에 참석했을 때 성왕이 가야 측의 입
장을 묻자 임나 소국들이 성왕에게 "안라·가라 왕에게 여쭤 보고 결정
하겠다"고 대답하였는데, 이 기사로만 보면 가야 말기, 가야권은 고령
과 함안 두 세력으로 양분된 사회였던 것 같다.

　김해의 가라국은 원래 변진구야국을 성장의 발판으로 삼았다. 구
야국은 다른 말로 가야국이니 김해가야는 가야이면서 가라이다. 그러

나 함안은 안야국安邪國 또는 안라국(阿尸良國)[28]이었지 '안라가야'는 아니었다. 『일본서기』에 함안은 임나10국 가운데 하나로 되어 있고, 또 안라국이란 본래의 이름 대신 우리측 자료에서는 안라가야·아라가야 등으로 부른 경우가 있는 것으로 보아 함안 안라국은 적어도 3세기 중반 이전에는 김해가야에 예속된 존재로 볼 수 없다. 둘 사이에 종속관계가 형성된 계기가 포상팔국전이었을 것이라고 앞에서 몇 차례 설명하였다. 포상팔국전에서 김해 변진구야국을 통합한 가라 세력이 임나가라를 완성하면서 함안이 임나가라에 소속되었을 수 있다. 그랬기에 임나10국의 명단에 함안이 포함되었을 것이라고 생각하는 바이다. 임나가라 후국의 지위에 있던 함안 안라국이 김해가야의 간섭에서 벗어나기 위해 5세기 초 고구려·신라를 상대로 한 가야대전에서 함안은 신라·고구려 편에 선 것이 아닌가 추정한 것이다.

함안의 말이산고분군 가운데 5세기 후반에 축조된 대형고분인 34호 무덤은 봉분 직경 39m에 높이가 10m나 되는 수혈식석곽묘(봉토분)로서 석실의 길이가 9.67m에 이른다.[29] 깬 돌을 쌓아 만든 이 무덤에서는 채양 달린 투구·발형투구·안교·둥근 등자·행엽·수레모양토기·오리모양토기·기대·뚜껑이 있는 굽잔(=유개고배)·사슴뿔로 만든 칼자루와 장식칼·찰갑·칼자루 모서리가 둥근 큰칼[30]과 같은 유물이 많이 나왔다. 이 무덤을 포함하여 함안읍내의 고분군은 말이산·도항리·신읍리·가야리·봉산리 등에 흩어져 있다. 그런데 흥미로운 사실은 함안의 지배세

••••••••••

28. 일명 아나가야(阿那伽倻)·안라국(安羅國)·안라(阿尸良)·안야국(安邪國)·아라가야 등으로 불렀다. 『삼국지』 위지 동이전에 변진12국 가운데 구야국과 함께 안야국(安邪國) 또는 안라(阿尸良)로 기록돼 있다.

29. 석실 너비 1.73m, 높이 1.66m

30. 이것을 圭頭大刀(규두대도)라는 이름으로도 부른다.

력은 수혈식석곽묘를 기본으로 하였다는 것이다. 이웃 김해가야의 지배층이 사용한 대형목곽묘(통나무목곽무덤)가 함안읍내에 나타난 시기는 5세기 중반이다. 게다가 목곽묘 사례가 얼마 되지 않는다. 특히 김해가야가 몰락하여 김해 지역에 대형목곽묘가 더 이상 조성되지 않는 시점 이후로 함안의 지배자들은 대형 수혈식석곽묘를 사용하였다. 또 함안의 대형목곽묘에는 순장을 하지 않으며 순장을 하는 것은 대형 수혈식석곽묘부터이다. 분묘와 매장방식이 대략 고령 및 가야권의 다른 지역과 같아지는데, 그 시기는 고령보다 훨씬 늦은 5세기 전반 이후이다. 이런 것은 김해와는 또 다른 특징들로서 함안을 김해와 같은 부류로 묶어서 설명하기 어려운 점이라고 볼 수 있다. 김해에 강력한 정치구심점이 없어진 뒤로 얼마 지나서 함안 지역에 나타난 이런 변화는 함안 지배층이 어느 정도 자신들의 세력을 회복하고 나서 문호를 개방하여 변화를 모색한 결과일 수도 있다.

또한 이 무렵을 계기로 함안 지역에는 소위 함안형 토기라고 하는 화염문투창고배[31]가 나타난다. 화염문투창고배는 함안 지역의 가장 특징적인 토기 양식으로서 순장자를 위해 넣어준 부장품으로 파악하고 있다. 화염문투창은 그 모양이 마치 느낌표와 같고, 떨어지는 눈물방울과도 같아서 그것을 일러 '순장자의 눈물'이라고 말하는 이들도 있지만, 이것은 분명히 함안만의 특징이다.

다만 목걸이용 유리구슬이나 통형동기(함안 북면 사도리) 등은 김해가야에서 유입된 것으로 보이지만, 그 나머지는 김해가야와는 다른 유형이라고 할 수 있다. 여러 가야에 공통적인 것은 물론, 어느 정도 이질적

••••••••••
31. '불꽃모양뚫음구멍굽잔'이라는 용어를 사용하는 이들도 있다. 이것은 고배나 기대 등에 마치 거꾸로 뒤집은 느낌표 모양으로 뚫어놓은 투창을 가진 것으로, 이런 투창이 있는 고배는 대략 순장자를 위한 것으로 보고 있다. 그것들이 발견되는 위치가 순장자를 매장한 공간이기 때문이다.

인 요소 또한 공존하고 있다. 가야 각 지역 간의 적극적인 교류상을 알 수 있는 사례가 많지는 않지만, 5세기 이후 고령의 유물이 김해(진영)·함안에는 나타나지만 동래 복천동에는 없다. 그리고 함안에 고령계 토기가 나타난다 해도 6세기 초 이전에는 아주 미미한 숫자이며, 함안의 유물이 고령에는 보이지 않는다. 사람과 물자의 교류 및 유통에 계곡과 강이 큰 장애가 되던 시대였던 만큼, 지리 조건에 따라 지역간 교류에 어려움이 있을 수는 있다. 그렇지만 낙동강변의 각 지역 거점으로서 창녕에 고령계 유물이 별로 없고, 함안·동래와 고령 사이의 원활한 교류가 없었다면 연합이나 연맹을 거론하기조차 민망한 일 아닌가. 지금까지의 발굴 자료로 보면 4~5세기 고령과 함안 사이의 교류는 매우 제한적이었다. 합천·의령의 산간 지대와 남강이 큰 장애가 되기는 했을지라도 양자의 관계가 좋았고, 서로의 필요성이 있었다면 고령과 함안에서는 상대편의 유물이 많이 나와야 한다. 이런 몇 가지 사실들로부터 다음과 같이 정리해볼 수 있겠다. 임나 본국 멸망(532) 이후 고령은 가야권의 통합을 외쳤으나 함안은 경남 남부지역에서 자신들의 지위를 잃지 않고 신라에 대응하면서 고령에게 주도권을 빼앗기지 않기 위해 노력하였을 것이라고. 그렇다면 그 자체로 연맹은 부정되는 게 아닌가? 물론 앞으로 함안과 김해 등지에서의 더 많은 발굴 자료가 확충된다면 이야기가 달라질 수 있을 것이다. 그 점에서 향후 함안·창원 지역 발굴에 주목하고 싶다.

함안의 유물은 진주·의령 지역 일부와 김해·동래 지역에도 보인다. 그리고 또 고성 지역의 소가야 양식이 진주·함안 지역에는 꽤 나타난다. 그러나 그 빈도와 양으로 보면 함안 지역에 보이는 소가야계 유물은 고령 지역에 비해 적다. 함안과 고성은 경남 남해안 인접지역이므로 자연스런 교류가 없을 수는 없었다. 그러면 함안과 고령 그리고 성주·고성 사이의 관계는 과연 어떤 것이었을까?

현재 함안군에는 가야읍과 함안면이 같은 지역에 따로 존재한다. 함안군 안에 가야읍이 있지만, 원래의 함안은 지금의 함안면이었다. 현재 함안군의 중심지 역할을 하고 있는 가야읍에서 남쪽으로 약 4km 거리에 함안면 소재지가 있었다.[32] 1970년대 남해고속도로의 등장과 더불어 함안군 소재지를 함안면에서 현재의 가야읍으로 옮기면서 함안의 중심이 바뀐 것이다. 그런데 함안 도항리 지역에 있는 가야 시대의 여러 무덤은 주로 5세기 이후에 조성된 것들이며, 그 이전의 가야 흔적은 미미하다. 가야의 왕궁터라고 말로 전해오는 곳이 있지만, 그것은 아마도 5세기 이후의 안라국 왕궁일 것이다. 그 왕궁터를 포함하여 말산리~도항리에 대형 무덤이 들어서기 이전, 그러니까 5세기 이전의 안야국 중심은 어디에 있는 것일까? 그에 대해서는 아무도 정확한 답을 알고 있지 못하다. 어찌 되었든 함안면과 가야읍은 과거 함안 안라국의 범위이다. 이 지역이 부산·김해·진주·고성 지역과 자연스럽게 교류한 사실은 분명하다. 마찬가지로 상호 필요가 있었다면 함안과 고령은 진주·합천을 통해서라도 교류가 있어야 한다. 그러나 양측의 유물로 볼 때 함안과 고령이 적극적으로 교류한 흔적을 찾기 어렵다. 연맹이니 연합이니 하는 것은 매우 적극적이면서 고도의 세련된 정치행위이다. 적극적이고도 능동적인 교류상을 유물에서 찾을 수 없다면 연맹이나 연합을 말할 수는 없을 것이다.

고령 및 고성 지역과 함안 사이의 관계를 보다 깊이 알기 위해서는 앞으로 더 많은 자료가 축적되어야 할 것이다. 5세기 이후 고령과 관련된 자료는 물론 4세기 이전의 함안 지역 유적과 유물 자료도 필요하다. 이

··········
32. 가야의 유적은 함안면보다는 주로 가야읍과 법수면 지역에 집중되어 있다.

런 측면에서 고성과 진주 지역의 유적 발굴과 고고학 자료가 더 많이 요구되며 고성과 고령, 고령과 성주 그리고 고령과 함안 사이의 관계에 대한 깊이 있는 검토가 필요하다. 동시에 함안 사람들이 서로 전해오는 '아라가야의 왕궁 터'를 발굴하는 일이야말로 안라국과 가야 사회에 한층 더 가까이 접근하는 가장 훌륭한 길이 될 수 있다. 가야사의 미스터리를 밝히기 위해서도 필요한 일이고, 역사문화 관광자원으로서도 탁월한 소재가 될 것이므로 향후 대대적인 발굴을 기대하는 바이다. 대신 이제부터는 가야권의 여타 유적 발굴은 자제하는 것이 바람직하다고 본다. 지금까지의 발굴결과를 뛰어넘는 성과는 기대하기 어렵고, 지금보다 더욱 과학적인 발굴이 가능한 후일로 미루는 것이 좋다는 판단 때문이다.

고성 지배층은 고령에서 보낸 가라 수장 또는 왜 교포?

신라가 영남의 패자覇者로 등장한 5세기 후반 임나가라 사람들 일부가 고성 지역으로 들어가 살기 시작하였다. 아마도 5세기 초 김해를 떠난 이들 가운데는 임나가라의 부활을 꿈꾸며 고령이나 합천으로 갔다가 그곳에서 나와 고성에 정착한 이들도 있었던 것 같다. 고성의 수장층은 5세기 후반 왜·백제·신라 등과 깊은 관계를 유지하면서 적극적인 대외 활동을 전개하였다. 그리하여 고성 소가야의 문물은 멀리 서울 풍납토성과 몽촌토성에까지 전해졌고, 고성 사람들은 일본 북규슈(北九州)에 이르는 먼 길을 오가며 문화의 전달자 역할을 하였다. 그들은 산청·거창·진주·남원 그리고 멀리 청주 지역까지 오고가며 문물을 교환하였다. 소가야계 사람들은 백제 한성과 영산강 유역을 자유롭게 오갔으며, 대가야와도 긴밀하게 협조하였다. 그러나 고령과 달리, 고성의 지배층은 신라와도 교류하였다. 도대체 고성 사람들은 어떤 이들이었기에 백제·일본 그리고 가야의 적대국이었던 신라와도 자유롭게 교류한 것일까?

그간 우리는 고령 대가야나 고성 소가야를 말할 때, 고령과 고성의 지배층은 어떤 사람들이었을까 하는 점에 많은 의문을 가져왔다. 그 답을 얻기 위해 고성을 포함, 서부경남 지역에 대한 발굴이 진행되었다. 고성 지역에서 근래까지 몇 차례 진행된 발굴을 통해 고성 사람들이 어떤 삶을 살았을지를 어느 정도 짐작할 수 있었다. 그런데 최근 고성으로 간 세력은 고령 대가야에서 보낸 이들로서 그 중 일부가 일본으로 나갔던 '왜 교포'들이었다는 주장이 제기되었다. 이 견해는 고령과 고성 사람들의 뿌리가 같다는 데서 출발하고 있어 꽤나 흥미롭다. 5세기 후반 이후에 고성으로 간 사람들은 대가야 사람들보다는 대단히 개방적이었으며 비교적 자유롭게 외국과 교역을 한 것으로 보여 더욱 관심을 끈다. 고성 소가야 사람들은 대외교류를 확대해가며 5세기 후반부터 서부경남권 가야의 중심으로 떠올랐다. 이런 근거로 볼 때 소가야는 대가야의 완전한 통제에 들어 있지 않았던 게 아닐까 하는 생각을 갖게 한다. 고성 세력의 이런 모습과 달리 대가야는 백제와 신라·낙동강에 에워싸여 대외활동에 제약이 많았던 것 같다.

5세기 이후 고성 지역의 유물에 대가야 색채가 뚜렷해지는 것으로 보아 고령 대가야와 고성 사이의 친밀도를 가늠해볼 수 있다. 산청이나 거창·합천 등 서부경남 지역과 고성 사이의 밀접한 교류상은 해당 지역에서 출토되는 소가야계 유물로써 짐작할 수 있다. 그에 비하면 고성과 함안 사이의 교류상은 상대적으로 많지 않다. 고성 지역 유물에 함안 양식은 별로 많지 않다. 함안형 토기는 진주와 의령 일부 지역까지만 주로 나타난다. 부산·고성 지역에는 함안 양식의 토기가 보이긴 하지만, 미미하다. 이 점에서 유물로 보는 함안 안라국의 세력 범위는 진주와 의령 일부 지역까지로 볼 수 있다.

반면 고성과 고령의 관계는 유물에 나타나는 동질성으로 대충 짐작할 수 있다. 그렇지만 고성과 고령이 어떤 사이였는지는 정확히 알 수 없다. 도대체 이들 둘은 어떤 관계였을까? 단순히 왜·백제·신라와 자유롭게 교역한 것만 보면 고성의 수장층은 독자적인 세력이었을 수도 있다. 고성의 지배층은 고령과는 정치적 신념이 달랐을 수도 있다. 일부에선 고성 세력은 고령에 종속된 세력이었다고 보는 이가 있고, 반대로 남원·합천·함안처럼 그들과 동등한 위치에 있던 부류로 보기도 한다. 고령과 고성은 종속관계가 아니라 수평적 관계였을 수도 있다고 보는 쪽이 약간 우세한 듯하다. 고성의 수장은 김해가야의 정통 후계자 가운데 한 그룹이었을 가능성도 있다. 고성 세력은 한성백제라든가 신라와도 교류하였으나, 특히 주목되는 것은 규슈 지역 왜와의 빈번한 교류이다. 고성 및 경남 서부산간 지대에서 발견되는 일본의 스에키라는 토기만 해도 당시 고성 세력이 왜와 긴밀하게 교류하였음을 알려주는 중요한 근거가 되고 있다. 그래서 "소가야는 왜와의 교류에서 중심적인 역할을 하였으며 그들은 5세기 후반부터 스에키의 수입과 보급에 중요한 역할을 하였다"고 본 견해(하승철)가 제기되었는데, 이런 주장은 상당한 의미가 있다. 그런데 고성 송학동 1호분에서 나온 왜 계통의 스에키와 마구 등 5세기 후반 이후의 문물을 토대로 고성의 수장층 가운데 일부를 고령(대가야)에서 보낸 왜인 관료로 파악한 견해가 제기되었다(박천수). 고령은 경남 남해서부권까지를 일원적으로 통제하고 지배하기 위한 조치로써 관료집단을 파견하였다고 이해하는 것이다. 고성 지역을 원활하게 지배하기 위해 일찍이 왜로 나갔던 교포를 불러들여 고령 대가야의 중앙 관료 자격으로 고성에 파견했다는 이 주장은 고성의 교역권 내에 있던 서부경남권에서 나온 일본계 유물을 토대로 제시한 이론이다. 그렇지만 고성 송학동 1호분에서 출토된 유물로만 판단하면 반드시 그렇게 짐작하기에 곤란한 측면도 있다. 그래서 "고령과 고성은 종속관계가 아니다"라고 본 이가 있는데, 일견 그것이 매우 타당한 것처럼 들릴 수 있다. 이 문제는 다른 한편으로 고성에 있는 수장급 대형무덤을 어떻게 이해할 것인가와 관련이 있다. 여기서 한 가지 의문이 있다. 고성의 수장이 고령에서 파견한 중앙관료였다면 고성읍내에 송학동 제1호분과 같은 수장급 무덤이 있을 수 있는가 하는 것이다. 고성읍내에 있는 무덤들은 수장층만이 쓸 수 있는 대형무덤이다. 이런 무덤에 묻혔다면 그 무덤의 주인을 고성의 수장으로 봐야 하며, 그런 실력자를 단순히 고령에서 파견한 관료로 이해하기는 어려울 것이다. 더구나 고성 세력이 신라·백제·왜와 자유롭게 교류한 사실로 판단하건대 고성의 지배층이 고령 중앙정부의 완전한 통제에 들어 있는 관료였을 것이라고 보기는 어렵다. 고성 세력은 5세기 후반에는 크게 성장하는데, 그것을 재지 세력의 자연스런 성장으로 보기도 어렵다. 그렇게 믿기에는 외래적 요소가 너무 많다. 이런 몇 가지를 감안해 보면 우리는 새로운 관점에서 고성 세력과 그 수장층을 이해하기 위한 노력이 필요할 것 같다.

산간내륙에 있는 고령은 지정학적으로 매우 불리하였다. 우선 살아가는데 반드시 필요한 해산물과 소금의 공급에 큰 문제가 있었다. 고대사회에서 어염의 공급은 매우 중요한 요소이다. 그런데 고성에서 고령에 이르는 지역은 산과 계곡으로 막혀 사람의 왕래와 물자의 소통에 어려움이 많았을 것이다. 그러므로 고령에서 고성에 이르는 지역의 각 거점과 도로를 연결하고, 요소요소에 거점을 두고 각 거점마다 기반을 다지는 것이 중요하였을 것이다. 그것은 사회 경제적으로나 군사적인 면에서 반드시 필요한 일이었다. 고성을 중심으로 하여 그 주변 지역에 보급된 소가야 토기와 스에키는 이런 물자의 보급과 관계가 깊은 것으로 파악할 수 있다. 물론 외교 창구로서의 항구를 확보하고 신라와 백제가 고성 지역으로 진출하는 것을 막기 위한 포석도 함께 계산에 넣었을 것이다. 말하자면 고성은 고령 정부의 대외교역항이자 외교부 창구 역할을 했을 수도 있으며, 군사·정치적 기능은 물론 경제적으로 중시한 거점이었을 가능성이 있다. 그만큼 고령의 경제는 고성에의 의존도가 높았을 것이라는 말이다. 이런 측면에서 이해한다면 고성은 고령의 물자 공급처 역할을 하지 않았을까?

그렇다고 해서 고령과 고성을 굳이 종속적인 관계였다거나 연합 관계로 규정해 놓고 이해할 필요는 없다. 고령에서 고성의 수장층을 파견하였을 것이라고 보는 것도 단지 하나의 추정이며 가설일 뿐이다. 여기서 우리는 다시 임나가라 본국의 역할을 떠올려볼 필요가 있다. 5세기에 임나가라 본국이 있었으니 고성에 새로운 거점을 세우는 일은 임나 본국의 허가를 받아 이루어졌을 것이다. 고령에서 임명한 사람이 아니라 임나가라 본국의 누군가가 고성으로 진출하여 세력을 구축하였으리라고 가정해볼 수도 있겠다. 지정학적으로 매우 불리한 위치에 있는 고령은 생산기반마저도 취약하였다. 지대가 높아 수전경작에 장애가 많았고, 특히 가뭄에 취약했을 것이다. 이런 문제를 타개하기 위해 소금과 해산물 및 다른 지역과의 곡물교환을 위한 창구로서 고성에 주목하였을 것이고, 임나 본국은 고성 지역 개척에 공을 들였을 것이다. 이 점에서 고성 역시 임나가라 본국으로부터 재가를 받은 임나가라의 후국이었을 수 있다. 만약 그것도 아니라면 임나가라 본국이 자신의 직할지에 세운 정치·경제·군사상의 거점이었을 수도 있다. 여수·광양·순천 지역으로 진출한 가야인들을 지원할 수 있는 배후 거점인 동시에 장수·남원·거창·산청·합천·진주 등 가야 서부권을 긴밀하게 엮어 백제에 대응할 필요가 절실하였을 것이다. 그 점에서 가야 서부권(호남 동부)

의 각 거점을 잇는 길을 교역루트로 본 견해가 있다.

"대가야는 5세기 중반부터 남원·구례·하동 등지를 연결하는 교역루트를 개척, 5세기 후반에는 이들 지역을 장악하여 대가야권을 형성하였다."[33]

　　말하자면 호남 동부지역에 공동경제권을 구축한 목적이 가야 세력의 확장이라는 정치적 계산에서 나왔다고 파악한 것인데, 하동·진주·구례·남원·장수 지역이 가야의 서부 변경지대가 아니라 새로운 개척지로서 지정학적으로 매우 중요한 비중을 차지하고 있었음을 강조한 의미로 이해할 수 있다.
　　나아가 고성의 수장층 가운데는 고령 뿐만 아니라 김해나 동래 복천동 또는 함안 등지에서 나와 고성에 합류한 이들이 있었을 수도 있다. 그들이 고성에 터전을 잡고 고령의 지도층과 가깝게 지냈을 수도 있는 것이다. 그렇지 않고서는 당시 신라에 대한 강한 적개심을 갖고 있던 가야권의 전체적인 흐름과 역행하여 고성 세력이 독자적으로 신라와 빈번하게 교류하기는 어려웠을 것이다.

단일연맹체론과 지역연맹체론의 허실

　　그러면 가야는 어떤 정치체였을까? 그 답을 찾기 위해 오랜 세월 많은 사람들이 매달렸고, 다양한 의견과 연구결과들을 내놓았다. 그러나 지금까지 정확한 해답을 얻지는 못한 것 같다. 남아 있는 기록도 별로 없고, 설령 기록이 있다 하더라도 워낙 단편적이어서 전후사정을 분명

••••••••••
33. 「大加耶의 古代國家 形成」, 朴天秀, 『碩晤尹容鎭敎授停年退任紀念論叢』, 1996

히 파악하기 어려우니 가야 사회를 제대로 파악하지 못하고 있다. 그래서 가야를 들여다보는 견해는 제각각이며 딱 부러지게 그 성격을 말할 수도 없다. 이 모두가 제대로 된 기록이 없는 탓이지만, 그나마 다행히도 1980년대 이전에 비해 현재는 가야사 연구가 크게 진척되었다. 활발하게 발굴이 이루어지고 여러 지역에서 유물이 쏟아져 나와 유물로 보는 가야사는 꽤 그럴 듯하다. 그리하여 이제는 각 지역간 유물의 속성 비교나 편년 작업은 어느 정도 체계가 잡혀 입체적으로 조망할 수 있는 단계까지는 왔다. 이런 것들을 토대로 가야의 모습과 실체를 어렴풋이나마 대충은 파악할 수 있는 단계에 이른 것이다.

그러나 그것만으로는 너무도 미흡하다. 아직 가야사는 아는 것보다 모르는 것이 많다. 그 사회체제라든가 국가구조, 왕권을 중심으로 한 관료체계라든가 지방조직 같은 것들은 거의 파악하지 못하고 있다. 앞으로도 특별한 기록이 나타나지 않는 한, 그런 것들을 자세히 알 수 없을 것이다. 단지 현재 우리가 자신 있게 말할 수 있는 것 하나는 있다. 가야에 대해 알아낸 것들은 그야말로 지극히 일부에 불과하다는 사실이다. 설령 기록이 많이 있다 해도 어느 사회를 원래의 모습대로 복원하여 떠올려 본다는 것은 쉬운 일이 아니다.

그럼에도 그간 가야의 모습을 복원해 보기 위한 시도는 꽤 있었다. 가야 사회를 분석하여 재구성하기 위한 노력으로 정치·군사 및 사회경제적 관점에서 사회구조나 체제를 분석하려는 여러 가지 가설과 이론이 제시되었다. 가야 지역의 각 소국과 그들의 사회가 어떻게 작동되고 있었는지, 그 구조적인 측면을 헤쳐보기 위한 하나의 분석틀로 설정된 이론이 소위 가야연맹체론이다. 가야는 한 형제에서 시작되었다는 설화를 바탕으로 여러 소국이 연합관계를 유지하였다고 보는 가야연맹 이론이 제기되었고, 그 후로 가야 사회를 거론할 때 가야연맹설은 빠지지 않는 화두가 되었다. 6가야 연맹설이라든가 지역연맹설과 같은 이론들은 모두 가야 사회를 연맹체로 파악하는 견해이다. 이런 주장은 여러 가지로 발전하여 근래에는 부체제론까지 등장하였다.[34] 이것은 연맹체론의 대안으로서 강력한 고대 왕권국가가 구축되기 이전에 고구려나 신라는 5부 또는 6부의 부部를 중심으로 운영되었다는 점에 주목하고, 가야 사회에도 '부' 체제를 적용하여 이해하려는 시도에서 나온 견해이다. 고구려·백제·신라와 마찬가지로 가야도 똑같은 사회 발전단계를 거쳤을 것이므로 부 체제를 가야 사회에도 그대로 대입해볼 수 있다는 전제에서 나온 시각인데, 아직 명쾌하게 이론을 체계화한 단계는 아니다. 지금도 대세는 연맹체론에 있다고 할 수 있다. 다만, 연맹체론을 고집하는 측과 그것을 철저히 부정하는 견해가 맞서 있는 실정이지만, 어느 것이든 가야 사회를 제대로 정리한 정설은 아직 없다. 어느 쪽이든 가야의 실상을 제대로 반영한 이론은 없다. 그리고 지금까지 제기된 여러 가지 견

• • • • • • • • • • •

34. 본래 부(部)는 선비 및 오환선비족에 그 연원이 있다. 『후한서』 오환선비전에 …有勇健能決鬪 訟者 推爲大人 無世業相繼 邑落有小帥 數百千落自爲部 大人有所小 則刻木爲信 雖無文字 而部衆不敢違犯 氏姓無常 以大人健者名字…라고 하였다. 1~3세기에도 그들은 대인 위에 왕이 없었다. 다시 말해서 나라[國]를 갖지 못했다. 부(部)의 장인 부장(部長)이 대인이며 이들이 신라 6촌의 촌주(村主)나 가야 구간(九干)과 그 성격이 같을 것으로 추정된다. 위 자료로부터 고구려 5부족연맹체 5부(五部)의 시원도 오환선비족과 같은 읍락의 대인(=부장)에 기원을 두고 있다고 추리할 수 있다. 이들은 『사기』에 동호(東胡)로 기록된 종족의 한 갈래로 볼 수 있다. 그런데 청 태종이 병자호란을 일으킨 1636년 무렵에도 중국 북방에는 여러 종족의 부(部)가 존재하였다. 만주족은 병자호란에 앞서 몽고를 병합하였고, 과거 흉노들의 본거지 중 하나였던 오르도스 지역의 부장들로부터 조공을 받았다. "이 해(1636년) 토묵특부의 고록격초호이, 악이다 사부(오르도스부)의 액림신제농·태길사파 등이 모두 와서 조공하였다."(是歲 土黙特古祿格 楚虎爾 鄂爾多斯部額林臣濟農台吉土巴等俱來朝…)고 『청사(淸史)』(권3) 태종본기(太宗本紀) 2에 기록되어 있는 것으로 보아 만주족이 명나라를 수중에 넣기까지 부(部)는 만주족 뿐만 아니라 전형적인 흉노의 본거지인 오르도스의 흉노 후예와 선비인들에게도 줄곧 존속하였음을 알수 있다. 뿐만 아니라 청 태종 초기인 천총(天聰) 7년(1633) 정월에 "몽고 액로특부(厄魯特部)의 17패륵(貝勒)이 내부해왔다"고 한 것이나 그 이듬해 "정월 초하루에 몽고 찰로극부(扎魯克部)의 파극(巴克)이 내조하였다"고 한 사실에서도 당시까지 몽고인들 또한 부(部)라는 조직 단위로 살았음을 알 수 있다.

해는 오히려 가야 사회를 이해하는데 혼란을 주고 있는 것 같다. 혼란을 줄이고 좀 더 정확히 가야 사회를 이해하기 위해서는 여러 가지 주장을 큰 갈래로 나누어 정리하고, 버릴 것은 버려야 한다. 그리고 나서 새로운 시각과 이해의 틀을 설정하고, 그것을 바탕으로 새롭게 규명해야 한다. 지금까지와는 근본적으로 다른 분석이 필요한 것이다.

가야가 어떤 사회였는지, 그것을 밝히기 위해 제시된 이론이 꽤 많이 있지만 우리는 아직도 가야는 어떤 사회였는지, 기본적인 것조차 제대로 파악하지 못하고 있다. 연맹체 문제와 관련해서도 정답은 없으며, 연구자에 따라 제각기 견해가 다르다. 그것은 이해가 엇갈리는 부분들이 그만큼 많음을 뜻한다. 무엇보다도 가야 소국들 사이에 연맹이 형성되어 있었는지, 아니면 연맹은 아예 없고 소국들만이 독자적으로 존재하면서 필요에 따라 연합하였는지에 대한 답도 제대로 모르고 있다. 사실 연맹체론은 근거가 없는 가설일 뿐이다. 연맹체론과 그에 맞선 연맹체 부정론이 대립된 가운데 거기서 다시 파생된 이론들이 더 나왔다.

지난 수십 년 동안의 연구사를 돌아보면 가야사 이해에 가장 뿌리깊은 해악은 연맹체론이었다. 엄밀히 말하면 가야 연맹체론은 실체가 없는 허구이다. '연맹' 여부를 규정할 수 있는 결정적인 사료나 명확한 근거가 없으니 연맹체론을 부정해도 반론의 근거를 딱 부러지게 제시하지 못하였다. 그렇기에 연맹체론을 여러 가지로 가공해서 내놓아도 그것이 아니라고 딱 부러지게 반박한 이도 없다.

지금까지 제시된 연맹체론은 우리가 생각할 수 있는 범위에서는 거의 다 나온 것 같다. 가야를 연맹체로 보는 시각은 크게 세 가지로 요약할 수 있다. ①가야 사회는 하나의 맹주 아래 연맹체를 이루었다는 단일연맹체론 ②함안·고령·고성·합천 등 가야권 내 몇 개의 지역을 중심으로 연맹체가 있었다는 지역연맹체론 그리고 ③고령·함안 등을 중심으로 나뉘어 필요에 따라 연합하고 또 경쟁하는 관계였다는 주장과 함께 ④가야는 연맹체가 아니었다는 견해도 있다. ④는 가야권 각 소국들이 연맹을 이루지 못한 상태로 나뉘어 있었다고 보는 것이니 그것을 단순분립설로 정리할 수 있다.

연맹체론은 처음에 단일연맹체론으로 시작하였다. 4세기까지는 김해가야를 맹주로 한 연맹체였으며, 5세기부터는 대가야 중심의 연맹체를 이루고 있었다고 하는 단일연맹체론이 가장 큰 힘을 얻고 있다. 그 후로도 연맹체 이론은 끊임없이 변신을 시도해왔다. 그리하여 1990년대 이후 지금까지 가야 연맹체론은 새롭게 진화하였다. 이를테면 포상팔국 전쟁이 끝난 해인 212년(수정연대 272년) 이전 가야의 중심은 김해이고 496년 이후엔 고령에 있었다든가 5세기 이전은 전기가야이고 그 이후는 후기가야라는 식의 시대구분은 모두 단일연맹체론의 진화 버전이라고 할 수 있다. 현재는 4세기까지는 김해, 그 이후 5세기부터는 고령이 중심이었다는 구분법을 가야사 연구자들은 대략적인 기준으로 공유하고 있다. 말하자면 하나의 통설로서 수용하고 있지만, 그것 역시 이론적 결함이 없는 것은 아니다. 그래서 다시 지역연맹체론이 출현하였다. 5세기 이후엔 고령과 함안 안라국이 가야의 가장 큰 양대 세력으로 존속한 것이 분명하지만 그 외에도 부산·고성·남원·합천 등지에도 그에 못지않은 세력이 가야 멸망기까지 남아 있었으니 가야권 몇몇 주요 지역에 '지역연맹체'가 있었다는 견해가 제기되었다.

가야 여러 소국들은 신라에 흡수되기까지 연맹체를 이루지 못했다고 보는 단순분립설을 제외하면 대체로 가야를 연맹체로 보는 견해가 우세한 편이다. 여러 이론 중에서 비교적 많은 지지층을 확보하고 있는 것이 단일연맹체론과 지역연맹체론인 것 같다. 가야 소국들이 4세기 이전엔 김해, 5세기부터는 고령 중심으로 하나의 연맹체를 이루고 있었다

가야 정치세력에 대한 견해	연맹 여부
단순분립설	가야 전역에 소국들이 있었으나 상호 연맹체를 이루지는 못했다는 이론
단일연맹체론	10여개의 소국들이 하나의 연맹체를 이루고 있었다는 이론
지역연맹체론	가야를 하나로 통합한 가야연맹체는 없었으며 여러 개의 소지역별로 연맹체가 공존했다는 이론. 대가야권·금관가야권·아라가야권·소가야권으로 나누고 이들 각 지역의 유물과 유적을 바탕으로 한 견해이다.

는 단일연맹체론의 문제점을 보완하기 위해 등장한 것이 가야권 내 몇몇 지역에 연맹체가 공존했다는 지역연맹체론이다. 5세기 이후 가야 사회를 고령 중심의 단일연맹체로 본다는 주장이 제기된 뒤, 그럼 함안은 어떻게 되는 것인가 하는 문제에 직면하자 그것을 보완하기 위해 함안·고성·부산 등에 가야의 중심이 분산되어 있었다는 지역연맹체론이 나오게 된 것이다. 최근에는 각 지역의 발굴유물과 유적을 분석한 결과를 토대로 단일연맹체론도 새롭게 이론을 전개하여 '고령 중심의 대가야 연맹체가 어느 정도 가야 통합에 성공했'고 보는 수정이론을 탄생시켰다. 그러나 결과는 그와 반대이다. '반쪽의 성공'은 어디까지나 절반의 실패이니 '가야통합에 실패하였다'고 보는 게 맞다. 가야 통합에 실패하였으니 신라에 멸망한 것 아닌가.

단일연맹체론과 지역연맹체론은 각기 문제점을 안고 있다. 가야 사회에 하나의 맹주만이 있었다고 보는 단일연맹체론은 일찍이 이병도로부터 시작되었다. 그는 처음의 맹주국은 고령의 대가야, 다음은 김해가야라고 보았다. 그러나 이것은 발굴 자료마저 별로 없던 시대에 나온 가장 소박한 견해로서 지금까지의 연구결과와는 동떨어진 얘기라 하겠다. 단일연맹체론은 1990년대 중반, 새로운 개념으로 발전했다. '○○가야'와 같은 가야라는 이름은 당대의 국명이 아니라 나말여초에 생

■ 고령 지산동 30호분의 봉분 범위와 매장부 석곽묘(가운데 석곽에 무덤의 주인을 안치하고 그 주변의 석곽에는 순장인을 묻었다(영남문화재연구원).

긴 이름이라는 분석 하에 가야의 실체를 명확히 파악하기 위한 깊이 있는 분석을 시도하면서 새로운 관점을 내놓았다(김태식). 이것은 가야라는 이름으로 전해지는 곳에서 출토된 토기와 유물을 바탕으로 가야와 비가야를 구분한 최초의 문제제기였다고 할 수 있다. 신라 말~고려 초 지방 호족들은 여러 세력을 자신의 세력기반으로 삼았으며 통일신라 말기 후백제의 견훤이나 궁예는 정통성을 내세우고 신라에 대응하기 위해 반신라적 입장을 유도하고 가야권의 단결을 촉구하는 입장에서 '가야'라는 명칭이 붙은 별도의 국호를 사용했으리라고 보았다. 아울러 "고령 대가야와 김해 가야를 형제관계로 묘사한 것은 대가야가 성장하면서 김해 지역을 포섭하기 위한 전략에서 나온 것이었다"고 파악하면

■ 대형봉토분인 고령 지산동 30호분 발굴 당시의 모습(영남문화재연구원)

서 매우 구체적으로 시대별 가야연맹 형태를 제시하였다. 가야사 이해
에 새로운 시각을 제시한 이론으로서 이것은 단일연맹체론의 변형판인
동시에 새로운 진화 버전이라고 할 수 있다. 다만 가야를 전기가야연맹
(1~4세기)과 후기가야연맹(5세기 이후)으로 나눈 것은 전과 같다. 이 견해
는 김해가야를 중심으로 경남 해안과 낙동강 유역에 변진 12국이 존속
하던 시대를 전기연맹시대로 규정하고 그 시기를 더욱 세분해 제시한
점이 특이하다. 목관묘와 철기문화[35] 시작기를 가야문화 기반 형성기로
보고, 기원후 2세기 중반 이후의 목곽묘 문화 단계를 가야제국 성립기

....
35. 기원전 1세기~기원후 1세기

■ 고령 지산동 30호분 봉분 내의 수혈식석곽(영남문화재연구원)

로 세분하였다. 가야문화 전성기인 3~4세기를 가야전기연맹시기로 설정하고, 후기연맹은 영남 내륙 및 낙동강 서안에 10여 개 소국들이 존재하던 5~6세기에 형성됐다고 상정하였다. 고구려·신라 연합군에 김해가야가 타격을 입은 직후인 5세기 전반을 가야제국 복구시기, 그리고 고령 대가야 세력이 두드러지는 5세기 후반~520년 사이를 가야문화 중흥기인 후기가야연맹시기로 보았다. 이어 520년~540년은 가야연맹 해체기로, 그리고 540년대는 함안·고령이나 다라국, 고성 지역이 백제의 부용체제에 들어가는 시기로 세분하였다.[36] 시기별 분석법은 어느 정도

• • • • • • • • • •

36. "김해가야가 패망한 5세기 전반은 가야제국의 복구시기이고, 5세기 후반부터 520년까지는 고령 대가야 중심의 후기 가야연맹기이자 가야 문화의 중흥기이며 520년대 이후는 가야연맹 소

■ 고령 지산동 30호분 주곽 바닥(영남문화재연구원)

공감이 가는 면도 있지만, 동시에 달리 볼 수 있는 측면도 많이 갖고 있는 견해이다.

　단일연맹체론의 입장에 있는 사람들은 대개 구야국의 성립시기를 2세기 후반 이전, 그 하한을 3세기 전반까지로 내려서 보고 있다. 『삼국지』 위지 동이전에 나오는 마한 및 진·변한 70여 국의 조사시점을 근거로, 그들 각 소국의 이름은 중국이 3세기[37]에 낙랑 및 대방태수를 통

• • • • • • • • • •
　멸기이다. 540년대는 가야가 남북으로 나뉘어 고령 대가야와 안라(함안)의 이원체제로 분열하여 550년대에 백제의 부용체제 속으로 가야가 전락하는 단계"라고 설정한 것이 후기가야연맹설의 핵심이다.
37. 위(魏) 명제(明帝) 때인 경초 중(景初中 : 237~239)으로 파악하고 있다.

해 파악한 것이라고 이해하고, 구야국의 성립 하한을 3세기 전반으로 본 것이다. 다만 『삼국지』에 기록된 진왕辰王이란 공식 칭호로 보아 3세기 전반의 구야국은 이미 안라국과 함께 변한 12국에서 지도적인 위치에 있었다고 주장한다. 그러나 웬일인지, 『삼국지』의 기록에 변진 지역에서 함안 안라국과 김해의 변진구야국이 가야 소국을 통합해가는 강력한 실력자로 묘사되어 있는 사실에 대해서는 거론조차 하지 않고 있다.

2~3세기를 변진구야국의 성립시기로 보는 구분법은 가라국의 허 황후·김수로 시대를 구야국으로 구분하고, 포상팔국과의 전쟁에서 구체제를 청산한 시기가 전기가야연맹의 형성시점일 것이라는 가정을 전제로 한 견해이다. 아울러 이 입장에서는 포상팔국 전쟁을 4세기 초의 사건으로 보고, 포상팔국의 김해가야 공격 그리고 낙랑군(313)과 대방군(314)의 소멸, 400년 광개토왕 군대의 남정이 전기가야연맹을 해체한 주요인으로 꼽는다. 고구려 미천왕이 낙랑·대방을 없앤 것이 포상팔국과 김해 사이의 격렬한 싸움과 어떤 관계를 갖는지, 그 시말과 인과관계를 분명하게 제시한다면 부분적으로, 그리고 조건적으로 받아들일 수 있는 견해이다.

그러나 여기엔 또 하나의 문제가 있다. 과연 구야국의 성립시기를 2세기 중후반~3세기 전반으로 보는 것이 온당한가이다. 이것은 3세기 말 대성동에 무덤이 축조된 것을 기준으로 잡은 가설이지만, 최소한 3세기 중반 가라국 건국 세력은 구야국을 정복하였다는 점을 앞에서 몇 차례 밝혔다. 변진구야국의 성립시점은 적어도 양동리와 비슷한 때이거나 그 이전으로 소급될 수도 있다고 보는 바이다.

한편 후기가야 연맹은 5~6세기 고령의 대가야를 중심으로 낙동강 서편의 여러 소국들이 뭉쳐서 형성되었다고 파악한다. 후기가야 연맹

은 반파국半跛國[38]의 성장과 5세
기 말 신라의 세력 팽창에 자
극을 받아서 결성되었다고 보
는 견해도 있는데, 이 역시 고
령을 중심으로 설정한 이야기
이다. 이런 주장에 힘을 실어주
는 것이 고령 야로면 지역의 풍
부한 철 자원이며, 그 외에 철

■ 고령 지산동 30호분(영남문화재연구원)

기와 토기 제작기술 등, 선진문화를 가진 유이민을 받아들인 데 있다고
파악하고 있다. 나아가 고령 지산동 고분을 남긴 세력은 옛 가야연맹을
복구하고자 주변 세력을 포용하여 연맹체를 결성했다고 해석한다. 어
찌 보면 1945년 이후 우리의 가야사 연구가 본격적으로 시작된 뒤로 이
런 유형의 연맹체론은 지금까지 제시된 견해 가운데 가장 정교하고, 그
럴듯해 보이는 연구라고 할 수 있다. 보다 구체적이며 체계적인 시대구
분을 바탕으로 가야사 이해에 새로운 장을 연 견해라고 하겠다.

그러나 이러한 주장에 대하여 반론이 없을 수 없다. 반론의 핵심은
명쾌하다. 고령 반운리·성산면 등지에 세력을 펴고 있던 반로국을 반
파국으로 단정하고, 고령 반파국(반로국)이 대가야의 모태이자 전신이
었다고 보는 것은 지나친 비약이며, 허구라는 것이다. 그래서 "6가야나
5가야가 연맹체였다는 증거는 없다. 그런데도 그것이 있었다고 한 기록
은 후대의 조작이며 김해가야와 고령 대가야의 건국자라고 하는 뇌실

⸱⸱⸱⸱⸱⸱⸱⸱⸱⸱⸱
38. 반파국을 경북 고령의 대가야국(大加耶國)의 전신으로 보는 설이 있다. 이 외에 산청군 단성면
(丹城面)이나 성주의 세력으로 보기도 한다. 이 반파국은 6세기 백제가 중국 양(梁)에 보낸 양직
공도(梁職貢圖, 북경역사박물관 소장) 백제국사전(百濟國使傳)에 나오는 叛波國(반파국)과 같
은 나라일 것으로 보고 있다. 백제국사전에 백제 주변의 여러 소국으로서 叛波, 卓, 多羅, 前羅,
斯羅, 止迷, 麻連, 上己文, 下枕羅 등 아홉 개 소국을 나열하였다.

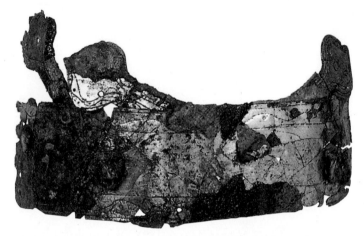

■ 고령 지산동 30호분에서 출토된 가야 금동관
(영남문화재연구원)

청예나 뇌실주일과 같은 인물은 최치원이 만든 가공의 인물"이라는 반
론이 나왔다. 가야가 한 형제에서 시작되었다는 『삼국유사』의 설화는
연맹체론의 근거로 삼는 데에는 상당히 매력적인 소재일 수 있으나 받
아들이기 어려운 것이다.

가야 지역의 단일연맹체를 주장하는 이들이 근거로 삼는 사료는 뒤
에 제시한 『삼국지』 기록 A[39]의 가야 소국의 이름과 B의 『석리정전釋利
貞傳』 기사[40]이다. A의 자료에는 변·변진의 여러 나라가 기록되어 있다.
이들이 모두 가야의 소국인 만큼 이 자료로 보더라도 소위 6가야는 물
건너간 이야기이다. 또 『석리정전』의 리정利貞은 본래 중국 노자老子 이
담李聃의 할아버지 이리정李利貞의 본명이다. 이리정이란 이름을 쓴 것으
로 보아 석리정전은 본래 이씨와 관련된 것이 틀림없지만, 그의 실존여

• • • • • • • • • •

39. 『삼국지』 위지 한전 변진조
40. 『신증동국여지승람』 권 29 고령현 건치연혁조

부를 알 수 없고 자료의 신뢰성에도 의문이 있다. 그렇지만 그 기록을 받아들여 보자. 그렇더라도 '대가야와 김해가야가 한 형제에서 시작되었다'고 한 「석리정전」의 기록은 실제와는 다른 것으로 볼 수 있다. 다만 그 이야기는 김해에서 고령으로 넘어간 김씨들이 한 계통이었음을 알리기 위한 설화였거나 고령의 인사들이 나머지 가야권의 단결을 주문하기 위해 내세운 이야기였다면 그 정도까지는 받아들일 수 있다. 하여튼 이런 설화를 절대적으로 신봉하는 이들도 김해가야가 주도권을 쥔 전기가야연맹, 김해가야가 쇠미해진 5세기 이후를 대가야 중심의 후기가야연맹으로 구분하는 데 있어서는 대략 동의하고 있다. 다만, 이 대목에서 400년 고·신연합군의 가야대전으로 김해가야(임나가라)의 세력이 꺾이고, 그 중심이 고령으로 이동해 갔다고 보는 기준은 기억해 두는 것이 좋겠다.

그런데 이 단일연맹체론이 안고 있는 가장 큰 맹점은 안라국安羅國이 고령과 함께 낙동강 서편에 양립하는 상황을 설명하지 못한다는 것이다. 고령과 함안은 때때로 대립적인 관계까지 엿보이는 데다, 가야 멸망기까지 고령과는 별개로 함안 안라국이 만만치 않은 세력으로 존속하였기 때문이다. 고령 세력과 더불어 부산·함안·고성 등지에도 가야 세력이 6세기 초반까지 버젓이 존속했다면 그 자체가 단일연맹체가 아니므로 모순이다.

여기서 연맹체론을 주장하는 이들이 가야 연맹을 인정하는 근거자료로 삼는 기록을 들여다 보고 가자.

A. 변진미리미동국弁辰彌離彌凍國 변진접도국弁辰接塗國 변진고자미동국弁辰古資彌凍國 변진고순시국弁辰古淳是國 변진반로국弁辰半路國 변낙로국弁樂奴國 변군미국弁軍彌國 변진미오야마국弁辰彌烏邪馬國 변진감로국弁辰甘路國 변진구야국弁辰狗㵀國 변

진주조마국弁辰走漕馬國 변진안야국弁辰安邪國 변진독로국弁辰瀆盧國〈『삼국지』위서 한전 변진조〉

B. 최치원의 『석리정전』[41]에 이르기를 가야산 산신 정견모주正見母主가 천신 이비가夷毗訶의 감응을 받아 대가야왕 뇌질주일惱窒朱日과 금관국왕 뇌질청예惱窒 靑裔 두 사람을 낳았다. 뇌질주일은 이진아시왕伊珍阿豉王의 별칭이며, 뇌질청예 는 수로왕의 다른 이름이다. 그러나 가락국 고기古記의 여섯 알 설화는 모두 황 당하여 믿을 수 없다.(『신증동국여지승람』 권 29, 고령현 건치연혁조)

C. 가락기駕洛記에 이르기를 자색 끈에 여섯 개의 둥근 알이 내려와 다섯 개 가 각 읍으로 돌아가고 하나가 가락국 성에 남았으니 그가 수로왕이다. 나머지 다섯은 오가야의 주인이 되었다. 그러므로 금관국은 그 다섯 수에 들어가지 않 은 것은 당연하다. 그러나 『본조사략本朝史略』에는 금관가야를 나란히 적고 창녕 을 아라가야(阿羅伽耶, 함안)로 잘못 적고 상주 고령가야(古寧伽倻, 咸寧, 현재의 함창), 대가야(고령), 성산가야(星山伽倻, 京山, 일명 碧珍), 소가야(고성)로 오가 야를 기록하였다. 또 『본조사략』에 이르기를 태조 천복天福 5년 경자에 오가야 의 이름을 고쳐서 금관가야를 김해부, 고령을 가리현加利縣, 비화가야(非火伽倻, 현재의 창녕, 고령의 잘못인 듯하다)를 창녕으로 하였으며 나머지 둘은 아라가야 와 성산가야(앞의 성산 혹은 벽진가야와 같다)이다.(『삼국유사』 권1 기이 제2, 오가 야 조)

D. 우륵于勒이 12곡을 만들었다. 첫째가 하가라도下加羅都, 두 번째가 상가라 도上加羅都, 세 번째가 보기寶伎, 네 번재가 달이達已, 다섯 번째가 사물思勿, 여섯

41. 釋利貞傳. 승려 利貞의 전기

번째가 물혜勿慧, 일곱 번째가 하기물下奇物, 여덟 번째가 사자기獅子伎, 아홉 번째가 거열居烈, 열 번째가 사팔혜沙八兮, 열한 번째가 이사爾赦, 열두 번째가 상기물上奇物이다.(『삼국사기』 권 32 잡지 제1, 가야금 조)

E. 신라가 임나관가를 쳐서 멸망시켰다(다른 책에는 21년 임나가 멸망했다고 하였다). 총칭하여 부를 때는 임나任那이고 따로따로 말할 때는 가라국加羅國, 안라국安羅國, 사이기국(斯二岐國, 합천 삼가), 다라국多羅國, 졸마국卒麻國, 고차국古嵯國, 자타국子他國, 산반하국散半下國, 걸손국乞飡國, 임례국稔禮國 등 모두 10국이다.(『일본서기』 권 19, 欽明天皇 23년, 정월 조)[42]

위 자료 가운데 A는 『삼국지』 위서 동이전 변진 조가 제시한 변진12국[43] 명단으로, 이것은 단지 변진 사회의 12개 소국 이름을 나열한 것일 뿐이다. 여기에는 '연맹'이란 분위기조차 떠올릴만한 요소가 행간에 없다. 그런데도 이 소국들이 전기가야연맹 명단이라고 보는 견해가 제기된 것이 문제이다. 정확히 말하면 이들이 연맹 관계를 형성하고 있었는지는 알 수 없다. 사료를 철저히 검토해 보면 연맹 관계는 아니었다. 12개 소국들은 그냥 변진소국으로 이해하는 것이 좋다. 이들 변진 여러 나라 가운데 가야국, 그러니까 우리가 가야라고 부를 수 있는 나라는 변진구야국 하나뿐이다. 애초 가야는 김해에 중심을 둔 변진구야국이었으며, 어떤 역사적 사건을 계기로 김해 변진구야국(가야국)의 '가야'라는 개념이 우리가 알고 있는 가야권 전체로 확대되었다. 그 계기적 사

----

42. 新羅打滅任那官家(一本云二十一年)任那滅焉 總言任那 別言伽羅國 安羅國 斯二岐國 多羅國 卒麻國 古嵯國 子他國 散半下國 乞飡國 稔禮國 合十國
43. 『삼국지』 변진 조의 첫머리에 변진12국으로 적었으면서 변진소국의 실제 명단은 13개를 제시하였으므로 다소의 혼란을 주고 있다.

건이 포상팔국전이었다고 설명하였다. 다시 한 번 강조하지만, 변진 12국이 '가야'의 자격을 가지려면 변진구야국을 제외한 나머지 소국이 변진구야국의 지배하에 있었어야 한다. 실제로 3세기 말 이후 4세기 말사이 언젠가 가야권은 김해가야에 통합되었으며, 5세기 초 김해가야의 쇠퇴 후에도 가야권의 소국은 그들 나름대로 존속하였다. 그들 소국이 각자의 나라 이름을 가졌다면 가야권의 여러 소국은 각기 임나가라 내의 구성원이었다고 볼 수밖에 없다. 임나 소국으로서 각자 자신들의 통치자인 국왕(소왕)이 있는 독립적 체제를 유지한 것이다. 안라국에 안라국왕이 있고, 다라국에 다라국왕이 있었던 것처럼 임나 소국은 소왕과 나름대로의 통치체계가 있었고, 이들 위에 임나가라 본국의 대왕이 있었던 것이다. 그렇다면 그것은 대왕 아래 후왕侯王 체제로서 일종의 분봉제 구조이지 연맹 관계는 아니다. 다만, 임나가라 소속국으로서 가야인 및 가야 각국의 왕과 지배층은 가야의 구성원이라는 이념적 동질감을 공유했을 것이다. 그들 사이에 연합이나 연맹을 떠올릴만한 근거는 없다. A자료를 바탕으로 변진 소국의 위치에 대하여 그 나라들이 어디에 있었는지 간단히 정리하면 대략 이러하다.

① 변진미리미동국弁辰彌離彌凍國 : 밀양

② 변진접도국弁辰接塗國 : 칠원

③ 변진고자미동국弁辰古資彌凍國 : 고성

④ 변진고순시국弁辰古淳是國 : 산청

⑤ 변진반로국弁辰半路國 : 고령

⑥ 변낙로국弁樂奴國 : 미상. 하동 악양으로 보는 설도 있다.

⑦ 변군미국弁軍彌國 : 미상. 사천 곤양. 곤양의 옛 이름이 곤미국이었다.

⑧ 변진미오야마국弁辰彌烏邪馬國 : 지금까지 창원으로 보아 왔다. 그러나 그것

은 잘못이다. 이 나라는 합천 묘산에 있었다.

⑨ 변진감로국弁辰甘路國 : 개령

⑩ 변진구야국弁辰狗倻國 : 김해

⑪ 변진주조마국弁辰走漕馬國 : 함양

⑫ 변진안야국弁辰安邪國 : 함안

⑬ 변진독로국弁辰瀆盧國 : 지금까지 부산 동래를 독로국으로 보아 왔다. 그러나 거기엔 근거가 없다. 포항 도구리로 본다.

『삼국지』 변진 조에 기록된 변·변진 지역의 소국은 실제로는 13개이다. 그러면서 진한 12국, 변진 12국이 있었다고 따로 적었다. 물론 3세기까지 포상팔국이 더 있었으니 이렇게 상반된 자료를 보면 이미 『삼국지』 편찬 당시에도 변진 지역의 소국들이 계속 어딘가에 통합되고 있었던 게 아닌가 하는 생각이 든다.

물론 이들 외에 우리의 기록에는 벽진가야·벽진국[44]이나 경남 창녕의 비사벌국[45]이 있는데, 이런 이름의 나라는 『삼국지』 위서 변진 조에는 등장하지 않는다. 비사벌국은 진한12국 가운데 불사국不斯國으로 추정되는 만큼 창녕은 애초 변진에 포함되지 않았으나 3~4세기 언젠가 가야에 통합된 적이 있었기에 창녕 지역도 가야로 불리게 되었다고 추리할 수 있다. 어찌 되었든 단일연맹체론을 주장하는 입장에서는 성주와 창녕도 전기가야의 구성원이었으며, 후기가야연맹에는 위의 변진소

· · · · · · · · · · ·

44. 碧珍國, 지금의 경북 성주. 벽진면 일대에 있었다고 하는 가야. 그러나 실제 벽진가야나 벽진국은 없었다.

45. 比斯伐國, 경남 창녕읍. 『삼국지』 위서 변진 조에 불사국(不斯國)을 창녕읍내의 비화가야로 볼 수 있다.

국[46]과 더불어 상기문[47]·하기문[48]·사타[49]·모루[50]·상치리[51]·하치리[52]와 같은 임나가라 소국들도 포함된다고 보는 견해가 따로 있다.[53]

한편 『삼국지』의 변진12국이 연맹을 이루고 있었으며, 그 중심은 전기에는 변진구야국(김해)이었고[54] 후기엔 고령에 있었다고 보는 단일연맹체론은 연맹의 근거를 아직까지도 뚜렷이 제시하지 못하고 있다. 그래서 크게 인정받지 못했으며 거센 반론에 힘을 잃었다. 변진12국 사이에 연맹이나 연합적 관계를 엿볼 수 있는 내용은 없다. 그래서 연맹체론에 대하여 "마한의 연맹장은 기록했으면서 변한의 연맹장이 없는 것은 변한을 마한에 예속된 존재로 이해했거나 변한을 통제하는 맹주가 없었기 때문"이라는 반론이 추가로 제기되었다. 이것은 문제의 핵심을 간략하게 정리한 내용으로, 매우 타당한 반론이라 할 수 있다. 이러한 이해와 인식은 기억해둘 만하다.

그러면 이번에는 변진12국은 연맹체가 아니라 그저 변진 소국의 이

••••••••••

46. 대가야(加羅國, 고령), 다라국(多羅國, 합천), 안라국(安羅國, 함안), 사이기국(斯二岐國, 합천 삼가), 졸마국(卒麻國, 함양), 고차국(古嵯國, 고성), 걸손국(乞飡國, 산청), 임례국(稔禮國, 의령), 탁순국(卓淳國, 창원??), 탁기탄국(啄己呑國, 영산), 금관국(남가라국, 김해), 자타국(子他國, 진주), 산반하국(散半下國). 이들 중에서 사이기국(斯二岐國)을 의령 부림으로 보는 견해가 있다.

47. 上己汶, 장수(번암)·임실로 추정하는 견해가 있다. 우륵12곡의 上奇物(상기물)을 남원시로 보기도 한다(김태식). 장계면을 상기문, 장수군을 하기문으로 볼 수도 있을 것이다.

48. 下己汶, 남원으로 보는 견해가 있다. 우륵12곡의 하기물(下奇物)을 전북 임실과 장수 번암 지역으로 보는 이도 있다(김태식). 기문을 남원 두락리(斗洛里)로 보는 견해도 있다(곽장근).

49. 娑陀, 순천으로 보는 견해가 통설로 받아들여지고 있다.

50. 牟婁, 광양으로 보는 견해가 제기된 뒤로, 여기에 이론이 별로 없는 듯하다.

51. 上哆唎, 여수로 보는 견해가 제기되었으나(전영래) 우륵12곡의 達己(달이)를 전남 여천 돌산읍·여수시로 보기도 한다(김태식).

52. 下哆唎, 돌산으로 보는 견해가 있다(전영래).

53. 『일본서기』, 계치7년(513) 겨울 12월에 백제는 일본에 사신을 보내 임나국의 4개 현(上哆唎, 下哆唎, 娑陀, 牟婁)을 달라고 요청한 것으로 되어 있다.

54. 한국상고사, 김정학, 범우사, 1990

름을 나열한 것이라는 주장과 관련하여 『김해김씨선원세보』 거등왕 기록을 살펴볼 필요가 있겠다. 다시 말해서 연맹론으로 볼 수 있는 사례에 대한 또 다른 측면에서의 검토이다. 가야 관련 기록이 원체 빈약하다 보니 기록 자체가 매우 의심스러워 믿을 수는 없지만, 어쩔 수 없이 이 사례를 예로 드는 점 양해하기 바란다. 여기에는 '감문국甘文國이 김해가야를 배신하는 바람에 231년에 감문국을 평정했으며 그로부터 10년 후인 241년에는 사량벌국[55]을 쳐서 영토를 확장하였다'고 하였다. 다른 역사서에는 없는 내용인데, 만일 이것이 사실이라면 김해가야는 이미 3세기 초에 강력한 맹주로서 그 실력을 행사한 게 아닌가 의심해볼 수 있다. 물론 이 경우에 연맹의 존재를 짐작해볼 수 있는 유일한 단서는 '감문국이 김해가야를 배신하는 바람에…'라는 구절이다. 그것이 소국들의 이탈을 막고 영토 확장을 꾀한 것이라고 볼 수도 있는 내용이기 때문이다. 단순히 이 기록으로 보면 가야 사회는 독자적인 영역을 가진 소국들이 할거하고 있었으며, 이들의 횡적 유대 위에 연맹장이 추대되었을 수도 있다.[56] 하지만 그럴 가능성은 매우 낮아 보인다. 왜냐하면 감문국의 배신은 김해가야가 감문국을 정복하면서 내 건 명분일 것이고, 그 이상 어떤 유대관계를 암시하는 것은 없기 때문이다. 또 '사량

....

55. 沙梁伐國. 현재의 경북 상주(尙州). 상주 사벌면 화달리에 사벌국왕릉으로 불리는 원형분이 있고 그 뒷산에는 30여기 정도의 화달리고분군이 있다. 동국여지승람(권 28 상주 고적조)에 "사벌국의 옛 성이 병풍산 아래에 있으며 성 옆에 구릉이 있는데, 대대로 전해오기를 사벌국왕릉이라고 한다. 옛 성터는 병풍산 아래 병성리(屛城里)에 있다"고 하였다. 참고로, 함창을 포함한 상주 지역이 가야였다는 증거는 아직 없으며, 가야토기도 상주권에서 나온 바 없다.

56. 이와 관련하여 "선산 일대도 가야의 땅이었다. 선산의 고분군 내부 구조의 기본은 수혈식석실이며 이 외에 토광묘와 옹관묘도 있어 가야의 묘제를 계승하고 있음을 알 수 있다(조희승)"는 내용을 참고할 필요가 있겠다. 가야권에 보편적인 수혈식석곽묘가 낙동강 동편의 왜관·칠곡 지역까지도 존재하는데 이것을 두고 가야문화권으로 해석하는 견해가 있다. 선산 지역이 구미·김천과 인접한 지역이므로 가야권으로 볼 수 있는 여지가 있긴 하지만, 아직 선산이 가야였다는 확실한 증거는 나타나지 않았다.

벌국을 쳐서 영토를 확장하였다'고 한 것은 김해가야의 정복적 성향을 전하는 이야기로서 김해가야는 가야권 내에 이런 소국들을 거느렸다는 얘기로 볼 수 있는데, 이런 것들이 비록 사실이 아닐지라도 김해가야가 여느 가야 소국과는 다른 위치에 있었음을 전하기 위한 내용이 아니었을까? 더구나 『삼국사기』에 경주 동북 지역의 읍즙벌국을 놓고 신라와 김수로왕이 다툰 것이라든가 임나10국과 같은 가야 소국들을 볼 때 임나가라는 멸망기까지 이런 소국들을 거느리고 있었다고 볼 수 있다. 가야 시대의 사정을 전하는 다른 기록이나 『삼국지』 위지 한조를 참고해 보면 3세기에 김해의 구야국은 함안 안라국과 함께 가야권 소국은 물론 주변 지역을 흡수하여 자신의 영역을 부단히 확장한 사실은 명백하다. 뒤에 상세히 설명하겠지만 안야국과 구야국은 각기 3세기에 변진 지역의 소국들을 통합하여 구야국·안야국 왕 밑에 읍군·귀의후·중랑장 등과 같은 직책을 두어 통치하였다. 이들 직책이 중국 한나라 때의 직제와 같아서 지금까지 이에 대해서는 아무도 거론하지 않고 있다. 가야에서 일어난 사실이 아니며, 잘못된 기록일 것이라는 인식에서 아예 무시하고 있는 것이다. 하지만 그 기록을 분석해 보면 당시 변진 지역은 함안과 김해 양대 구도로 재편되어 가고 있었던 것이다. 그 후로도 함안과 김해의 지배자는 이런 체제를 고스란히 유지하면서 400년까지 가야권에 대한 지배력을 행사한 것으로 보인다. 포상팔국전에서의 승리로 3세기 말 이후 가야권의 주도권을 김해가 갖게 되었고, 안라국 왕도 인근 진주·의령 지역이나 함안 주변에 자신의 후국을 거느렸을 것이다. 그 후국의 하나가 탁순국이었을 것으로 보는 바이다. 이렇게 볼 때 김해(임나가라 본국)와 함안은 대등한 위치에서의 연합이나 연맹을 거론할 수 있는 관계는 아니다. 다만 3세기 중엽 변진구야국이 김씨들의 혁명으로 정권이 교체되기 전까지는 함안 안라국과 김해 변진구야국은 변진의 소국으로서 동등한 입장이었다고 할 수 있다.

한편 5세기 초 고구려가 신라군과 함께 가야를 공격했을 때 비록 큰 타격을 입기는 했으나 가야 전체가 궤멸되는 사태를 피할 수 있었던 것은 가야 사회가 갖고 있던 독특한 구조에 있었을 것이라고 보는 바이다. 여기서 말하는 독특한 구조란 임나가라 본국과 후국의 체제를 이른다. 이것은 2~3세기 변진 지역의 전통에 뿌리를 두고 있다. 변진의 군읍郡邑 각 지역에는 여러 군소 세력이 있었다. 예를 들어『삼국지』변진전에 여러 소읍과 별읍에 거수渠帥가 있어 그 중 큰 실력자를 신지臣智라 하였다. 그 아래로 험측險側, 살해殺奚, 읍차邑借와 같은 신분상의 구분이 있었으니 애초 이런 세력들이 변진의 군읍이나 그 이하 군소 세력을 지배한 이들이었다. 진한이 마한의 통제 하에 있었고, 진한은 변한을 감독하던 체제에서 마한이 통제권을 잃자 각 군읍에 있던 세력들이 난립한 상태를 2~3세기 진한 지역과 변진 각 소국의 상황으로 이해할 수 있다. 그런데 그 시기에 벌써 함안과 김해는 주변 소국들을 정복하거나 그들의 항복을 받아들여 읍군·귀의후 이하 몇 단계의 통치 조직을 갖춘 새로운 세력으로 성장하고 있었다.『삼국지』변진 조의 기록으로 보아 3세기 변진 지역의 소국들이 함안과 김해에 통합되어 가고 있었음이 확실하다. 그 후 포상팔국전으로 김해 임나가라가 가야권 전체에 대한 지배권을 갖게 되면서 가야 소국들은 김해 임나가라 본국에 종속되었고, 그들은 각자 후국으로서 가야권을 분할 통치하는 체제였다고 판단할 수 있다. 이와 같은 체제는 임나가라 본국이 사라질 때까지 유지된 것으로 볼 수 있다. 이런 사정을 들여다보면 2~3세기의 신라는 물론 가야 사회를 '열국시대'로 볼 수도 있을 것이다. 바로 이런 관점에서 가야 사회는 연맹체가 아니라 임나가라 본국 아래 여러 후국들이 분할 통치하는 분봉제 사회였다고 본다.

이로써 5세기 이후 고령과 김해·합천 옥전·함안·고성과 같은 가야 권의 여러 세력을 어떻게 볼 것인가 하는 문제가 정리되었다. 이와 관련하여 '가라' 문제를 거론하지 않을 수 없다. 가라·임나가라의 주체가 누구인가 하는 것으로, 현재는 4세기까지는 김해이고 5~6세기의 '가라'는 고령의 대가야로 봐야 한다는 것이 정설처럼 되어 있다. 5세기 초를 끝으로 김해가야는 멸망했다고 보는 입장에서는 5세기 초 이후의 가라는 고령이어야 한다고 주장하는 것이다. 하지만 그건 무리일 것이다. 김해가야를 가라 또는 남가야나 남가라南加羅로 부른 사례가 있고, 김해에서 나와 고령 등지로 나간 사람들이 별도의 정치세력을 형성하였으므로 그들 또한 가라 또는 임나가라 사람들임은 분명하다. 더구나 기록에 김해가야는 엄연히 532년에 멸망한 것으로 되어 있으니 그때까지 김해가야는 임나가라 본국으로서 가야를 대표하는 존재로 남아 있었다. 비록 유명무실한 상태였으나 임나가라 본국이 김해 또는 가야권 어딘가에 그대로 존속했다고 보는 것이 타당하다. 임나 본국 아래 각 후국이 통치하는 이런 체제를 일종의 열국 체제로 이해해도 될 것이다.

　합천 다라국 세력 역시 5세기 초 김해를 떠나 정착한 사람들이다. 그들은 4세기 초·중반 성산리와 다라리 일대에 들어와 선주인들과 함께 어울려 살았다. 김해와 다라국 사람들 사이에는 종족적 동질성이 있었거나 유민으로서 출신지나 배경·문화환경을 같이 하는 처지였을 것이다. 합천 쌍책 다라리 일대로 간 세력과 고령으로 간 사람들은 각자 새로운 정권을 세웠다. 그들은 562년 가야 멸망 때까지 독자적인 세력으로 존속하였다. 고령과 다라국은 서로 경계를 맞대고 있던 곳인 만큼 때론 협력관계를 유지하였을 것이고, 갈등도 겪었을 것이다. 서로 이웃한 사이였으니 좋든 싫든 계속 교류하였다. 고령과 합천 쌍책의 다라국 세력은 과거 김해가야에 뿌리를 둔 사람들이었으므로 임나가라 부흥이라는 공동의 꿈과 과제를 갖고 있었고, 동질적 유대감을 갖고 있었을 것이다. 그러므로 고령 대가야나 합천 다라국은 각자 상대를 자기편으로 끌어들이기 위해 노력하였을 것이다. 고령 대가야가 그러했던 것처럼 다라국 역시 고령을 제 편으로 유도하기 위해 힘썼을 것이라는 추리가 가능한 것이다. 5세기 말~6세기 중반 고령 대가야가 합천 다라국 세력을 포섭하기 위해 노력한 사실을 쌍책 다라국의 수장층 무덤에서 나온 유물을 통해 엿볼 수 있다. 하지만 고령 지배층이 합천 다라국을 포섭하기 위해 다라국의 수장에게 보냈음직한 유물은 있어도 다라국에서 고령을 끌어들이기 위해 노력한 흔적은 별로 없다. 고령에 보이는 다라국 유물은 상대적으로 아주 적다. 즉, 양자 사이의 적극적인 연합이나 서로간의 유대를 위해 움직인 사실을 뒷받침해주는 유물은 별로 없고, 기록도 없다. 백제 성왕이 임나부흥회의를 위해 고령과 함안·합천 다라국 세력을 포섭하기 위해 노력하였을 때도 그들 세 나라는 그다지 서로 긴밀한 유대관계를 형성하지 않았던 것 같다. 신라와 백제·고령이 다라국을 제 편으로 끌어들이기 위해 노력할 때도 가야권의 다른 소국이 다라국과 연합하여 공동대응하는 흔적을 찾아볼 수 없다.[57] 그러므로 가야 사회를 단일연맹체론이나 지역연맹체론 또는 기타 연맹론으로 설명할 수 없는 것이다.

이야기가 여기에 미치고 보니 참고로, 김해가야 멸망기의 사정을 들여다보기 위해 구형왕에 주목할 필요가 있겠다. 먼저 김해가야의 마지막 왕인 구형왕의 다른 이름이 구해仇亥인 점을 고려해봐야 할 것 같다.

••••••••••

57. 이 문제와 관련하여 고령과 백제에서 합천 다라국을 포섭하기 위해 노력했다는 쪽으로만 설명하고 있지만, 그와는 다른 시각과 해석도 있어야 할 것으로 보인다. 다라국의 주인들이 고령 세력보다 혈통과 신분에 우위에 있었거나 김해의 또 다른 적통일 수도 있다. 그것을 우리말 다락이라든가 조동사의 '다래(달아, 垂)-'로 유추해볼 수 있다.

구해란 이름에서 당시 가야 또는 신라인들이 갖고 있던 증오의 감정을 읽을 수 있기 때문이다. 우선 '원수(仇)이자 돼지(亥)'라 하여 왕 이름에 원수·돼지란 표현을 쓴 배경에 주목해 봐야 한다. 구형왕 자신이 순순히 신라에 투항하자 신라에의 투항을 끝까지 반대했던 이들이 부른 이름이 구해(仇亥)이거나 구형왕이 신라에 투항한 다음, 신라인들이 멸시의 뜻을 담아 구형왕을 구해라고 불렀을 수도 있기 때문이다. 구형왕이 김해가야를 신라에 넘긴 532년에도 고령·합천 쌍책·함안·고성의 정권은 그대로 존속하였다. 그럼에도 고령이나 합천 쌍책·함안·고성의 지배층은 김해의 임나가라 본국이 신라에 통합되는 것을 막기 위한 어떤 행동도 하지 않았다. 임나 소국들이 상호 대등한 관계의 연합을 이루고 있었다면 임나가라 본국이 신라에 통합되는데 가만히 있었겠는가? 어떤 적극적인 움직임이 없었으니까 단 한 줄의 기록도 남아 있지 않은 것이다. 구형왕이 신라에 투항하기까지 김해가야(임나 본국)를 구하기 위한 적극적인 지원을 하지 않았다는 것은 연맹의 부재를 의미한다. 아마도 '강 건너 불구경' 식으로 바라만 보았을 뿐, 서로 군사적·외교적 연대가 없었다고 단정해도 좋을 것이다. 임나가라 본국이 망하는데 여타 가야가 돕지 않았으니 그 자체로 이미 단일연맹론이나 기타 연맹이론은 성립될 수 없는 것 아닌가.

마찬가지로 560~562년, 함안을 정복하기 위해 신라 군대가 움직일 때도 백제는 지원군을 보내 도우려 한 기록이 『일본서기』에 전하고 있으나 가야권의 다른 나라는 함안을 돕지 않은 것으로 볼 수 있다. 그러니 이 역시 연맹이니 연합이니 하는 말을 떠올릴 여지가 없다. 뿐만 아니라 함안 안라국의 후국인 탁순국이 신라에 병합되었을 때에도 임나가라의 지원이 전혀 없었다. 안라국은 왜·백제·신라의 대표를 불러놓고 안라고당회의에서 남가라·탁기탄국을 도로 내놓으라고 성토했으나 이때도 다른 가야는 안라고당회의에 참석조차 하지 않았다. 가야권에 연합이나 연맹이 있었다면 신라와 영토를 다투는 안라고당회의에 주최국인 안라국 왕과 대신만 나왔겠는가? 고령이나 다라국·고성 등 다른 가야의 참여가 있었어야 '가야 연합'을 거론할 수 있는 것이다. 또 신라와 고령 대가야, 신라와 다른 가야 소국 사이의 결혼관계는 확인되지만, 가야 소국들 상호간의 결혼을 통한 연대도 찾을 수 없으니 그 또한 연맹 부재의 증거가 될 것이다.

　여러 측면에서 볼 때 가야연맹론을 거론하기조차 민망하다. 가야 각나라 사이의 연결고리가 보이지 않으니 가야 사회를 소국들의 단순분립 상태였다고 보는 것이 훨씬 자연스러울 것 같다. 이를테면 합천 쌍책(옥전)·창녕·함안은 6세기 중반에 신라에 정복당하기까지 고령 대가야의 완전한 통제 속에 들어 있지도 않았다. 연맹이나 연합이란 장치가 있었다면 백제나 고령에서 다라국 수장을 포섭하기 위한 예물로서 환두대도와 같은 위세품을 보낼 필요도 없었을 것이다. 그리고 그런 위세품을 의례적인 것으로 봐야지 굳이 포섭을 위한 뇌물로 볼 것도 아니다. 규모에 차이는 있었다 해도 가야 소국들은 다 고만고만한 세력이었고, 그들 사이에 어떤 구속력이 있는 것은 아니었다. 각 소국은 독자적인 수장과 조직 그리고 군대를 갖고 있었다. 끝까지 고령 대가야의 지배력 안에 들지 않은 동래·합천 다라국·창녕·함안 등이 친신라화 하는 것은 연맹으로부터의 이탈이 아니라 독자적인 세력으로 남아 있으면서 각기 이해타산에 따라 판단하고 그들 각자의 필요에 따라 종주국을 신라로 선택한 결과일 수 있다. 애당초 연맹은 없었고, 가야 소국 여러 나라가 연맹에 참여한 적이 없는데 연맹으로부터의 이탈이란 있을 수 없는 것이다. 이런 점을 감안하여 가야 사회를 들여다보는 새로운 분석 틀로서 제가분립설諸加分立說을 제시하는 바이다. 이에 대해서는 뒤에 자세하게 설명할 것이다.

연맹체론의 변형판인 지역연맹체론도 문제 많은 가설

가야 사회가 하나의 맹주 아래 연맹체를 유지하였다고 보는 단일연맹체 이론은 가야의 체제나 사회구조를 들여다보기 위한 분석 도구로 제시된 견해이지만, 그것은 하나의 가설에 불과한 것이다. 문제가 많은 주장인 만큼 반론이 만만치 않다. 그 반론으로 나온 것이 지역연맹체론이다. 단일연맹체론은 하나의 맹주 아래 여러 소국들이 연합한 형태인 반면, 지역연맹체는 가야권 내 몇몇 지역의 맹주가 서로 연합을 이루었다는 가설이다. 이 지역연맹체론은 가야 전역을 하나로 아우른 가야연맹체는 존재하지 않았다는 데서 출발한다. 즉, 단일연맹체 부정론을 토대로 한 것이다. 지역연맹체를 바꿔 말하면 지역할거론이라고 할 수 있다. 그러나 이것 역시 완전한 이론은 아니며, 정설로 인정할 수 있는 견해도 아니다. 이것은 가야 지역에 몇 개의 연맹체가 존재했을 것이라는 가정을 그 이론적 토대로 삼고 있다. 몇 개의 지역에 그 지역의 중심이 되는 정치체가 나뉘어 있었다고 보는 것인데, 이것은 하나의 맹주 아래에 여러 개의 정치체가 결속되어 있었다고 보는 시각과는 아주 다른 견해이다. 예를 들면 고령·함안·고성에 고령(대가야) 지역연맹체·고성 지역연맹체·함안 지역연맹체가 있었다고 보는 것이다.

여기서 먼저 짚고 넘어가야 할 게 하나 있다. 가야권 몇몇 지역에 세력이 나뉘어 있었다면 그 자체로 지역 할거이다. 다자간 분할 상태의 구도에 연맹을 상정한 것이다. 편의상 연합이 있을 수는 있으나 연맹 관계로 보기 어렵다. 그러니까 연맹이 아닌데 지역연맹이라 하였으니 용어부터 잘못되었다. 또 단일연맹이든 지역연맹이든 연맹을 증명할

수 있는 결정적인 자료가 없는데도 자꾸만 연맹으로 이해하려는 의도
는 무엇인가?

　지역연맹체론은 김해가야 중심의 전기가야연맹에 대해서는 대략 공
감하고 있다. 그렇지만 5세기 이후에 고령 중심으로 단일연맹체가 형성
되어 있었다는 견해는 수용하지 않는다. 왜냐 하면 5세기 이후 가야권
의 정치 중심은 함안과 고령 그리고 그 외 여러 지역에 분산되어 있었
기 때문이다. 5세기 이후의 가야권을 고령 중심의 단일연맹체로 인정
할 경우 합천·부산 동래·함안·고성·남원·장수 지역의 가야 세력을 어
떻게 설명할지 고민하다가 연맹체에 지역할거론을 대입하여 지역연맹
체론을 만들어낸 것이다. 지역연맹체론 주창자들은 고령 외에 부산 복
천동 지역과 함안·고성 등지로 정치권이 나뉘어 있었다면 그것은 연맹
상태가 아니라 분립 구도라는 사실을 간과하였다. 더구나 그들 지역 중
심세력 사이에 연합이 있었다고 판단할 수 있는 근거나 자료가 없는데
도 지역연맹 각각은 필요에 따라 연합했다고 하였다. 고령과 함안, 고
령과 동래가 정치·군사적으로 연맹·연합한 관계인지는 알 수 없다.

　간단히 말하자면 애초 지역연맹체론은 함안 안라국 문제를 해결하기
위한 대안으로 등장하였다. 5세기부터 가야 지역의 가장 큰 세력으로
서 함안 안라국과 고령 대가야가 남북으로 나뉘어 있었다. 부산이나 남
원·장수·고성 지역을 모두 무시하고 보다라도 남북으로 2개의 가야가
버티고 있었으니 그것을 단일연맹론으로는 설명할 수 없었던 것이다.
이렇듯 후기 가야 사회를 고령과 함안만으로 설명할 수 없다는 판단에
서 결국 고령과 함안에 김해·고성을 추가하여 김해 금관가야권·고성
소가야권과 같은 지역연맹체를 도입하였다. 이 견해는 발굴유물과 고
고학적 분석 결과를 바탕으로 하였으되, 고령 대가야권·김해 금관가야
권·함안 아라가야권·고성 소가야권의 유적과 유물을 기준으로 권역별

연맹체를 인정하는 대신, 하나로 통합된 가야연맹체는 없었다고 본 이론이다. 그러므로 이것은 단일연맹체론에 대한 부정인 동시에 가야권에서의 과두 체제를 처음으로 인정한 견해라고 정리할 수 있다. 그들의 논리대로 만약 몇몇의 세력으로 가야권이 나뉘어 있었다면 그것을 다자 분할구도의 열국列國 사회로 정의했어야 옳지 않겠는가?

한편 이 지역연맹체론을 바탕으로 가야 사회를 각 시기별로 세분하여 파악한 견해에 대해서도 주목할 필요가 있다. 이를테면 변진구야국에서 김수로가 교역의 주도권을 장악한 초기,[58] 신라의 세력 팽창으로 김수로 집단이 쇠퇴하는 중기(3~4세기), 고령·함안의 두 가야가 중심으로 떠오르며 지역연맹체를 형성한 말기(5~6세기)로 시기를 구분한 견해를 들 수 있다. 말기에는 남북 가야가 통일되지 못한 채, 주변 상황에 따라 제각기 대응했다고 보았다. 즉, 말기의 가야는 각 지역 별로 필요에 따라 대응하는 지역연맹체 단계에 머물렀으며, 지역간 불균형 등으로 통일을 이루지 못하고 신라에 차례로 통합되었으므로 후기가야를 4개 지역의 연맹체로 파악하는 것이 바람직하다는 것이다(백승충). 말하자면 이것은 애초 제시된 지역연맹체론의 수정판이라고 할 수 있다.

하지만 이런 지역연맹체론에도 치명적인 문제가 있다. 애초 지역연맹체를 구분하는 기준은 토기나 철기 등 유물에 두고 출발하였다. 어디까지나 지역연맹체론의 입론에 필요한 기준을 문화적인 요소에 두고 시작한 것이다. 그런데 이런 기준을 각 지역의 정치적 집단을 구분하는 척도로 대입한 것이 문제라고 지적하는 반론이 나왔다. 매우 타당한 반론이다. 정치세력으로서의 연맹체 이론에 문화적 잣대를 곧바로 대입할 수 있느냐 하는 문제가 제기됨으로써 이 이론은 치명적인 결함을 갖

....
58. 기원 전후~2세기 말

고 있음을 인정할 수밖에 없었다.

지역연맹체론을 분석해 보면 ①맹주적 위치의 몇몇 유력국은 있어도 가야 전체의 맹주국은 없었다는 것과 ②연맹의 가장 중요한 지표인 군사동맹이 없다는 문제점이 드러난다. 지역연맹체 사이의 군사유대가 없으면 연맹이라고 볼 수 없다. 그들 각자가 해당 지역의 맹주일 뿐, 연맹의 증거는 되지 못하는 것이다. 또 그들이 지역연맹체를 형성하였다면 그들 사이의 혼인관계라든가 정치·경제적으로 매우 밀접한 교류 내용이 있어야 한다. 뿐만 아니라 각자의 문물교류상이 유물에 고스란히 나타나야 하는데, 각 지역중심체 수장들의 무덤에서 나오는 유물은 그것을 포괄하지 못하고 있다. 앞에서 설명한 대로 교류가 까다로웠던 합천과 함안·고성의 수장층 무덤에는 그들 각 지역의 유물이 풍부하게 나타나야 한다.

그런데 다라국왕 무덤에서는 백제·신라·고령 양식의 유물은 있어도 함안·고성·남원·장수 등지의 유물은 거의 없다. 그것은 지역연맹체의 부재를 뜻한다. 이 문제와 관련하여 또 한 가지 의문을 제기할 수 있는 것이 있다. 각 지역의 맹주들이 연맹을 형성하였다고 치자. 그들 각자가 연맹의 유력국이었다면 왜 우륵의 가야금 12곡 곡명에 김해와 함안 그리고 동래와 같은 곳들은 빠져 있는가? 『일본서기』에는 안라국이 임나10국의 하나로 기록되어 있으니 함안 안라국 또한 임나가라의 한 나라였다. 더구나 『삼국지』 위서 동이전 한조에 의하면 이미 3세기 가야 사회의 판도는 김해 변진구야국과 함안 안라국 중심으로 새롭게 짜여가고 있었다. 다시 말해 3세기 중반까지 함안과 김해 양대 세력이 주변 소국을 흡수 통합해가고 있었다면 이미 3세기의 가야 사회를 단일연맹체나 지역연맹체로 규정할 수 없을뿐더러 단순분립설로도 설명할 수 없다는 점은 이미 앞에서 몇 차례 설명하였다.

우리는 이쯤에서 냉정한 판단을 내려야 한다. 설사 가야권 각 지역에 여러 개의 정치 세력이 있었다 해도 그들 유력 세력은 개별적으로 존재했을 뿐이지 상호간의 연맹이나 연합을 인정할 수 있는 근거가 부족하다. 지역연맹체론의 입장에서 보더라도 설사 각 지역의 맹주는 있었다 해도 연맹은 찾아볼 수 없다. 따라서 그 용어나 개념 또한 지역연맹체가 아니라 지역맹주라고 해야 더 적합하다. 대가야권(고령)·아라가야권(함안)·소가야권(고성)·금관가야권(김해·부산)의 맹주가 있었다고 한다면 그 용어 사용에 있어서만큼은 인정할 수 있을 것이다. 하지만 그렇더라도 문제가 더 있다. 지역연맹의 맹주가 존재했다면 예를 들어 고성에 소속된 연맹국들은 어디이며, 5세기 초 이후 금관가야권 맹주에 소속된 소국은 어떤 나라들이었는가? 그리고 또 김해 또는 부산 지역을 누가 어떻게 연결하여 '연맹' 상태로 유지했다는 것인가, 또 함안 지역연맹체에 소속된 임나소국은 어떤 나라들인가에 대한 답도 있어야 한다. 더구나 각 지역 맹주 사이의 협력이나 연합 관계라든가 서로간의 교환과 교역 및 적극적인 유대관계가 별로 엿보이지 않는데 연맹이란 개념이 성립될 수 있는지, 그리고 각 지역연맹 맹주 사이의 관계는 어떻게 설명할 수 있는가의 문제도 있다. 5세기 후반부터는 고성이나 남원 및 장수 지역의 여러 세력이 활발하게 움직인 사실이 인정된다. 그렇지만 남원·장수 세력이 고령 중심의 지역연맹에 가입되었다고 확신할 수 있는가? 서로간의 교류나 협력 또는 군사적·정치적·경제적 연합관계가 긴밀하게 이루어지지 않았다면 연맹을 상정하기 어렵고, 그렇다고 지역연맹을 말하기도 곤란해진다.

단일연맹체론은 부정하되, 연맹체론의 범주 안에서 고령과 함께 함안의 정치세력에 대한 해석과 더불어 가야 사회의 구조를 정의하기 위해 지역연맹체론이 나왔으나 그 역시 연맹체론의 한계를 벗어나지 못하였다. 지역연맹체론도 하나의 가설일 뿐, 설득력이 있는 이론이 아니다. 후기 가야 사회의 중심을 고령과 함안·고성 및 부산·김해권의 4개 권역에 가야의 중심이 분산되어 있었다고 보는 지역연맹체론은 그 외에도 몇 가지 맹점을 내포하고 있다. 일차적으로 가야 사회를 열국들의 단순한 분할구도로 파악하고 있으면서 그것을 연맹으로 굳이 엮으려고 하다 보니 무리수를 두게 되었다. 지역연맹체론은 연맹론의 근본적인 문제점을 해결하지 못하였고, 그렇다고 가야 사회의 구조를 정확하게 분석할 수 있는 도구가 되지 못하였다. 『삼국지』 위서 동이전 한조의 끝머리에 실려 있는 기록을 조금만이라도 면밀하게 분석했더라면 단일연맹론이나 지역연맹론은 아예 나오지 않았을 것이다.

그런데 최근에는 가야 사회를 복합적으로 파악하는 견해까지 제기되었다. 가야 제국을 다층적으로 분석한 주장인데, 고령과 합천 서부지역, 남원 서부, 장수·하동을 아우른 대가야(고대국가)가 있었고, 고성·단성·진주의 지역연맹체, 함안 안라국, 합천 남부·의령 지역의 나라가 개별적으로 존재하였다고 본 것이다. 5~6세기 고대국가의 틀을 갖춘 고령의 대가야와 더불어 함안·합천·의령 지역의 독립된 정치체와 고성·진주·단성(산청) 지역연맹체가 있었다고 보았으니 지역연맹체·고대국가 그리고 몇몇 개별 독립국가가 있었다는 것이다. 이것은 가야권에 단일연맹체는 존재하지 않았다는 것을 전제로 한 이야기이다. 이를테면 함안 안라국을 비롯해 의령이나 합천 남부지역에 고총고분을 축조했으나 독자적인 토기양식을 갖지 못한 세력들이 독립해 있었다는 것인데, 고총고분과 거기서 나온 토기 양식을 분석한 내용을 토대로 세운 가설이다.[59]

• • • • • • • • • •
59. 『대가야 고고학 연구』, p.62~63, 이희준, 사회평론, 2017

그러나 이런 분석은 '나무를 보고 숲을 보지 못하는' 게 아닌가 싶다. 우선 고령에는 왕성이 있었고, 구신정九臣亭도 있었다고 하니 절대왕권을 가진 고대국가로 발전했으리라고 보는 전제에서 이런 주장이 나왔다고 할 수 있다. 그러므로 만약 함안에 있었다는 왕성과 왕궁이라든가 고령의 '대왕'이 무엇인지 그 의미와 실체가 드러나면 그때 가서 새로운 수정이론을 내놓아야 할 것이다. 그리고 국가 발전단계와 규모, 연합세력(지역연맹체), 독립국의 서로 상이한 세력이 낙동강 서부 영남권에 존재했다면 그들 사이엔 갈등과 충돌이 잦았을 것이다. 그런 조건이었다면 사비성 임나부흥희의에 8개 소국이 나란히 참석하지도 않았을 것이다. 대가야나 지역연맹체 또는 함안이 서로 다투며 힘을 과시하거나 정복전쟁을 일으켜 편안한 날이 없었을 테니 부여 사비성으로 가기보다는 가야 내부의 평화회담이 더 절실했을 것이다. 그렇지만 기록엔 소위 임나10국 사이에 어떤 싸움도 없었으니 수용하기 어려운 견해라 하겠다.

　그런가 하면 가야 내부에는 일시적인 지역연맹은 있었다고 인정하면서도 지역연맹이 5~6세기에 줄곧 상존한 것은 아니라면서 새로이 지역국가론을 제시한 이가 있다(백승옥). 다만 이 경우의 '지역'은 '지방'의 개념이 아니므로 '중앙' 정부를 설정하지는 않는다.[60] 그 구조를 "가야에는 한기旱岐나 왕이 있었으며 각 지역의 고총고분은 그 지배층의 무덤이다. 중앙과 지방을 나눌 만큼 영역이 크지도 않았고, 지방제도가 정비된 게 아니었다. 다만 가라국(고령)과 안라국에는 초보 단계의 지방제도가 존재하였다."고 분석하고 있는 것이다. 단지 지역연맹체를 지역국가의 전단계로 파악하는 것인데, 쉽게 설명해서 소위 임나10국을 예로 들면 그 나라 각자가 지역국가였다고 주장한다. 그러나 '지역'이라 함은 본래

••••••••••

60. 「加耶諸國 내부구조 연구를 위한 예비적 검토」, 백승옥, 「한국고대사연구」 48, 한국고대사학회, 2007

'중앙'의 상대적 개념일 수 있다. 그럼에도 마치 연방국가(Bundesstaat)와 지방정부(Kommune)의 관계처럼 중앙과 지방(지역)을 구분하지 않고, 각자가 가야권을 나누어 지배했다고 하는 것이니 이것은 간단히 정리하면 '가야 제국 할거론'이라고 해야 적합할 것이다. 그러나 지역연맹체론을 포함하여 앞에 소개한 몇 가지 견해는 남제에 보낸 외교서한에 나와 있는 '가라 본국왕'의 의미 파악에 좀 더 신중했어야 한다. 본국과 후국, 대왕과 소왕의 이원체제로 봐야 하는 것이다.

우륵 12곡의 작곡 배경과 대가야연맹설에 관하여

가야 사회를 연맹체로 묶어서 설명하려는 시도는 끊임없이 그리고 아주 집요하게 이어져 오고 있다. 가야사 연구자들이 연맹체론을 포기하지 않는 이유는 무엇일까? 일차적으로 사료에 대한 치밀한 분석과 상상력이 부족한 때문일 것이다. 좀 긍정적으로 평가하자면 가야 소국들이 각자 긴밀한 연결고리를 형성하고 있었고, 그들 각자 멸망기까지 신라와 백제에 일사불란하게 공동 대응하였더라면 하는 염원을 실어 연맹체론을 추종하는 것인지도 모르겠다. 남아 있는 자료를 면밀하게 분석해 보면 가야를 연맹 사회로 규정하기는 어렵다. 그런데도 연맹론은 줄기차게 살아남았고, 이제는 그것을 한층 정교하게 발전시킨 연맹이론 진화 버전이 계속 나오고 있다.

여러 연맹체론 중에서 우리의 시각을 바꿔 준 또 하나의 연맹체론이 있다. 다나카 도시아키(田中俊明)의 대가야연맹설이다. 이것은 굳이 구분하자면 단일연맹체론의 변형판이라고 할 수 있지만, 어디까지나 기록과 사실에 근거를 둔 매우 흥미로운 이론임은 분명하다.

다나카 도시아키는 우륵의 가야금 12곡에 주목하였다. 우륵12곡의 곡명은 510년경 가야연맹에 가담한 나라들의 이름이며 12곡을 작곡한 목적은 고령 대가야가 가야 연맹을 유도하기 위한 것이었다는 참신한 이론을 전개하였다. 그는 백제의 한성이 함락된 475년 이후에 대가야 가실왕의 주도로 후기 가야연맹이 결성되었을 것이라고 보았다.

후기 가야연맹이 해체된 1단계는 백제가 남원[61] 지역으로 진출한 513~516년 무렵이며, 해체 2단계는 522년 백제가 하동[62]으로 진출한 시기로서 이때의 대가야 연맹 영역은 고령에서 합천·의령·진주·함양·산청 일대까지 미쳤다고 파악한 견해도 있다. 그리고 하가라도下加羅都를 합천 쌍책면의 다라국으로 보고, 고령 중심의 지역연맹 이론을 설정하거나 다라국을 제외한 합천 지역을 고령 주도의 대가야 연맹 상태로 규정하고 고령을 상부, 합천을 하부로 정한 견해도 있다.[63] 물론 이것은 주로 5세기 이후 대가야에 초점을 맞춘 견해이다. 고령 대가야 주도로 가야 전체를 통합하기 위한 시도가 있었으며, 영남 서부지역에서 통합 노력은 어느 정도 성공했다고 본 것이다.

다나카 도시아키의 이론에 동조하여 우륵12곡의 곡명을 대가야 연맹 내의 지명으로 보고, 합천 저포리를 하가라로 본 견해도 있다(백승충). 저포리에서 나온 토기에 새긴 명문 下部思利之[64]의 '하부'를 하가라도로 파악한 것이다.[65] 이 외에도 하가라도를 김해로 보는 이도 있고, 함안으

• • • • • • • • • • •

61. 다나카 도시아키는 己汶(기문)을 남원으로 보았다. 그러나 己汶을 전북 장수로 볼 수도 있다. 향찰표기법으로 보아 기문(己汶)의 의역이 長水(장수)라고 풀이할 수 있는 까닭이다.
62. 다사진(多沙津). 개인적으로는 다사(多沙) 또는 대사(帶沙)를 전남 구례로 보고 싶다.
63. 하가라도를 김해로 보는 견해도 있다. 합천 다라국을 제외한 합천 지역을 하부로 볼 경우 하가라도(下加羅都)의 도(都), 즉 도성이 어디인가 하는 문제가 있다.
64. 합천 저포리 E지구 4호분 출토 토기에 새겨진 명문. 下部思利利로 판독한 견해도 있다. 바로 이 토기의 하부(下部)로 말미암아 합천을 하부로 보는 견해가 제기되었다.
65. 「于勒十二曲의 해석문제」, 백승충, 『한국고대사논총』 3, p.478, 1992

로 보는 사람도 있다.

그러나 다나카 도시아키의 대가야 연맹설은 문제가 없을까? 여기에도 문제가 없는 것은 아니다. 그의 대가야 연맹설에 회의적인 시각을 갖고 있는 이들은 우륵12곡[66]의 작곡시점을 6세기 전반, 백제가 가야 지역으로 진출한 시점으로 보고, 작곡 목적도 단지 가야 내의 여러 소국간 결속을 강화하기 위한 것이었다고 분석한다. 그러나 이런 견해와 달리 "우륵12곡은 대가야의 마지막 왕인 가실왕의 염원과 지배의욕이 반영된 것일 뿐이며, 비록 가야연맹을 시도했다 하더라도 그것이 실제와는 다르다"는 주장도 있다(백승충). 그저 가야연맹을 바란 가실왕의 희망에 따라 우륵12곡을 작곡한 것이지 그 이상 구체적인 행동에 옮긴 것은 아니었다는 얘기이다. 가야연맹에 대한 염원을 표현한 노래일 뿐, 가야연맹을 결성하기 위한 실질적인 행동은 하지 않았다는 것은 겉보기에는 그럴듯하지만 여기엔 논리적 함정이 있다. 우륵12곡의 작곡은 그것을 민간에 보급하기 위한 목적을 전제로 한다. 즉, 작곡하게 하였다면 그것을 보급하는데 목적을 두었을 것이고, 그렇다면 그것은 가실왕이 취할 수 있는 가장 현실적이고도 효과적인 방법이었을 것이다. 가야 사회 내부에서 가야인들의 동질성과 일체감을 조성하여 단결의식을 고취하기 위한 것이었으므로 그 자체가 임나가라 부흥을 위한 실질적이고도 매우 구체적인 행위였다고 평가할 수 있는 것이다.

우륵12곡의 곡명에 대해서도 의문을 갖는 이들이 있다. 12곡 모두 우륵 당대의 곡명이 아니라 일부는 신라인이 짜맞췄다고 보는 것이다. 가야 통합 후, 신라의 입장에서 일부 사실을 왜곡하였을 수도 있고, 신라

• • • • • • • • • • •

66. 12곡의 곡명은 하가라도(下加羅都)·상가라도(上加羅都)·보기(寶伎)·달이(達已)·사물(思勿)·물혜(勿慧)·하기물(下奇物)·사자기(師子伎)·거열(居列)·사팔혜(沙八兮)·이사(爾赦)·상기물(上奇物)이다.

인들이 곡명 일부를 바꿨을 가능성이 있다.

한편 우륵12곡의 작곡 목적이 점점 대가야를 압박해오고 있는 신라에 대응하기 위해 고령 대가야의 가실왕이 가야권의 단결을 주문했다고 보는 시각과 달리, 본래 우륵12곡은 백제에 대항하기 위해 작곡한 것이었다는 주장도 있다. 우륵12곡을 작곡한 시점은 6세기 초로서 이 시기에 백제가 가야 지역으로 진출하자 대가야는 위기의식을 느끼고 가야권의 결속을 강화하기 위해 작곡을 시켰다고 보는 것이다. 만약 우륵12곡이 516년 이전에 작곡되었다면 이 무렵 백제는 전북 동부 지역을 넘어 가야로 진출하였으므로 우륵의 작곡 목적은 백제에 대항하여 대가야권의 결속을 강화하기 위한 절박한 시도였다고 볼 수 있을 것이다. 우륵 12곡의 작곡 시점이 작곡 목적과 의도를 판정하는 기준이 될 수 있는데, 정황상 6세기 초에 작곡했다고 보기는 어렵다. 우륵12곡 작곡을 주도한 이가 가실왕으로 명시되어 있고, 그 전에는 이뇌왕이 있었다. 이뇌왕 때에 작곡했다면 젊은 청년 우륵이 관여했을 수는 있을 것이다. 우륵은 진흥왕 12년(551)에 신라로 망명했고, 대가야 이뇌왕은 522년(법흥왕 9년)에 신라에 청혼하였다.[67] 김해가야와 대가야가 병존한 520년대에 대가야 이뇌왕異腦王은 왕위에 있었다. 그런데 대가야의 마지막 왕은 도설지왕道設智王이다.[68] 여기서 문제는 이뇌왕과 도설지왕 사이에 있는 왕이 누군가이다. 가실왕이 더 있었다. 『삼국사기』에는 가실왕

• • • • • • • • • • •
67. 3월에 가야국왕이 사신을 보내어 혼인을 청하므로 왕이 이찬 비조부의 누이를 보냈다[春三月 加耶國王遣使請婚 王以伊湌比助夫之妹送之(『삼국사기』 신라본기 법흥왕 9년)]
68. 『삼국사기』 지리지 고령군 조에 "대가야국의 마지막 왕은 도설지왕이었는데 신라의 진흥대왕이 대가야국을 쳐서 없애고 대가야군(大加耶郡)으로 삼았다"고 하여 도설지왕이 마지막 왕으로 되어 있다. 또 『삼국사기』 신라본기 진흥왕 23년(562) 조에 "가야가 반란을 일으켜 신라의 이사부와 사다함이 이를 정벌하였다"고 되어 있다.

이 가야금을 만들고 우륵에게 12곡을 짓게 하였다[69]고 하였으니 가실왕의 존재는 분명하다. 더구나 516년 이전이면 이뇌왕 시대가 아니었을 수도 있다. 게다가 작곡 시점이 6세기 초도 아니고 이뇌왕 시대도 아니며 가실왕 때로 되어 있다.

그러면 이뇌왕과 가실왕 그리고 도설지왕의 상호 관계는 어떻게 되는 것일까? 이뇌왕과 가실왕·하지왕·도설지왕에 대해서는 여러 가지 의견이 있다. 가실왕과 하지왕을 동일 인물로 보는 이가 있는가 하면[70] 가실왕이 곧 이뇌왕이라고 보는 이가 있다.[71] 또 가실왕은 이뇌왕 이전의 왕이었다는 주장[72]도 있다. 물론 도설지왕에 대해서도 이론이 분분하다. 월광태자月光太子가 도설지왕이라는 설[73]도 있고, 두 사람은 별개의 인물이라고 보는 견해도 있다. 하지만 가실왕은 551년 이전에 우륵으로 하여금 우륵12곡을 작곡하게 하였고, 그 후 도설지왕에게 자리를 물려주었다. 그러니 이뇌왕은 가실왕일 수 없다. 대가야 말기의 왕통은 이뇌왕-가실왕-도설지왕으로 이어졌다고 볼 수 있다. 대가야의 마지막 왕은 전승 그대로 도설지왕이다.

그런데 또 「석순응전釋順應傳」에는 월광태자가 이뇌왕의 아들로 되어 있어서 이뇌왕-월광태자·가실왕-도설지왕으로 계보가 이어졌다고 볼

• • • • • • • • • • •
69. 『신라고기(新羅古記)』에 이르기를 '가야국 가실왕(嘉實王)이 당나라의 악기를 보고 만들었는데, 왕이 모든 나라의 방언은 각기 그 성음이 다른 것이니 어찌 곡조를 일정하게 할 것이냐며 곧 악사인 성열현(省熱縣) 사람 우륵을 시켜 12곡을 짓게 하였다. 그 후 우륵이 나라가 장차 어지러울 것이라 하여 악기를 가지고 신라 진흥왕에게 귀순하니 왕이 받아들여 국원(國原, =충주)에 편안히 머물게 하고 대나마(大奈麻) 법지(法知), 계고(階古), 대사(大舍) 만덕(萬德)을 보내어 그에게 배우게 하였다(『삼국사기』 권32, 樂志).

70. 「대가야연맹의 흥망과 임나」, 田中俊明, 吉川弘文館, 1990

71. 「우륵을 통해 본 대가야의 문화」, 권주현, 『한국고대사연구』 19, 2000

72. 「가라국과 우륵12곡」, 백승충, 『釜大史學』 19, 1995

73. 월광태자가 신라에 의해 옹립되어 도설지왕이 되었다고 보는 것이다(「대가야의 세계와 도설지」, 김태식, 『진단학보』 81).

수도 있다. 대체로 월광태자가 이뇌왕의 아들이라는 데는 이견이 없는 것 같다. 이런 계보를 바탕으로 추리하면 법흥왕 9년(522)에 신라에 청혼하여 비지배(비조부)의 누이를 아내로 맞은 이는 이뇌왕이고 그 사이에서 난 아들이 월광태자라고 할 수 있다. 『신증동국여지승람』에도 월광태자의 아버지는 이뇌왕으로 되어 있다.[74] 이 내용은 아마도 가야시대부터 전해오던 고령 지방의 전승이 채록된 것이라고 생각된다. 그렇지만 월광태자와 가실왕의 관계가 분명하지 않다. 이뇌왕의 뒤를 이은 사람은 가실왕인데, 월광태자가 따로 있으니 이해하기 쉽지 않다. 월광태자가 가실왕이었거나 월광태자와 가실왕은 형제 또는 그 외의 친속 관계였을 수도 있지 않을까?

여러 가지 설로 말미암아 다소 혼란을 주고는 있지만 보다 쉽게 이 문제를 풀기 위해 다음 기록을 주목해 보자. "법흥왕 9년(522) 3월 고령 가야국왕은 신라에 청혼하였고, 이에 신라는 이찬 비조부比助夫의 누이동생을 보냈다"[75]는 기사와 『신증동국여지승람』[76] 주註에서 인용한 석순응전의 내용이다. 석순응전에는 이뇌왕이 이찬夷粲 비지배比枝輩[77]의 딸을 맞아 월광태자를 낳았다고 하였다. 이 기록을 보더라도 이뇌왕의 아들이 월광태자인 것이 분명하다. 그리고 월광태자는 대가야 시조라고 하는 정견모주의 10대손이라고 하였는데, 석순응전의 편자는 월광태자가

• • • • • • • • • • •
74. 大伽倻國月光太子……父曰異腦王 求婚于新羅 迎夷粲比枝輩之女而生太子(『신증동국여지승람』 고령현 건치연혁 조). 다만 여기서는 월광태자의 어머니가 이찬 비지배의 딸로 되어 있어 약간 차이가 있다.
75. 『삼국사기』 신라본기
76. 『신증동국여지승람』 권 29, 고령 건치연혁 조
77. 『삼국사기』 법흥왕 9년조에는 "봄 3월에 가야국 왕이 사신을 보내 혼인을 요청하였다. 이에 왕이 이찬 비조부(比助夫)의 누이를 보냈다"고 하여 비조부(比助夫)라고 표기한 것을 보면 일단 이 명칭과 사실을 신뢰할 수 있을 것 같다.

김해가야 김수로의 10세손인 구형왕과 비슷한 시대를 살았음을 알리기 위해 의도적으로 '10세손'을 추가한 것이라고 볼 수 있다. 또한 『일본서기』[78]에도 '가라 왕이 신라 왕녀에게 장가들어 자식을 낳았다'고 하였으며, 계체기 23년(529) 4월 조에는 그 당시 대가야를 지배한 임나任那의 왕이 己能末多干岐기능말다간기로 되어 있다. 己기를 己이의 오기로 볼 수 있다면 己能이능과 이뇌異惱는 동일인물로 볼 수 있다. 이 경우 이뇌왕은 대가야 왕이고, 그렇다면 이 기사가 임나가라 왕에 관련된 것이니 대가야 또한 임나가라의 소속국(후국)임이 분명하다. 또 『일본서기』 계체기 23년 조에는 대가야 왕 己能末多干岐기능말다간기가 己富利知伽기부리지가로 되어 있는데 이것은 구전을 기록하다가 두 사람을 혼동하여 같은 인물로 적은 것으로 볼 수 있다.

이제 가실왕嘉悉王과 월광태자에 관하여 심도 있게 짚어볼 필요가 있다. 신라 하녀의 변복 문제로 529년에 대가야와 신라 사이에 갈등이 생겼으며, 그로 말미암아 결국 신라에서는 이뇌왕에게 부인을 돌려줄 것을 요청하였다. 이에 "일곱 살배기 아들[79]까지 있는데 어떻게 돌려 주겠는가"라면서 대가야가 신라에 항의하며 맞서고 있는 기사가 『일본서기』에 있어, 여기에 등장하는 일곱 살 짜리 아들을 월광태자로 본다. 이와 관련하여 『일본서기』 계체기繼體紀 23년(529) 3월 기사는 이렇게 적고 있다.

"가라왕加羅王이 신라 왕녀를 아내로 맞아 마침내 아이를 가졌다. 신라가 처음에 왕녀를 보낼 때(이것은 『삼국사기』 신라본기 법흥왕 9년(522) 대가야 왕이

• • • • • • • • • • •
78. 계체기 23년(529) 3월 조
79. 이 아이를 월광태자로 보고 있다. 529년에 7살이었다고 하였으니 월광태자는 이뇌왕이 신라 비 조부의 누이를 맞아 결혼한 다음해인 523년에 태어났음을 알 수 있다.

사신을 보내 혼인을 요청하자 법흥왕이 신라 비조부의 누이를 보냈다는 사실을 이른다) 1백 명의 여종을 딸려 보냈다. 대가야는 이들을 여러 현에 나누어 두고 신라 복장과 관모를 착용하도록 하였다. (그런데) 아리사등阿利斯等이 (그들 여종이 가야의 옷으로 갈아입어) 변복變服한 것을 보고 꾸짖은 뒤 사신을 보내어 그들을 거두어 돌아가게 하였다. 신라는 크게 부끄러워 왕녀를 돌려줄 것을 요구하면서 '전에 네가 장가들기를 청하매 편의를 봐서 우리가 혼인을 허락했는데 이제 와 그렇다면 왕녀를 돌려보내라'고 하였다. 이에 가라의 기부리지가己富利知伽가 답하기를 '배필로 맞아 부부가 되었는데 어찌 다시 헤어지겠는가, 또 아이가 있는데 그 아이를 버리고 어찌 갈 것인가' 하였다. 마침내 (신라는) 사신이 돌아가는 길에 도가刀加, 고파古跛, 포나모라布那牟羅 3개 성을 빼앗았다. 또 북쪽 변경에 있는 다섯 개의 성도 빼앗았다."[80]

결국 이 사건을 계기로 이뇌왕과 그를 둘러싼 친신라파들의 대신라 정책에 금이 가는 것으로 파악할 수 있다. 그리하여 이 사건을 계기로 친백제파들이 대가야 정국을 주도하면서 신라를 외가로 둔 월광태자를 왕위계승권 밖으로 밀어냈고, 그 대신 월광태자의 배다른 형제(또는 이뇌왕의 아우)가 대가야 왕위를 이었는데, 그가 바로 가실왕이었으리라고 보는 이해가 있다(노중국). 아마도 이것이 가장 그럴듯한 해석이라고 생각된다. 월광태자가 지금까지 단지 태자의 신분으로 전해지고 있을 뿐, 그가 왕이 되었다는 기록이나 전승조차 없는 것으로 보아 그가 왕통에서 배제된 것이라고 보는 견해[81]는 타당성이 있다. 앞에서 말한 변복사

· · · · · · · · · · ·
80. 加羅王 娶新羅王女 遂有兒息 新羅初送女時 幷遣百人爲女從 受而散置諸懸令着新羅衣冠 阿利等 嗔其變服 遣使徵還 新羅大羞 翻欲還女曰 前承汝聘 吾便許婚 今旣若斯 請還王女 加羅己富利知伽未詳報云 配合夫婦 安得更離 亦有息兒 棄之何往 遂於所經 拔刀伽 古跛 布那牟羅三城 亦拔北境五城
81. 「6세기 전반 대가야의 왕위 교체와 정책의 변화」, 노중국, 『한국고대사연구』 66, 2012년 6월

건이란 522년 신라에서 비조부의 누이를 가야에 보낼 때 딸려 보낸 1백여 명의 신라 하녀들이 가야의 복식으로 갈아입은 것이 문제가 된 외교 갈등이다. 다시 말해서 신라와 대가야의 공복公服에 관련된 사건이었다. 대가야에서는 신라의 관복을 입은 하녀들을 감시하기 좋게 그대로 신라 복식을 입도록 하였는데, 이들이 간첩임무를 수행하느라 가야인의 옷으로 바꿔 입은 것을 알고, 가야의 아리사등阿利斯等이 격노하여 신라 하녀들을 처벌하자 그와 같은 조치에 신라가 반발하면서 일어난 외교분쟁이었다고 파악하는 것이다. 그런데 신라 하녀들의 변복사건을 기화로 신라가 가야의 북편 지역을 탈취하는 사건이 일어났다. 529년에 '가야의 북경北境 5성과 도가刀伽·고파古跛·포나모라布那牟羅 3성을 신라가 빼앗았다'[82]는 것은 대가야 변복사건을 계기로 신라인들이 대가야로부터 신라로 돌아가는 길에 취한 군사행동이었다고 이해하고 있다.

대가야 왕이 신라에 청혼하게 된 배경은 백제와의 관계가 악화된 데 있었다. 『일본서기』에 의하면 왜가 백제 성왕에게 가라의 다사진을 준 것이 가라가 백제와 멀어지고, 대신 신라와 가까워지게 된 계기가 되었다고 설명하고 있다. 계체繼體 천황 23년(529) 3월 기록 가운데 대가야와 신라 사이의 결혼 기사 바로 앞에 나오는 내용으로 전후 사정을 알 수 있다.

"이달(3월)에 물부物部의 伊勢連父根이세련부근·吉士老길사로 등을 보내어 다사진을 백제 왕(=성왕)에게 주었다. 이에 가라 왕은 사신들에게 '이 다사진은 관가를 설치한 이후로 줄곧 신(가라)이 일본에 조공하러 갈 때 건너던 나루인데 어찌하여 갑자기 새삼스럽게 이웃나라에 준단 말이오? 원래 봉토로 정해준 땅이

....
82. 遂於所經拔刀伽古跛布那牟羅三城亦拔北境五城(『일본서기』 권17, 계체기 23년)

오!' 라고 말했다.

伊勢連父根이세련부근 등은 이로 말미암아 준 것을 다시 물리기 어려워 물러나 大嶋대도로 돌아왔다. 따로 녹사錄史[83]를 보내어 마침내 扶余부여(백제)에게 주었다. 이로 말미암아 가라는 신라와 갑자기 사귀고 일본을 원망하였다."[84]

이 기록에서 '일본이 다사진을 백제에 주었다'고 한 것은 일본(당시 '왜') 측이 자료를 왜곡한 것이고, 실제로는 가라가 다사진을 백제에 빼앗긴 것으로 이해하면 된다. 즉, 백제와의 영역 다툼으로 관계가 악화되자 가라는 친신라 노선으로 정책을 바꾸었다는 이야기이다.

신라 하녀 변복사건은 결코 작지 않은 외교·정치적 분쟁이었다. 이미 백제와 멀어졌고, 거기에 다시 신라와의 갈등을 겪고 왕위에 오른 대가야 가실왕은 사면초가의 심정이었을 것이다. 이런 상황에서 그가 신라와 백제 어느 쪽에 치우치지 않고 정치적 안정과 가야권 결속을 위해 노력했을 것이라고 보면 우륵12곡은 가장 신속하고도 강력한 가야인의 결집수단이 되었을 것이다. 즉, 우륵12곡의 작곡시점은 516년 이전도 아니고, 이뇌왕 시대도 아니며 가실왕 시대가 맞다고 보는 것이다. 우륵12곡의 작곡시점으로 보면 가야는 신라와 백제 양측으로부터 협조와 위협을 동시에 받고 있었던 셈이다. 이런 상황에서 임나가라 부흥을 위한 통합의지가 우륵12곡에 반영되었다고 보면 이상할 게

••••••••••
83. 역사(歷史) 등의 기록을 맡은 사관(史官)
84. 是月 遣物部伊勢連父根·吉士老等 以津賜百濟王 於是 加羅王謂勅使云「此津 從置官家以來 爲臣朝貢津渉 安得輒改賜隣國 違元所封限地」勅使父根等 因斯 難以面賜 却還大嶋 別遣錄史 果賜扶余 由是 加羅 結儻新羅 生怨日本 加羅王 娶新羅王女 遂有兒息 新羅 初送女時 并遣百人爲女從 受而散置諸懸令着新羅衣冠 阿利斯等 嗔其變服 遣使徵還 新羅 大羞 翻欲還女曰「前承汝聘 吾便許婚 今既若斯 請 還王女」加羅己富利知伽未詳報云「配合夫婦 安得更離 亦有息兒 棄之何往」遂於所經 拔刀伽·古跛·布那牟羅三城 亦拔北境五城

없다. 여기서 만약 이뇌왕의 아들이 가실왕이고, 그가 월광태자의 배다른 동생이었다면 이뇌왕의 뒤를 이은 가실왕이 551년 우륵에게 작곡을 시켰을 것이라고 보는 견해에는 무리가 없다. 즉, 529년 이전에 가실왕은 왕위에 오르지 않았으니 529년 이전에 우륵12곡을 작곡하지 않은 것이 된다. 적어도 우륵은 529년 이후에 대가야 중심의 가야권 결집을 호소하기 위한 목적에서 가실왕의 요구에 따라 12곡을 작곡한 것이라고 봐야 한다. 아마도 가실왕은 532년에 임나가라 본국이 신라에 멸망당하자 크나큰 위기의식을 갖고 가야권 통합을 고심하였고, 마침내 찾아낸 대안이 가야권 통합을 유도하기 위한 음악을 지어 유포하는 일이었다고 할 수 있다.

이것이 사실이라면 우리는 여기서 도랑 치고 가재 잡는 결과를 얻게 되었다. 가실왕을 김해의 하지왕으로 보는 일부의 설은 자연히 성립되지 않음을 유추하였으니 말이다. 대가야 말기의 왕통은 이뇌왕·가실왕·도설지왕으로 이어졌으며, 적어도 가실왕은 하지왕이 아님이 밝혀졌다. 아울러 대가야가 김해를 대신한 정권이 아니라 김해가야가 엄연히 '임나가라 본국'의 위치를 잃지 않고 따로 존속한 사실도 함께 증명된 것이다.

『삼국사기』[85]에 기록된 대가야의 가실왕이 가라(김해)의 하지왕일 수는 없는 중요한 이유는 이 외에도 연대 문제가 있다. 여러 가지를 종합해 보면 적어도 530~551년을 가실왕의 재위기간으로 추정해볼 수 있다. 가실왕이 있던 551년으로부터 남제에 사신을 보낸 하지왕이 있던 시점(A.D. 479) 사이에는 72년의 시차가 있다. 522년에 이뇌왕이 왕위에 있었고, 그가 529년에도 대가야의 왕으로 있었으니 가실왕은 최소한

....
85. 『삼국사기』 진흥왕 12년(551년) 조 및 『삼국사기』 권 32, 악지 가야금 조

530년 이후에 왕위에 오른 것이 된다. 530년으로 계산해도 479년까지는 51년의 시차가 있다. 가실왕은 이뇌왕으로부터 왕위를 물려받았고, 김해가야엔 이뇌왕·가실왕이 없으며 하지왕이 있던 479년으로부터 51년 뒤에 이뇌왕이 대가야의 왕으로 있었으니 어느 것 하나 가실왕이 하지왕일 수 없는 것이다.

이상의 내용을 토대로 우륵의 작곡 시점에 대한 문제로 되돌아가 보자. 기록상 우륵이 신라에서 활동한 마지막 해는 550년이다. 이 무렵 대가야 왕으로 있었던 사람은 가실왕이다. 532년에 김해가야(임나가라 본국)가 신라에 통합되었고, 그 이전 520년대에 탁기탄卓己呑·탁순卓淳·남가라 삼국이 신라에 정복되었다. 가실왕의 시대인 541년과 544년에는 백제 주도로 임나부흥회의가 있었으며, 그 무렵 대가야는 친백제 노선을 유지하고 있었다. 그리고 554년 백제-신라의 싸움에서 대가야는 백제 편에 가담하였다. 이때까지 벌어진 일들은 모두 가실왕의 재위기간에 있었던 셈이다. 그러나 554년 옥천 관산성管山城[86]에서 백제 성왕이 죽음으로써 대가야의 임나가라 부흥이라는 꿈도 함께 좌절되었고 친백제 노선에도 문제가 생겼다. 바로 그 전인 551년[87]에 진흥왕이 청주 낭성娜城에 행차했다가 충주 국원성國原城의 하림궁에 가서 우륵과 그 제자 이문泥文을 불러 가야금을 타게 하였으므로 우륵이 신라로 망명한 시기는 최소한 551년 이전으로 볼 수 있다. 우륵이 '장차 나라가 어지러워짐을 알고 신라에 몸을 맡겼다'는 기록은 바로 대가야 말기의 혼란한 분위기를 말해준다. 앞에 제시한 가실왕의 재위기간을 감안할 때 우륵이 12곡을 작곡한 것은 530년 이후로부터 550년 사이다. 우륵에게 작곡을 시

----

86. 현재의 충북 옥천군 고리산(환산)에 있던 성
87. 『삼국사기』에 진흥왕 12년(551년) 3월의 일로 되어 있다.

킨 인물이 가실왕임은 틀림없는 사실로 볼 수 있으며, 신라가 점차 강성해지는 상황에서 대가야가 차츰 기울어가고 있음을 느끼고 우륵은 신라로 넘어간 것이다. 가실왕의 최측근 중 한 사람으로서 만약 550년에 신라로 넘어갔다면 그 해에 월광태자는 28세의 청년으로 월광사에 머무르고 있었다. 월광태자가 이뇌왕의 아들이라 하였고, 이뇌왕에게서 가실왕으로 왕위가 이어진 사실을 감안할 때 가실왕과 월광태자는 부자 사이가 아니라 배다른 형제 관계였다고 보는 견해가 합당하다. 왕위 계승 순서로 보면 월광태자가 가실왕보다는 우선이었다. 왕자가 아니라 '태자'라는 이름으로 지금까지 전해오고 있는 것으로 보아 그가 가실왕보다 나이나 서열이 위에 있었던 것은 분명하다. 그렇지만 "반신라파(친백제계) 정치 세력은 신라를 외가로 둔 월광태자를 배제하고 가실왕을 선택하였을 것이다."(노중국). 이런 몇 가지 정황만을 가지고 미루어 보더라도 월광태자가 가실왕이었을 가능성은 없다. 아마도 대가야 조정은 친백제파와 친신라파 또는 임나가라 부흥을 외치는 외세반대파 등으로 나뉘어 극심하게 대립하고 있었을 것이며, 이런 상황에서 이뇌왕은 월광태자에게 왕위를 넘기기 어려웠을 것이다.

6세기 중반까지 함안·합천 다라국·남원·장수·고성 등지의 가야 세력이 남아 있는 상황에서 대가야는 고령 중심으로 가야권 통합을 외치며 노력하였으니 그때 가야권 전체가 대동단결했다면 신라에 적절히 대응할 수도 있었을 것이다. 그러나 562년 신라 이사부와 사다함이 쳐들어가 대가야가 망하는데도 그를 돕기 위한 가야권의 협력이나 군사적 대응이 없었다. 그렇다면 고령 대가야 중심의 연맹이 있었다고 볼 수 있겠는가? 대가야연맹론이라 하는 것도 뜬구름 잡는 이야기일 수 있다. 우륵12곡 작곡 배경을 감안해 보면 대가야 사람들은 자기네를 중심으로 가야 통일을 바랐던 것은 분명하지만 여기서도 연맹을 상정할 수는 없다. 또 대가야 주도의 가야 연맹이 있었다면 544년 백제 성왕이 부여에서 주최한 임나부흥회의에 고령·함안·고성 등의 대표가 참석했을 리 없다. 그리고 그 회의를 갖기 위해 가야에 대고 세 차례나 참석해 줄 것을 백제가 요청했을 리도 없다. 대가야 주도의 연맹이 있었고, 정작 임나가라를 살리기 위한 대책이었다면 임나부흥회의는 오히려 고령에서 갖고, 고령이 백제의 대표를 불렀을 것이다.

대가야연맹론을 세우기 위해 다나카 도시아키가 우륵12곡에서 가야국의 이름과 작곡의 배경 및 그 의도를 찾아낸 것은 아주 탁월한 발상이었다. 그렇지만 그 역시 사료의 한계를 극복하지는 못했다. 나아가 그 당시 함안은 신라 또는 고령에 어떻게 대응하였을지 그에 대한 깊이 있는 조명이 없는 것은 아쉽다. 가야 후기 대가야 주도로 연맹체가 형성되었다는 대가야연맹론이 성립되려면 부산 지역과 함안이 어떻게 대응했는지도 함께 설명해야 한다. 그렇지만 그것을 설명할 수는 없을 것이다. 더욱이 사비성에서의 임나부흥회의에 참석한 임나 측 대표들이 '안라·가라 왕에게 물어보고 결정하겠다'고 백제 성왕에게 답변한『일본서기』의 기록으로 보건대 그 당시 가야의 주도권은 고령과 함안 양측이 나누어 갖고 있었음을 알 수 있으며, 5~6세기에도 가야권은 함안 안라국과 고령 그리고 그 외에 고성·남원·다라국 등 몇몇 나라들로 중심축이 나뉘어 있었다. 이런 구도에서 우륵12곡은 임나가라 소국들의 통합을 촉구한 것이지, 고령이 중심이 되어 그들 각각을 연합 또는 연맹 관계로 묶고 있던 것은 아니다. 몇몇 정황들로 보아 우륵12곡의 작곡시점을 532년 임나가라 본국이 멸망한 뒤, 가야권의 위기의식이 고조되어 가던 때였으리라 추정된다. 그 무렵에 대가야 가실왕이 우륵12곡을 작곡하여 가야통합을 촉구한 것은 대가야가 주축이 되어 가야권 통합을 외친 것으로 이해할 수 있다. 그러나 그렇다고 해서 고령 대가야가 가야권의 맹주 역할을 했다고 단정할 수 없다.

다소 장황하지만 이상으로 대가야연맹론과 말기의 대가야 왕권 그리고 그 외 몇 가지 중요한 사안들을 살펴보았다. 지금까지 제기된 연맹체론은 우리가 생각할 수 있는 범위 내에서 나올만한 것들은 대략 다 나왔다고 할 수 있다. 그러나 어떤 견해이든 4세기 이전을 전기가야시대, 5세기 이후를 후기가야시대로 보는 시대구분법에는 큰 이견이 없다. 그리고 후기가야의 중심 영역은 낙동강 서편이었다. 그런데 540년대 이후 가야는 고령 대가야와 함안 아라가야의 남북 이원체제를 유지하였으며, 550년대에는 대가야가 백제에 완전히 기울어 있었고, 심지어 이 시기 가야는 백제의 부용세력에 지나지 않았다거나 백제 성왕의 관산성 패전 이후에는 후기가야 연맹이 와해됐다고 파악하는 견해가 더 있다. 6세기 전반까지 가야권 세력은 여러 지역으로 나뉘어 있었으므로 5세기 이후의 가야는 다자구도이다. 그렇지만 그들 서로 간의 관계를 알 수 있는 기록은 몇 안 된다. 이런 실정에서 단일연맹이든 지역연맹이든 연맹체론의 입장에서는 가야 소국 상호간의 관계를 어떻게 설명하느냐가 가야사 연구의 주요 과제가 될 것이다. 합천 다라국·창녕이나 부산 복천동과 같은 세력은 독자적으로 존속하면서 신라와도 유대를 가졌으며, 고성 세력은 새로운 지역 거점을 형성하고 다원외교를 하였다. 함안은 함안대로 독자 노선을 걸었으며 부산이나 고성과 연합 또는 연맹으로 공조한 흔적이 없다. 5세기 초부터 낙동강 서편 지역에 나타난 이런 현상을 어떻게 설명할 수 있을까? 그와 같은 변화는 임나가라 본국인 김해가야의 지배층이 분산된 결과이다. 거슬러 올라가 400년 고신연합군의 임나가라 원정으로 종발성이 함락되고 김해가야 왕과 지배층의 위상이 흔들리면서 나타난 결과인데, 이 문제에 관하여 나는 다음과 같이 판단하고 있다.

"김해가야와 함안 안라국은 3세기에 주변 소국들을 흡수 통합하여 각자 자신의 세력 아래에 두었다. 김해가야는 포상팔국전에서 승리하여 임나가라를 통합함으로써 가야권은 김해가야를 중심으로 재편되었다. 이후 김해가야(임나가라)의 성장은 신라에게 위협적이었다. 왜－가야(김해)－백제의 남북 연합은 신라를 극도의 위기로 몰아넣었다. 결국 신라는 399년 고구려에 도움을 요청하였다. 당시 고구려는 백제와 대립하고 있었고, 점차 세력을 확장해가는 백제를 점령하여 아신왕의 항복(396)을 받아냈으나 그것만으로는 불안하였다. 고구려는 서쪽으로 요서遼西와 연군燕郡 일대까지 노리고 있었으므로, 요서 진출에 앞서 남방을 안정시켜야 했다. 왜－가야－백제 연합은 신라에게 한층 더 위협적이었으며, 그것은 동시에 고구려에게도 부담이었다. 여기서 고구려와 신라는 공동전선의 필요를 느꼈으며 고구려와 신라의 입장에서는 왜－가야－백제 3국의 연합을 차단하는 것이 최선의 방책이었다. 가야(김해) 정벌은 그들의 연합에 중요한 연결고리를 끊어 백제를 고립시키기 위한 작전이었다. 다른 한편으로 이런 정책은 신라를 고구려 편으로 만들어 신라로 하여금 백제를 견제하기 위한 것이었다. 고구려와 신라의 가야 정벌은 성공적이었다.

가야대전 뒤로 김해 임나가라 본국의 지배층은 임나가라 내 여러 지역에 분산되었다. 가야권은 함안 안라국·고령 대가야·고성 소가야·합천 다라국 등 각 소국들로 분산된 체제로 전환되었다. 5세기 초 임나가라 본국(김해)의 세력이 크게 위축되자 그 일부가 고령과 합천에 새로운 정권을 세웠다. 그것은 가야의 북방 영역을 지키기 위한 노력의 일환이었던 동시에 전북 동부 산간지대와 고성으로의 진출에 중요한 거점을 확보하기 위한 대응이었다. 과거 김해가야에 정복 또는 투항한 임나 소국들은 '후국'의 자격으로서 그 주인은 임나가라 본국의 대왕에게 속한 소왕들이었다. 400년 고구려와 신라 연합군의 기습적인 공격으로 김해가야의 지배층이 와해되다시피 했으나 그들은 새로운 도약을 꿈꾸었다. 김해 임나가라 본국은 일찍이 3세기부터 가야 소국을 흡수 통합하여 후국으로 삼고, 그 후국의 수장을 소왕으로 인정하여 지배권을 계승시킴으로써 후국 체제를 유지하였다. 5세기 초 고구려·신라 군대의 임나가라 공격으로 김해가야 정권은 거의 붕괴되었으나 멸망에 이르지는 않았다. 비록 그 힘을 잃고 권위 또한 추락했으나 임나가라 본국으로서의 지위는 여전히 유지되었다. 전과 다름없이 본국과 후국의 관계도 지속되었으므로 임나 본국 왕은 필요할 경우 고령이나 합천(쌍책)·동래 또는 남원 등지를 순회하면서 임나가라 전체를 통치하였을 가능성도 있다. 임나 본국 왕의 체면은 실추되었을지라도 군신 관계는 유지되었다. 가야의 체제가 중국의 분봉제와 유사한 형태였으므로 이런 관계는 532년까지 그대로 존속되었다. 그리하여 임나가라 후국이 있던 곳에는 대형봉분을 가진 고분이 남아 있는 것이고, 그 외 임나가라의 직할지에는 대형고분이 없는 것이라고 이해할 수 있다. 합천 삼가(사이기국)·쌍책(다라국)·남원·장수·고성과 같은 곳들이 모두 후국에 해당한다고 하겠다. 이러한 가야의 지배체제를 대왕 아래 제후(소왕)의 분봉제로 이해하는 것은 당연하다. 여러 기록을 살펴 보면 가야는 임나가라 본국 아래에 여러 후국이 있었으며 그들의 기본적인 행정체제는 군과 현을 바탕으로 한 군현제였다. 이런 체제였음을 고려하면, 임나가라 각 소국들은 독자적인 군대와 경제체제로 운영되었다고 보는 게 타당하다."

가야 사회의 구조와 체제에 대해서는 뒤에 다시 상세하게 설명하겠지만, 이런 체제는 낙동강 서편 영남 지역의 지리적 특성에 기인한 것으로 볼 수 있다. 산으로 에워싸여 평지는 적고, 강과 개울·계곡이 많아서 지역간 소통이 어려웠기 때문에 효율적인 관리와 지배가 힘들었을 것이다. 황강과 남강·경호강 등 여러 강과 가야산·지리산 등 높고 험한 산도 많아서 거점별 수장을 두고, 그들에게 맡겨 간접통치를 하는 방식이 효과적이라고 판단하였을 것이다. 이것은 분봉 후왕侯王 지배체제로서 굳이 비교하자면 요즘의 지방자치제와 비슷한 방식이었다고 봐도 될 듯하다. 그것은 정치·군사·경제 면에서 어느 정도 독립성도 보장해주는 제도이다.

임나가라 사람들은 '임나가라'의 한 울타리 안에 있던 집단들이었으므로 '가라' 또는 '임나가라'의 구성원이라는 동류의식을 갖고 있었다. 그러므로 임나가라 소국의 왕과 지배층 모두는 6세기 중반 탁기탄·탁순·남가라와 같은 임나가라 소국들을 다시 일으켜 세워 가야권의 결속을 다지려 했을 것이다. 그러나 현실은 그들에게 좌절을 안겼다. 임나가라를 재건하기 위한 꿈은 같았을 테지만 그들이 처한 상황과 입장은 각기 달랐다. 그리하여 그들은 하나로 통합된 나라 '임나가라'를 외쳤지만 멸망에 이르도록 하나가 되지 못하였고, 강력한 통일왕국을 이루지도 못하였다. 그것은 가야의 독특한 구조(체제) 때문이었다. 쉽게 말해서 가야권이 지방 분권적 체제였다면 신라는 중앙집권적 체제였다. 임나 본국이 먼저 멸망한 뒤로 임나가라 내의 소국들을 강력히 통제할 수 있는 주축이 없었고, 함안이든 고령이든 그들은 임나본국을 대신할 명분이 부족하였다. 더욱이 가야를 통일할 수 있는 강력한 경제력과 군사력이 고령과 함안 양측에 부족하였다. 더욱이 말기의 고령의 조정은 분열되어 있었고, 함안의 사정 또한 고령과 크게 다르지 않았을 것이다. 그러한 양상은 어느 나라든, 나라가 스러지고 패망에 이르는 과정에서 공통적으로 나타나는 분열과 갈등의 구조일 것이다.

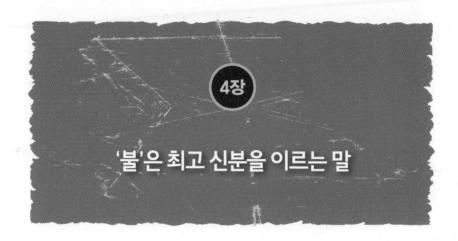

'불'은 최고 신분을 이르는 말

부여·고구려 및 삼한 사회에서 사용한 불·부루

가야사를 거론하면서 한국 고대어와 향찰에 대해서 줄곧 설명해 왔다. 고구려·백제·신라는 물론 가야 사회에서도 지명이나 인명을 비롯하여 관직명이나 여러 가지 명칭에 향찰이 두루 쓰였다. 말하자면 그것은 한국의 고대어에 한자 옷을 입힌 것이다. 우리 말이 한자옷을 입었으니 그 속에 숨어 있는 의미를 제대로 파악하기가 쉽지 않다. 한국 고대어의 소리나 뜻을 한자로 표기한 향찰은 중요한 역사적 사실과 정보를 담고 있기에 고대사에서는 반드시 넘어야 하는 벽이다.

삼한의 고대어로서 불(또는 부리)이라고 하는 낱말도 그 하나이다. '불'에는 여러 가지 의미가 있다. 먼저 '불'은 산 또는 산의 정상을 의미한다. 여기서 전의가 이루어져서 툭 튀어나온 곳을 불 또는 부리라고도 한다. 곳부리·돌부리·굼부리·혹부리 그리고 새의 부리가 그 예이다.

■ 환도산성 남문지

나아가 동물의 머리 위로 툭 튀어나온 뿔을 가리키는 말이기도 하다. 다시 말해서 오늘의 뿔은 고대에는 '불'로 발음하였다. 신라의 고위 신분인 각간角干은 뿔한이란 뜻으로서 본래 불한(불칸)에서 시작되었다. '불'은 '뿔'의 원형이다. 뿔한은 뿔칸의 다른 표기이고 그것을 고대에는 '불한'으로 발음하였다. 뿔한의 다른 표기가 '舒弗邯서불한'이다. '서불한'의 '서불舒弗'은 본래 '쏼'을 표기하기 위한 것으로서 입을 다물고 입술을 좌우로 지긋이 당긴 상태에서 살짝 내뱉듯이 'ㅅ(시옷)'을 먼저 발음하라는 일종의 명령어이다. 그러니까 시옷을 앞세워 '불'을 발음해야 하니 '쏼한'으로 표기해야 실제 소릿값에 가까울 것이다.

그러나 '불'에는 이 외에도 여러 가지 의미가 있다. 난방과 음식의 조리에 쓰는 불(火)도 불이었다. 과거 '불' 또는 '부리'의 쓰임새는 다양하였다. 불(부루)·부리라는 말은 고구려와 부여에서도 함께 쓰였다. 그 한 예가 길림성 집안시의 국내성[1] 뒤에 있는 환도산성[2]이다. 환도산성은 본래 不而城불이성이었다. '불이(부리·불·부루)'가 '산'의 의미로 쓰인 사례이다. 그러므로 불이성은 산성山城의 뜻. 한국 고대어에서 '불'이 산의 뜻으로 쓰인 사례는 많다. 전북 고부를 고사부리古沙夫里, 고창을 모량부리毛良夫里, 나주 반남을 반나부리半奈夫里라고 한 것과 발해의 부리현富利縣이나 『요사遼史』에 거란의 집주集州를 부여·고구려 시대 고비리군古陴離郡이라고 한 지명 사이에는 하나의 계통성이 엿보인다. 남북으로 수천 리 떨어져 있는 지명에 사용한 말이 같다는 것은 그 지명을 남긴 이들 사이에 동질성이 있음을 뜻한다. 산의 의미로서 이 '부리'와 함께 일찍부터 '수리[峰]'라는 말도 사용되었다. 그러나 '수리'는 본래 고구려·백제 지역에서는 흔히 쓰였으나 애초 신라어에는 없는 말이었다.

국내성이 평지의 성인 반면 불이성은 그 서북편을 감싸고 있는 산에 있는 성이었기 때문에 산성이란 의미로 쓰인 말이었다. 夫里부리나 不而불이는 모두 같은 것을 다르게 표기한 글자일 뿐이다. 이것이 콧부리나 돌부리·새의 부리처럼 뾰족하게 툭 튀어나온 것을 이르는 말로 의미가 확대되었다. 그래서 간혹 한자로 취嘴라는 말을 쓰는 경우가 있다. 嘴취는 '부리 취'라고 새긴다. 우리말로는 '부리'이다. 주둥이를 의미한다. 섬이나 바닷가에 새의 부리처럼 길게 튀어나온 지형을 미역취·대취 등으로 부르는 것도 본래는 '부리'에서 시작되었음을 알려주는 것이다.

그런데 불(부루·부리) 지명은 영남과 호남 지역에도 폭넓게 분포한다. 본래 삼한어였다는 뜻이다. 부루·불은 초기 삼한 사회에 많은 영향을 주었다. 다만 신라나 변한 지역에서는 火라는 한자로 '불·부루'의 소릿

··········
1. 國內城
2. 丸都山城

값을 나타내었다. 이때의 '불'은 대개 벌판을 의미하지만 '산'의 뜻으로 새겨야 하는 사례도 흔히 있다. 백제 지역에서는 벌판의 의미로서 주로 부리夫里 또는 비리卑離로 쓴 것과는 대조적이다.

경남북 지역에는 火(불) 지명의 사례가 꽤 많이 있다. 한 예로 울주 우화현亏火縣에도 火(불·부루)라는 이름이 들어 있다. 우화亏火는 본래 '우 불'로 불렸음을 알 수 있다. 우불산亏弗山은 우화산亏火山과 같은 의미 이다. 현재 양산시 웅상읍에 있는 '우불산'은 과거 우화산으로 불리던 곳이다. 『신증동국여지승람』 울산군蔚山郡에 '신라의 지명에는 火라는 것 이 많은데, 火는 弗불에서 온 것이고, 弗불이 변해서 伐벌로 불리게 된 것' 이라고 하였다. 이것은 정확한 설명이다. 달구불達句火이 달구벌로 바뀐 것도 그렇다. 영남 지역의 고대 지명 가운데 火자가 들어가는 지명을 열거하면 다음과 같다. 이들은 모두 산 또는 벌판이라는 의미에서 불· 부루(부리)라는 말을 썼다. 그 뜻을 새겨 한자 火화로 표기하거나 소릿값 에 따라 弗불이라는 한자로도 표기하였다.

문화량국(蚊火良國) : 경남 고성?(『삼국사기』 지리 1)

비화현(比火縣) : 경주 안강

달구화현(達句火縣) : 대구

아화현(阿火縣) : 비안(영천)

퇴화현(退火縣) : 흥해

절야화군(切也火郡) : 영천

사정화현(史丁火縣) : 영천 신령

추화현(推火縣) : 밀양

거지화군(居知火郡) : 언양

갑화량곡(甲火良谷) : 울산 기장(機張, =車城)

굴아화촌(屈阿火村) : 울산

골화국(骨火國) : 안동 임하. 임고(臨皐)

비화국(非火國) : 경남 창녕(『삼국유사』 5)

개화국(皆火國) : 부안 개화

우화현(于火縣) : 울주. 우풍현(虞風縣)

모화현(毛火縣) : 경주 모화

칠파화현(漆巴火縣) : 청송 진보

노사화현(奴斯火縣) : 의성 자인

구화현(仇火縣) : 의성

추량화현(推良火縣) : 대구 현풍(玄風縣本推良火縣推一作三)

삼량화현(三良火縣) : 대구 현풍

비자화군(比自火郡) : 경남 창녕

화왕군(火王郡) : 창녕

서화현(西火縣) : 창녕 영산(靈山)

적화현(赤火縣) : 야로(冶爐縣), 고령 야로

설화현(舌火縣) : 성주 화원(花園, 錦城)

사동화현(斯同火縣) : 인동(仁同, 구미)

달구화達句火는 달구벌을 표기하기 위한 것이었듯이 삼한 지역이 모두 평야 또는 벌판을 '불'이라는 소릿값으로 대신하던 시절이 있었다. 호남 지역과 마찬가지로 영남 지역에서도 똑같은 방식으로 쓰였다. '부리·불'을 특별한 지명에 사용한 사례도 있다. 신라 지증왕 4년(503)에 세워진 영일 냉수리비에서도 '부리'를 확인할 수 있다. 냉수리비에는 '…癸未年九月卅五日沙喙至都盧葛文王…'이라고 한 구절이 있는데, 이것은 '계미년(503) 9월 25일 사훼부 지도로갈문왕……'이라는 내용이다. 지도로갈문왕至都盧葛文王은 지증왕을 가리키며, 그 앞의 사훼沙喙는 지증왕의 출신지를 나타낸다. 본래 '사로(사라)'는 6촌(6부)의 합의체였으니 지증왕이 사로국의 중심인 사훼부를 장악한 왕이었던 것이다. 사훼沙喙라고 썼지만 이 말의 의미는 우리말 고대어(신라어)에서 찾아야 한다. 신라어에서 '사'는 ①새롭다[新] ②동쪽 땅[東土] ③풀 등의 뜻이 있다. 훼喙는 새의 부리나 산·콧부리처럼 길게 튀어나온 것을 의미하지만 여기서는 벌판을 가리키는 뜻으로 쓰였다. 다시 말해서 평야의 뜻이다. 그냥 '땅'이라고 번역해도 좋겠다. 고대 우리 선조들은 벌판이나 평야를 나타낼 때 寧·靈·羅와 같은 한자를 빌려 썼으니 경남 창녕昌寧, 경북 고령高靈, 전남 나주羅州 또는 전라도全羅道가 좋은 예이다.

정리하면 사훼는 사부리(사불)를 표기한 것이며, 여기서 사벌→서벌 徐伐 그리고 사로 또는 사라가 나온 것이다. 이렇게 볼 때 신라新羅나 사라斯羅는 본래 沙喙사훼와 표기법만 다를 뿐 그 실체는 같음을 알 수 있을 것이다.

비록 말은 있어도 그것을 표기할 글자가 없었기 때문에 이처럼 한자를 빌려서 우리말을 담아내느라 삼국시대의 지식인들은 나름대로 무척이나 고민을 했다. 더군다나 표기에 일정한 원칙이 있는 것도 아니어서 신라·고구려·백제 삼국의 표기법이 모두 달랐고, 때로 이와 같이 제각각인 표기법은 정치적으로 또는 군사적으로 일종의 암호처럼 쓰이기도 했다. 하지만 어느 시대든 지식인이 있었고, 그들이 오랜 세월 고민하고 연구한 끝에 만들어낸 것이 바로 향찰이나 이두와 같은 표기였으니, 이러한 표기를 이해하면 지금 남아 있는 자료에서도 우리는 뜻하지 않은 사실들을 찾아낼 수 있다. 이들의 표기법을 세심하게 관찰해 보면 각기의 표기 특성이라든지 거기에 담긴 의미를 쉽게 알 수 있는 것이다.

'불(부루)' 지명이 남아 있는 또 하나의 사례로 청산리전투가 있었던

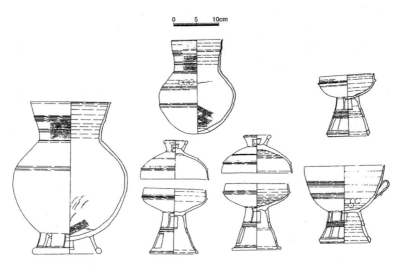

0   5   10cm

■ 대구 불로동 고분 출토 토기

중국의 '우둥불'을 주목할 필요가 있다.[3] '부루'의 축약형인 '불'이 산 이
름으로 남아 있기 때문이다. 이런 경우 고구려에서는 于冬火우동화로 표
기했을 것이다. 또한 황해북도 중화군의 加火押가화압은 고구려 지명인
데, 加火는 '가불'의 표기로 볼 수 있다. 그리고 한참 후의 일이기는 하
지만 '부리'(=불)에 대한 내용이 거란족의 역사서인 『요사』[4]에도 실려
있다. '부리扶里'가 관명官名으로 사용되었음을 알려주고 있는데,[5] 여기서
말하는 扶里부리 또한 불·부루의 한자 차용 표기이다. 이것이 신분이나
관직명에도 쓰였다. 그 대표적인 예가 신라의 각간角干이다. 각간은 부
여·고구려의 각가角加에 해당한다. 『일본서기』에서는 이것을 츠누가(鹿
我)로 기록하였다. 작은 예이지만, 산청군 차황면의 부리傅里나 부리골

••••••••••
3. 중국 길림성 화룡시(和龍市)에 있었다.
4. 『遼史』 권 116 語解 편에 있다.
5. 官府名聞撒狱亦扶里官之一

은 가야시대 산청의 수장이 살던 곳이었음을 암시한다. 이 지역에서 발굴한 가야시대 고분은 말할 것 없이 그 지역 가야 수장들의 무덤이라고 할 수 있다. 또 산동네인 대구의 불로동不老洞은 산을 '불'이라 하던 전통에서 나온 이름의 흔적이며, 사실 각산동角山洞도 같은 조어법에서 나온 동일한 이름으로 볼 수 있다.

호남 지역에서도 일찍부터 夫里부리나 卑離비리와 같은 지명이 사용되었음을 앞에서 설명했는데, 나주 반남의 백제 이전 지명인 반나부리[6]나 전북 고부의 고사부리古沙夫里 그리고 전북 고창의 모량부리毛良夫里가 있었다. 이 외에도 부여의 옛이름 所夫里소부리가 더 있다. 모두 산이나 벌판[平野]을 의미하는 말이지만, 전북 이리(익산)도 원래는 소부리였던 것 같다. '소부리'는 나중에 '솝리'로 축약되었다가 裏里이리[7]로 정착되었다. 본래 所夫里는 松山송산이란 의미이다. 지금까지 통상 소부리주를 부여라고 알고 있으나 그 이름으로 보면 부여~이리 지역이 모두 소부리주였을 수 있다. 13세기 이규보가 벌목 감독관으로 나갔을 때에도 전주·김제·이리·부안 지역에는 소나무 벌판이 끝도 없이 펼쳐져 있었다고 하였다. '솔'의 다른 형태가 소이니 '소부리'는 소나무벌판이란 의미. 부리·불은 고구려 미천왕[8]의 즉위 전 이름 을불乙弗과 북부여왕 해부루解夫婁 그리고 부여의 국상 아란불阿蘭弗 등에서도 볼 수 있다.

그러면 지금까지 설명한 불[火]과 동음이의어인 불[角]·불[峰]은 어떻게 해서 생겨난 것일까? 이와 비슷한 사례로써 예를 들어보자. 배이다. 배에는 우리가 먹는 배[梨]가 있고 사람의 배[腹]가 있으며 물에서 타는 배[船]가 있다. 이처럼 서로 다른 사물에 대해 같은 소릿값을 가진 동음이

----

6. 半奈夫里
7. '솝(솔)〉속'의 변화과정을 거쳐 裏(리)라는 한자로 정착되었다.
8. 美川王(300~330)

의어가 존재한다는 것은 서로 다른 종족의 융합이 있었음을 의미한다. 불[火]·불[角]·불[峰]의 경우도 마찬가지이다. 이 역시 언젠가 서로 다른 세 종족이 만나 융합한 흔적이 하나의 편린으로서 우리말 속에 남아 있는 것이라고 할 수 있다. 다시 말해서 한국 고대어의 형성기에 여러 종족이 만나 융합한 결과로 봐야 한다는 뜻이다.

'불(부루)'의 개념 분화와 '수리'라는 용어의 정착

앞에서 설명했듯이 '부루(불)'라는 말은 부여와 고구려에서 함께 쓰였고, 그 영향은 한반도 남부에까지 강력하게 미쳤다. 산의 정상을 의미하는 말인 '불(부루)'은 각 지역에 '불' 또는 '부리'란 이름의 지명을 탄생시켰다. 물론 이것이 벌판이나 평야의 뜻으로도 쓰였고, 후에는 벌伐로 대치된 사례도 흔히 있다. 또 앞의 여러 사례에서 화火라는 글자가 들어 있는 지명으로부터 그 소릿값은 '불'이었음을 알아보았다. 비록 한자로 표기되었으나 그 의미에 대해 우리가 주목하는 까닭은 한자의 이면에 숨은 뜻과 소리는 우리말이기 때문이다. 이것을 정확히 새길 줄 알아야 향찰을 알 수 있으며, 그런 바탕이 있어야만 향찰을 구사한 고대인들을 이해할 수 있는 것이다.

그런데 '불·부루'가 쇠뿔(牛角)과 같은 동물의 뿔을 가리키는 말이 아니라 전혀 다른 뜻으로도 쓰여 이해하기가 자못 복잡할 때가 있다. 애초 산이란 의미의 '불(부리·부루)'에서 뿔로 의미가 분화되어 갔는지 아니면 뿔(고어형 불, 角)에서 산이라는 의미의 불(부리)이 파생되었는지는 알 수 없다. 다만 계통이 서로 다른 말들이 들어와서 함께 쓰인 것은 분명하다. 나중에 '불(부리)'은 신분을 지칭하는 용어로까지 의미가 확대되었다. 그리하여 최종적으로 신라의 각간角干이라는 명칭에 그 말이 반영되었는데, 본래 뿔이라는 뜻의 '불'이 신분을 나타내는 용어로 맨 처음 사용된 것은 흉노 사회였다. 흉노인들은 흉노 최고지도자 선우와 좌현왕·우현왕 아래에 좌각左角·우각右角을 따로 두었는데, 흉노에 관한 중국의 기록에 보이는 각角이란 직명의 실체도 사실은 '불'이었을 것으로 추정된다. 다시 말해 동물의 뿔을 가리키는 말로서의 '불(부루)'은 흉노와 선비족에 연원이 있다고 할 수 있다. 또 다른 예 하나를 보자. 『일본서기』 계체기 23년(529년) 3월 기록에 이런 내용이 있다.

"신라가 처음 딸을 시집보낼 때 100명의 여종女從을 딸려 보냈다. (대가야에서는) 이들을 받아서 여러 현縣에 분산시켜 놓고 신라의 의관을 입혔다. (그런데 그들이) 신라의 의관을 벗고 가야의 옷으로 갈아입은 것을 보고 아리사등阿利斯等이 노해서 사람을 보내어 여자들을 신라로 돌려 보냈다. 이에 신라는 크게 부끄럽게 생각하고, 딸을 돌려받으려 했다. 신라 왕은 '전에 그대가 혼인할 것을 내가 허락하였지만, 지금 일이 이렇게 되었으니 딸을 돌려 달라'고 하였다. 이에 가라의 기부리지가己富利知伽가 대답했다. 부부로 맺어졌는데 어찌 다시 헤어질 수 있겠소? 또한 이미 아이가 있으니 어떻게 아이를 버리고 가겠소?"

가야 왕이 신라 왕의 딸을 아내로 맞아 아이를 가졌는데, 임신한 딸을 신라 왕이 돌려달라고 요구한 데 대한 대답이다. 이것은 대가야 이뇌왕이 신라 이찬 비조부의 누이를 아내로 맞아 월광태자를 임신한 때의 이야기로 볼 수 있는데, 우리 측 기록에는 없지만, 기부리지가라는 이 가야 왕의 이름에는 대단한 비밀이 숨어 있다. 伽가는 加가와 마찬가지로 부여·고구려적인 요소이다. 대가大加나 그 아래의 '가加'를 포함한 '가 계층'을 뜻하며, 그 앞의 知지는 왕이나 사람을 뜻하는 '치'를 나타낸 말이므로, 결국 知伽지가는 동일한 뜻을 가진 말을 겹쳐놓은 것이다. 부리富利는 '부루(불)'의 다른 표기이다. 그러므로 富利知부리지는 뿔치(부리치)이며 富利伽부리가 역시 '뿔가'이다. 다시 말해서 己富利知伽기부리지가는 己라는 이름에 신분 표시어 富利부리 및 知지와 伽가를 합성한 조어이다.

그러므로 부리지가富利知伽는 '뿔치'(=부리지, 富利知)와 '뿔가'(부리가, 富利伽)로 인수분해 할 수 있으며 이것은 다른 말로 각가角加이다. 각가는 신라의 각간角干과 동일한 신분이다. 신라에서 뿔의 고어형 '불'을 칸干과 같은 지배자를 이르는 말인 '불칸(干)'으로 인식하고 그것을 각간角干으로 표기한 것은 이런 배경을 설명해 준다. 이들은 모두 계통이 다를 뿐, 지배자란 의미이다.[9] 기부리지가르富利知伽라는 이름은 가야에서도 가(加, 伽)라는 호칭을 쓴 사실을 전해주고 있다. '치'는 본래 흉노·선비계 말임을 『흉노인 김씨의 나라 가야』에서 여러 차례 설명하였다. 앞의 사례를 통해 대가야의 왕 '기부리지가'는 본래 가 신분이었음을 알 수 있다. 앞에서 설명한 대로 불·부리 지명의 또 다른 형태를 우리는 대구의 각산동角山洞이나 불로동不老洞에서 볼 수 있다. 5세기의 대형 봉분을 가진 불로동의 무덤은 그 지역의 수장들이 묻힌 것이다. 각산 및 불로는 모두 수장들의 존재를 알려주는 '불(부리)'의 잔재형이다.

이와 같이 동음이의어로서 산·뿔[角] 그리고 붉[火]이 존재했으며, 뿔(부루·불)이 신분이 높은 자를 이르는 용어로 사용된 점을 보면 소위 가야나 신라 지역에서 출토되는 각배角杯라는 모양의 뿔잔은 지배자 계층의 전유물이었을 것이라는 생각이 든다. 이런 뿔잔은 서아시아와 유럽 일부 지역에서도 발견되고 있지만, 다른 지역과의 계통성을 따지기에 앞서 지배층의 실용기인 동시에 상징물이었다고 추리할 수 있는 것이다.

··········
9. 다시 말해 '불치'이며 이것이 불칸 〉 뿔칸 〉 각간(角干)으로 변화한다.

이제 우리는 己富利知伽기부리지가라는 이 가야 왕의 실제 이름은 己(기)이고 나머지는 신분을 나타내는 호칭임을 알았다. 대가야 왕의 성씨가 김씨였을 것이라고 보면 기부리지가의 실제 이름은 김기金己였을 수 있다. 아마도 이 사람이 대가야의 이뇌왕이었던 것 같다. 己기와 己이는 흔히 혼동할 수 있으니 그렇게 생각해볼 수 있다. 일본에서 기록했을 당시에는 상대국가의 지배그룹 성씨에 대해 분명히 알고 있었으므로 단지 그 이름만을 적더라도 누구든 알 수 있었을 테니까 성씨는 생략하였을 것이다. 계체기 23년(529)의 『일본서기』 내용을 가지고 己富利知伽기부리지가라는 인물이 고령 대가야의 이뇌왕이었을 것이라고 추리하는 바이다.

그런데 위 기사에 나오는 또 다른 인물에 주목해 보자. 阿利斯等아리사등이라는 인물인데, 그는 당시 왕은 아니었을지라도 대가야의 지배자이다. 그는 己富利知伽기부리지가와 친족 관계가 아니었을까 하는 생각마저 든다. 그는 대가야 최상층 지배자 가운데 한 사람임은 분명하다. 그런데 阿利斯等아리사등은 '알지'의 일본향찰 표기로서 이것의 다른 표기가 阿利斯止이며 이때의 斯는 사이시옷의 기능을 가진 글자이다. 阿利는 '알'의 표기.[10] 이로부터 '기부리지가'의 성씨가 김씨였음을 미루어 짐작할 수 있다.

다시 본론으로 돌아가 보자. 불·부리(부루)라는 말은 수리나 마리·지·칸(干, =한)과 같은 의미로 사용되었다. 이들은 각기 독립적으로 사용되었으나 때로는 서로 짝짓기하여 조어로 사용되기도 하였다.

角·火·山은 고대사회에서 모두 '불'로 읽었다. 그러니까 '불'의 이음동의어로서 한자로 쓰면 그 뜻은 각기 다르다. 한국의 고대 사회에서

----

10. 等 대신 止를 쓴 데에는 나름대로 그럴만한 이유가 있다. 일본어에서 止를 그 소릿값이나 뜻으로 새겨서 等으로 대신한 것으로 볼 수 있다.

산을 '불'이라는 말로 부르고, 그것을 火(불)로 표기한 사례와 달리 신라에선 '불' 대신 벌판을 뜻하는 말로 '벌'이 널리 쓰인 사례가 있다. 경남 함안의 함안산성에서 나온 목간에서는 仇利伐구리벌, 及伐城급벌성과 같은 지명들이 확인되었는데, 이 伐벌은 들판[野], 즉 벌판을 가리킨다. 그러나 이 경우의 '벌'은 '불'과는 의미가 더르다. 불의 변화형으로 볼 수 없으나 영남 지방에서는 혼용한 사례도 흔히 보인다.

이 외에 산을 뜻하는 말로 '수리'가 고대 사회에서 쓰였다. 높은 산을 이르는 말인 '수리'는 후에 응봉鷹峰이라는 한자 속으로 숨어들었으며, '정수리'에도 그 흔적을 남겼다. 수리(술)는 간(칸)과 만나 술칸이 되기도 하였고, 술(수리)의 다른 형태인 '솔(소리)'이 백제의 관등에선 덕솔·달솔·한솔 등으로 사용되었다.

포상팔국이 공격한 갈화성竭火城은 어디인가?

포상팔국 전쟁은 영남 남부지방에서 벌어진 가야 사회 내부의 갈등이자 소용돌이 바람이었다. 철기가 널리 보급되고 병기가 다양하게 개발되면서 무기의 살상력이 획기적으로 증대된 철기 완숙기에 일어난 사회 체제의 변화와 변혁의 고통이었다. 사실상 철기 보급 이후, 한강 이남에서 가장 큰 싸움이었으므로 이 전쟁으로 인한 인명피해는 그때까지 누구도 보지 못했을 만큼 크고도 참혹했을 것이다.

철기로 말미암아 생산력이 증대되고 빈부에 많은 차등이 생겼으며 신분에 분화가 일어났다. 그리하여 세상은 조금 더 복잡해졌다. 비록 영남 지방의 제한된 범위에서 일어난 싸움이었지만, 포상팔국 전쟁으로 오랜 기간에 많은 전사자와 전쟁포로(노예)가 생겼을 것이다. 그리하여 새로운 신분층이 형성되고 신분의 분화는 심화되었다. 대신 패전국 포상팔국은 가야권에 편입되었고, 자잘한 변진 소국들은 김해를 중심으로 재편되었다. 변진 소국을 통합하여 김해와 함안의 양대 구도로 재편해가던 3세기의 전통을 이어 이번엔 김해 임나가라가 가야권 전체에 대한 지배권을 완전히 구축하였다. 이로써 드디어 국國의 개념과 영역은 우리가 알고 있는 가야권 전체로 확대되었다. 대외교역 또한 그에 맞게 정리되었다. 그것은 곧 시장과 경제 규모의 확대를 의미하는 것이었다.

십수 개의 자잘한 소국들이 난립해 있던 상태의 가야권이 김해가야와 함안 안라국 주도의 양대 세력으로 재편되다가 마침내 김해 중심으로 통합되었으니 물화의 이동과 사람들의 왕래도 한결 자유로웠을 것이다. 이런 변화는 구체제를 버리고 새로운 사회체제로 이행하는 과정에서 나타난 필연적인 현상이었다고 보아도 되겠다. 이러한 체제 변혁을 가져온 사건이 포상팔국전이었으며, 그 중에서도 중요한 싸움이 갈화성 전투이다.

포상팔국이 202년 안라국을 공격할 때 안라국을 도운 신라를 응징하기 위해 쳐들어간 곳이 갈화성이었다. 기록에 따르면 갈화성 전투는 205년에 있었던 사건이다. 이때 가야는 신라에 원병을 요청했다. 신라는 이 갈화성 방어에 성공함으로써 이후 포상팔국전을 승리로 이끌었다. 포상팔국 전쟁에서 함안과 신라는 물론 포상팔국 양측 모두에게 중요한 사건이 갈화성 전투였다고 할 수 있는데, 그러면 갈화성竭火城은 어디에 있었을까? 이 문제에 관해서는 이미 『흉노인 김씨의 나라, 가야』와 이 책의 포상팔국 전쟁 관련 글에서 간단하게 설명하였으나 미흡한 점이 있어 여기서 다시 한 번 다루고 이 문제를 마무리 짓고자 한다.

지금까지 많은 연구자들은 갈화성을 울산에 있었다고 믿고 있다. 일연이 『삼국유사』에서 갈화성은 "울주(지금의 울산) 굴불屈弗이 아닌가 의심된다."고 한 것이 갈화성을 울산이라고 주장한 배경이다. 일연의 짐작에 따라 추리하면 울주군 범서읍 굴화리를 굴불屈弗로 볼 수 있다. 이 외에 그 대상지로 떠올려볼 수 있는 곳이 더 있다. 울산의 옛 이름[11] 굴아화촌屈阿火村이다. 이 이름 가운데 굴아화屈阿火와 갈화爲火가 비슷하므로 '굴아화'는 '갈화'이고, 그러니 갈화성은 울산에 있는 성이었다고 가정해볼 수 있다. 그리고 당시 울산의 갈화성은 가야의 성이 아니라 신라의 변방 요충이었으며, 신라가 가야를 도운 데 대한 보복전으로 포상팔국이 갈화성으로 쳐들어갔다고 보았다.

『삼국사기』 물계자 전에 "골포·칠포·고사포 3국 사람이 와서 갈화성을 공격하니 왕(신라 내해니사금)이 병사를 이끌고 나가 구했다"고 하였고, 『삼국유사』 물계자 전에서는 "내해왕 10년(205) 골포국 등 3국 왕이 각기 병사를 이끌고 와서 갈화성을 공격하였다."고 한 사실에서 신라왕이 출전하였으니 포상3국이 신라의 갈화성을 보복 공격하였다고 이해한 것이다. 포상팔국이 신라를 보복 공격하였다면 신라로서는 그것은 매우 중요한 사건이었다. 그런데 어찌하여 그 사실이 『삼국사기』 신라본기에 철저히 누락된 것일까? 그리고 '병사를 이끌고 나가 구했다'고 했는데, 자신의 나라에 쳐들어온 적을 물리친 것을 두고 과연 '구했다'고 표현했을까? 혹시 울산 '굴아화'가 과연 '갈화'와 같은 지명일까? 그리고 같은 지명이라면 왜 다르게 썼을까? 어찌하여 이런 당연한 의문을 가져보는 이들이 없는 것인가.

'굴아화'와 '갈화'는 각기 표기 방법에도 차이가 있다. 고구려나 백제·신라 모두 이른 시기의 지명표기에는 우리말의 모음을 다소 경시하는 경향은 있었다. 물론 하나의 지명인데 표기법이 다른 경우도 있다. 그렇지만 '굴아화'와 '갈화'를 같은 지명이라고 보기는 어렵다. 이들은

⋯⋯⋯⋯⋯⋯
11. 『삼국사기』 지리지 양주 임관군(臨關郡) 하곡현(河曲縣)의 옛 지명이 굴아화촌(屈阿火村)으로 되어 있으며 이곳이 고려시대 울주이고 지금의 울산이다.

모두 신라의 향찰로서 같은 것을 다르게 표현한 것이 아니다. 서로 다른 지명이다. 같은 지명이라고 볼 수 없는 것은 글자가 다를뿐더러 글자의 차용법이 다른 까닭이다. 차용법이 다르다는 것은 차음법을 달리하고 있다는 것을 의미한다. 그것은 표현하려 한 대상이 달랐음을 뜻한다. 屈阿굴아는 반절표기로서 '가'를 나타낸 것이거나 그 외의 다른 소리를 실은 표기로 볼 수 있다. 만약 그것들이 서로 같은 지명이라면 포상팔국 중 3국은 양산시 웅상읍 일대의 어느 성을 공격한 것일 수도 있다. '굴아화'가 양산 웅상읍에 있었다고 하므로 안라를 도운 데 대한 복수전이었다면 그 위치상으로는 적합하다고 할 수 있다.

그러나 일연이 '굴불屈弗이 아닌가 의심된다'고 하였으니 그곳을 지금의 울주군 범서읍 굴화리 대신 웅상읍으로 볼 수도 있다. 포상팔국이 공격한 함안을 신라가 돕자 그로부터 3년 뒤 포상팔국이 갈화성을 공격하였다. 물계자 전의 기록이 안라국과 관련된 것이지만 신라의 입장에서 기록하다 보니 마치 신라 땅에 있는 갈화성을 포상팔국이 공격한 것처럼 기록했을 수도 있다. 그러나 실제로는 안라국을 다시 공격했고, 신라가 안라국을 재차 구했으므로 '병사를 데리고 나가 구했다'고 표현하였을 것이다. 그러나 포상팔국이 정작 울산 웅상읍 일대로 쳐들어갔다면 '구했다'는 표현으로 미루어 웅상 지역이 그 당시에 신라 땅이 아니었다고 봐야 한다.

물론 갈화성을 울산 울주나 웅상읍으로 볼 경우, 골포·칠포·고사포국 3국이 칠포국(부산·동래)을 거점으로 삼아 쳐들어가기는 어렵지 않았을 것이다. 그런데 여기서 만약 일연이 전한 '굴불'이란 지명은 맞고, 그곳이 전쟁 당사국인 함안 지역에 있었다면 성산산성에서 나온 仇利伐구리벌과 『일본서기』의 구례산·구례산성을 갈화성으로 볼 수 있다. 구리벌仇利伐은 신라 향찰이지만 이것이 '굴불'과 가장 가까운 차음자로 볼 수 있기 때문이다. 이런 추리가 맞다면 포상팔국전은 함안 안라국이 탁순국을 정복하여 병합하자 전통적인 구세력으로서 탁순국과 깊은 관계를 갖고 있던 포상팔국이 탁순국을 탈환하기 위해 안라국을 상대로 시작한 것으로 볼 수 있다.

그러면 이제 갈화竭火의 의미를 새겨보자. 竭火갈화의 竭은 '갈'이나 '가리' 또는 '가라'의 향찰 표기다. 단 한 가지 굴아화屈阿火와 갈화竭火에 있는 공통점은 火화라는 글자 하나이다. 앞에서 장황하게 설명하였지만, 火는 산의 고대어 '불(부루)'을 표기한 것이다. 따라서 竭火갈화는 '가라불'로 치환할 수 있다. '갈'을 개음절로 읽으면 '가라'이니 '갈화성'은 '가라산성'12으로 복원된다. 그러면 이 성은 어디에 있었을까? 그 대상지를 ①함안 ②김해 주변 ③울산 또는 양산 지역 등으로 구분하여 상정해볼 수 있다. 이 중에서 먼저, 포상팔국은 함안을 상대로 싸웠고, 포상팔국이 공격한 곳은 함안의 요충이었을 것이니 갈화성은 함안 인근에 있어야 한다. 포상팔국은 부산~마산 지역 남해안 포구에 있는 나라들이었으니 함안 지역을 벗어나 울산에 갈화성이 있을 수 없다. 만약 갈화성이 울산에 있었다면 부산~마산만 일대의 골포국·칠포국·고사포국과 같은 포상팔국이 부산 지역을 거쳐 울산으로 가서 갈화성을 치는데 어찌하여 신라에 원군을 요청했을 것인가. 이 경우라면 오히려 신라가 안라국에 원군을 요청했어야 한다.

포상팔국이 낙동강을 건너서, 그것도 멀리 떨어진 동해남부 해안에 위치한 울산을 쳤다면 다급한 쪽은 가야가 아니다. 그 당시 신라가 울

••••••••••

12. 한자음 '갈'은 '가라'로 연철시켜서 개음절(開音節)로 읽으면 된다. 따라서 갈화성은 '가라산성'이 되는 것이다. '갈(竭)'은 '가라'의 한자 차음표기이다. 이상을 종합하면 갈화성(竭火城)은 김해 양동리 가곡산성(歌谷山城)의 다른 이름으로 볼 수도 있다. 표기법상 가곡산성이나 가라산성은 모두 갈화성(竭火城)의 다른 표기에 불과한 것이다. 이것이 맞다면 포상팔국이 맨 처음 쳐들어간 아라(阿羅)는 '가라(柯羅)'의 오기일 수 있다.

산까지 진출하였다 해도 울산 지역은 신라의 중심이나 요충이 되지는 못하였다. 즉, 포상팔국이 신라의 다른 요충지를 놔두고 굳이 울산으로 쳐들어갈 이유가 없다. 『삼국사기』 열전 거도 편에 현재의 울산 지방인 우시산국을 신라 탈해니사금 때 거도가 병합하였다고 전하고 있으나 그 연대만큼은 그대로 믿기 어렵다는 점은 따로 설명하였다. 그리고 고고학적으로 보더라도 1~2세기에 신라가 그곳을 차지한 것으로는 보기 어렵다. 다만 포상팔국전을 3세기 후반의 일로 보면 울산은 신라의 영역이 되었을 것이다. 기록을 견주어 '굴불'을 굴화리로 보면 울산이나 웅상은 신라 땅이다. 그런데 '신라 내해왕이 병사를 데리고 나가 그곳을 구했다'고 하였으니 행간의 의미로 보면 신라 땅이 아닌 것처럼 되어 있다. 그래서 실제로 그곳이 당시 신라 땅이 아니었거나 포상팔국이 울산으로 쳐들어간 것이 아니라고 의심해볼 만한 것이다. 그러나 정작 이 대목에서 중요한 것은 그것이 아니다. 그때 가야와 포상팔국 사이의 전선은 울산 지역에 형성되어 있지 않았다는 사실이다.

포상팔국 여덟 나라가 줄곧 집중적인 공격 대상으로 삼은 곳이 지금의 김해·함안 일원이었다. 양측의 싸움터가 함안과 김해 주변이고, 특히 부산·마산·사천 지역의 소국들이 연합하여 안라국을 치고 있는데, 주력군이 모인 전장을 놔두고 포상팔국이 까닭 없이 군대를 돌려 울산으로 쳐들어갔을까? 설사 그 당시 울산 지역이 신라의 요충 가운데 하나였다고 해도 포상팔국의 주적이 함안과 김해 지역에 포진한 상태에서 울산으로 방향을 돌려서 쳐들어가야 할 이유가 없다. 그곳을 칠 바에야 차라리 가야를 도운 신라에 복수하기 위해서라면 낙동강을 거슬러 올라가 양산 지역을 통로로 삼아 경주를 향해 쳐들어갔어야 전략상 훌륭한 효과를 기대할 수 있었을 것이다. 포상팔국이 까닭 없이 울산 지역을 공격했다고 보기 어렵고, 함안에서 멀리 떨어진 울산 지역을 지키기 위해 가야가 신라에 원병을 요청했을 이유는 더더욱 없는 것이다. 포상팔국이 울산으로 쳐들어 가려면 배로 동해남부를 돌아서 가거나 부산을 거쳐서 가야 한다. 육로로 가더라도 낙동강을 건너 부산과 기장을 거쳐 가야 한다. 여러 요인을 감안해 보면 당시의 상황에서 갈화성은 울산보다는 함안이나 김해 주변에서 찾는 게 낫다. 포상팔국과 함안·김해 사이의 직접적인 이해가 달려 있는 곳은 결국 함안·김해 주변일 테니까.

거기다가 갈화성과 굴아화촌은 전혀 다른 곳이다. 굴아화촌은 울산, 즉 우시산국于尸山國[13]의 작은 촌으로서 울산의 중심에서 벗어난 곳이다. '굴불'도 일연이 의심한 대로 울산 지역은 아니었다고 봐야 한다. 굴아화屈阿火는 갈화성이 아니며, 갈화성은 김해~함안 지역에 있었다. 어디까지나 포상팔국의 전쟁 당사국은 함안 안라국과 김해이기 때문이다. 기록에 신라는 포상팔국이 쳐들어온 갈화성을 직접 나가서 막은 것으로 되어 있다. 그 당시 김해와 함안의 가야 영역은 낙동강을 넘어 동쪽으로 미치지 못했다. 신라 왕이 직접 나가서 갈화성을 '구했다'고 하였으니 갈화성도 낙동강 서쪽에서 찾아야 한다.

기록에 의하면 205년(수정연대 265년) 갈화성 싸움은 포상팔국과의 두 번째 싸움이었다. 포상팔국이 안라국을 상대로 한 싸움이었으므로 이치상 갈화성은 일단 안라국의 통치권 내에 있어야 한다. 그렇지만 만약 갈화성이 울산에 있었다면 울산에 안라국과 포상팔국의 이해가 걸려 있어야 한다. 그렇지 않으면 최소한 포상팔국이 울산을 공격한 이유를 다른 데서 찾아야 한다. 안라국이나 신라 양측이 포기할 수 없는 중

••••••••••
13. 于尸山國은 신라향찰의 전형적인 사례가 되겠다. 신라향찰에서는 尸(시)를 'ㄹ(리을)'로 읽는 특이한 표기법을 택했다. 다시 말해 于尸山國은 신라 향찰로 읽으면 우시산국이 아니라 '울산국'이다.

요한 지역이었거나 포상팔국 중 어느 나라와 안라국 사이의 이해관계가 울산에 형성되어 있었어야 한다. 그리고 만일 신라가 안라국을 지원한 데 대한 보복전으로 갈화성을 공격한 것이라면 앞에서 설명한 대로 신라가 안라국에 원병을 보낼 게 아니라 안라국이 신라에 지원군을 보냈어야 한다. 앞에서 칠포국을 부산·동래로 확정한 마당이니 칠포국이 신라의 남쪽 변경인 울산을 쳤다고 볼 수는 있겠다. 그렇다면 이 경우에 함안에서는 울산으로 군대를 보내어 신라를 도왔어야 한다. 그러나 신라에서 함안에 군대를 보내 갈화성 전투를 돕지 않았는가. 함안에서 멀리 떨어진 울산 갈화성으로 군대를 보냈다면 신라 땅으로 들어간 함안의 군대가 '병사를 이끌고 나가 구했다'고 기술했어야 맞다. 어느 경우든 갈화성은 함안이나 김해에서 가까운 곳에 있어야 한다. 더구나 이 전쟁을 3세기 중반 이후에 있었다고 보면 울산 지역은 포상팔국의 주요 공격 대상이 되지 않는다. 당시의 사세로 판단하건대 도무지 이치에 맞지 않는 주장이다. 갈화성이 울산이라면 '안라국을 도운 신라를 응징 보복하기 위해서였다'는 것 말고, 포상팔국이 함안으로부터 멀리 떨어진 울산을 공격하기 위해 몰려간 이유부터 먼저 설명해야 마땅하다.

그런데 『삼국사기』 물계자전의 아라국阿羅國은 가라柯羅의 잘못된 표기였다는 주장이 제기되어 복잡하게 꼬였다. '아라'를 '가라'로 보면 네 차례의 포상팔국 전쟁은 김해가야만을 대상으로 한 것이 된다. 그렇게 볼 경우라면 더욱 더 갈화성이나 '굴불'은 김해가야의 영역 안에 있는 성으로 보는 게 옳다.

물론 아라阿羅를 가라柯羅의 오기로 이해하면, 신라가 김해가야를 도왔으니 그에 대한 보복 차원에서 포상팔국이 신라의 변경을 친 것이라고 볼 수는 있다. 가야 출신의 김알지가 사로국으로 진출하여 석씨와 연립정권을 구성한 뒤, 그 연합군이 김해가야를 도운 것으로 볼 수 있는 바, 두 번째 싸움이 가야를 도운 신라에 대한 보복전이었다면 갈화성은 김해와 그 주변 지역 또는 포상3국이 공격에 유리한 거점에 있었을 것이다. 설사 그 싸움이 고성의 고자국 주도로 일어났다고 가정 해도 갈화성이 울산에 있었다면 주적인 김해를 앞에 두고, 울산으로 몰려간 까닭이 무엇인지, 그에 합당한 이유부터 설명해야 한다. 만약 고성 세력이 울산까지 쳐들어갔다면 그 주력군은 해군이었을 것이며, 그 당시에 멀리 부산을 돌아 울산까지 공격한다는 것은 쉬운 일이 아니다. 고성의 고사포국 군대가 울산으로 쳐들어갔다면 부산 지역을 거쳐 갔을 것이고, 그 경우라면 부산 지역의 칠포국이 중심이 되어 울산을 공격하였을 수는 있다. 그러나 지금까지 누구도 부산 동래 지역을 칠포국으로 본 이는 한 사람도 없었으니 울산 갈화성을 주장하려는 이들은 이 문제도 함께 해결하고 울산 갈화성 이론을 내놓았어야 했다.

결론적으로 205년(수정연대 265년)에 포상팔국이 공격한 갈화성은 신라의 성이 아니라 가야의 성으로 보는 게 타당하다. 앞에서 설명한 대로 "이때 내해왕이 직접 병사를 이끌고 나가 구했다"고 한 것도 하나의 증거이다. 울산에 갈화성이 있었고, 그곳이 신라 영역이었다면 내해왕이 자신의 영토를 지킨 것을 '구했다'고 표현하지는 않았을 것이다. 그 당시 신라가 울산까지 영역으로 아울렀다고 하더라도 신라·가야·포상팔국의 이해관계가 울산 지역에 형성되었을 까닭이 없으며, 더욱이 고성 지역의 서부경남 해안세력인 고사포국이 적을 가까이에 두고 자신들의 근거지를 비운 채, 그곳까지 진출했을 가능성은 적다.

그리고 만약 포상팔국이 울산을 공격했다면, 김해가야는 신라를 돕기 위해 울산으로 병력을 집중시킬 필요가 없다. 한니발이 로마에 장기 주둔하면서 이태리를 정복했을 때, 스키피오와 로마군은 시실리 섬을 징검다리로 삼아 아프리카 북단으로 건너가 카르타고를 집중 공격하여 초토화함으로써 한니발의 본거지를 격멸해 버렸듯이, 함안이나 김해는 병력과 군대가 울산으로 빠져버린 포상팔국의 본거지를 공략함으로써 상대를 와해시키는 소위 '빈집털이' 전투방식을 펼치는 것이 더 효과적이다. 그런 전략적 방법을 가야와 신라가 몰랐을 리 없다. 실제로는 김해 서부와 남부 일대에 병력이 집중되었기 때문에 함안과 그 주변 지역에 형성된 전선으로 말미암아 안라국은 배후에 있는 신라에 원병을 요청한 것이었다고 보는 게 순리에 맞다.

지금까지 갈화성을 울산으로 보아 온 근거는 『삼국사기』이다. 『삼국사기』 지리지에는 신라 파사니사금 때 '굴아화촌을 취하고 현을 두었으며 경덕왕 때 울주로 고쳤다'고 하였으므로 이 기록에 따르면 울산은 2세기 초에 신라가 차지한 땅이다. 파사니사금은 기원후 79~111년을 재위에 있었다. 하지만 고고학적 연구에 의하면 사정은 다르다. 인근 양산梁山[14]이 5세기에야 완전히 신라의 영역이 되었고, 동래 지역도 5세기 중반에 들어서서 비로소 신라 색채가 강해진다. 더군다나 동남쪽 해안에 치우쳐 있는 울산 지역을 1세기에 신라가 취했다고 보기는 어렵다. 울산 지역이 신라의 수중에 들어간 시기는 3세기이다. 바로 이런 문제들 때문에 『삼국사기』 신라본기 초기 기록에 의문이 제기된 것이지만, 그 기사는 사실이고 연대만 잘못 되었다고 보면 어느 정도 수긍할 수도 있다. 그 기사가 전하는 내용이 적어도 3세기 중반 이후의 사건이었다고 보면 별 문제는 없을 것 같다. 여러 측면을 고려하더라도 울산 지역

· · · · · · · · · ·
14. 삽량주(揷良州)·황산(黃山)·사비신라(沙比新羅) 및 잡라(匝羅)와 같은 이름으로 불리었다. 문무왕 5년에 상주(上州)와 하주(下州)로 나누어 삽량주를 두었으며 경덕왕 때는 양주(良州), 고려 태조 때는 양주(梁州)로 고쳐 불렀다. 신라 박제상이 삽량주칸(揷良州干)을 지냈으며 김서현(金舒玄, 유신의 조부)이 양주총관(良州摠官), 김암(金巖, 김유신의 서손)이 경덕왕 때 양주태수(良州太守)를 지낸 바 있다.

이 1세기 말~2세기 초에 신라에 병합되었다고 보기 어려운 것이다.[15] 그 당시 그곳은 오히려 부산·동래의 칠포국 영역이었거나 칠포국 주변에 있던 어느 가야 소국의 영역이었을 수 있다는 뜻이다.[16] 그런 곳을 포상팔국이 공격했다면 그것은 칠포국과 신라의 싸움이므로 김해나 함안이 끼어들 이유가 없다. 여러 모로 보아 갈화성이 울산보다는 낙동강 서편에서 그 후보지를 찾는 게 합리적일 것 같다.

만일 아라국의 '아라'가 '가라'를 잘못 쓴 것이었다면 포상팔국이 공격한 갈화성은 현재의 양동리 가곡산성으로 볼 수도 있다. 양동리는 김해의 서편에 있는 마을로, 함안과의 경계 가까이에 있다.[17] 포상팔국의 위치와 진입경로로 볼 때 장유면과 진례를 포함한 김해 서남부 지역을 먼저 점령했을 것이다. 남쪽에는 고사포국과 골포국(진해) 그리고 서남쪽의 사물국(사천) 군대가 서로 다른 방향에서 쳐들어왔을 것이며, 김해 동쪽의 칠포국은 낙동강 하구를 건너 곧바로 봉황동토성과 그 건너편의 관동 그리고 양동리 등에 배를 대고 군대를 진격시켰을 것이다.

그런데 기록에는 진례에는 김해가야의 8대 왕인 질지왕이 태자를 시

● ● ● ● ● ● ● ● ● ● ●

15. 이와 관련해서는 양산 부부총(夫婦塚)을 그 사례로 든다. 경남 양산(梁山)에 있는 신라시대 부부의 무덤으로 횡혈식석곽묘이다. 2명의 부부 외에 3명이 더 묻혔는데, 이들은 순장자일 것으로 보고 있다. 좌측에 여자, 우측에 남자를 안치했는데, 이들 부부는 석상(石床) 위에 있었다. 석상과 연도 사이에는 이들보다 신분이 아래인 사람의 유해 3구가 있었다. 남자 주인에게서는 금동보관과 금동보요(95개)·순금귀고리·은가락지·은제과대·환두대도·목걸이용 비취옥과 유리 등이 수습되었다. 좌측 여자의 시상(屍床)에서는 자작나무와 은으로 만든 보관과 순금·영락(옥)·순금구슬·은구슬·은제과대 등을 수습했다. 신라 양식의 유물을 중심으로 하고 있으나 가야적 특징도 남아 있어 5세기 신라가 가야로부터 얻은 이 지역을 통치하기 위해 신라에서 파견한 무장이나 이 지역 최고 통치자의 무덤이었을 것으로 보고 있다. 일제시대 일본인들에 의해 발굴되었다.

16. 이 점에서 보면 신라가 울산 지역을 취한 것도 포상팔국전 이후였을 것이다. 김해의 가야를 도와 포상팔국이 멸망한 틈에 신라가 남쪽으로 밀고 내려가 울산 지역을 차지하였을 수 있는 것이다.

17. 물론 지금은 함안과 김해 사이에 창원시가 있다. 그러나 적어도 1600~1700년 전에는 함안은 김해 서쪽으로 비교적 멀리 있는 곳이었다.

켜 쌓았다는 진례성[18]이 있다. 물론 이것은 항간에 전해오던 이야기가 『삼국유사』에 실린 것으로 볼 수 있는데, 조사 결과 진례성(=송정리산성)은 5세기 말에 쌓은 것으로 밝혀졌다. 실제로 그 당시 진례성이 있었다면 김해가야는 진례 일대를 일시적으로나마 포상팔국에게 빼앗겼을 수도 있다. 그리고 만약 그때 진례성이 있었다면 토성의 형태였을 것이고, 포상팔국이 양동리로 쳐들어갔다면 그 길목에 있는 진례성을 먼저 공격하여 무너뜨린 다음에 진격했을 것이다.

『삼국사기』에 포상팔국 전쟁은 202년에 시작된 사건으로 되어 있으나 실제로는 262년에 발발한 사건이었음을 따로 설명하였다. 그렇다면 이 시기는 김수로 세력이 현재의 대성동 일대를 장악한 뒤이다. 그렇지만 그 후로도 김씨들의 가라국이 처음 시작한 양동리 지역은 줄곧 중시되었을 것이다. 양동리 일대는 김해가야(=가라국) 김씨들의 세력 근거지로서 양동리 갈화성은 중요한 길목에 있었다. 진해·창원·마산·함안·사천 일대의 세력이 침공해오는 길목에 진례나 양동리가 있었으므로 갈화성은 김해가야에게는 전략적으로 매우 중요한 요충이었다.

그러면 갈화성은 양동리 어디에 있던 성일까? 가곡산성으로 보고자 한다. '갈화'의 또 다른 표기명이 '가곡歌谷'이다. 歌谷은 '가락(歌)'과 골(谷)의 합성어이다.[19] 다시 말해서 가라골의 소릿값이 가락골이므로 그 의미에 따라 가곡으로 표기한 것이다.[20] 가곡산성이 있는 가라산을 가라불이라고 했을 것이고, 그것의 또 다른 한자표기가 '갈화'였을 것

<hr />

18. 현재의 진례 송정리산성을 이곳으로 보고 있다.
19. 바로 이것과 같은 이름이 고구려의 가라홀(加羅忽)이다.
20. 이런 근거에서 『흉노인 김씨의 나라 가야』 편에서 김수로·가락국·금관가야는 양동리 가락골에서 처음 시작하였다고 보았고, 또 하나의 근거로써 양동리에서 출토된 전한 말기의 동정을 들었다.

이다. 표기방식으로 판단하면 竭火갈화가 초기의 향찰이라고 한다면 그 후기형이 가라加羅 또는 歌谷가곡으로 볼 수 있을 것 같다. 결국 가라골에 세운 나라가 가라국인데, 그것을 일연은 『삼국유사』에서 가락국駕洛國이 라고 전했다.

이해를 돕기 위해 여기서 또 다른 사례 하나를 더 들어야 하겠다. 창 녕의 화왕산이 좋은 본보기이다. 여기서도 火는 산(=불)의 뜻으로 쓰 였다. 火王은 산왕山王의 의미이다. 다시 말해 화왕산은 산왕산山王山 이다. 산 가운데 왕이라는 의미를 갖고 있는 이름인 것이다.

이상과 같이 언어학적 측면에서 보더라도 갈화성은 가라불성이며, 그것의 한자 표기명이 가곡산성歌谷山城 및 加羅山城가라산성이다. 김해시 안에 남아 있는 지명 중에서 '가라·가라골' 그리고 가라국의 시원지를 추정할 수 있는 지명으로 유일하게 남아 있는 것이 양동리 가곡마을과 가곡산성이다. 만약 양동리 가곡산성이 갈화성이라면 이 산성은 2세기 말~3세기 초에 토성의 형태로 축조되었을 가능성이 있다. 따라서 현재 는 비록 석성으로 남아 있다 하더라도 그 밑에는 초축初築 당시의 토성 이 존재할 수 있다. 김해에 토성이 축조되었을 1~3세기에 한성 백제에 서는 서울 풍납토성과 몽촌토성이 생겼다. 한성백제의 중심이었던 두 성은 모두 토성이라는 공통점이 있다.

이상의 내용을 요약하면 다음과 같이 정리할 수 있다. 기록의 '아라 국'이 맞다면 갈화성은 함안 주변 '구리벌' 마을에 있던 산성이다. 그곳 에 함안의 후국이었던 탁순국의 중심성이 있었으며 『일본서기』에 '구례 산성'으로 기록된 곳이리라고 본다. '가라국'이라고 썼어야 할 것을 '아라 국'으로 표기한 것이라면 갈화성은 양동리 가곡산성으로 볼 수 있다. 세 번째로, 포상3국(골포국·칠포국·고사포국)이 '신라의 변방 성인 갈화성'을 쳐들어간 것이 맞다면 울주 범서읍 굴화리나 양산 웅상읍의 어느 산성일 수 있다. 이 중에서 세 번째는 가장 가능성이 낮다. 기록대로 이해하여 포상팔국전은 안라국을 대상으로 시작되었을 것이라고 보는 바이다.

가야의 기본적인 행정체계는 군현제였다

본래 변진 읍락의 장이 거수였고, 이들이 읍군邑君이었다. 그러니까 읍군邑君은 국읍의 주수主帥 신분이었고, 이들이 구야국·안야국 아래 후국의 주인이었다. 새로 귀순해온 귀의후와 정복에 의해 구야국·안야국에 편입된 중랑장·도위 그리고 그 아래로 백·장의 체제로 유지되고 있었던 것이다. 『삼국지』 한조의 안야국 왕과 구야국 왕에 대한 호칭 뒤에 '그 관리가 대궐에 있으면서 읍군·귀의후·중랑장·도위·백·장을 잘 통솔한다'고 한 것은 안야국과 구야국 왕궁에 있는 신지·견지·운지 그룹을 가리킨다. 구야국 왕과 안야국 왕 아래의 이들 관료가 김해와 함안의 궁궐에서 읍군 이하 5단계의 지배층을 잘 이끌었다고 하였으니 이것은 대왕 아래 소왕의 간접통치 구조였던 것이다. 3세기 중국의 『삼국지』에 이 기록이 실리던 시절, 가야권(변진)은 사실 김해와 함안의 쌍두체제였던 것이다. 『삼국지』 동예 조에도 동예의 정치제도에 관해 읍군邑君·삼로三老가 나오는데, 읍군은 각 읍의 책임자를 가리키는 표현으로 볼 수 있다. 읍의 장이 읍군이며, 읍은 군郡의 존재를 의미하고, 군의 책임자는 중국의 사례로 보면 태수太守이다. 읍이 있었으니 읍군邑君이 있었던 것이고, 현이 있었으면 현장이 있었을 것이다. 그래서 『일본서기』 흠명 5년 11월 조에 "이들 네 사람을 옮기기를 청하여 본래의 읍으로 돌려보냈다"[21]고 한 구절도 있게 된 것이다. "…率善邑君(읍군 …등을 잘 거

••••••••••
21. …請移此四人 各遣還其本邑…

느린다)…"는 구절 뒤로 귀의후·도위에 이어 장·백과 같은 직제가 있었다고 적었으니 이것을 바탕으로 추리하면 동예와 마찬가지로 가야에서도 군현제가 시행되고 있었음을 알 수 있다. 군현제에서 중요한 것은 군과 현의 편제이며, 군에는 태수가 파견되었다.

아울러 『삼국지』 한조 끝 부분에서는 구야국과 안야국 왕은 각기 그 아래에 귀의후歸義侯·중랑장中郞將[22]·도위都尉·백伯·장長의 지배층을 두고 있었고, 각각의 후侯는 왕을 참칭했다고 하였다. 그러니까 그들 후왕은 구야국 왕과 안야국 왕 아래 후국의 소왕小王이었음을 알 수 있다. 다시 말해서 귀의후는 안야국과 구야국 왕에게 예속된 일종의 제후로서 후왕侯王의 신분이었으며 이런 것은 중국의 분봉제를 그대로 모방한 것이라고 볼 수 있다. 이미 3세기에 가야 지역은 함안 안야국과 김해 구야국 중심으로 그 밑에 귀순한 소국의 왕을 후라 하여 대우하였고, 후侯 아래에 중랑장·도위와 같은 다양한 직급을 두고 통치하고 있었던 것이다.

읍군·귀의후歸義侯·중랑장中郞將·도위都尉·백伯·장長의 여섯 등급 중에서 귀의후나 중랑장·도위는 귀순 또는 정복을 통해 생긴 신분이다. 안라국과 구야국에 귀의(귀순)한 자를 『삼국지』에서 귀의후歸義侯로 기록한 것이다. 그러므로 거슬러 올라가 보면 귀의후는 본래 변진 소국의 왕으로 볼 수 있다. 변진 소국의 왕으로서 구야국 또는 안야국 왕에게 귀의함으로써 후侯의 신분과 자신의 통치기반을 그대로 유지하였음을 알려주는 것이 바로 귀의후라고 하는 명칭이다. 다시 말해서 함안 안라국이나 김해의 구야국에는 자신의 세력과 영역을 그대로 갖고 투항한 자가 있었고, 그들을 후侯로 임명하여 후국의 책임자로 삼은 것이니 그들은 모두 안야국과 구야국 왕(대왕)에게 예속된 소왕이었음이 분명하다. 가

---

22. 中郞有五官左右三將秩皆比二千石(『후한서』 직관지)

야의 이런 체제는 동옥저와 기본적으로 같았던 것 같다. 『삼국지』 동옥저전에 "그 현 가운데 거수는 현후縣侯이다. 불내不耐·화려華麗·옥저沃沮의 모든 현은 다 후국侯國이다."라고 하였다. 동옥저 안에 후국으로서 각 현마다 소국이 있었던 것이니 이것을 임나 본국과 임나 소국에 곧바로 대입할 수 있으리라고 본다. 부여나 동예·동옥저 모두 하나의 계통이고, 가야 또한 그들과 혈통이 별로 다르지 않으며 두 사회가 같거나 비슷한 발전과정을 거쳤다면 그 체제 또한 같거나 유사하였을 것이다. 동옥저의 현이 각기 후국이었으니 결국 현후縣侯가 후왕侯王이고 이것이 바로 가야 소국 왕 실체였다고 할 수 있다. 요약하자면 동옥저의 이러한 체제에 비추어 볼 때 가야 사회도 그와 똑같은 체제로 움직였을 것이라고 판단하는 바이다.

분봉 제후로서의 후侯는 그 원류가 중국 주 왕조에 있지만, 진나라에서도 시행되었다. 그러나 그것을 더욱 체계적으로 운용한 것은 전한 정권이다. 한 고조 유방 때부터 지방에 제후를 두어 통치하였다.[23] 전한 정부는 군현제를 시행하였는데, 그것은 본래 진나라의 제도를 따른 것이다.[24] 중국에서는 진 효공(秦孝公, 기원전 381~338) 때인 효공 12년(기원전 370)에 상앙商鞅에 의해 군현제가 처음 시행되었다. 군과 현을 바탕으로 행정체계를 개편, 각 군에는 태수太守[25]를 두어 다스렸다. 이후 한대漢代엔 변방의 군에는 태수 대신 병마를 관장하는 장사長史를 따로 두었다. 변방에서는 외적과의 접촉 및 군사적 갈등이 흔히 있었으므로 그것을 대비하여 태수 대신 장사를 파견한 것이다. 장사는 군사적 성격이 강한

• • • • • • • • • • •
23. …諸侯王高帝初置…(『후한서』 百官公卿表七之上)
24. 縣令長皆秦官掌治其縣萬戶以上爲令秩千石至六百石減萬戶爲長秩五百石(『후한서』)
25. 태수는 한 해에 쌀 2천 석(石)을 받았다.

특수 직제라고 할 수 있다.[26]

그러면 중랑장은 어떻게 해서 생겨났을까? 흉노 우현왕의 태자 김일제가 한 무제에게 포로로 붙잡혀 들어와 상장군 신분의 중랑장이 된 것이 '중랑장'이란 직책의 시작이다. 즉, 중국에서 중랑장을 지낸 인물은 흉노인 김일제가 처음이다. 이것으로 미루어 함안 안라국과 김해 구야국이 정복해서 항복을 받아낸 자는 중랑장 또는 그 아래 도위 신분으로 편입하였을 것으로 추정된다. 물론 중랑장이나 도위를 부여할 때는 피정복지의 규모·인구 등을 감안하였을 것이다.

중국에서 중랑장은 본래 대단히 높은 직급이었다. 중랑장은 대장으로서 상장군上將軍에 해당한다. 본래 궁궐의 출입을 책임지는 직책인데, 여기에는 의랑議郞·중랑中郞·시랑侍郞·낭중郞中의 구분이 있었다(『후한서』). 중랑장의 좌우에는 좌장 및 우장이 있었으니 이것이 소위 삼장三將 체제이다. 이들은 모두 한 해에 2천 석의 녹봉을 받았다. 중랑장은 낭장 가운데 가장 높은 직위이다. 가야의 중랑장은 여기서 유래한 것으로, 후侯에 버금가는 자리였다.[27]

결국 우리는 귀의후와 중랑장·도위와 같은 직위와 신분을 통해서 가야 사회를 좀 더 구체적으로 살펴볼 수 있을 것 같다. 후·중랑장·도위·백·장이라는 명칭과 직급은 실제로는 중국 한漢 나라의 직관 이름을 그대로 따른 것이지만, 그 자체만으로도 상당한 의미가 있다. 안야국이나 구야국에 귀순하여 후侯의 자리에 있게 된 사람은 중국의 제후諸

••••••••••
26. 郡守秦官掌治其郡秩二千石…邊郡有長史 掌兵馬秩皆六百石 景帝中二年更名太守(『후한서』「百官公卿表七之上). 그러나 얼마 안 있어 장사(長史)는 폐지되었다.
27. 郎中令秦官掌宮殿披門戶有丞武帝太初元年更名光祿勳郎掌守門戶出充車騎有議郎中郎侍郎郎中皆無員多至千人議郎中郎秩比六百人侍郎比四百石郎中比三百石中郎有五官左右三將秩皆比二千石郎中有車戶騎三將……有僕射秩比千石平帝元始元年更虎賁郎置中郎將秩比二千石(『후한서』)

■ 풍납토성 출토 대부명직구단경호
(大夫銘直口短頸壺),
높이 25cm,(한신대학교 박물관)

侯에 해당한다. 그들이 모두 왕을 칭했다고 하였으니 그것은 형식상 분
봉왕分封王이었음을 알 수 있다. 귀순이나 항복의 절차를 거쳐 그곳을 통
치하던 사람에게 자치권을 부여하는 방식, 이것이 바로 가야 소국 왕의
실체이다. 이런 체제는 변진구야국이 가야권을 통합한 이후부터 532년
임나 본국이 멸망할 때까지 그대로 유지되었다. 따라서 임나가라는 다
수의 임나 소국을 거느린 '제국으로서의 가라'를 의미하며 임나가라 본
국 왕은 임나 소국 단위로 땅을 맡겨 위임통치한 것이다. 이들 임나 제
국諸國의 왕들은 각기 자신의 휘하에 최상층 신료臣僚 그룹의 하나로 대
부大夫라고 하는 지배층을 거느리고 있었다. 그 한 예로『일본서기』흠
명 14년(553) 8월 조에 임나대부任那大夫가 기록되어 있으니 임나 여러 나
라에 대부가 국왕 바로 아래에 있었음을 알 수 있다. 아울러 서울 풍납
토성에서 大夫대부라는 관직명이 새겨진 직구단경호가 나왔으니 백제와
임나에는 똑같이 '대부'라는 신분층이 있었음을 알게 되었다. 대부는 임
나가라 관료 가운데 최상층 신분으로 볼 수 있다. 말하자면 왕 바로 아
래의 관료 그룹이다.

그러므로 예문 (가)의 변진 관련 기사는 3세기의 가야 사회가 실력이 월등한 김해 변진구야국과 함안 안라국 양대 세력을 중심으로 서서히 통합되면서 성장해가고 있었음을 알려주는 단서이다. 다시 말해 이 사실로부터 구야국과 안야국은 이미 주변 소국을 통합하는 정복군주이자 대왕으로서의 실력을 쌓아가고 있었음을 알 수 있다.

앞의 『삼국지』 기사 2)에서 구야국 왕을 秦支廉진지렴으로 표기한 것으로 보아 이 기사는 김수로 일가가 변진구야국을 정복하기 전의 상황을 전하는 기록임이 분명하다. 구야국왕 秦支廉진지렴 또는 그 후손은 나중에 김수로와 그 일족 세력에 의해 정복되었을 것이다. 이 과정을 거쳐 임나가라를 완성하였음을 알 수 있고, 3세기 후반 이후에도 임나가라는 이런 체제를 줄곧 유지하였던 것이다. 이로써 우리는 신라와는 달리, 가야는 군현과 제후를 바탕으로 한 일종의 제국이었음을 알 수 있다. 비록 협소한 영남 한 구석에 편재한 소국이었으나 그 사회를 통치한 '임나가라' 왕은 '제국帝國 가라'의 황제를 꿈꾸었다고 볼 수 있다.

도위 또한 애초 정복지의 수장층에게 준 관직이었다. 중국은 "전한무제 때[28] 흉노 훈야왕昆邪王이 항복하자 속국屬國을 설치하고 거기에 도위[29]·승초·후侯를 1천여 명이나 두었다"고 하였다.[30] 전한 무제는 훈야왕과 기타 흉노 이민족이 항복했을 때 훈야왕 이하 여러 지배층을 그 세력에 따라 후와 도위에 임명하였다. 그것과 마찬가지로 함안 안라국 왕과 김해가야 왕은 귀순하거나 항복한 이들 가운데 후 또는 중랑장에 못 미치는 사람은 도위로 대우한 것이다.

<hr />

28. 원수(元狩) 3년(기원전 120년)
29. …속국 도위는 모두 무제가 처음으로 두었다. …[屬國都尉皆武帝置…(『후한서』)]
30. …武帝元狩三年昆邪王降 復增屬國置都尉丞侯千人…(무제 원수3년 훈야왕이 항복했다. 다시 속국을 늘이고 도위·승·후 1천 명을 두었다.)

도위는 본래 도성의 방어 및 행정 책임자이다. 일찍이 중국 한 나라는 정벌을 통해 속국에 도위를 설치하였다. 중국에서는 이것을 따로 속국도위라고 하였다. 안야국과 구야국이 시행했다는 '도위'도 그 성격상 중국의 도위 및 속국도위와 같은 신분으로 보는 게 타당하리라 생각한다.

한편, 군현제에서는 군 아래에 현縣·리里·향鄕·정亭이라는 체계가 있었다. 본래 중국에서는 8개의 호구 즉, 8가八家가 한 개의 촌村이 되며 8촌이 1리里였다. 그러므로 이론상으로는 64가家가 1리였던 것이다. 10리가 1정亭이며, 각 정에는 우두머리를 두었으니 그것이 정장亭長이다.[31] 한 예로 한 고조 유방은 바로 정장 출신이었다.[32] 다음으로 10정을 1향鄕이라 하는데, 향에는 삼로三老를 두었다. 삼로는 비록 정장 위에 있는 신분이었으나 하급관료로서 녹봉도 받았다. 그에게 맡겨진 일은 향·정의 촌민들을 교화하고 각종 송사를 접수하며 부역과 세금을 걷는 일이었다. 도적이 현으로 쳐들어오지 못하게 향민을 모아 대적하고 사방 1백 리의 백성들로부터 부역·특산물·세금을 거둬들이는 일도 그가 주관하였다. 이런 방식은 진秦 나라의 제도를 그대로 따른 것이었다. 한漢은 진을 멸하고 진의 제도를 그대로 이어받았기 때문이다(漢承秦制). 그리하여 한의 관료 조직과 명칭도 진나라와 같은 것이 많았다.

중국의 삼로제는 동예에서도 있었다.[33] 동예에는 이 외에도 읍군邑君이 있었다. 가야에도 촌읍村邑[34]과 군현郡縣이 있었다고 기록하였으니 가야의 체제도 동예와 비슷한 점이 있었던 것으로 볼 수 있다. 여기서 말

----

31. 大率十里一亭亭有長 十亭一鄕有三老有秩 嗇夫游徼三老掌敎化 嗇夫職廳訟收賦稅 游徼徼循禁賊盜縣大率方百里其民稠則減稀則曠鄕亭亦如之皆秦制也 列侯所食縣曰皇太后皇后公主所食曰邑(『후한서』 百官公卿表七之上)
32. …高祖爲泗水亭長 求盜之薛…(漢高祖本紀)
33. 『삼국지』 동이전 예조
34. 『일본서기』 계체 8년(514) 3월 조의 반파국 관련 기사

한 읍군은 군읍郡邑의 책임자를 가리킨다. 그러나 동예에서도 왕 아래에 후侯를 따로 두었는지는 알 수 없다. 다만 삼로가 있었다고 하였으니 동예 역시 중국 한나라의 제도를 모방하여 시행하였으며[35] 그것은 동옥저에서도 같았다. "옥저의 여러 읍락에는 거수가 있어 모두 스스로 삼로를 칭했다."[36]고 하였으니 동옥저에서는 거수가 삼로였던 것이다. 가야 또한 중국의 체제를 그대로 따랐던 것 같다. 함안 성산산성에서 나온 목간에 촌村이 있는 것으로 미루어 신라는 물론 가야 사회도 일찍부터 촌과 리里를 토대로 군현 및 향리제鄕里制를 시행하고 있었던 듯하다.

백과 장은 중국 한나라의 행정 체계에 따르면 하급관리이다. 군의 책임자 태수와 현의 현후 아래에 향鄕과 정亭이 있었으니 『삼국지』 위서 동이전 한조에서 백伯[37]은 향의 책임자를, 정의 책임자를 장長이라고 한 것이 아닌가 하는 생각마저 든다.[38] 그러나 원래 중국 한나라의 직제는 이와 조금 달랐다. 한나라 때에는 군의 치소를 읍邑에 두었으며, 군 아래에는 여러 개의 현이 있었다. 그래서 군의 태수를 백伯이라 하였다. 그러나 한 정부의 변방 또는 정복지에서의 체제는 달랐던 것 같다. 그 대표적인 사례가 『후한서』 동옥저 전에 있다.

"한 광무제 6년(기원후 30) 변두리 군郡을 없애니 이로 말미암아 도위都尉를 그만두게 되었다. 그 뒤에 모두 그 현의 거수를 현후로 삼았다. 불내·화려·옥

••••••••••

35. …無大君長 自漢已來 其官有侯邑君三老 統主下戶 其耆老舊自謂與句麗同種…(『三國志』 濊傳)

36. …沃沮諸邑落渠帥皆自稱三老…

37. 이것은 조선시대의 지방관 방백(方伯)에 해당할 것으로 본다.

38. …景初中 明帝密遣帶方太守劉昕 樂浪太守鮮于嗣 越海定二郡 諸韓國臣智加賜邑君印綬 其次與邑長 其俗好衣幘(『三國志』 권30 魏書 東夷 韓條)

저 여러 현은 모두 후국이다."[39]

이 기록으로 보면 군郡의 책임자가 도위였던 것이다. 도위를 없앤 대신 현의 거수를 현후로 삼았는데, 그 현이 모두 후국이라고 하였으니 동옥저나 가야 모두 이런 체제는 같았던 것이다.

한편 현의 최고책임자인 현령縣令을[40] 중국 한漢 정부에서는 장長이라고 하였다.[41] 현장縣長이라고도 불렀다. 그런데 『후한서』 백관지百官志에는 "…縣萬戶以上爲令下滿爲長…(1만호 이상의 현 책임자를 현령, 그 이하를 장이라 한다)"이라고 하였으니 현의 우두머리를 통상 현령이라 하였지만, 현의 규모에 따라 현령과 현장縣長의 구분이 있었던 것이다. 이런 자료를 고려할 때 가야의 현장縣長은 동옥저와 마찬가지로 현후縣侯였고, 현후 위에 도위·중랑장이 있었으며, 그 위에 귀의후이자 임나 소국의 왕이 있었다고 하겠다.

중국의 황태후나 황후·공주는 한 개 군의 읍에서 생산되는 물자의 일정량을 세금으로 거둬들여 살았다. 그래서 그들이 받은 지역을 식읍食邑이라고 하였다. 일찍이 중국 상商 왕조에서 궁궐의 목욕 비용을 대기 위해 특별히 지정한 곳이 탕목읍湯沐邑이었으니 이것이 가장 오래 된 식읍의 한 예다. 황후나 공주보다 신분과 직급이 낮은 열후列侯들은 통상 군 아래의 현을 단위로 녹봉을 받았으므로 그것을 엄밀히 구분하면 식현食縣이라고 하였다. 군에서 거둬들이는 생산량과 현에서 거두는 물산은 규모에서 차이가 크다. 열후보다 공주나 황후는 훨씬 더 많은 것

··········
39. 漢光武六年省邊郡都尉由此罷 其後皆以其縣中渠帥爲縣侯 不耐華麗沃沮諸縣皆爲侯國…
40. 縣令長皆秦官掌治其縣萬戶以上爲令秩千石至六百石減萬戶爲長秩五百石至三百石(『후한서』 百官公卿表七之上)
41. 縣令長皆秦官掌治其縣萬戶以上爲令秩千石至六百石減萬戶爲長秩五百石…(『후한서』 백관지)

을 백성들로부터 거둬 살았다. 중국에는 한 개의 현에는 대략 1만 호 이상이 있어 현령은 한 해에 1천 석의 녹봉을 받았다.

가야의 관료·행정 체계가 이런 식으로 중국 진·한 시대의 군현제를 본 따서 만든 것이라면 그 밑의 촌락도 중국의 행정편제와 대략 같았을 것이며, 그것은 이정제里亭制를 바탕으로 한 군현제郡縣制였을 것이다.

가야는 군현제를 바탕으로 하되, 제후를 인정하는 봉건제의 형식을 취한 것으로 보인다. 가야에서 봉건제와 군현제를 시행한 사실을 자료로써 어느 정도 추적해볼 수 있다. 『일본서기』 계체기 23년(529) 조의 기사에 있는 내용이다.

"봄 3월에 백제 왕이 이르기를……'이에 가라왕이 사신을 보내어 이르기를 이 다사진은 관가를 설치한 이래 신이 조공하기 위해 건너는 나루로서 원래 봉토로 받은 땅인데 어찌 이웃 나라에 다시 내어준단 말입니까?'……라고 하였다."[42]

다사진多沙津을 백제가 차지한 것과 관련하여 그것이 원래 가라가 봉토封土로 받은 것이었음을 말하는 대목이 '元所封限地(원래 봉토로 정해준 땅이다)'라는 구절이다.[43] 원래 분봉하여 받은 봉토인데 그것을 백제가 빼앗았다고 전하고 있으니 이것만을 보더라도 가야에서 분봉제가 시행되었음을 알 수 있다. 즉, 가야에는 분봉왕이 있었던 것이 틀림없고, 그것이

••••••••••
42. "春三月百濟王謂……於是加羅王謂勅使云 此津從置官家以來 爲臣朝貢津涉 安得輒改賜隣國 達元所封限地……"
43. 『일본서기』에 "녹사(錄史)를 따로 보내어 부여(扶余, =백제)에게 주었다. 이로부터 가라가 신라와 결탁하여 일본을 원망하였다(別遣錄史 果賜扶余 由是加羅結儻新羅 生怨日本)"고 되어 있다. 여기서 말한 가라는 아마도 고령이 아닐까 생각하고, 바로 이 기사 때문에 반파국을 고령으로 보는 견해가 나온 것이다.

임나가라 본국왕 아래 후왕의 실체이다. 앞에서 설명한 귀의후歸義侯는 일종의 분봉 제후이다. 또 대가야가 신라에 요청하여 522년에 혼인이 이루어질 때 신라에서 1백 명의 여자 시종을 보냈는데, 그들을 대가야가 '여러 현'에 나누어 배치하였다는 사실에서도 가야의 군현제를 알 수 있다.

"…신라가 처음에 비조부의 누이를 보낼 때 여자 시종 1백 명을 함께 보냈는데, 이들을 받고는 여러 현에 분산 배치하였다."[44]

신라 왕족 비조부의 누이에게 딸려 보낸 1백 명의 여종을 대가야의 여러 현에 나누어 분산시킨 것을 보면 대가야에서 군현제를 시행한 것은 분명하다. 그래서 이 기사를 토대로 "『일본서기』에 제현諸縣이라는 표현이 있는 것을 보면 대가야는 군현제를 실시하였다."(백승옥, 1999)는 견해가 제기된 바 있다. 물론 이것은 연맹체론을 비판하고 대가야가 고대국가로 성장하였다는 점을 강조한 것이지만, 처음으로 군현제를 인정한 것으로 볼 수 있다. 또『일본서기』계체기 6년(512) 1월 조에도 "백제가 사신을 보내어……, 따로 표를 올려 임나국任那國의 상다리[45]·하다리[46]·사타[47]·모루[48]의 네 개 현을 청하였다"고 하였으니 여기서도 가야의 현

• • • • • • • • • • • •
44. "…新羅初送女時 并遣百人爲女從 受而散置諸縣…"(『일본서기』 계체기 23년 조)
45. 上哆唎(상치리). 현재의 전남 여수시(과거 원촌현(猿村縣)으로 보는 견해가 있다.) 경북 의성군 다인면의 옛 지명 달이현(達已縣)으로 보기도 하고, 경남 하동의 옛 지명 한다사군(韓多沙郡)으로 보려는 이도 있다. 우륵12곡의 곡명 달이(達已)를 이곳으로 보기도 한다. 경북 의성군 다인면이 본래 달이(達已)였으나 이곳이 경주와 너무 가까워서 6세기 중반의 우륵12곡 곡명에 등장하는 달이를 이곳으로 보지는 않는다.
46. 下哆唎(하치리). 현재의 전남 여수시 돌산읍으로 보기도 한다. 돌산읍은 과거 돌산현(突山縣)이었다.
47. 沙陀(사타). 전남 순천시로 보는 견해가 있다. 승주의 옛 지명 삽평군(歃平郡) 또는 사평(沙平)으로 보거나 전남 구례 또는 경남 하동으로 보기도 한다. 이 외에 경북 안동에 비정하기도 한다.
48. 牟婁(모루). 전남 광양시 광양읍으로 보고 있다. 광양의 옛 지명이 마로현(馬老縣)이었으므로 모

을 알 수 있고, 현을 바탕으로 군이 편제되었을 것이니 한의 군현제가 가야에서도 시행되었음을 미루어 알 수 있다. 여기서 한 가지 사례를 더 거론하고 이 문제를 마무리해야 하겠다. 『일본서기』계체 3년(509) 봄 2월의 기록이다. "백제에 사신을 보내어 임나일본현읍任那日本縣邑에 있는 백제 백성을 찾아내어 도망하여 떠돌면서 호적이 끊어진 지 3~4대가 된 자들을 백제로 옮겨 호적에 올리게 하였다"[49]는 구절에서 임나의 현과 읍의 존재를 알 수 있다. 따로 자세히 설명하였지만 가야 시대에는 '일본'이라는 개념조차 존재하지 않았다. 본래의 자료에는 없던 '일본日本'을 나중에 추가하여 각색하였으므로 '日本일본'을 빼고 임나현읍任那縣邑으로 이해해야 한다. 즉, 이 기록은 임나로 들어가 각 현읍에 떠돌던 백제인들을 송환한 기사로 볼 수 있는 것이다.

중국의 직관제를 본뜬 직책이 안야국과 구야국 왕 밑에도 있었고, 여러 귀의후(소왕)들도 이와 유사한 방식으로 자신들의 소국 체제를 유지하였을 뿐 아니라 가야의 기본 행정체계는 군현제였던 것이다. 여러 기록을 검토해 보면 현의 우두머리인 현장縣長을 동옥저에서는 현후縣侯라 하였고, 이들을 중심으로 후국이 있었다고 하였으니 이러한 체제는 동옥저와 가야가 같았던 것이다. 임나 본국 왕이 이런 후국[50]을 여럿 거느리고 있었다면 그것은 연맹체와는 근본적으로 다른 사회였던 것이다. 이런 변화는 이미 3세기부터 변진구야국과 함안 안라국에 의해 주도되었고, 이러한 정복적 성격이 강한 군사편제와 행정체계를 바탕으로 3~4세기에 김해의 임나가라는 가야 통합에 성공하여 본국(김해)과 후국

• • • • • • • • • • •

루와 마로를 같은 곳을 이르는 다른 표기명으로 보는 것이다.

49. 遣使于百濟 括出在任那日本縣邑 百濟百姓 浮逃絶貫 三四世者 並遷百濟附貫也

50. 정확히 말하면 임나제국(任那諸國)이다. 『일본서기』흠명(欽明) 15년(554) 12월 기록에도 '任那諸國'이라는 표현이 있다.

체제를 완성하였다.

　비록 일본 측의 기록이기는 하지만 509년, 512년, 522년 임나가라의 현縣 또는 임나4현이 확인되는데도 가야의 군현제는 물론 귀의후·중랑장·도위·백·장과 같은 체제를 가야사 연구자들은 아예 인정하지 않고 있다. 백제와 신라보다도 가야가 먼저 군현제를 시행했다는 것을 믿기 어렵다고 보고 있는 것이다. 『한원翰苑』에 "(백제는) 군현에 도사를 두었다."(郡縣置道使)고 하였는데, 백제는 사비성 천도(538) 이후 현이 나타나므로 가야의 현이 백제보다 먼저 설치되었다고 보기는 어렵다는 것이다. 또 '신라는 삼국통일 이전에는 성(城, =村)에 지방관을 파견하였으며 신라의 현은 7세기에 설치되기 시작했다[51]고 보면서 '대가야가 6세기 전반에 지방 통치조직으로써 현을 두었다고 보기는 어렵다. …그러므로 대가야의 제현은 대가야 왕의 직할지'라고 이해한 견해가 있다. 하지만 이것은 지극히 신라사 입장에서 판단한 주장으로, 도대체 가야의 군현제가 신라보다 늦어야 할 이유가 무엇인가? 구야국 왕을 '진치'(진나라 사람)로 표현한 사실로부터 알 수 있듯이 가야인들은 일찍이 중국인들과 접촉하였고, 4세기 초까지 낙랑·대방에 철을 공급하면서 전한 및 후한 사람들과 교류해온 역사가 있다. 그에 비하면 특히 신라는 4세기까지도 지극히 보잘 것 없는 변방의 낙후 세력이었다. 또 가야의 군현제가 백제보다 먼저 시행되지 않으면 안 되는 이유도 궁색하다. 뿐만 아니라 '귀의후·중랑장·도위·백·장'이라는 중국식 관명과 행정편제도 가야에 없었다고 보아 이 구절도 아예 무시하고 있지만, 6세기 초를 기준으로 하더라도 중국에서 군현제가 시행된 역사는 8백 년이 넘는다. 물론 '주수'라든가 신지·견지·운지 등과 같은 나름의 독자적인 관명官名

----

51. 「이성산성 출토의 목간과 도사」, 주보돈, 『경북사학』 제14집, 경북사학회, 1991

도 있지만, 이미 3세기에 변진 지역에서는 중국식 관명을 과감하게 받아들여 자신들의 고유한 통치체계를 구축하였음을 알 수 있다.

　그간 가야사 연구자들은 아무도 이 문제를 거론조차 하지 않았다. 『삼국지』 동이전 한조의 (가) 기사를 아예 제외해놓고 논의하지 않는 것은 무슨 까닭일까? 그것은 의도적인 것이 아닐까 생각한다. 이 문제를 거론하면 자신들이 지금까지 주장해온 '가야연맹론'이 물거품이 되어 와르르 무너지기 때문에 그랬을 것이다. 다만 『삼국지』 동이전 부여조의 "제가諸加들은 따로 4출도를 주관한다. 제가(가 계층)들은 세력이 큰 자는 수천 가家, 작으면 수백 가였다."고 한 기록을 근거로 부여 왕과 사출도의 5부체제를 상정하고, 이것이 기본적으로 고구려의 5부와 동일하다고 보면서 사출도·제가의 영역이 따로 있었고 국왕의 영역이 따로 있었던 것처럼 대가야에도 대가야 국왕의 영역이 따로 있었으며, 바로 이 대가야 국왕의 직할지를 기록상의 현縣으로 본다는 견해도 있다(노중국). 이는 참고할 만한 주장이지만, 이제 우리는 앞에서 제시한 예문 (가)와 『삼국지』 변진조에 대한 분석을 새롭게 시도할 필요가 있다.

　그 하나로서 우선, 이제 우리는 가야에 대한 새로운 인식을 가져야 할 것 같다. 479년 가라에서 남제에 사신을 보냈는데, 그 때 하지왕을 보국장군輔國將軍 본국왕本國王에 봉했다는 『남제서』의 기록으로 보면, 김해가야의 왕은 임나가라 본국왕이었음이 분명하다. 그러니까 그 나머지 임나 소국의 주인은 모두 소왕, 즉 후왕이었다. 이런 관계는 김해의 가야가 포상팔국전에서 승리한 이후 김해 중심으로 재편되면서 새롭게 형성된 것으로 볼 수 있다. 포상팔국을 제압하고 임나가라를 완성한 3세기 말~4세기에 가야권 전체가 임나가라 본국왕과 그 아래 후왕 체제로 완성된 것이다. 함안 안야국도 탁순국과 같은 후국을 거느린 채로 임나본국에 소속되었을 것으로 추정된다. 이런 구도였다면 필요할 경우 각 후국에는 임나가라 본국의 중앙 관리가 파견되었을 것이다. 아마도 견지遣支와 같은 관리를 파견하여 후국을 감시 감독하고 본국 왕에게 보고하는 체계를 가졌기에 臣雲遣支報安邪踧支濆신운견지보안야척지분이라는 호칭이 나온 것으로 볼 수 있다. 앞의 예문 1)에서 설명하였지만, 함안 안야국 왕의 호칭 가운데 보이는 報라는 글자로 미루어 견지遣支는 안야국 왕의 충직한 신하로서 국사에 관계된 일을 세밀하게 보고하는 임무를 수행하였을 것으로 판단된다.

3세기 중엽 김해의 변진구야국왕과 함안 안라국 중심으로 재편되어 가던 이런 체제는 3세기 말 이후 드디어 변진구야국을 정복한 김씨들의 나라 '가라'에 의해 주도되었으며, 4세기 이후엔 본국왕인 임나가라 대왕과 그 밑의 임나 소국 왕 체제가 완성되었을 것이다. 5세기 이후에는 남원·장수·합천 다라국·고령 대가야 등 소위 임나10국(또는 그 이상)으로 분산되어 본국 왕의 힘과 위세는 크게 약화되었을지라도 532년까지 임나가라는 지배권을 그대로 갖고 있었다.

이런 것들을 바탕으로 이제 우리는 가야사에 대한 새로운 접근법을 적용해야 한다. 누누이 밝혔듯이 3세기 김해와 함안 중심으로 편제되어 가던 체제에서 김해 주도로 바뀐 계기는 포상팔국전이었다. 그 이후 김해는 임나가라를 완성하고 가야권에 대한 지배력을 쥐게 되었다. 3세기 후반 이후 임나가라 본국 아래 각 소국으로 재편된 상태에서 4세기에는 정권이 안정되었고, 이 시기에 종주국이자 임나 본국으로서 김해의 임나가라는 크게 번영하였다. 이것은 연맹과는 전혀 다른 체제이다. 3세기를 지나면서 김해가야는 비약적인 성장을 하였고, 4세기 말로 접어들면서 김해의 임나가라 본국은 신라에게 위협적인 세력으로 성장하였다. 이 무렵 한강 이남에서는 여러 정치 세력 간 힘의 균형에 서서히 변화가 왔다.

백제도 신라에 위협이 되는 또 다른 세력으로 성장하고 있었다. 백제는 가야·왜와의 연대를 통해 국력을 강화하였고, 북방으로 영역을 넓혀가면서 고구려와 잦은 갈등을 일으켰으며 신라의 변경을 압박하였다. 이에 고구려는 396년 백제를 침입하여 그 기세를 꺾었다. 가야 또한 신라에 대한 압박을 높여갔고, 이에 신라는 고구려와의 연합전선을 구축하기에 이르렀다. 드디어 고구려는 백제를 견제하고 신라를 지원하기 위해 김해가야를 정복하였고, 그렇게 해서 5세기 초 이후 힘의 중심은 신라로 넘어갔다. 고구려는 신라로 하여금 백제와 가야를 견제하는 정책을 성공시켰다.

가야대전에서 김해를 무력화함으로써 임나가라의 구심점을 와해시키자 그에 예속되어 있던 후국들 중에는 예전의 소국 상태로 회귀하기를 바란 곳도 있었을 것이다. 이것이 5세기 초 이후 가야권의 상황이었다고 추정할 수 있다. 김해를 제외한 가야 소국들은 임나 소국으로서 어디까지나 후국의 위치였다. 따라서 그들은 멸망기까지 분립상태로 남아 있었다고 보는 게 옳을 것 같다. 임나 소국들을 강력하게 통제하던 임나 본국이 힘을 잃은 채로 1백여 년을 버티다가 가야권의 임나 소국들은 결국 6세기 초부터 차례로 신라에 의해 통합되어 갔다. 이렇게 임나가라가 서서히 와해되어 가자 그것을 막기 위해 백제 성왕은 임나 소국들을 불러 자신이 임나 본국의 역할을 자임하고자 했고, 이런 노력에 따라 백제·임나 사이의 상호동맹이 결성될 수 있었던 것이다. 백제는 임나를 재건하여 신라를 막고, 고구려의 남진을 차단하려 했던 것인데, 544년 성왕의 죽음으로 그것마저 결실을 맺지는 못하였다.

참고로 『삼국지』 기사 (가) 속의 진왕辰王과 월지국月支國에 관하여 한마디 하고 넘어가야겠다. '辰王治月支國(진왕은 월지국을 다스린다)'고 한 구절에 대하여 근래 월지국은 전북 익산 지방에 있었다거나 마한의 마지막 거점이었을 나주 반남 지역에 있었으리라고 보는 등, 여러 가지 이론들을 내세우고 있다. 이것은 아주 기본적인 자료이므로 간단하게 이해할 필요가 있다. 진왕辰王이 통치하는 곳이라면 그곳이 바로 진국辰國이다. 진국은 진한의 중심이 되는 나라이므로 월지국은 진한 또는 진국의 다른 이름이다. 진·진국·진한의 지배자가 월지국 왕인 것이고, 그렇다면 월지국은 경주에 있어야 마땅하다. 그것이 경주에 있었다면 진한의 중심을 월성과 그 주변 일대로 볼 수 있다. 경주 월성을 중심으로 한 나라가 월지국이고, 그 왕이 진왕이었으며 그 나라는 진한 곧 진국이었다. 이 월지국月支國은 중국 북서부 돈황 근처에 있던 월지국月氏國과 같은 이름으로 이해할 수 있다. 돈황 월지국은 본래 대월지국의 분파로서 그 종족적 실체는 흉노족이다. 이것과 연결지어 보면 진왕이 다스리는 월지국 왕과 그 구성원들 대부분이 흉노인이었을 것이다.

월지국月支國이란 이름을 이해하는 데에도 향찰을 동원해야 의문이 풀린다. 支지는 성城을 뜻하는 신라어 '재'[52]의 한자표기로 볼 수 있다. '재'라는 말은 본래 흉노어였을 것이다. 다시 말해 향찰을 섞어서 쓴 표기로서 '월지'의 다른 이름이 월성月城인 것이다. 『삼국사기』 신라 파사니사금 22년(101) 기사에 '봄 2월에 성을 쌓고 월성이라 하였다. 가을 7월에 왕이 월성으로 거처를 옮겼다'고 하였는데, 이것은 사로국이 진한에서 일어나 드디어 진한을 흡수하고 진한 지역에 대한 지배권을 확고히 하였음을 전하는 내용으로 이해할 수 있다.

• • • • • • • • • • •
52. 조선시대 '잣'이란 말도 그 연원이 흉노어에 있을 것으로 추정된다.

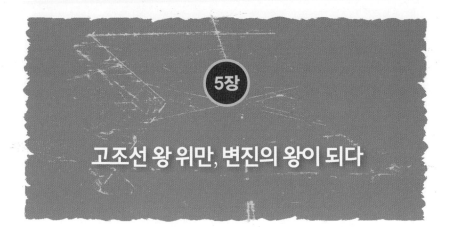

5장

고조선 왕 위만, 변진의 왕이 되다

안야국 왕과 구야국 왕의 호칭에 담겨 있는 비밀

지금까지 가야 사회의 성격을 파악하기 위해 여러 가지 이론이 등장하였다. 그러나 많은 노력에도 가야 사회를 제대로 들여다볼 수 있는 수단이 별로 없다. 무엇보다도 믿을 만한 기록과 자료적 가치를 지닌 사료가 별로 없기에 가야가 어떤 사회였는지를 알기 어렵다. 그렇지만 가야 사회의 한 단면을 전하는 기록으로서 그간 거론조차 하지 않고 아예 무시해온 구절 하나가 있다. 이를 통해 우리는 가야가 어떤 통치 구조를 가진 사회였는지를 짐작해볼 수 있는데도 그동안 어떤 연구자도이 내용을 제대로 거론하지 않았다. 반드시 다뤄야 할 자료이건만, 왜한 번도 이 문제를 언급조차 하지 않았을까? 『삼국지』 위지 동이전 한조의 구절이다.

(가) "(마한에는) 무릇 50여 개의 나라가 있다. 큰 나라는 1만여 가구, 소국은 수천 가구이며 총 10여 만 가구이다. 진왕이 월지국을 다스린다. 신지는 간혹 예우하는 호칭을 더하여 '신운견지보안야척지분' '신리아불례구야진지렴'의 칭호로 불렸다. 그 관리가 대궐에 있으면서 읍군·귀의후·중랑장·도위·백·장을 잘 통솔한다.…"[1]

가야 사회를 안야국과 구야국 중심으로 소개한 기사이다.

위 기록으로 안야국과 구야국의 왕은 본래 신지臣智라고 불렸음을 알 수 있다.[2] 변진 소국의 실력자들로서 세력이 큰 자들을 삼한 사회에서는 거수라고도 하였다.[3] 거수 가운데 큰 실력을 가진 우두머리를 따로 신지라고 부른 것이다. 그런데 3세기에 이미 안야국과 구야국의 신지는 다른 소국의 신지보다 월등히 큰 세력이 되어 있었다. 그리하여 신지臣智인 함안 안야국왕과 김해 변진구야국왕을 우대하여 부른 이름이라며 그 길고도 신기한 명칭을 빼놓지 않고 기록하였다. 위 기사에서 안야국 왕을 臣雲遣支報安邪踧支濆신운견지보안야국척지분, 구야국 왕을 臣離兒不例拘邪秦支廉신리아불례구야진지렴으로 소개하고 있는데, 향찰과 한문 해석상의 어려움으로 이 구절을 지금까지 누구도 속 시원하게 풀이하지 못하고 있다.

· · · · · · · · · · ·

1. "…凡五十餘國 大國萬餘家 小國數千家 總十餘萬家 辰王治月支國 臣智或加優呼 臣雲遣支報 安邪踧支濆 臣離兒不例拘邪秦支廉之號 其官有魏率善邑君 歸義侯中郎將都尉伯長…"
2. 『삼국지』 변진전에 작은 별읍이 여럿이 있는데, 이들 각각의 장은 거수였으며 거수는 서열에 따라 세력이 제일 큰 신지로부터 험측(險側)·번예(樊濊)·살해(殺奚)·읍차(邑借)의 다섯 가지 등급이 있다고 하였다(又有小別邑 各有渠帥 大者臣智 其次有險側 次有樊濊 次有殺奚 次有邑借…).
3. 거수에 대해서는 『삼국지』 동옥저전의 내용이 중요한 참고 자료가 될 듯하다. "그 현 가운데 거수는 현후(縣侯)이다. 불내(不耐)·화려(華麗)·옥저(沃沮)의 여러 현은 모두 후국(侯國)이다.…"라고 한 것이다. 또 옥저의 여러 읍락의 거수(沃沮諸邑落渠帥)와 거수 중에서 세력이 큰 자를 신지라고 한다는 별도의 기록을 견주어 보면 신지와 읍군은 국읍(國邑)의 수장이었고, 이런 이들이 초기의 가야 소국 왕이었다고 할 수 있다.

안야국과 구야국은 여느 변진 소국보다 세력이 컸으므로 그 나라의 최고권자는 신지였으나 그들을 특별히 우대하여 더 높은 칭호로 부르고 있었다. 그 당시 사람들이 신지臣智의 臣과 支(=智)라는 글자 사이 또는 그 앞뒤에 글자를 추가하여 안야국 왕을 臣雲遣支報신운견지보로, 그리고 구야국 왕에게는 신리아불례臣離兒不例라는 '호칭을 앞세워 높여 불렀다'는 것이 가우호加優呼의 본뜻이다. 그러니까 두 가지 명칭 다 신지를 예우한 존칭이라는 것이다. 안야국 왕이나 변진구야국 왕은 본래 신지臣智였으나 이미 그들은 변진 지역의 양대 세력으로 성장하여 신지보다도 막강한 힘을 갖게 되었고, 그로 말미암아 그들 둘을 따로 예우하는 호칭을 부여하게 된 것이다. 안야국 왕과 변진구야국 왕을 높여 부른 호칭을 이해하기 쉽게 구절을 나누어 설명한다.

1) 함안 안야국왕 : 臣雲遣支報安邪踧支濆 (신운견지보척지분)
2) 김해 구야국왕 : 臣離兒不例拘邪秦支廉 (신리아불례구야진지렴)

1)은 안야국 왕을 예우한 호칭이며, 2)는 구야국 왕에 대한 특별한 경칭이다. 이것들은 향찰을 섞어서 쓴 문장이라서 아주 난해하여 이제까지 그 내용을 제대로 이해하지 못하고 있다. 하지만 가만히 그 내용을 들여다보면 별로 어려울 게 없다. 각기 臣과 支라는 글자 사이에 의미 있는 글자들을 추가하여 신지臣智의 지위와 신분을 우대하여 불렀다는 것이 『삼국지』 한조의 원문에 나오는 加優呼가우호란 말의 본뜻이니 각 구절을 세분해보면 어느 정도 의미를 파악할 수 있다. 먼저 臣智신지나 臣支신지는 향찰로 쓰였음을 알 수 있다. 그러면 이 '신지'는 무슨 의미일까? 우리말 '엄지'를 나타낸 향찰이었다고 보는 바이다. 신臣은 일본어 오미おみ이고, 그것의 우리말 대응어가 '엄'이며 '지'는 사람에 대한 경칭

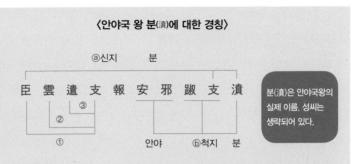

〈안야국 왕 분(濆)에 대한 경칭〉

ⓐ신지　　분

臣　雲　遣　支　報　安　邪　踧　支　濆

③
②
①

①　　　　안야　　　ⓑ척지 분

분(濆)은 안야국왕의 실제 이름. 성씨는 생략되어 있다.

※ ①신지 ②운지 ③견지는 안야국의 '척지 분'에게 국사(國事) 전반에 관하여 보고하는 위치에 있는 이들이었으며 'ⓐ신지 분'은 '안야 ⓑ척지(왕) 분'이 본래 신지 출신이었음을 나타내고 있다. 안야국 왕 분(濆) 자신이 신지 출신이되 이미 그 아래에 다시 신지·견지·운지를 거느린 위치에 있었던 것이다. 이 명칭은 당시 안야국 왕 아래에 있던 관료의 관직명과 안야국 왕 이름을 교묘하게 짜 맞추어 안야국 신분제의 일면을 전해주고 있는 점에서 매우 흥미롭다.

이다. '으뜸가는 사람'이란 뜻이니 수장을 가리킨다.

　복잡하고 어렵게만 보이는 1)과 2)의 명칭을 뜯어보면 의외로 그 구조가 간단하다. 안야국왕과 구야국왕 모두 원래의 신분은 신지臣支였다. 두 사람의 칭호로부터 臣支濆신지분과 臣支廉신지렴을 추출할 수 있다. 그 다음 안야국왕의 호칭에서 臣雲遣支만을 따로 떼어 복원하면 臣支·雲支·遣支의 신분을 끌어낼 수 있다. 운지雲支와 견지遣支는 원래 신지 바로 아래의 서열이었을 것으로 본다. 그 뒤의 報安邪보안야가 踧支라는 말과 맞물려 있다. '안야'에게 보고한다는 뜻이다. 그 다음에 다시 '安邪 踧支=濆'의 등식관계를 유추할 수 있다. 이것은 '안야'의 '척지'님 실제 이름이 분濆이라는 것이다. 다시 말해서 신지 신분의 안야 왕을 새로운 존칭으로서 '척지'라고 불렀던 것이다. 척지踧支는 수장·왕(마리)에 대응하는 개념이다. 踧척[4]은 삼가고 공경한다는 뜻을 가진 글자이다. 支지

．．．．．．．．．．．
4. 척 또는 축이라는 소릿값으로 읽는다.

는 사람이라는 뜻의 우리 옛말 '지'(=치)를 한자로 표기한 향찰로서 반드시 귀한 신분의 남자에게만 사용하던 말이다. 그리고 踧은 상대를 높여 부르는 경칭으로 볼 수 있으니 왕으로 치환해서 이해해도 되겠다. 본래 신지였으나 이미 신지보다 높은 '척지' 신분이 되었다는 뜻을 교묘하게 배치한 칭호인 것이다.

2) 역시 '狗邪의 秦支=廉'의 관계로 이해하면 된다. 원래 구야국 왕은 '진지'(=진치)이며 그 역시 본래 신지 신분으로서 실제 이름은 렴廉이었다.

앞의 (가) 기사는 3세기 가야권이 안야국과 구야국 중심으로 재편되고 있었음을 알려준다. 그러니까 소위 변진 12국과 같은 소국들이 안야국·구야국에게 통합되어 가고 있었던 것인데, 그 과정에서 생긴 관명官名이 그 뒤에 이어지고 있다. 안야국과 구야국은 각기 그 휘하에 관료를 두고 다스렸다. 그래서 "그 관리가 대궐에 있으면서 읍군·귀의후·중랑장·도위·백·장을 잘 거느린다."(其官有魏率善邑君歸義侯中郎將都尉伯長…)고 하였다. 여기서 후는 귀의후를 말한다. 이것은 변진 지역의 현후縣侯 가운데 안야국과 김해 구야국에 귀순한 사람에게 부여한 호칭으로 볼 수 있다. 귀의후歸義侯란 명칭에서 대충 알 수 있듯이 '의로 돌아가 자발적으로 의탁하자' 그에게 후의 신분을 내주었음을 의미한다. 읍군邑君은 안야국과 구야국이 직접 임명한 읍과 군郡의 총책임자로 볼 수 있다. 그러니까 안야국과 구야국이 임명하여 다스리던 읍군이 따로 있었던 것이다. 그리고 중랑장은 중국 전한과 후한의 사례로 볼 때 투항하거나 정복에 의해 사로잡힌 인물에게 준 직함이었으니 그 명칭으로 보건대 이것 또한 가야 사회에서도 마찬가지였던 것 같다. 김해 구야국과 함안 안야국에 귀순한 귀의후는 그 이름이 갖고 있는 뜻으로 보아 예전 소국의 왕 신분을 그대로 유지하였으며 이런 이들이 각자 왕을 칭했다고 이해할 수 있다. "국읍國邑에 비록 주수主帥가 있어 읍락邑落에 잡거하였으나 그들(읍락의 백성)을 잘 제어하지 못하였다."(『삼국지』위서 한조)는 구절 속의 국國과 주수가 안야국과 구야국 왕 밑으로 편제된 것이니 말하자면 안야국·구야국 왕은 대왕이고 귀의후는 그 아래 소왕이었던 것이다.

물론 이것은 3세기의 기록이므로 3세기 가야 사회가 안야국과 구야국을 중심으로 재편되고 있었음을 전하는 내용이다. 앞의 (가) 기사에선 안야국과 구야국 두 나라 외에 나머지 변진 소국의 이름은 거론하지 않았지만, 변진 조에 따로 변진12국이 기록되어 있으니 안야국과 구야국을 제외한 변진10국이 그 당시 통합의 대상이었던 것이다. 물론 『삼국지』변진 조에는 포상팔국이 없지만, 이 기사가 기록에 오른 시점으로 보면 포상팔국이 존속하던 때의 사정으로 볼 수 있다. 다시 말해서 앞에 제시한 『삼국지』의 (가) 기록은 포상팔국 전쟁이 있기 전인 3세기 중반 이전에 중국에서 조사한 자료를 바탕으로 한 것이었으리라 판단된다. 이런 상황이었기에 포상팔국이 안라국과 구야국을 대상으로 포상팔국 전쟁을 벌이는 것으로 이해할 수 있다. 그래서 안야국과 구야국 두 나라가 변진 소국들을 계속 정복해 나가면서 압박해가자 포상팔국이 반발한 것이 포상팔국 전쟁이었다고 지금까지 여러 차례 설명하였다. 다만 3세기 중반 무렵 김씨들의 가라국 세력이 대성동 일대에 중심을 둔 변진구야국을 혁명으로 정복하여 수중에 넣었으며, 그 뒤로도 변진구야국과 함안 안라국의 변진 소국들에 대한 통합작업은 계속되었을 것이다. 이렇게 보면 포상팔국이 처음 阿羅아라를 공격함으로써 포상팔국전이 시작되었을 것이라고 추리할 수 있으니 이로써 굳이 아라阿羅를 柯羅가라의 오기라고 주장할 근거를 잃게 될 것이다. 포상팔국으로서는 변진 소국들을 흡수통합하는 김해나 함안 모두 경계의 대상이었을 것이며, 김해보다는 오히려 함안을 만만한 상태로 여겨 첫 공격 대상으로 삼았을 수 있다. 쉽게 말해서 앞에 제시한 (가)의 『삼국지』 기사는 전통적인 구세력을 새로운 이주 세력이 정복하여 그 주도권을 장악해가는 흔적으로 이해할 수 있는 것이다.

1)에서 臣雲遣支報라는 구절은 안야국 왕이 거느린 관료에 대한 설명인데, 이 구절을 통해서 그 당시 함안 안야국에는 신지臣智 외에도 운지雲支·견지遣支가 따로 있었음을 명확히 알 수 있다. 다시 말해서 그들을 합쳐서 부른 줄임말로 볼 수 있다는 것이다. 신지·운지·견지('신운견지'로 표현)는 안야국 왕에게 나라 일에 관하여 보고한다든지 의논하던 관료 그룹으로 추정된다. 그것을 알 수 있는 것이 신운견지 뒤의 報보라는 글자다. 즉, 신지·운지·견지로부터 보고를 받는다는 뜻으로 쓰였음을 알 수 있다. 또 견지는 그 의미상 고구려의 사자使者·대사자大使者 그룹과 동등한 신분으로 이해할 수 있다. 보낼 견遣 자를 썼으니 견지는 심부름꾼인 사인使人 그룹이 분명하며 雲支운지는 아마도 바람과 비·날씨를 예측하고 천문과 점복을 담당하던 안야국 왕 아래의 관료였다고 판단된다. 다시 말해서 풍흉을 관장하는 관료일 것이니 농업과 경제 분야를 책임진 신하 그룹으로 볼 수 있겠다. 이들 세 신분층의 주요 임무는 국왕을 보좌하고 주요 안건을 보고하거나 후국의 소왕을 감시·통제하고 그와 관련된 모든 사항을 국왕에게 알리는 일을 맡았던 것 같다. 이렇게 보면 당시 안야국 왕은 이미 신지의 위상을 넘어선 존재였다. 그것이 '안야 척지 분에게 신지·운지·견지가 보고한다'는 의미로 해석할 수 있는 1)의 구절이다.

구야국 왕도 대략 비슷하였을 것이다. 아마도 이 부분은 『삼국지』 편찬 당시의 시점에서 최근 정보에 기초하여 서술한 내용으로 볼 수 있을 것 같다.

이런 방식으로 구야국왕의 칭호도 쉽게 이해할 수 있다. 拘邪秦支廉구야진지렴이란 구절에서 廉렴은 가장자리 또는 청렴하다·검소하다·맑다·염치와 같은 뜻으로 쓰이는 글자이다. 그렇지만 여기서는 廉렴을 구야국 왕의 이름으로 볼 수 있다. 다음으로, 秦支廉진지렴의 秦支진지는 '진치' 즉, 진나라 사람을 뜻하는 말로 풀이할 수 있다.[5] 구야국 왕의 호칭도 안야국(안라국) 왕의 칭호와 똑같은 방식으로 이루어져 있다. 그러나 리아불례離兒不例는 향찰로서 구야국왕이 어떤 사람인지를 설명한 말일 테지만 그 뜻은 알 수 없다. 다만 구야국왕을 '진치'라고 하였으니 아마도 변진구야국 왕은 본래 고조선의 유민이었거나 중국 기록에 보이는 동호東胡였음은 분명하다.[6] 진시황의 진나라가 멸망한 지 4백 년이 넘은 시점에서도 '진치'라고 쓴 것은 과거 고조선의 영역으로서 진나라 땅이 된 곳에서 내려온 고조선의 유민이 변진구야국의 왕이었음을 뜻하는 것으로 볼 수 있다. 즉, 구야국 왕가는 기원전 3세기 이후 고조선에서 내려온 유민으로 볼 수 있다. 『삼국사기』 신라본기 박혁거세 편에 '이보다 앞서 조선의 유민들이 산과 골짜기에 나뉘어 살면서 (진한의) 6촌을 이루었다'고 하였고, 박혁거세 38년 조에도 '이보다 앞서 중국 사람들이 진의 난리秦役를 견디지 못해 동쪽으로 오는 경우가 많았는데, 대부분 마한의 동쪽에 자리를 잡고 진한과 더불어 섞여 살다가…'라고 하여 변진을 설명하고 있다. 이러한 기록에 따르면 고조선의 유민들을 진인秦

••••••••••
5. 고대 사회에서 '지'(현대어의 '치')는 왕이나 신분이 높은 귀족 남자에게만 쓰던 호칭이었다.
6. 3세기 변진구야국 왕 렴(廉)이 진(秦) 나라 사람이라 하였으니 이것은 렴의 선조가 진인(秦人)이었다는 얘기이다. 그의 출신과 관련하여 사마천의 『사기』 흉노열전 가운데 "진 소왕 때……연나라에 지혜로운 장수 진개가 동호에 불모로 가 있었는데, 동호에서는 그를 매우 신뢰하였다. 진개가 돌아가 동호를 몰래 습격하여 격파하니 동호가 1천여 리를 물러났다"라고 한 기록을 감안하여 당시 변진구야국 및 변진 지역의 사정을 짐작해볼 수 있을 것 같다. 진 소왕의 재위 시기는 기원전 306~251년이다. 진개의 조선 침략은 기원전 284년의 일로 보고 있다. 사마천이 『사기』에서 말한 동호는 고조선이었다.

人 또는 진인辰人으로 표현하였고, 그 전에 진나라 난리통에 온 사람들은 변인弁人으로 기록한 것이라고 이해할 수 있을 것 같다.[7] 이들 弁人변인 이 진인과 섞여 산 곳이 바로 변진 아닌가. 여기서 한 가지 분명한 것은 진秦의 난리 통에 동쪽으로 와 변진에 정착한 이들이 가야인이었다는 사실이다. 그 시기로 보건대 그들도 고조선의 후예였던 것이다. 그런 데 이런 사실을 뒷받침해 주는 것이 김해 구지로·봉황동고분에서 나온 유물이다. 그 중에서도 동과銅戈는 연나라 유형으로, 고조선 말기에 燕 연 지역 또는 그 주변의 고조선 영역에서 내려온 사람이 가져온 것을 몇 세대 이르도록 보관하다가 무덤에 넣은 것으로 볼 수 있다.[8] 여러 기록 에 중국 진秦과 연燕에서 내려왔다는 사람들은 그들이 본래 진나라 또는 연나라 사람이었다는 얘기가 아니다. 진과 연의 차지가 된 고조선 땅에 서 남하한 고조선인을 이른 것으로 볼 수 있다. 이런 유물과 몇몇 기록 으로 판단하건대 『삼국지』 위서 동이전 한조에 실린 위의 자료는 변진 구야국이 김씨 세력에게 넘어가기 전에 중국이 확인해둔 내용을 나중 에 손질 없이 그대로 기록한 것으로 볼 수 있다. 변진구야국을 정복하 여 통합한 뒤에도 이와 같은 체제를, 정복자 김해가야 지배층은 그대로 계승하여 임나가라를 완성한 것으로 볼 수 있다.

∙∙∙∙∙∙∙∙∙∙∙∙

7. 이에 관해서는 『흉노인 김씨의 나라 가야』에서 설명하였다. 이들은 다 같은 고조선의 후예이지만 언제 내려왔는지에 따라 다르게 표현되었을 수 있다. '변인(弁人)의 후예가 낙랑에 산다'고 한 기 록 또한 마찬가지이다. 이것은 낙랑 지역에 살고 있던 이들이 내려와 변한에 정착했다는 변한인 들의 이야기로, 특히 고조선의 멸망과 더불어 낙랑 지역에서 남하한 이들의 후예인 변한인과 낙 랑인들이 한 계통임을 알려주고 있다. 이런 배경이 있었기에 김해가야 사람들은 낙랑에 드나들면 서 자기네 친척들을 수시로 만났을 것이다.

8. 『삼국유사』 진한 편에 "진한의 노인들이 스스로 말하기를 진(秦)나라에서 망명한 사람들이 한국에 오자 마한이 동쪽 경계의 땅을 떼어주고 서로 불러 무리를 이루었는데, 진나라 말과 유사하여 간 혹 진한(秦韓)이라고 하였다⋯또 최치원은 말하였다. 진한은 본래 연나라 사람들이 피신해온 것 이다⋯"라고 하였는데 이런 것도 고조선의 유민이 이 땅에 들어온 사실을 전하는 내용이다.

고조선 왕 위만衛滿 변진구야국 왕이 되다

   기원전 195년 4월, 중국에서는 한漢 고조高祖 유방劉邦이 죽고, 혜제惠帝가 들어섰다. 그 무렵 요하遼河 동쪽 패수浿水 건너에는 고조선이 있었다. 아버지 부否를 이어 준準이 고조선의 왕으로 있을 때였다. 그 이듬해인 기원전 194년, 위만衛滿은 연燕에서 요하와 패수를 건너 조선으로 가서 준왕準王에게서 왕위를 빼앗았다. 우리가 기억하는 위만조선은 이렇게 시작되어 위만의 아들을 거쳐 손자 우거에 이르기까지[9] 87년간 유지되었다. 한 무제 원봉元封 3년(기원전 108) 고조선을 침략하여 우거왕이 죽고, 고조선은 허망하게 역사의 무대에서 사라진 것으로 배워왔다. 그러나 고조선은 거기서 그렇게 끝나지 않았다.

   고조선의 왕이 된 위만은 얼마 후, 아들에게 왕위를 물려주고 동쪽 예濊로 가서 예왕濊王이 되었다. 예가 고조선의 동쪽에 있었다는 사실은 『삼국지』 위서 동이전 예조 첫머리에 "지금 조선의 동쪽은 모두 그 땅이다"[10]라고 한 기록으로 알 수 있다. 아마도 지금의 요령성 남부 즉, 남만주 일원을 가리키는 것으로 볼 수 있다. 위만에 앞서 예에서는 조선후朝鮮侯 회准가 예왕을 자칭하고 있었다. 그런 그를 몰아내고 대신 위만이 예왕이 된 것이다. 이런 사실을 『삼국지』 위서 동이전 예조에는 '조선후 회가 왕을 참칭했다'면서 '연인燕人 위만이 북상투를 틀고 동이의 복장을 하고 다시 와서 왕이 되었다'고 썼다. 이 내용으로 보아 위만은 조선후 회를 축출하고 왕이 되었음을 알 수 있다. 그러자 조선후 회는 거기서 다시 변진으로 내려가 변진의 왕이 되었다. 그런데 이번에도 위

• • • • • • • • • •

9. 고조선의 왕위 전달과정을 사마천은 『사기』 조선열전에서 '傳子至孫右渠'(아들에게 왕위를 전해 손자 우거에 이르러)라고 표현하였다.

10. 今朝鮮之東皆其地也

만이 뒤따라 내려가 조선후 회를 공격하여 또 그의 왕위를 빼앗았다. 손자 우거왕과 그 아버지의 나라 위만조선을 열어주고, 위만 스스로 예濊를 거쳐 남으로 내려와 변진에 또 하나의 고조선 정권인 '변진조선' 왕이 된 것이다. 이런 사실은 『삼국지』 위서 동이전 예조濊條와 한조韓條에 간략한 기록으로 남아 있어 두 기록을 서로 맞춰 보면 전후 사정을 쉽게 유추할 수 있다. 먼저 『삼국지』 위서 동이전 예조의 기록을 보자. 관련기사 한 단락을 이해하기 쉽게 설명하기 위하여 ①부터 ④까지 번호를 붙여 구분하였다.

"①옛날에 기자가 조선으로 가서 팔조법금을 만들어 그것으로 (백성을) 가르치니 문을 닫는 일이 없어도 백성은 도둑질을 하지 않았다. ②그 후 40여 세대가 지나 조선후朝鮮侯 회准가 왕을 참칭하였다. ③진승陳勝 등이 일어나 천하가 진나라에 반란을 일으키니 연燕 나라와 제齊 나라, 조趙 나라 백성 수만 명이 조선 땅으로 피하였다. ④연燕 사람 위만이 북상투를 틀고 동이의 복장을 하고 다시 와서 왕이 되었다."[11]

위 기사에서 먼저 ①은 기자가 조선으로 가서 팔조법금을 만들어 백성을 가르친 일로, 기원전 1042년 은殷 왕조 멸망 직후에 있었던 사실이다. 그로부터 40여 세대가 지나 조선후 회准가 왕을 참칭했다고 하였다. 그런데 이것은 고조선왕 부否나 준準 또는 그 이전의 고조선 왕통을 참칭했다는 말이 아니다. 조선후 회准가 예濊에서 '예왕'을 자칭했음을 이른다. 그랬으니 그의 이야기가 『삼국지』 예조에 실린 것이다. 40여 세대 후라고 한 것은 대략 8백여 년을 염두에 둔 표현이었으리라 짐작된다. 옛날엔 조

....
11. ①昔箕子旣適朝鮮 作八條之敎 以敎之 無門戶之閉 而民不爲盜 ②其後四十餘世 朝鮮侯准僭稱王 ③陳勝等起 天下叛秦 燕齊趙民避地朝鮮數萬口 ④燕人衛滿魋結夷服 復來王之

三國志集解　卷三十　魏書　東夷　三十五

濊南與辰韓

北與高句麗沃沮接東窮大海

昔箕子既適朝鮮，作八條之教以教之。

無門戶之閉而民不爲盜。其後四十餘世，朝鮮侯准僭號稱王。

陳勝等起，天下叛秦，燕齊趙民避地朝鮮數萬口。燕人

衛滿魋結夷服復來王之。

漢武帝伐滅朝鮮，分其地爲四郡。

■ 『삼국지』 위지 동이전 예 조의 기사[대만 예문인서관(藝文印書館)에서 발행한 『삼국지집해(三國志集解)』에서 인용]

혼을 하였고, 평균수명이 짧았기 때문에 『삼국지』 편찬자는 대략 기원전 3세기 말~기원전 2세기 초의 시점을 가리킨 것으로 볼 수 있다.

조선후 회准란 인물은 어디까지나 제후의 신분이었지 본래 왕이 아니었다. 그러니까 그가 예국濊國의 왕을 참칭했다는 뜻이다. 당시 예국濊國이 고조선에 예속되어 있었고, 准회의 신분은 어디까지나 예후였던 것이다. 그런 그가 갑자기 예왕을 자칭했다는 이야기인데, '참칭'의 사전적 의미는 '자기의 신분과 분수에 넘치는 칭호를 제 스스로 부르는 것'이다. 그러면 대체 그가 왜 스스로 왕을 칭했다는 것일까? 비록 고조선의 회후

淮侯 신분이었으나 지지자들의 호응을 받아 왕을 칭하고 독립적인 태도를 취했을 수 있다. 위만이 준왕을 몰아냈으므로 준왕을 지지하는 입장에서 위만에게 반발한 것일 수도 있다. 淮희는 중국의 회수淮水나 회하淮河를 가리키는 지명으로서 본래 사람의 이름에는 잘 쓰지 않는 글자이므로 이 조선후 회에 대해서는 앞으로 좀 더 깊은 연구가 필요할 것 같다.

한편, ③은 기원전 209년 진승陳勝 · 오광吳廣 등이 진 나라에 항거하여 반란을 일으킨 사실을 가리키며, 연燕 · 조趙 · 제齊의 백성 수만 명이 조선 땅으로 피난한 것은 진시황의 6국 통일전쟁 이후 기원전 209년 무렵까지의 혼란기 사정을 이른 것으로 볼 수 있다. 진시황의 통일전쟁은 기원전 229년부터 221년까지 진행되었다. 진시황은 자신의 치세인 진시황 18년(기원전 229)에 군사를 크게 일으켜 조趙 나라를 공격하기 시작하였다. 이듬해(기원전 228) 조 나라 왕 천遷을 사로잡아 조나라를 멸망시켰다.[12] 그리고 다시 기원전 227년(진시황 20)[13] 역수易水 서쪽으로부터 연 나라를 공격하였다. 그러자 연나라와 대代 나라가 군사를 일으켜서 진 나라 군대에 맞섰다. 진시황 21년(기원전 226) 연 태자 단丹의 군대를 격파하고 그의 목을 취한 뒤, 연 나라의 도성인 계성薊城[14]을 점령함으로써 드디어 연이 멸망했다.[15] 그리고 그로부터 5년 뒤인 기원전 221(진시황 26

• • • • • • • • • • •

12. 그리고는 군사를 이끌고 연(燕)나라를 공격하고자 중산(中山)에 주둔했다. 이에 조나라 공자 가(嘉)가 종족 수백 명을 이끌고 대(代)로 가서 스스로 대왕(代王)이 되어 동쪽으로 연나라와 연합, 군사를 상곡(上谷)에 주둔시켰다. 이해에 큰 기근이 있었다.

13. 연나라 태자 단(丹)은 진의 군사들이 연나라를 침략해올 것을 근심하여, 두려운 나머지 형가(荊軻)를 시켜서 진시황을 척살(刺殺)하려 하였다. 진시황이 그 사실을 알고 형가의 사지를 찢어 백성들에게 보이고, 왕전과 신승(辛勝)으로 하여금 연나라를 공격하게 하였다.

14. 역수(易水) 물가의 역현(易縣)에 있는 연(燕)의 도성. 계구(薊丘)를 끼고 있었다. 위만이 조선으로 망명하기 전까지 연(燕)의 중심은 북경시 서남쪽 역현에 있었으니 위만의 출발지를 이곳으로 보는 게 좋을 것 같다.

15. 연태자(燕太子) 단(丹)의 아버지 연왕 희(喜)는 그 후 요동을 점령하고 왕이 되었다. 이때의 요동은 지금의 요하(遼河) 동쪽이 아니라 지금의 난하 서편 지역, 그 중에서도 과거 연(燕)에 가까운

년) 진시황은 장군 왕분을 시켜 연나라에서 남쪽으로 내려가 제齊를 공격, 제 나라 왕 전건田建을 사로잡았다.[16] 이로써 진시황이 천하를 통일하였다.[17] 연·조·제 백성 수만 명이 동쪽 조선 땅으로 피난한 것은 그 때부터 기원전 209년 진승·오광의 난을 거치는 혼란기에 지금의 북경·천진을 비롯하여 과거 연나라 지역은 물론 조나라와 제나라의 백성들까지 난리를 피해 이동한 것을 가리킨다. 그리고 그로부터 15년 뒤인 기원전 194년 위만은 조선으로 가서, 준왕을 몰아내고 고조선 왕이 되었다. 그러므로 위 기사를 시간 순서대로 배열했다면 조선후 회 역시 위만과 비슷한 시기에 태어난 고조선 사람이었지만 위만과는 정치노선을 달리 했던 게 아닌가 한다.

그런데 ④의 내용은 상투를 틀고 동이의 복장을 한 위만이 다시 예로 가서 왕이 된 사실을 추결이복魋結夷服이란 말로 전해주고 있다. 즉,『삼국지』예조의 이 기사는 조선의 회후淮侯가 예로 가서 예왕濊王이 되었는데, 나중에 다시 위만이 그 자리를 빼앗아 예왕이 되었음을 설명하는 것이다. 참고로, 조선후 회가 왕을 참칭했다고 『삼국지』에 적었으나 위만이 준왕의 왕위를 빼앗았음에도 그에 대한 설명이 없는 것으로 보아 위만은 본래 고조선의 왕통이었을 수 있다.

아무튼 고조선 왕이 된 위만은 그 후 언젠가 아들에게 왕위를 물려주고, 예로 가서 예왕으로 있던 조선 회후를 몰아내고 대신 예왕이 되었으므로 '다시 와서 왕이 되었다'(復來王之)고 기록하였다. 위만이 연에서 조선으로 와서 왕이 된 일과 구분하기 위해 '다시 왔다'(復來)는 말을 붙인 것이다. 본래 진번眞番이라든가 예는 고조선에 속한 소국들로서 현

··········
지역에 있었다고 보는 게 좋겠다.
16. 『사기』 진시황본기
17. 『사기』 진시황본기

재의 요령성 남만주 일대에 있었을 것으로 추정된다. 『삼국지』 편찬자
는 이 대목에서 사마천의 『사기』 조선열전 가운데 위만이 연에서 도망
쳐 패수를 건널 때 했던 머리모양새와 복장에 관하여 설명한 "북상투
를 하고 동이의 복장을 한 채 동쪽으로 달아나 요동의 옛 요새를 빠져
나갔다"[18]는 구절을 떠올렸던 것 같다. 그래서 그가 처음으로 조선으로
망명해온 일과 구분하기 위해 '다시 와서 왕이 되었다'(復來王之)고 썼고,
'북상투를 틀고 동이족의 옷을 입었다'(魋結夷服)고 한 것이다.

그런데 조선후 회와 위만 두 사람이 예濊에서 남쪽 변진으로 내려가,
또 다시 왕이 되어 서로 뺏고 빼앗기는 과정이 『삼국지』 위서 동이전 한
조에 간략하게 그려져 있다. 앞에서 안야국과 구야국 왕의 호칭 및 관
직체계를 소개한 그 기사 바로 다음에 이어지는 내용인데, 해당 기록을
다시 한 번 보기로 하자.

"ⓐ신지를 간혹 '신운견지보안야척지분' '신리아불례구야진지렴'의 호칭으로
예우하여 불렀다. ⓑ그 관리는 대궐에 있으면서 읍군·귀의후·중랑장·도위·
백·장 등을 잘 통솔하였다. ⓒ(조선) 후 회淮는 왕을 참칭하였는데, 연에서 도망
쳐온 위만이 공격하여 빼앗았다. ⓓ그 좌우 궁인宮人들을 거느리고 달려가 바다
로 들어갔으며 마한에 살면서 스스로 한왕韓王이라 불렀다. 그 후손들은 절멸하
였다. 지금 한인韓人들이 그 제사를 받들고 있다. 한漢 나라 때 낙랑에 속했으며
사철 조공하였다."[19]

• • • • • • • • • • •
18. 魋結蠻夷服而東走出塞 渡浿水…
19. ⓐ臣智或加優呼 臣雲遣支報安邪踧支濆 臣離兒不例狗邪秦支廉之號 ⓑ其官有魏率善邑君歸
義侯中郎將都尉伯長 ⓒ侯淮旣僭呼稱王 爲燕亡人衛滿所攻奪 ⓓ將其左右宮人走入海 居韓地
自號韓王 其後絶滅 今韓人猶有奉其祭祀者 漢時屬樂浪郡四時朝謁

한국고대사 연구자들은 물론, 가야사 연구자들이 아직도 이 기록을 별로 주목하지 않는 것 같다. ⓐ부분은 어떤 뜻인지 정확히 파악하지 못하고 있고, ⓑ는 잘못된 기사라고 믿고 있으며 ⓒ 또한 다른 데 들어가야 할 내용인데 『삼국지』 편찬자가 실수로 잘못 끼워 넣었으리라고 여기는 것이다. 실제로 이에 관하여 가야사 연구자 어느 한 사람으로부터 "이상한 내용이고, 잘못된 기록으로 본다"는 말을 듣고 깜짝 놀란 적이 있다. 참 편리한 그 사고방식에도 놀랐지만, 어찌하여 이렇게 중요한 사실을 도외시한 걸까? 그렇게 중요한 사건이었다면 왜 『사기』나 『전한서』·『후한서』엔 실리지 않았으며 『삼국지』에만 이런 내용이 있는 것인지 의아해하며 앞으로도 이 기록을 의심하려 하는 이들이 있을지 모른다. 그러나 적어도 가야사 연구자라면 이들 두 기사를 절대로 소홀히 해서는 안 된다.

물론 이 기사는 몇 가지 문제가 있다. ⓐ·ⓑ·ⓒ·ⓓ 각기 그 주체가 다르며 그들 사이엔 서로 관계가 없는 것처럼 보인다. ⓐ와 ⓑ는 낙랑·대방을 통해 조사한 것일 테고, ⓒ는 3세기 중반경에 가야권의 김씨 세력(가라국)을 통해서 수집했거나 변진 사람들로부터 들은 내용을 간단히 추가한 것으로 보인다. ⓓ는 『후한서』의 내용으로 보아 그 전부터 중국에서 파악하고 있던 내용일 수 있다. 특히 ⓒ의 경우 '조선후 회'라고 했어야 할 것을 그냥 후회侯淮라고 하였고, 더구나 그 앞에 ⓒ와는 전혀 관계없는 귀의후·중랑장·도위·백·장과 같은 중국식 관제를 설명하고 있으니 ⓑ와 ⓒ는 우리 역사와 관련된 기사가 아니라고 여겼을 것이다. 그래서 『삼국지』예조의 기사 ②와 ④를 가져다가 한

餘家小國數千家 毛本小作干誤 總十餘萬戶辰王治月支國臣智或加優

呼臣雲遣支報安邪踧支濆臣離兒不例拘邪秦支廉之號其官有

魏率善邑君歸義侯中郎將都尉伯長侯淮既僭號稱王 前誤當作淮見國傳泷

爲燕亡人衛滿所攻奪 丁謙曰箕淮之王馬韓也撲朝鮮史肯避衛滿之逼率衆奪金馬郡居之自稱武康王金馬即本傳王所

■ 『삼국지』 위지 동이전 한조의 일부

조의 ⓒ와 비교하며 저울질해보지 않으면 이해하기가 쉽지 않을 수도 있다.

앞에서 설명한 바와 같이 안야국 및 구야국 왕과 관료체계에 대한 ⓐ와 ⓑ의 설명 뒤에 이어지는 ⓒ의 기사는 고조선 왕 위만과 조선후 회에 관한 내용이다. 『삼국지』예조의 기사와 견주어 보지 않으면 다소 뜬금없는 이야기처럼 보일 것이다. 그런데 왜『삼국지』편찬자는 '고조선의 회후準候가 왕을 참칭하였는데 연에서 망명한 위만이 회후를 공격하여 예왕 자리를 빼앗았다'는 이 기사를 군이 한조의 안라국·구야국 기사 뒤에 붙여서 적었을까? 그 두 사람이 예국濊國에서 그랬던 대로 최종적으로 그들이 함안과 김해에 내려와서 벌인 일이므로 안라국·구야국 왕과 관료체계에 대한 설명 뒤에 곧바로 붙여 쓴 것이다. 물론『삼국지』의 이 기록은 위만의 생존시점으로부터 대략 450년 가량 지난 3세기 말에 나온 것이니 수많은 고조선 유민과 위만의 후손들이 변진 지역에 대를 물려 살던 때 그들로부터 수집했거나 그것이 아니면 가라국의 김씨들이 낙랑을 드나들 때 수집한 내용을 간단히 끼워 넣은 것으로 볼 수도 있다.

이 기사의 신뢰도를 가늠해보기 위해 여기서『삼국지』예조와 한조를 비교해볼 필요가 있다. 우선 예조의 ②에서 기자箕子로부터 40여 세대가 흐른 시점에 '조선후 회가 스스로를 왕이라 참칭했다'며 '朝鮮侯准僭稱王조선후회참칭왕'이라고 표현하였다. 이 기사가 예국濊國 관련 내용으로 실렸으니 조선후 회는 예왕을 자칭하고 있었음이 분명하다. 이것과 의미상으로 연결되는 내용이『삼국지』예조의 ④이다. 조선후 회가 예왕을 참칭하니 위만이 다시 예로 와서 회후를 밀어내고 왕위를 빼앗은 것이다. 그 사실을 '다시 와서 왕이 되었다'고 썼다. 기원전 194년 위만은 고조선으로 가서 준왕을 내쫓고 왕이 되었고, 그 후 어느 시점엔가 거기서 다시 예로 가서 조선후 회를 몰아내고 위만이 다시 왕이 된 것이다. 그리고 거기서 또 조선후 회는 물론 위만이 변진으로 남하하였으니 이들이 변진으로 내려간 시기는 아무리 늦어도 기원전 2세기 중반 이전일 것이다.

그 두 사람이 예에서 남하할 때 따라간 이들도 꽤 많았을 것이다. 조선후 회가 변진 지역으로 내려갈 때 그를 따라간 추종세력이 있었을 것이고, 뒤따라 위만이 내려갔을 때도 마찬가지였을 것이다. 즉, 일찍부터 이런 식으로 요동과 남만주 지역으로부터 남쪽 한으로 내려온 사람이 많았다는 뜻이다.[20] 예와 한韓의 교류는 『후한서』에서도 찾아볼 수 있다.

"…영제靈帝 말년에 한韓과 예濊가 함께 번성하니 중국의 주현州縣에서 통제할 수 없었다. 백성이 난리통에 고통스러워하여 많은 유민이 한韓으로 들어갔다.…"[21]

후한 영제의 재위기간은 168~189년으로, 영제 말년이라 하였으니 180년 이후로 보면 무난할 것 같다. 비록 훨씬 후대의 일이기는 하지만 예濊에서 한으로 사람들이 많이 내려간 또 다른 기록이 『삼국지』 위서 동이전 한조이다.

"환제桓帝(147~167)와 영제靈帝 말에 한과 예가 강하고 크게 번성하니 군현에서 통제할 수 없었다. 백성이 한국으로 많이 유입되었다.…"[22]

●●●●●●●●●●●

20. 예(濊)나 옥저 및 고조선 사람들은 그 당시, 지금의 요령성(遼寧省) 남부 해안의 해성(海城)에서 내려온 것으로 볼 수 있다. 이곳에서 해류가 영남지방으로 닿았다고 하여 유득공의 『발해고』에도 해성현(海城縣)에서 영남으로 가는 길을 신라도(新羅道)라고 하였다고 기록되어 있다.

21. 靈帝末韓濊並盛 州縣不能制 百姓苦亂 多流亡入韓者…(『후한서』 동이전 한조)

22. 桓靈之末 韓濊强盛 郡縣不能制 民多流入韓國…

『후한서』와『삼국지』가 똑같이 다루고 있는 이 기사를 통해서 2세기 중반부터 말까지 예맥이나 옥저·부여계의 사람들이 북방에서 많이 내려왔고, 위 자료로 판단하면 변진 및 영남지역에 이 시기부터 들어서는 목곽묘는 이들의 것이었으리라고 추리할 수 있다. 여하튼 예라든가 진번 등지에서 한으로 많은 이들이 내려간 것은 명확하다.

그런데『삼국지』한조의 ⓒ에서는 '회후가 왕을 참칭했는데 위만이 공격하여 빼앗았다'고 하였다. 이것은 예에서 있었던 일이 아니다. 변한(=변진), 그 중에서도 안야국과 구야국에서 있었던 일이므로 안야국·구야국 기사 뒤에 적은 것이다. 더구나 예조에서는 '조선후 회가 왕을 참칭했다'(朝鮮侯準僭稱王)고 한 반면, 한조에서는 '후 회가 이미 왕을 참칭했다'(侯準旣僭呼稱王)며 '조선'이란 말은 생략하고 약간 달리 썼다. 위만이 예에서 다시 변진으로 내려왔을 때는 꽤 오래 전부터 조선후 회가 왕을 칭하고 있었던 것이다. 이 기사는 마한·진한·변한 삼한의 총론편에 해당하는 한조의 중간 부분에 실려 있다. 먼저 앞부분에 진왕과 월지국에 대한 이야기를 간단하게 적은 다음, 안야국과 구야국의 내용 바로 뒤에 ⓒ"조선 후 회가 이미 왕을 참칭하고 있었는데 연에서 도망쳐 온 위만이 쳐서 빼앗았다"(侯準旣僭呼稱王 爲燕亡人衛滿所攻奪)고 하였다. 이것은 예에서 그랬던 것처럼 변진으로 내려와 다시 왕이 된 회후를 위만이 뒤쫓아 와서 공격하여 그 자리를 또 빼앗았다는 이야기이다. 이렇게『삼국지』한조와 예조의 기사를 달리 쓴 것은 예조와 한조의 내용이 실수로 잘못 쓴 것이 아님을 반증하는 것이기도 하다. 그뿐 아니라 예조에 없는 내용을 한조에서 좀 더 자세하게 적은 것은『삼국지』편찬자가 기사를 의도적으로 양쪽에 나누어 썼음을 말해주는 것이고, 이 기사가 터무니없거나 잘못 쓴 것이 아님을 의도적으로 강조한 것이었다고 볼 수도 있다. 그리고 그 뒤에 이어지는 ⓓ 기사 "그 좌우 궁인宮人들

을 거느리고 달려가 바다로 들어갔으며, 마한에 살면서 스스로 한왕韓王
이라 불렀다. 그 후손들은 절멸하였다. 지금 한인韓人들이 그 제사를 받
들고 있다."는 내용은 고조선의 준왕에 관한 설명으로 볼 수 있다. 여타
의 역사 기록에 준왕이 좌우 궁인들을 데리고 바다로 들어가 마한 땅으
로 가서 왕이 되었다고 한 내용과 줄거리가 대략 같아서 그렇게 추정할
수 있다. ⓓ에서 말한 한韓은 마한이며 한왕도 마한 왕으로 볼 수 있다.
준왕이 위만에게 쫓겨난 사정에 대해서 『후한서』 동이전 한조는 이렇게
설명하였다.

　"…처음에 (고)조선 왕 준準이 위만에게 격파당하자 그 나머지 무리 수천 명
을 데리고 달아나 바다로 들어갔다. 마한을 공격하여 격파하고 스스로 한왕韓王
이 되었다. 준의 후예는 절멸했다.⋯⋯"[23]

　위의 두 기사는 194년 이후 고조선 준왕이 마한으로 내려갔으며, 그
후 언젠가 위만과 회후가 예를 거쳐 함안·김해로 옮겨가며 왕 노릇을
한 사실을 간결하게 전하고 있다. 회후가 예왕으로 있다가 위만에게 쫓
겨 변진으로 옮겨와 다시 변진 소국의 왕이 되었으나 또 다시 위만에게
왕위를 빼앗겼으니 회후와 위만 두 사람의 이 기막힌 악연은 아마도 서
로의 정치적 이해와 갈등에서 비롯된 것이었으리라 추정된다.
　그런데, 문제가 하나 있다. 조선후 회는 변진구야국과 안야국 두 나
라 중에서 어느 나라의 왕이 되었으며, 위만은 어디를 공격하여 조선후
회의 왕위를 빼앗았는지를 알 수 없게 되어 있는 것이다. 그저 안야국
왕 및 변진구야국 왕의 호칭과 이름 그리고 두 나라의 '읍군·귀의후·중

　　• • • • • • • • • •
23. …初朝鮮王準爲衛滿所破 乃將其餘衆數千人 走入海 攻馬韓破之 自立爲韓王 準後滅絶…

랑장·도위·백·장'이라는 관직을 나열한 다음에 곧바로 '후 회가 이미 왕을 참칭하고 있었는데 연에서 망명한 위만이 공격하여 (왕위를) 빼앗았다'고만 하였다. 이 내용으로 확인할 수 있는 것은 조선후 회와 위만은 변진의 왕이 되었고, 조선후 회는 이번에도 왕 자리를 위만에게 빼앗긴 사실이다. 엄격한 신분제 사회였으므로 본래 왕통이 아닌 조선후 회는 위만의 등장과 함께 제거되었을 가능성이 있다. 두 번이나, 그것도 멀리 남쪽으로 추적하여 왕 자리를 위만이 빼앗은 것은 남겨두고 온 아들의 나라 고조선에 피해를 줄 수 있으리라는 두려움도 있었기 때문일 것이다.

그러면 그들이 안야국과 구야국 두 나라 중 어느 나라 왕이 되었다는 것일까? 이 기사만으로는 판정하기 어렵지만, 안야국과 구야국이 고조선의 후예임을 말한 것으로 볼 수 있다. 기원전 2세기 초, 함안과 김해에 고조선 왕 위만과 조선후 회와 같은 인물이 내려온 것으로 미루어 당시 변진 지역에는 고조선의 지배층과 피지배층, 예나 진번 등 여러 계통의 사람들이 대단히 많이 내려온 것은 분명하다. 기원전 108년 이후 고조선의 많은 유민들이 내려온 것은 유물과 유적이 충분히 말해주고 있다. 변진 지역에 목관묘를 남긴 이들이 바로 고조선 사람들이었다.

『삼국지』의 위 기록만으로는 알 수 없으나 위만과 조선후 회가 내려온 나라는 변진구야국이었던 것 같다. 그리고 또, 두 사람이 내려올 당시 함안과 김해의 나라 이름이 안야국·변진구야국이었는지는 알 수 없다. 다만 그 두 사람이 기존의 정치세력을 대신하였을 것이고, 그것을 계승한 실체가 안야국과 변진구야국이었을 것임은 분명하다. 그러니 두 사람의 이야기가 구야국·안야국 기사에 함께 실린 것으로 이해할 수밖에 없다.

여기서 중요한 문제가 하나 더 있다. 변진구야국 왕을 '진지 렴'이라고 한 것이다. 『삼국지』 한조의 앞부분에서는 '구야 진지 렴'이라 하여 그를 진나라 사람이라고 하였는데, 그 바로 뒤의 ⓒ에서는 위만이 연에서 피난한 사람이라고 하였으니 이 기록만을 가지고는 진지 렴과 위만을 같은 계통의 사람으로 볼 수 없다. 더구나 진지렴은 기원후 3세기의 사람이고, 기원전 194년에 고조선 왕이 된 위만은 연燕 사람이라고 하였으니 만일 '구야국 왕 렴'이 위만의 후손이었다면 '연지렴燕支廉'이라 해야 맞지 않겠는가? '진지'는 진치 즉, 진나라 사람을 뜻하므로 서로 앞뒤가 맞지 않는 것이 문제이다.[24] 그러면 '안야 척지 분'을 위만의 후손으로 봐야 할 것인가? 안야국 왕이 위만의 후손이라고 확정할 수 있는 자료도 없다. 이 문제의 답을 찾기 위해 『사기』 조선열전을 살펴봐야 하겠다.

"(1)조선 왕 위만은 본래 연燕 나라 사람이다. 연 나라는 그 전성기 때 일찍이 진번眞番과 조선을 공격하여 연 나라에 복속시켜 관리를 두고 요새에 성을 쌓았다. (2)진秦 나라가 연 나라를 멸망시켰을 때 요동遼東 밖 경계에 속하였다. (3)한漢 나라가 일어나자 그곳이 멀어서 지키기 어렵다 하여 다시 요동의 옛 요새를 수축하고 패수浿水에 이르러 경계를 정하고 연燕에 속하게 하였다. (4)연왕燕王 노관盧綰이 배반하여 흉노로 들어가니 위만이 망명하였다. 천여 명의 무리를 모아 북상투를 하고 만이의 복장으로 동쪽으로 달려가 요새를 빠져나갔다. (5)패수를 건너 진나라의 옛 땅에 살면서 장鄣을 오르내리며 점차 진번과 조선의 만이와 옛날 연과 제 나라 망명인들을 복속시켜 그들의 왕이 되었다. 왕검王儉에 도읍을 정했다."[25]

• • • • • • • • • • •
24. '지'(치)는 고대사회에서 왕이나 지배층 신분을 이르는 말로서 반드시 고귀한 신분의 남자에게만 사용한 칭호였다.
25. 朝鮮王滿者 故燕人也 自始全燕時 嘗略屬眞番朝鮮爲置吏 築鄣塞 秦滅燕 屬遼東外徼 漢興

이 기록의 (1)과 (2)·(5)에서 거론한 연은 전국칠웅 가운데 하나였던 연나라이다. 그러나 (3)·(4)의 연은 전한 정권이 들어선 뒤 한 고조 유방이 노관을 연왕으로 삼아 그에게 맡긴 땅으로, 과거 진에게 멸망당하기 전의 연 나라 땅을 포함한 곳이다.

기원전 195년(한 고조12) 연왕 노관이 흉노로 망명하자 그 후, 위만도 고조선으로 망명하였다.[26] 그런데 (5)에서는 위만이 '진 나라의 옛 땅에 살았다'(居秦故空地)고 하였다. 이 기록으로 진나라 때 패수 건너의 동쪽 조선 땅 일부가 진 나라 차지가 되어 빈 땅으로 남아 있었음을 알 수 있다. 위 『사기』 조선열전을 보면 위만은 연燕에서 요하遼河와 패수를 건너 조선으로 갔다. 진시황 때인 기원전 226년 연을 멸망시킨 직후부터 요하 땅 동쪽 요동을 지나서 진 나라와 고조선의 경계인 패수가 있었다.

그런데 기원전 206년 전한 정권이 들어서면서는 패수가 양측의 경계가 되었고, 조선열전으로 판단할 때 한 고조가 노관을 연왕으로 삼은 것은 요하와 패수 사이의 요동 땅을 연燕에 속하게 한 뒤이다. 위만이 출발한 연燕은 전한 정권이 들어선 뒤의 연燕이다. 그래서 위만이 동쪽으로 온 과정을 사마천은 『사기』에서 '요하를 건너 요동으로 간 뒤, 다시 패수를 건너 옛날 진 나라의 빈 땅에 살았다'고 하였다. 그가 고조선으로 망명하기 훨씬 전인 기원전 226년 전국칠웅의 하나였던 연 나라가 진나라에 멸망당함으로써 과거 연 나라의 영역이었던 요동까지도 진의 영역이 되었고, 패수 건너 조선 땅 일부도 진秦의 영역이 되었다가 진말 한초秦末漢初에 조선은 영역을 회복, 패수를 경계로 하였음을 알 수 있다.

••••••••••

爲其遠難守 復修遼東故塞 至浿水爲界 屬燕 燕王盧綰反 入匈奴 滿亡命 聚黨千餘人 魋結蠻夷服而東走出塞 渡浿水 居秦故空地…

26. 위만이 노관과 함께 연에서 중요한 지위에 있었던 것 같으나 그에 대한 자세한 기록은 없다.

당시 고조선의 기록이 없으니 그 진위를 판별할 수는 없으나 "패수를 건너 진 나라의 옛 땅에 살았다"는 (5)의 구절로 보아 진 나라 때 패수 너머 조선 땅이 진 나라에 빼앗긴 채 사람이 살지 않는 빈 공터로 남아 있었다는 것인데, 이것이 중국 측의 억지주장만은 아닌 듯하다.

한편, 한 고조의 고향 친구였던 노관과 함께 연에서 활동하다가 고조선으로 망명하던 당시, 위만의 나이가 얼마나 되었는지는 알 수 없다. 여기서 『삼국지』 한조의 '구야 진지 렴'을 토대로 추리해보자. 먼저 변진으로 내려와 남의 자리를 빼앗아 왕 노릇을 하고 있던 조선후 회를 위만이 뒤쫓아 와서 내쫓은 뒤로도 계속 위만의 후손이 왕으로 있었다면 '진지렴'은 당연히 위만의 후손이라야 한다.

즉, 3세기의 구야국 왕이 자신을 '진지'라고 했다면 위만 자신은 물론 그 후손들까지 자신들이 본래 진나라 사람이었다고 믿었다는 얘기가 된다. 그렇다면 연에서 망명 당시 위만의 나이는 최소 20~30대는 되었을 것이다. 만약 진시황의 진나라가 연 나라를 멸망시킨 기원전 226년에 위만이 태어났다면 조선으로 망명하던 해 그의 나이는 32세였다. 위만이 살고 있던 고조선 땅을 기원전 284년경 연나라가 진개를 시켜 빼앗았고, 기원전 226년에 진이 연을 멸망시켰다. 그러므로 이때부터 기원전 207년에 진나라가 멸망하기 전까지 진시황의 나라, 진秦에서 태어났다면 그를 진나라 사람이란 뜻에서 진지(=진치)라고 한 것이 맞을 테고, 그것이 후손들에게 전해져서 3세기의 구야국 왕 렴도 자신을 '진치'로 말하고 있었던 것이다.

『삼국지』 한조의 기록대로라면 위만은 진나라 사람이었고, 후에 지금의 북경과 그 주변의 과거 연 나라 영역에서 망명한 것이다. 연나라 진개가 고조선 서쪽 영역을 침입하여 연에 편입시켰을 때 위만의 선조는 연나라 사람이 되었으므로 위만의 부모도 연에 살게 되었고, 위만은 진

나라 시절에 태어난 것으로 볼 수밖에 없다. 즉, 진인이라 함은 위만이 태어난 시대를 이른 것이고, 연인燕人이라 한 것은 그의 출신지 범위를 말한 것으로 볼 수 있다. 물론 변진에 내려와서도 조선후 회가 위만으로부터 다시 왕 자리를 빼앗았다는 기록은 없으니 구야국·안야국 왕을 위만의 후손으로 보아도 무리가 없을 듯하다.

위만이 연왕 노관과 함께 연에서 활동하다가 고조선으로 도망친 사실에 기준을 두고 사마천은 그를 연인燕人이라고 적었다. 즉, 맨 앞 (1)에서 '조선의 왕 위만은 본래 연燕 나라 사람'이라고 한 것은 전국칠웅의 연 나라를 말한 것이고, (3)·(4)의 연왕이나 연은 전한 초 노관의 봉지封地인 연을 말한다. 결국은 둘 다 같은 지역을 이르는 말이지만, (1), (2), (5)의 연燕은 기원전 226년 이전의 연 나라를 가리키므로 같은 연燕이라 해도 시기와 상황의 차이가 있는 것이다.

위만은 예에서 조선후 회를 내쫓았고, 변진에 내려와서도 그를 쳐서 왕 자리를 빼앗았다. 조선후 회는 본래 고조선의 왕통이 아니었다. 그러나 그가 예에서도, 얀야국·구야국에서도 위만에게 쫓겨난 것은 그가 왕통이 아니라 제후의 신분이었던 때문만은 아닌 것 같다. 위만과 정치적으로 대립관계에 있던 인물이었으므로 끝까지 그를 제거하거나 배제해야 할 필요가 있었을 것이다.

이런 점들을 고려해서 『사기』 조선 열전과 『삼국지』 위서 동이전 예조 및 한조를 검토해보면, 구야국 왕 렴은 위만의 후손이었을 가능성이 있다. 기원전 108년 우거왕이 죽고, 우거왕 계통의 고조선 왕가 인물 누군가가 내려와 구야국 왕을 대신했을 경우까지를 가정해 보더라도 그 역시 위만의 후계이니 자신들을 진나라 사람이라고 하였을 것이다. 앞에서 설명했듯이 기원전 3세기 초반 연 나라가 고조선의 서쪽 영역을 모두 차지하면서 위만의 선조는 고조선의 유민으로 연 나라에 남았고,

그 후 진나라가 연나라를 정복한 이후에 위만이 태어났으므로 위만의 출신에 대해서 『사기』 조선 열전 첫머리에 '조선 왕 위만은 옛날 연나라 사람이다'(朝鮮王滿者 故燕人也)라고 적은 것이며, 『삼국지』 위서 동이전 한조에서는 구야국 왕을 '진나라 사람'이란 뜻에서 '진치'라고 하였으면서 그 뒤의 ⓒ에서는 "연에서 망명한 사람 위만이 (조선후 회를) 쳐서 (왕위를) 빼앗았다."(燕亡人衛滿所攻奪)고 쓴 것이다.

그런데 우리 기록엔 진한 또는 변진 사람들을 설명하는 구절 가운데 진역秦役 또는 진란秦亂을 피해서 왔다고 하였다. 그것은 진시황의 진 나라가 조趙·연燕·제齊를 정벌하던 때로부터 기원전 207년까지의 혼란기, 그것이 아니면 그보다 훨씬 전인 기원전 3세기 초의 연 소왕 때 진개가 고조선을 쳐서 많은 땅을 빼앗은 시기를 말하는 것일 수 있다. 하지만 위만이 망명해 와서 준왕을 내쫓고 고조선의 왕이 된 것은 기원전 194년이다. 이것은 전한 혜제惠帝 때의 일이므로, 위만이 고조선으로 망명한 시점에서는 그를 한인漢人이라고 썼어야 마땅하다. 그럼에도 연인燕人이라고 한 것은 위만의 조상이 원래 연 소왕 시절 연나라에 예속된 고조선 사람이었음을 염두에 둔 표현이었을 것이다.

앞에서 설명한 대로 (5)에서 위만이 '옛날 진 나라 땅에 살았다'고 한 것은 진 나라가 연을 정복하고 요동 땅과 패수 동쪽의 고조선 땅 일부를 진 나라에 예속시킨 뒤의 이야기이다. 진이 연을 멸했고, 진이 망한 뒤에 다시 한 고조가 노관을 그 땅의 왕으로 삼았으므로 사마천은 전후 사정을 이런 식으로 『사기』 조선열전에서 간략하게 설명한 것이다.

전국7웅의 하나인 연 나라가 고조선의 서쪽 영역을 크게 차지한 것은 기원전 3세기 초 연 소왕昭王 때의 일이니 위만이 고조선의 왕이 된 시점에서 보면 그것은 80년 전의 사건이다. 『사기』 조선열전의 '自始全燕時자시전연시'라는 구절을 '연 나라의 전성기 때부터'로 번역하고 있는

데,[27] 연나라의 전성기는 연 소왕昭王 때[28]이며, 연 소왕 28년(기원전 284) 무렵 진개가 고조선을 침략한 것으로 보고 있다.

"이 해에 연은 나라가 가장 크고 부유했다. 악의樂毅를 상장군으로 삼고 진秦·초楚·삼진三晉이 서로 모의하여 제 나라를 정벌하였다. 제 나라 병사가 패주하고 그 왕은 국외로 도망치니 연 나라 병사가 추격하여 제 나라 임치臨淄로 들어가 제 나라의 보화를 모두 취하고 궁궐과 종묘를 불태웠다."[29]

연 소왕은 주변국에 대한 정복전을 치르면서 영토를 넓혔는데, 그의 재위 기간 동안에 고조선도 침략한 것이다. 그러니까 연 소왕 때의 고조선 영역은 연의 동쪽 북경과 천진 일대를 포함하여 제 나라 가까이까지 걸쳐 있던 것으로 판단할 수 있다. 진개가 고조선을 침략한 사실이 『사기』흉노열전 진개에 관한 구절 속에 있다. 연나라 장군 진개가 동호를 1천여 리 밖으로 몰아냈다고 한 것인데, 여기서 말하는 동호는 고조선이다.

"진개가 동호에 볼모로 있었는데 동호는 진개를 매우 신임하였다. 돌아와 몰래 습격하여 격파하니 동호가 달아났다. 동호는 1천여 리를 퇴각하였다.…연 나라 역시 조양造陽에서 양평襄平까지 장성을 축조하고 상곡上谷, 어양漁陽, 우북평右北平, 요서군遼西郡, 요동군遼東郡을 두어 동호를 막았다."[30]

••••••••••
27. 『고조선 연구』, p.22, 이지린, 평양 과학원출판사, 1963
    이지린은 요하(遼河)를 지금의 난하(灤河), 패수(浿水)를 소릉하(小凌河)로 보았다.
28. 『사기』(권 34) 연소공세가(燕召公世家)
29. 『사기』(권 34) 연소공세가(燕召公世家)
30. 秦開爲質於胡 胡甚信之 歸而襲破走東胡 東胡却千餘里…燕亦築長城 自造陽至襄平 置上谷 漁陽右北平遼西遼東郡以拒胡

이 자료로 볼 때 위만이 들어가서 살았다는 '진고공지秦故空地' 즉, 진나라의 옛 땅은 진개가 쳐들어와서 차지하였다가 한 나라 초 이전에 되찾은 것으로 볼 수 있다.

앞의 자료와 진개 관련 기록을 맞춰 보더라도 위만은 진의 6국통일 이후 207년 진이 존속하던 시기에 태어났으며, 한 고조 12년(기원전 195) 연왕燕王 노관이 흉노로 도망친 직후에 패수 동쪽으로 망명한 것으로 이해하면 연인 위만과 그 후손을 진나라 사람(진치)이라고 표현한 문제가 자연스럽게 해결될 수 있다. 이미 앞에서 말한 대로 위만의 선조는 연나라 시절에 연의 영역이 된 고조선 땅에서 살았다. 위만은 진이 연을 멸한 기원전 226년 이후에 위만이 태어났으며, 한 고조 때 연왕 노관과 함께 중요한 지위에 있다가 망명하였다. 그러므로 그를 연인燕人이라고 한 것은 한 고조 유방이 노관을 연왕에 임명했던 때의 그 연을 말하는 것이다. 그러니 위만을 연인이라 해도 맞고, 진인秦人이란 의미에서 '진치'라고 해도 맞다. 이런 근거에서 '구야국 왕 진지렴'의 본명을 위렴衛廉으로 보아도 될 것이고, 안야국을 접수한 이도 위만의 후손으로 파악하여 3세기의 안야국 왕 분濆 역시 위분衛濆으로 볼 수 있을 것 같다. 안야국과 구야국의 왕통을 모두 위만의 후손으로 볼 수 있으리란 뜻이다. 위만이 빼앗은 나라, 위만과 관련된 기사가 안야국·구야국 관련 기록 뒤에 이어지는 까닭도 여기에 있는 것이라고 이해하고 싶다.

이렇게 이 문제를 해결하고 보니 이제 비로소 또 하나의 의문이 풀렸다. 2004년 김해시 봉황동유적의 목관묘에서 나온 동과銅戈의 연원을 알 수 있게 된 것이다. 당시 발굴자들은 이 무덤(봉황동 3호 목관묘)을 1세기 후반 구야국 수장의 것으로 판단하였다.[31] 이 목관묘(봉황동 3호)의 주

----

31. 『金海 大成洞 : 가야의 숲 조성공사 부지내 시굴조사 및 동편지구 발굴조사보고서』, 경남고고학연구소, 2006

인은 160cm 남짓한 키였다. 목관묘 안에서는 칠기부채(2점)·가죽주머니에 넣은 청동 소문경·칠초칠검·철부·철창·주머니호·양이부호 등이 나왔다. 목곽 밖 묘광 내에서는 연 나라 형식의 동과 한 점이 나왔는데, 발굴자들은 이것을 '몇 대에 걸쳐 물려오다 무덤에 넣은 권력자의 상징물'이라고 평가하였다. 1세기 중반 이후에 축조된 무덤이라 하니 위만의 망명시기를 기원전 190년으로 설정하면 약 240년이란 연대가 나온다. 대략 8~9대가 산 기간으로 볼 수 있으니 위만과 그의 가솔들이 갖고 내려온 것이거나 그게 아니라면 기원전 108년 우거왕이 죽고, 우거왕의 후손들이 변진으로 내려오면서 가져온 것일 수도 있겠다.

현재의 요령성과 길림성 일부 그리고 한때 하북성 일부까지를 그 영역으로 했던 고조선을 접수한 위만이 일찌감치 그 아들에게 왕위를 내주고, 예왕을 거쳐 변진으로 내려와 다시 변진의 왕이 된 과정은 한 마디로 장대한 드라마이다. 조선은 멀리 은 왕조 멸망 후에도 존속하였다. 비록 기원전 108년에 우거왕의 '북고조선'(위만조선)은 멸망했으나 변진에 내려가서 위만이 차지한 또 하나의 위만조선(남고조선)은 이름을 바꾸어 변진구야국·안야국과 변진 지역 여러 나라로 이어졌으니 이제 그것을 '변진조선'으로 불러도 좋을 것이다. 가야의 문화는 고조선 사람들이 내려와서 남긴 것이다. 그러니 그것은 곧 고조선의 문화이고, 고조선의 역사이다. 고조선 사람들은 끈질기게도 수천 년 역사를 만들어냈다. 그것은 곧 우리 민족의 남다른 투혼과 생명력을 보여주는 것으로, 고조선의 수천 년 역사는 세계에서 유일한 것이다. "조선의 유민들이 산과 골짜기에 나뉘어 살면서 6촌을 이루었다"[32]고 한 사실에서 진한 지역으로 들어간 고조선의 유민도 상당히 많았음을 알 수 있고, "이

· · · · · · · · · · · ·
32. 「삼국사기」 신라본기 박혁거세

보다 앞서 중국 사람들이 진의 난리를 견디지 못해 동쪽으로 오는 경우가 많았는데 대부분 마한의 동쪽에 자리를 잡고 진한과 더불어 섞여 살다가 이때 와서 점차 번성해졌다."[33]고 하여 변진에 내려온 고조선의 많은 유민을 표현한 내용이라든가 '준왕은 마한으로 들어가 한왕韓王이 되었다'고 한 것을 보면 기원전 3세기 말~기원전 1세기 말 고대 한국인의 형성기에 중심이 된 세력은 고조선 사람들이었음을 알 수 있다. 즉, 우리 역사의 기원은 고조선에 있는 것이며, 그 중에서도 안야국과 구야국은 고조선 왕 위만이나 조선후 회와 같은 지배층이 내려와 세력을 떨친 '위만 조선의 제2정권'이었다. 가야권의 여러 유적과 유물로 확인하였듯이 기원전 108년 이후에도 고조선의 유민들이 많이 내려와 가야 지역에 정착하였다. 기록과 고고학 자료로써 고조선의 정통후예들을 확인할 수 있는 표본적인 대상이 변진이고 가야인 까닭에 '변진조선'은 한국고대사에서 특별한 위치를 갖는다고 하겠다. 저 중국 대륙 한복판에서 장엄한 역사를 펼친 고조선과 삼한·삼국 사이의 연결고리로써 변진조선을 중심에 내세워야 하는 것이다. 3세기 중반, 김씨들에 의해 정권이 바뀌기 전까지 가야, 그 중에서도 특히 안야국과 구야국은 고조선의 큰 줄기를 이어온 나라라는 점에서 이제 가야사에 대한 인식이 달라져야 한다. 이제부터는 신라사 위주의 역사서술에서 벗어나 고조선-가야-삼국(고구려·신라·백제)의 순서에 따라 고대사를 새로 기술해야 하며, 한국고대사의 상당부분을 완전히 다시 쓰지 않으면 안 되는 단계에 와 있는 것이다.

<hr />

33. 『삼국사기』 신라본기 박혁거세 38년(기원전 20)

변진구야국은 고조선·부여·고구려계 유민들의 나라?

앞에서 설명한 대로 3세기에 가야권은 함안 안라국과 김해의 변진구야국 중심으로 편제되어 가고 있었다. 이런 구도는 포상팔국전 이후 김해가야를 중심으로 임나가라를 완성하는 바탕이 되었다. 그리하여 김해 임나가라 본국 왕은 자신의 휘하에 복속된 여러 명의 소왕 즉, 후侯를 거느리고 있었으며, 이들 여러 후국의 소왕들은 그 아래에 백·장과 같은 책임자들을 거느리고 있었다. 4세기 이후에도 이런 체제는 그대로 유지되었을 것으로 보는 바이다.

앞에서 임나가라의 기본체제는 군현제를 바탕으로 한 봉건제였다고 설명하였다. 그리고 창녕의 수장은 대가 또는 가 계층 신분으로서 그 아래에 선인先人을 거느리고 있었음을 알아보았다. 선인이라는 관직명으로 볼 때 고구려와 마찬가지로 가야 사회에도 사자·조의와 같은 중간계층이 존재하였으며, 이런 중간 계층은 부여의 호민豪民·민民·하호下戶와 같은 기층민들을 가 계급과 이어주는 역할을 하고 있었다는 점도 설명하였다. 사자·조의·선인과 같은 계층은 쉽게 말해서 조선시대의 중인 계층과 같은 사람들이었다고 이해할 수 있다. 이런 것들을 토대로 부여·고구려·신라·백제·가야의 국가 발전 과정이 대략 같았음을 감안하여 가야 사회의 지배 체제가 어떤 것이었는지를 파악해 보았다. 먼저 부여의 신분체제를 짐작해볼 수 있는 내용으로서 『삼국지』 부여조의 내용 가운데 일부를 보자.

"나라에는 군왕이 있어 모두 육축의 이름으로 관명을 삼았다. 마가·우가·저가·구가·견사·견사자·사자가 있으며 읍락에는 호민과 민·하호가 있는데, 하호는 모두 노복이다. 제가는 따로 사출도를 주관한다. 제가 중 세력이 큰 자는 수천 가, 작으면 수백 가이다. …"[34]

부여 사회에서 소·말·양·돼지·개·닭의 6축 이름으로 관명官名을 삼았다고 하였으나 기록에는 4개의 관명밖에 제시되지 않았다. 그러나 고구려와 부여에서는 양을 사육하지 않은 것 같고, 나머지 왕가의 상징물이 무엇이었는지는 알 수 없다. 6축을 기준으로 할 때, 닭과 양을 제외한 것이 소위 4출도이다.[35] 그러니까 그 수장으로서 네 명의 가加만 있었고 육축 가운데 양가羊加나 계가鷄加는 없었던 것이다. 위 부여 조의 예문에서 사출도를 세력이 큰 자와 작은 자로 나누어 설명하고 있는 것으로 보아, 세력이 큰 자는 대가, 세력이 작은 자는 소가로 바꾸어 이해할 수 있다. 이미 부여 사회의 가 계층은 대가와 소가로 분화했던 것이다.

한편 구가狗加 뒤에는 견사犬使·견사자犬使者·사자使者의 차례로 사인使人 그룹이 기록되어 있는데, 사인 계층은 쉬운 말로 심부름꾼이다. 가 신분에 예속된 가신 그룹인 것이다. 이것으로 보아 이미 3세기에 부여에서는 사인使人이 세 가지 계층으로 분화되었음을 알 수 있다. 구가의 휘하에 견사·견사자·사자가 있었으니 마가·우가·저가도 똑같은 체제를 갖고 있었다고 볼 수 있다. 즉, 마가 아래에는 마사馬使·마사자馬使者·사자使者, 우가에도 우사牛使·우사자牛使者·사자使者, 그리고 저가의 저사猪使·저사자猪使者·사자使者가 있었으리라 이해할 수 있는 것이다. 읍락에는 호민과 민·하호(노복)가 있었으니 견사·견사자·사자와 같은 사인들

----

34. 國有君王 皆以六畜名官 有馬加牛加猪加狗加犬使犬使者使者邑落有豪民民下戶皆爲奴僕 諸加別主四出道 大者主數千家 小者數百家…

35. 이들 부여의 제 가지 가 계층에서 왕이 나왔다. 『삼국지』 부여전에 "왕 위거(位居)는 견가(犬加)를 보내어 교외에서 영접하고 군량을 제공하였다. 막내아버지 우가(牛加)가 딴마음을 가졌다 하여 그 부자를 죽이고 재산을 몰수하였다."고 한 기록이 있다. 위거는 우가 출신 왕이었던 것이다. 이런 체제는 고구려와 동옥저에서도 대략 비슷하였다.

은 호민·민·하호와 가 계층 사이의 중간층 신분으로서 지배층을 보좌하면서 호민 이하 일반 평민을 수탈하는 위치에 있었다고 보아도 될 것이다. 철저한 신분사회였던 만큼 사인 계층은 신분상의 제약으로 말미암아 가加 계급으로 올라갈 수는 없었다. 아마도 그것은 하호가 평민이나 호민으로 신분이 올라가는 것보다 더 어려운 일이었을 것이다. 조선 사회에서 중인 계층이 7품관을 넘어 6품관이 되는 것을 출륙出六이라 하여 하늘의 별 따기 만큼이나 어려웠던 것과 마찬가지로 고구려에서도 사인 계층이 대가나 소가와 같은 가 계급으로 올라가기는 불가능하였을 것이다.

부여의 4출도와 마찬가지로 가加 세력은 고구려의 국가 권력에 중심이 되는 계층이었다. 부여의 마가·우가·구가·저가는 본래 족장층에서 유래한 것이지만, 후에 부여·고구려의 가 계급은 그 실력의 대소에 따라 대가와 소가로 분화하였다. 그 분화의 흔적으로 볼 수 있는 사례가 있다. 『삼국지』고구려 조에 보면 일반 제가와 국왕이 거느린 관리 조직에 차이가 있음을 알 수 있다.

"그 나라에는 왕이 있으며 관리로는 상가·대로·패자·고추가·주부·우태·승·사자·조의·선인이 있다…"[36]

이와 같이 국왕도 사자·조의·선인들을 거느리고 있었다. 국왕 외의 4부족도 같은 체제를 유지하였다. 그런데 여기서 가加의 분화형이 상가와 고추가이다. 고추가는 왕족과 왕비족 남자를 이르는 칭호이며 상가相加는 본래 그 출신이 가 계층이면서 국왕 바로 아래의 국상을 이른다.

••••••••••
36. 其國有王 其官有相加對盧沛者古雛加主簿優台丞使者皂衣先人…

그러니까 본래 가加 계층 신분으로서 가加에서 상승 분화한 것이 대가·상가이다. 이것들은 제가諸加 그룹으로서 왕 아래 신분으로 예속된 자취를 보여주는 것이다. 그런데 『삼국지』에는 이와 별도로 고구려에서는 "대로가 있으면 패자를 두지 않고, 패자가 있으면 대로를 따로 두지 않았다"고 하였다. 여기서 대로가 행정관의 성격, 패자는 군사적 임무를 띤 것으로 보아 대로나 패자도 대가 계층만이 맡을 수 있는 직제였다고 판단하고 있다. 주부主簿라는 직책을 맡을 수 있는 신분도 대가였고,[37] 우태는 왕을 제외한 왕족의 대표였을 것이며, 사자·조의·선인 바로 위의 신분으로서 승丞이 따로 있는 것을 보면 바로 이 승까지가 사자·조의·선인과 같은 사인 그룹은 넘볼 수 없는 고구려의 최상위 계층이었음을 알 수 있다.

부여의 경우 4부족의 가 계층 중에서 구가狗加에 주목하고자 한다. 아마도 부여국이 한창 성숙해 있던 시기에 구가의 한 부류가 김해 지역에 남하하여 세운 변진의 고대 소국이 변진구야국이었을 것으로 추정하는 바이다. 물론 그 이전에 내려와 있던 고조선계 유민 상당수가 다시 합류한 것으로 볼 수 있다. 구야국 왕 진지렴秦支廉의 秦이나 진지秦支[38]는 고조선 유민으로서의 진인秦人을 말하는 것이므로 변진구야국의 구성원 가운데 중심 세력이 고조선 사람이었음을 알 수 있다. 진지렴秦支廉은 3세기 『삼국지』를 작성하기 위해 자료를 모으던 시점의 구야국 왕 이름이었을 것이다. 그러나 이 기사가 『삼국지』 한조의 맨 끝에 실려 있고, 이와 별도의 변진 기사가 있는 데다 변진구야국에 특이한 변동사항이

• • • • • • • • • • •

37. 조선시대에는 주부가 종6품관이었다. 이런 변화는 새로운 왕조마다 직제를 개편하면서 자꾸 상층 관료를 두면서 관계(官階, 관직의 품계)가 계속 상향 분화한 결과이다.
38. 이것은 '진치'의 표기였다. '진나라 사람'이란 의미의 '진치'를 고어에서는 '진지'라고 하였을 것으로 본다.

나타나 있지 않은 것으로 보아 변진구야국이 김씨들에게 정복되기 전의 기록일 것이다. 『삼국지』 조사 기록시점과 당시 변진 지역의 사정을 감안할 때 '진치'(=고조선의 후예)이자 신지 출신의 구야국 왕 렴廉은 김씨들의 혁명에 의해 축출된 구야국의 마지막 왕이었을 가능성이 있다.

앞에서 『삼국사기』 신라본기 시조 혁거세 편에 "조선의 유민들이 산과 골짜기에 나누어 살면서 6촌을 이루었다"고 한 것이나 혁거세 38년 조에 "중국 사람들이 진秦의 전쟁[39]을 피해 동쪽으로 오는 경우가 많았으며, 대부분 마한의 동쪽에 자리를 잡고 진한과 더불어 섞여 살다가…"라고 한 기록은 모두 고조선 멸망 후 그 유민들이 내려와 신라 및 변진 지역에 정착하였음을 알려주는 자료이다. '마한의 동쪽에 자리를 잡고 진한과 더불어 살다가…'라고 한 구절은 바로 변진 사람들을 지칭한 것이다. 이것을 일연은 『삼국유사』 진한 조에서 '진한辰韓을 秦韓진한이라고도 한다'고 밝히고 『후한서』에 진한의 노인들이 스스로 말하기를 진秦나라에서 망명한 사람들이 한국으로 오자 마한이 동쪽 경계의 땅을 떼어주고 서로 이르기를 徒(도, 무리)라 하였다. …(그 사람들의 말이) 진나라 말과 유사하여 간혹 秦韓진한이라고 하였다고 한다.…또 최치원은 '진한은 본래 연나라 사람들이 피신해온 곳이다. 그래서 涿水탁수의 이름을 취해서 자신들이 살고 있는 읍과 마을을 사탁沙涿·점탁漸涿 등으로 불렀다"고 하였다. 현재의 북경 서북 지역 탁수涿水로부터 북경 서남의 탁현涿縣 일대까지를 탁지涿地로 볼 수 있으니 '진인피역(秦人避役, 진 나라 사람들이 전쟁을 피함)'을 위해 출발한 곳이 이 일대였을 것임을 알 수 있다.

이상의 몇 가지 이야기를 맞춰 보면 북경 서편의 涿郡탁군 일대로부터 북경 그리고 그 동쪽 계薊·옥전玉田 등지와 요령성 지역에 있던 고조선

----

39. 秦亂(진란) 또는 秦役(진역)이라고 표현되어 있는데, 이런 경우 난(亂)은 전란, 役은 전쟁을 위해 동원되는 것을 의미한다.

의 유민이 진한에 내려왔다는 사실을 추출할 수 있다. 변진구야국의 변진은 弁人변인과 辰人진인 또는 秦人진인이 함께 섞여 산 곳을 이른다. 변진구야국의 왕이 진나라 사람이었다 하여 그를 부르는 호칭으로 '秦支'(진지, =진치)라 하였으니 그는 정말로 북경 서북 탁수 일대나 북경 서남 탁군涿郡 일대에서 내려온 진秦나라 사람이었거나 진秦에게 빼앗긴 땅 고조선에서 내려온 유민으로 볼 수 있다.

또 구야국의 수장층은 부여 4출도 중 하나인 구가狗加가 중심이 되어 세운 나라였으므로 구야국으로 기록되었을 것이다. 즉, 변진구야국은 애초 부여계가 세운 나라였는데, 뒤에 고조선의 위만이나 그 외 고조선의 지배층이 빼앗은 정권이었을 수 있다.

낙동강 서편의 영남 지역 유적과 유물 그리고 몇몇 기록을 감안할 때 기원전 2세기 초부터 몇 차례 파상적으로 압록강 너머로부터 고조선의 유민이 내려와 정착하였다. 그 한 예가 김해 봉황동에서 확인한 1세기 후반의 구야국 수장 무덤[40]일 것이라고 『흉노인 김씨의 나라 가야』에서 설명하였다. 그러나 이들 외에도 또 다른 계통의 목관묘 세력이 더 있었다. 그들이 아마도 예나 진번 · 부여 등으로부터의 유민이었을 것이다.

그로부터 2세기가 지나, 기원후 2세기 중반에는 다시 목곽묘 사용자들이 남하하였다. 그들은 선주 목관묘 세력과 잘 어울렸다.[41] 3세기에 들어서서 구야국의 주인은 김씨들에 의해 교체되었다. 그 때 요동[42]

••••••••••

40. 『흉노인 김씨의 나라 가야』, p.39〜46, 서동인, 주류성출판사, 2011
41. 이 목관묘 사용자는 고조선계 외에도 부여와 예(濊) 계통의 서로 다른 부류가 있었다.
42. 이 요동의 위치에 대하여 한 무제(기원전 108) 이전엔 북경 서남의 영정하(永定河) 동편, 고구려 大武神王 27년(A.D.44) 이후에는 대릉하 주변의 중국 요령성(遼寧省) 조양시(朝陽市), 그리고 2〜3세기에는 요하 동편의 요동으로 보고자 한다. 여기서 말한 요동은 지금의 길림성 태자하 이남 지역, 그 중에서도 요양(遼陽)과 그 주변을 이르는 용어로 한정한다.

에서 내려온 또 다른 김씨들이 변진구야국 정권 탈환에 가담하였을 가능성도 있다.[43] 그리고 3세기 중반에 요령遼寧과 요동·요서 지역의 유민을 포함하여 고구려 유민 등 북방으로부터 난민을 다시 받아들였다. 이렇게 기원전 2세기 초부터 기원후 3세기까지 몇 차례에 걸쳐 북방 유이민이 영남 지역에 유입되었으며, 이러한 유민들을 받아들여 그 세력을 다진 김씨들의 가라국은 김해 변진구야국을 정복하고 나서 다시 포상팔국전에서 승리를 거두고 가야권의 패권을 갖게 되었다. 2세기 중엽에 시작된 목곽묘, 3세기에 처음 등장하는 수혈식석곽묘라든가 2세기 중엽 이전의 목관묘와 같은 것들은 혼란기에 유민의 유입이라든가 철기의 보급에 따른 시대의 변화상을 반영하는 것이다.

이것이 바로 3세기 말까지 변진 지역에 일어난 변화였다. 이와 같이 여러 계통의 문화를 가진 사람들을 바탕으로 4세기에 들어서 김해가야는 비약적으로 발전하였다. 그리하여 왜·백제와의 연계를 통해 위상을 높인 김해의 임나가라 본국은 영남 지역의 강자로서 주도권을 행사하였다.

부여·고구려와 마찬가지로 가야 지배층도 관책 썼다

다음은 구야국이나 안야국과 같은 소국의 이름 앞에 붙인 변진弁辰이나 변弁 또는 진辰에 관한 검토이다. 『삼국지』 변진 조에 '변진과 진한은 서로 뒤섞여 산다'(弁辰與辰韓雜居)고 하였다. 이 말은 변인弁人과 진인辰人이 섞여 사는 곳이 변진이라는 이야기이다. 앞에서 거듭 설명한 대로 박혁거세 38년 조의 '…마한의 동쪽에 진한과 더불어 섞여 살다가…'라고 한 것도 똑같은 이야기이다. 그러니까 본래 경주를 포함한 진한 지

• • • • • • • • • •
43. 이와 관련하여 『흉노인 김씨의 나라 가야』를 참고하기 바란다.

역에는 애초 변인들을 받아들이지 않았던 것 같다. 그랬으니까 그 지역이 진한 또는 진辰으로 남은 것이고, 또 진한인들이 들어가지 않고 변인들만이 산 곳을 『삼국지』에는 따로 변弁으로 기록한 것이다. 변진구야국·변곤미국과 같은 표기는 그런 배경을 말해준다. 진인은 변인에 앞서 내려와 낙동강 동쪽에 격리된 유민들로 볼 수 있다.

그러면 변진의 변은 어떻게 해서 생긴 명칭일까? 『삼국지』 고구려 조에 그 단서가 있다.

"其公會 衣服皆錦繡金銀以自飾 大加主簿頭著幘 如幘而無後 其小加著折風 形如弁"

이것은 이를테면 정치·외교적으로 중요한 일이 있을 때나 공식적인 회합에서 고구려의 최상층 지배층이 입는 복식에 관한 이야기이다. 위 예문은 "공식적인 모임에서 모두 비단옷을 입으며 금은으로 장식한다. 대가와 주부는 머리에 책幘을 써서 그 신분을 나타내는데, 책은 뒤가 열려 있다. 소가는 절풍을 쓰는데 그 생김새가 마치 고깔과 같다"는 내용이다. 대가가 주부와 똑같이 책을 쓴 것을 보면 주부라는 관직을 맡을 수 있는 신분은 대가였을 것임을 알 수 있다. 이런 내용으로 볼 때 변진과 변 지역에는 고조선의 유민 외에도 고구려·부여계의 책이나 절풍과 같은 모자를 쓴 지배층이 내려와 살았고, 그것이 중국에 변弁·변진弁辰으로 알려졌음을 알 수 있다. '고깔 쓴 사람'이 변인의 본뜻이라고 이해한다는 것이다. 그러나 弁변이라 해서 반드시 고깔을 가리키는 것은 아니다. 弁변의 원류는 중국 주 왕조의 관리들이 썼던 관책에 있다.[44] 고조

<hr>

44. 중국의 『예기』 교특생(郊特牲)에 하대(夏代)에는 수(收), 은대(殷代)에는 후(冔, 관의 일종), 주대(周代)에는 변(弁)을 썼다고 하였다. 이것은 하·은·주 3대의 관모에 대한 기록으로, 주 왕조 시

선·부여·고구려의 지배 계층이 남한 지역에 유입되기 전에 삼한 사회의 사람들 대부분은 관모와 관책을 쓴 사람들을 보지 못했던 모양이다.

현재 우리는 고조선 사람들의 관冠과 복식이 고구려·부여와 어떻게 달랐는지는 알 수 없다. 그러나 고구려인은 부여인과 한 계통으로 복식에도 큰 차이는 없었을 것이다. 일찍이 고조선과 고구려 사람들이 남한 지역에 내려온 기록이 있다.

가) "역계경歷谿卿이 2천 호를 이끌고 남쪽 진국辰國으로 내려갔다."
나) "…협보陜父가 분개하여 남한南韓으로 가버렸다."(고구려 유리왕 22년)

가)의 기록에서 이미 고조선의 상층부가 그 유민 2천 호를 거느리고 남하하였음을 분명히 알 수 있다. 여기서 말한 진국辰國을 과거 진주辰州가 있던 요령성遼寧省 남부의 개주蓋州[45] 일대로 볼 수도 있다.[46] 이 지역 사람들도 후일 남한 지역으로 남하하였으므로 그 모두를 아울러서 진한으로 보는 데는 무리가 없을 것이다. 그 당시 압록강·청천강·대동강·한강을 넘어 남쪽으로 내려온 이들은 대단히 많았다.

나)의 협보란 인물은 주몽을 도와 고구려 건국을 도운 개국공신이다. 이 외에도 기록에는 없지만 기원전 2~3세기로부터 기원후 2~3세기까지 한강 이남으로 내려온 유민은 여러 차례에 걸쳐 상당히 많았고, 그 중에는 1~3세기 부여에서 남하한 이들도 꽤 있었을 것이다. 물론 예濊

대 변모(弁帽)를 썼다고 하였다. 아마도 이것은 흉노·선비족의 호복(胡服) 영향을 받아 피변(皮弁)으로 변화한 것이 아닌가 싶다.

45. 『요사(遼史)』 지리지에는 이 지역이 본래 진주(辰州)였던 것으로 되어 있다. 현재 영구시(營口市) 남쪽에 있다.

46. 이 지역의 묘제와 유물이 진한 지역과 유사한 점도 참고가 될 것이다.

와 옥저 등에서 내려온 이들도 꽤 있었을 것이다. 고조선의 유민들과 더불어 부여·고구려 등 여러 계통의 사람들이 압록강 너머 광대한 땅에서의 삶을 그대로 이어갔고, 그 과정에서 고조선과 고구려의 복식이 대물림되어 변弁이라는 이름 속에 남은 것으로 볼 수 있다.

위 『삼국지』 고구려 조에서 대가大加와 주부主簿가 쓰던 모자 책幘은 뒤가 열려 있고, 소가小加들이 쓴 절풍이란 모자는 그 생김새가 마치 고깔과 같았다(形如弁)고 하였으니 변弁 또는 변한弁韓의 '변'은 모두 가 계층이 착용한 관모冠帽나 고깔 모양에서 따온 것으로 볼 수 있다. '갈'이나 '갈한'을 한자로 표기한 향찰이 바로 弁변·弁韓변한 및 도간刀干이니 그렇게 유추할 수 있다.

이와 같이 남아 있는 기록과 가라·변한·변진·가야 등과 같은 명칭으로 미루어 보더라도 가야 지역에는 일찍이 부여·고구려의 구가·마가와 같은 가 계층이라든가 고조선의 유민들이 상층 지배층으로서 유입되었음을 확인할 수 있는 것이다.

가야와 신라, 한편으로는 상이한 체제의 대결이었다

본론으로 돌아가 다시 정리해보면, 가야 사회의 중요한 특징으로서 귀의후라고 하는 임나任那 소국의 왕을 통해 비로소 우리는 임나10국의 왕은 모두 임나가라의 소왕이었음을 알았다. 임나 왕은 일종의 분봉제후로서 임나가라 각 소국의 땅과 통치권을 부여받은 사람을 의미하는 말이며 '임나'는 분봉받은 봉토(Feudal) 즉, 봉지封地를 뜻하는 말로도 쓰였음을 알게 되었다. 그렇다면 그 임나 왕의 지배 영역인 임나를 가늠해 볼 수 있는 기준은 따로 없을까? 앞에서 설명한 바 있지만, 가야권 내에서 대형 봉분을 가진 고총이 있는 지역은 후국, 고총고분이 없는 곳은 임나가라 직할지였을 것이다. 소위 임나가라권에서 장수·남원과 같은 지역이 그 대표적인 사례가 될 수 있을 것이다. 대체로 장수 지역 고총고분은 남원 지역의 그것보다 규모가 작다.[47] 이것을 바탕으로 남원과 장수의 수장층 사이에 위상 및 위계에 어떤 차이가 있었을 것임을 추리할 수 있다. 거슬러 올라가 보면 과거 읍군邑君 신분을 포함하여 귀의후 이하 다섯 가지 계층이 가야 사회의 지배층이었을 것이며, 이런 신분은 멀리 신지·험측·번예·살해·읍차와 같은 지배층에 연원을 둔 것으로 이해할 수 있다.

이와 관련하여 의미 있는 연구 자료를 결부시켜 이해할 수 있을 것 같다. 5세기 후반을 기준으로 가야 후기 고령·함안·진주의 3개 지역권의 매장의례와 토기를 분석한 내용이다. 이 지역 고분의 순장자 수와 석실규모·장신구·부장품을 분석하여 피장자의 신분을 5개의 계층으로 분류한 연구가 있다(박천수). 그 내용의 핵심은 ①제1계층(수장층) ②제2계층(대수장) ③제3계층(중위수장) ④제4계층(하위수장) ⑤제5계층(중간층·일반인)의 계층분류이다. 그런데 고령 지산동고분군은 ①부터 ⑤까지 모든 계층을 아우르고 있으며(A유형), 이보다 작은 그룹으로서 B유형과 C유형이 따로 있었다고 보았다. 남원 지역은 중위수장(제3계층) 이하 그룹으로 구성된 C유형으로 파악하였다.[48] 이런 구분은 유적과 유물의 통계를 바탕으로 한 분석이니 참고하는 게 좋겠다. 무덤의 규모

• • • • • • • • • • •
47. 남원 지역엔 중소형 고분이 대단히 많지만, 남원권의 대형고분만을 장수 지역 고분의 규모와 비교했을 경우 그렇다는 의미이다.
48. 남원 지역에는 가야 고분의 규모가 다양하다. 월산리나 두락리처럼 고령 지산동고분 만큼 큰 규모도 있으나 아주 작은 것들도 있다. 한 예로 남원시 운봉면 장교리에는 10여 기의 대가야계 고분이 있다. 봉분이 작은 것은 직경 5m 정도, 큰 것은 10m 규모이다. 남원에서 여원재를 넘어 인월면소재지로 가다 보면 목장 안에 있는 무덤군인데 이것을 이 지역 수장의 무덤으로 보기 어렵다. 또 대가야 토기가 나온 남원시 주천면 호경리의 무덤 역시 지역 수장의 무덤으로 보기 어렵다.

나 유물 수준으로 볼 때 남원이 제3계층인 중위수장에 해당된다는 것이라든가 고령이 5가지 계층으로 분류된다는 사실을 가야 사회의 지배층 계층 분류에 곧바로 대입해볼 수 있다. 만약 남원 지역의 수장이 고령 대가야 중앙정부에서 파견한 관료였다면 아마도 지산동고분에 버금가는 월산리·두락리 일대의 대형 무덤은 남기지 못하였을 것이다. 신분에 따라 복식이 다르고 머리모양새나 장신구까지도 큰 차이가 있었던 고대 신분제 사회에서는 주택의 규모·무덤의 크기까지도 엄격하게 제한되었다. 관리가 임지에 나가서 사망하면 반드시 송환하여 규정에 맞는 장례 절차를 따르는 관례도 중국과 한국이 대체로 같았을 것이다. 중앙에서 파견된 관리라면 그 시신도 본국 또는 중앙 정부로 돌아와야 했을 것이다. 그러므로 남원 지역 지배자가 고령의 중앙 관료였다면 남원 일대에는 중위수장급의 무덤이 있을 수 없다. 위 분류에 따르면 제3, 제4 계층은 남원이나 장수처럼 지방 실력자에 해당한다. 임나가라의 후국들 사이에는 실력과 규모에 차이가 많이 있었을 테지만, 그런 차이는 정치력의 차이일 것이니 남원·장수 지방의 제3, 제4계층은 임나 소국 가운데 비교적 영향력이 작은 후국의 수장층이었다고 볼 수 있다. 임나 소국의 수장층은 그들의 통치권 내 인구와 생산력에 따라 주어진 서열과 관계가 있었을 것이므로 같은 서열이라 해도 소국마다 차이가 있었을 것이다.

　그러나 5세기 이후 몇몇 지역은 김해에서 중앙의 왕족이나 관료를 직접 파견하여 지배권을 강화하고 대외적으로 그 위상을 높이려 하였을 수 있다. 이런 관점에서 보면 5세기 초 고령·합천(다라국)으로 옮긴 사람들이나 5세기 후반 고성에 터를 잡은 세력 가운데 최상층은 김해 가야(임나가라 본국) 왕가와 관련이 있을 수 있다. 임나가라의 외교·정치·군사적 목적에서 거점을 구축할 필요가 있는 곳을 선택하여 지원했거나 중요한 지역을 추인하는 형식으로 지배권을 인정했을 수도 있다. 한 예로, 영산강 입구에 해당하는 전남 신안군 안좌도에서 5세기 가야의 갑옷과 유물이 출토되었는데,[49] 그것은 중국과의 교류를 위해 힘쓴 가야권의 노력을 엿볼 수 있는 사례이다. 임나 본국에서는 외교 뿐만 아니라 내치에서도 중요한 인물을 가야권 각지(임나 소국)에 수시로 파견하여 지역 지배를 강화하였을 것이다. 이를테면 고성에 새로운 세력을 구축한 목적도 중국이나 왜와의 교류를 위해서였을 것이다. 물론 외교·정치 분야 외에 어염의 공급과 같은 경제적 측면에서도 고성의 지배층은 고령과 깊은 관련이 있었던 것이 분명하다. 그러나 그것이 반드시 고령과의 종속관계였다고 보기는 어렵다.

　이 문제를 이해할 수 있는 단서가 『삼국지』 동옥저전에 있다. 앞에서 옥저의 현을 다스리는 거수를 현후라고 하였고, 불내·화려·옥저의 현을 후국이라고 설명하였다. 또 옥저의 모든 읍락의 거수들은 스스로 삼로라 하였고, "그 현은 나라의 통제를 받았다"고 하였다. 각 후국, 그러니까 소국은 동옥저의 통제를 받았다는 것이다. 그런 후국이 "나라가 작아서 큰 나라 사이에서 시달림을 받으면 마침내 고구려에 신하로 복속하였다."[50] 6세기 초 탁순·탁기탄이 신라로 넘어간 것도 이와 똑같이 고대사회 수장들의 공통된 행동특성을 보여주는 것이며, 이런 바탕에서 들여다 보면 가야의 후국이나 옥저의 후국은 결국 같은 것이었다. 비록 후국들 사이에 그 규모가 크고 작은 차이는 있었을지언

<hr>

49. 전남 신안군 안좌도에서 5세기의 가야계 수혈식 석곽에서 투구와 갑옷, 칼, 창, 화살촉, 장신구 (옥) 등 다량의 무기류가 나왔다. 정수리에서 이마까지 각이 진 충각부주 투구와 삼각철판을 이어 만든 삼각판갑 갑옷으로 보아 이 무덤의 주인은 군대의 지휘관이었을 것으로 보인다. 안좌도 일대는 해양 진출의 요충이자 고대 영산강 일대를 지배한 세력과 백제·가야·일본 그리고 중국 사이의 교류에 중요한 거점이었을 것으로 보인다.

50. 國小迫於大國之間遂臣屬句麗後置其中大人爲主者使相主領…

정 현縣을 바탕으로 한 현후縣侯의 현국縣國으로서 동옥저의 불내·화려·옥저나 가야의 각 소국은 같은 위치로 볼 수 있는 것이다. 이렇게 보면 고성이나 고령·남원 아영·장수·함안 등의 가야 소국은 각기 수평적 관계이며, 동시에 임나 본국(임나가라)의 통제를 받는 소국들이었을 것임을 알 수 있다. 이런 기준으로 판단하면 고성의 수장층을 고령에서 파견했다고 보기 어렵다. 그보다는 임나 본국의 의지와 허락 하에 이뤄진 일로, 임나본국 아래의 소국들은 어쩌면 은殷 왕조에서의 방국方國과 중앙정부의 관계와 유사한 측면이 있다.

동시에 이런 체제는 고령이나 가야권 서부 산간 내륙의 소국들이 처한 '입지적 취약성'을 극복하기 위한 포석이었을 수 있다. 산청·거창·합천·고령·남원·장수 지역은 외부와 격절된 지형에 땅이 척박하여 생산력에 제한이 있을 수밖에 없다. 해산물과 어염 공급을 위한 지역 거점으로서, 그리고 대외교역항으로서의 중요성을 감안하여 임나가라 본국의 외교·정치·경제적 목적에서 5세기 중·후반 고성에 가야권의 새로운 중심이 탄생한 것으로 이해할 수 있겠다. 동옥저에서 후국은 본국의 통제를 받았듯이 가야 소국들도 마땅히 임나 본국의 지배를 받았을 것이므로 고성 또한 예외가 될 수는 없다. 이런 것은 가야의 경제·외교·정치·문화를 고려한 일종의 부흥책 가운데 하나였을 것이라고 이해할 수 있다.

그러나 5세기 이후 낙동강 서편의 제한된 영역에서 가야 부흥의 꿈은 대단히 어려움이 많았을 것이다. 각 지역 소왕(후국)들의 결속을 다지는 과정에서 임나가라 본국(왕)과 고령 대가야·함안 안라국 등의 지배층 사이에는 상당한 갈등이 있었을 수 있다. 임나 소국의 왕들 중에는 김해 또는 고령의 압력에서 벗어나 독립적인 정치세력으로 남아 있기를 바란 이들도 있었을 것이다. 그 사례가 임나가라 본국에서 벗어나 신라로 넘어간 탁순국·탁기탄국과 같은 임나 소국들이다.

3세기 말부터 한 세기 남짓 안정 속에 성장한 가야권은 5세기 초 이후 분열구도로 바뀌었다. 임나가라 본국이 고·신연합군의 공격으로 심각한 타격을 입은 뒤로는 김해의 지배층과 중앙 정부가 무력해져서 임나가라 소국들은 잘 통제되지 않았을 것이고, 이런 구도는 가야 말까지 그대로 유지되었다. 탁순국이 신라에 병합되는데도 임나 본국이나 함안·고령 등이 아무런 역할을 하지 못한 사실을 하나의 예로 들 수 있다. 이미 임나 본국의 지배력이 약화되어 그들을 구할 수 없었던 것이다. 신라에 통합되기 전에 탁순국 왕과 지배층은 이미 신라로 기울어 있었다. 탁순국 왕 자신이 독자적으로 판단하고 신라로 이반한 결과이다. 임나 본국의 지배권은 약화되어 마치 열국의 분립 상태로 되돌아간 듯한 분위기였을 것이다. 그럼에도 아직 본국의 임나 지배권엔 변함이 없었다.

520년대에 신라가 탁기탄·탁순국 등 임나 소국을 병합한 데 이어 532년에는 김해를 병합하였는데, 그것은 신라의 전략적 판단에 따른 것이었다고 볼 수 있다. 임나 전체에 대한 지배권을 갖고 있는 임나가라 본국을 먼저 정복함으로써 가야권의 구심점을 해체하고 임나 소국들을 보다 손쉽게 포섭하기 위한 의도가 있었을 것이다. 함안·고령·합천(다라국) 정복에 앞서 김해의 정권을 먼저 정복한 데는 그밖에도 다른 이유가 더 있었다. 그 당시 고령이나 함안 세력은 신라에게는 버거운 존재였다. 신라는 바로 옆의 창녕 세력도 550년대 중반에야 겨우 통합할 수 있었는데, 그때까지 창녕은 신라에 만만치 않은 상대였기 때문이다. 이런 마당에 낙동강 건너서 고령이나 함안을 먼저 치기는 어려웠을 것이다. 그래서 신라는 먼저 함안 안라국과 김해 임나 본국의 바로 옆 울타리 역할을 하던 탁순국과 탁기탄국을 통합한 것이라고 볼 수 있다.

그 후 신라는 상대를 정탐하면서 탁기탄국을 발판으로 김해를 병합하였고, 탁순국을 거점으로 함안을 공략하기 위한 준비를 한 것으로 볼 수 있다. 이런 방식으로 신라는 낙동강 서편을 잠식하였을 것이다.

임나 소국들이 하나 둘 신라에 넘어가는 상황에서 고령과 함안은 다급해지기 시작하였다. 529년엔 가야의 북쪽 영역을 신라가 빼앗아 대가야를 긴장시켰고, 그 와중에 함안은 탁기탄·탁순 등 신라가 빼앗은 가야 소국을 원상복귀시킬 것을 강력히 요구하였다. 물론 가라의 기문이나 대사·다사진도 일찌감치 백제에 넘어갔다. 다사진은 백제가 요청하여[51] 일본이 떼어준 것으로 『일본서기』에 그리고 있으나 실제로는 가라로부터 백제가 빼앗은 것으로 볼 수 있다.[52] 이런 위기 상황에서 고령의 지배층은 임나가라의 결속을 위해 부심하였으며 가야권 지배를 강화하려고 하였을 것이다. 물론 그 과정에서 가야 서부권에 대한 지배력은 어느 정도 회복할 수 있었다. 그렇지만 창녕이나 부산(복천동)과 같은 세력은 고령의 통제권 밖에 있었고, 함안 안라국 또한 고령의 통제를 받는 입장도 아니었다. 신라와의 긴장관계 탓이었는지 동쪽으로 낙동강이 있으나 고령은 낙동강 수로 이용에 제한을 받았던 듯하다. 더구나 남쪽으로는 산과 계곡이 많아 고령은 의령·함안·김해 등지와의 교류에도 제약이 많았다.

고령에 새로운 정권을 구축한 이들이 산간 내륙의 고립된 위치에서 벗어나 서해와 남해에 주목한 것은 경제적인 측면 말고도 해상권을 갖기 위한 목적이 있었다. 475년 한성에서 공주로 백제가 천도하면서 서

- - - - - - - - - - -

51. (백제왕이) 가라 다사진을 신의 조공 길 나루로 삼을 수 있게 해 달라고 요청하였다. (二十三年 春三月 百濟王…請以加羅多沙津爲臣朝貢津路…)-『일본서기』 계체(繼體) 23년(529) 3월

52. 是月 遣物部伊勢連父根·吉士老等 以津賜百濟王 於是 加羅王謂勅使云「此津 從置官家以来 爲臣朝貢津渉 安得輒改賜隣國 違元所封限地」勅使父根等 因斯 難以面賜 却還大嶋 別遣錄史 果賜扶余-『일본서기』 계체(繼體) 23년(529) 3월

해안 지역 항구로의 진출은 일시적으로 어려움에 처했었으나 백제와 가야는 우호관계를 바탕으로 이 문제를 쉽게 해결하였던 것 같다. 가야는 백제에게 일본과의 교류에 필요한 고성과 기타 경남 남해안 항구를 제공하고, 가야는 백제의 서해안 항구를 이용하여 중국과 교류하였을 것이다. 고성에서 발견되는 왜 계통의 문물은 백제에도 전달되었다. 5세기 후반부터 고성의 인력과 물자는 가야 서부 지역 경제에 활기를 불어넣었다. 어염과 해산물 공급은 진주·산청·함양·거창·남원·장수·고령의 경제와 정치를 결속시켰으며 고성과 고령 양측의 외교 역량을 키우는 발판이 되어 주었다. 그러나 그것이 산간에 고립된 고령 지배층의 위상과 대가야의 국력을 강력하게 받쳐주지는 못하였다. 오히려 창녕과 부산권은 고령과의 교류 대상에서 제외된 것이나 다름없었다. 부산 지역은 5세기 초 이후 통제권 밖으로 벗어나 점차 신라와 가까워지고 있었고, 함안 세력도 합천 다라국도 고령의 지배층에게는 쉽게 다룰 수 있는 상대는 아니었다.

이와 같이 가야권은 멸망기까지 각 지역마다 여러 세력으로 나뉜 분립상태였다. 특히 신라의 임나 본국 병합 이후에는 가야 각 소국들을 하나로 엮고 있던 지배력과 결속력이 사라져 각기 독자 세력으로 유지되었다. 그들 임나 제국諸國은 서로의 이해가 달라서 통합을 이룰 수 없었다. 함안과 김해의 양대 세력으로 재편되던 3세기와 달리 6세기부터 가야권은 해체의 길을 걸었고, 특히 532년 이후엔 다극 체제의 분립 상태였던 것이다. 이렇게 여러 지역에 가야 세력이 분산됨으로써 가야의 인력과 물자 그리고 가야의 정체성을 지킬 수는 있었으나 그것이 도리어 가야 통일에는 장애가 되었던 것이다. 이와 같은 가야 사회의 분립 구도는 520년대 이후 더욱 심화되었고, 동래·함안·고령·합천 등지의 각 세력은 서로 간의 적극적인 교류라든가 신라에 대한 치밀한 공동대응 노력도 없었다. 고령과 함안·김해는 남강과 높은 산으로 격리되어 경제·군사 교류 모두 원활하게 이루어질 수 없는 조건이었다.

임나 본국 멸망 이후엔 고령과 함안은 서로 어쩌지도 못하는 관계였다. 고성 세력이 고령은 물론 진주나 산청·거창·남원 등지와 교류한 사실은 알 수 있으나 고령이 동래나 의령·함안과는 그다지 교류가 없었다. 물론 여수·순천 지역에 고령 대가야의 영향이 미친 것은 확인되지만 5세기까지 고령에 함안의 요소는 별로 없고, 합천 다라국에 6세기 신라 유물은 많아도 고성 지역과의 교류는 거의 없다. 이런 분립 구도에서 가야 소국들은 하나씩 차례로 신라에 병합되었다. 신라는 가야권의 이러한 분립 구도를 끝까지 잘 이용하였으며, 가야 합병 전략은 매우 오랜 기간에 걸쳐 계획적으로 그리고 치밀하게 추진되었다. 그리하여 550년대 중반까지 신라는 동래와 창녕을 정복하였고, 562년에 고령과 함안을 아울러 비로소 영남 지역 전체가 신라의 품으로 돌아갔다. 거기엔 가야와 신라 사회의 구조적 측면도 크게 작용한 것 같다. 국왕을 정점으로 일사불란하게 체계를 잡아 중앙집권 국가를 완성한 신라에게 일종의 지방 분권적 체제와도 유사한 가야권의 열국 분립구도는 꽤 만만하게 보였을 것이다. 한 마디로 서로 상이한 체제 대결에서 신라가 최종 승자가 된 것이라고 할 수 있다.

6장

탁국·탁순국의 위치와 안라국의 의미

탁국^{啄國}은 어디에 있던 나라인가?

　고대 가야 사회에 탁卓이라는 나라가 있었다. 6세기 초 중국의 「양직공도」 백제국사전에 나오는 임나 소국의 이름이다. 卓은 卓國탁국의 약칭. 그런데 『일본서기』에는 탁국啄國이라는 나라가 더 있어 혼란을 주고 있다. 그렇지만 애석하게도 우리의 기록에는 그 나라가 없다.

　탁국에 관련된 자료는 다음 가), 나), 다)의 세 가지 자료 뿐이다. 이들은 모두 일본과 중국에 전하는 기록이다.

　가) …구저久氐 등과 함께 군사를 이끌고 건너가 탁순국卓淳國에 이르러 신라를 습격하려고 하였다. …(中略)…모두 탁순에 모여 신라를 쳐서 깨트렸다. 그로 말미암아 비자발比自㶱, 남가라·탁국啄國, 안라安羅, 다라多羅, 탁순啄淳, 가라加羅의 일곱 나라를 평정하였다. [신공황후 49년(249) 봄 3월]

나) …무릇 탁국啄國의 멸망은 다른 데 이유가 있는 게 아닙니다. 탁국의 함파한기函跛旱岐가 가라국加羅國에 두 마음을 품어서 신라에 내응하여…… 이 때문에 멸망하였습니다. 만약 함파한기가 신라에 내응하지 못하게 했다면 탁국이 비록 작아도 결코 망하지 않았을 것입니다. 탁순 역시 마찬가지입니다. 만약 탁순국의 주인이 신라에 내응하여 도적을 불러들이지 못하게 하였다면 어찌 망하게 되었겠습니까? [흠명기 5년(544) 3월][1]

다) (백제와) 가까운 소국으로서 반파叛波, 탁卓, 다리多羅, 전라前羅, 사라斯羅, 지미止迷, 마련麻連, 상기문上己文, 하침라下枕羅 등이 있어 그를 따른다.[2]

중국 측 자료엔 卓, 일본 자료에는 啄 또는 喙록으로 되어 있어 과연 이 나라들이 한 나라의 이칭인가에 대한 의문이 있다. 따라서 우리는 탁국을 이해하기에 앞서 탁국이란 이름에 관한 문제부터 짚고 넘어가야 하겠다. 먼저 啄탁과 喙록의 문제이다. 『일본서기』 번역서나 국내에서 출간된 자료에는 대개 啄國탁국을 喙國록국으로 써놓고서 '탁국'으로 읽고 있다. 이것은 啄탁이나 喙훼가 맞는가, 아니면 喙록이 맞는가의 문제이다. 아마도 喙國훼국이 아니면 啄國탁국일 것으로 본다. 그런데 이 문제는 신라사 자료와도 깊은 관련이 있다.

신라의 영일 냉수리비나 울진 봉평비에는 신라 6부의 하나인 사탁부가 沙喙部사훼부로 기록되어 있다. 그간 우리는 진한의 주요 마을을 점탁부·사탁부 등으로 알고 있었는데 당대의 비문 기록엔 다르게 되어 있는 것이다. 단양 신라적성비에도 훼부喙部·사훼부沙喙部, 창녕 진흥왕순

----

1. 夫啄國之滅 匪由他也 啄國之函跛旱岐 貳心加羅國 而内應新羅 加羅自外合戰 由是滅焉 若使函跛旱岐 不爲内應 啄國雖小 未必亡也
2. …旁小國有叛波卓多羅前羅斯羅止迷麻連上己文下枕羅等隨之…(백제국사전 양직공도)

수비에도 사훼沙喙로 기록되어 있는 것으로 『한국고대금석문자료집』에 실려 있다.[3] 실제 비문에 喙훼로 되어 있는지, 아니면 啄탁으로 되어 있는지는 별도로 확인해야 할 문제이지만,[4] 비문에 喙훼로 기록되어 있으니 지금까지 다들 그렇게 표기해 왔지 않나 싶다. 만약 '사탁부'가 아니라 사훼부로 되어 있다면 이를 어떻게 이해할 것인지부터가 문제다. 가야의 탁국을 예로 보면 '탁부' 또는 '사탁부'가 되어야 할 것 같은데 그것이 아니라 훼부·사훼부로 되어 있으니 이것이 맞다면 새로운 해석이 필요하다. 영천 냉수리비나 단양 적성비 그리고 창녕 진흥왕비의 실물 자료를 자세히 살펴보지 않은 터라 확실하게 말할 수 없지만, 만약 사훼부·훼부가 맞다면 우리는 신라사 연구에 심각한 수정을 가해야 한다. 훼喙는 탁啄과는 그 의미나 소릿값이 전혀 다르다. 만약 사훼부가 맞는데 사탁부라고 잘못 써온 것이라면 많은 의문이 풀린다. 아마도 원래의 의미로 보면 사훼부가 맞을 것이라고 보는 바이다. 喙훼는 새의 '부리'를 가리킨다. 그러므로 사훼부는 '사부리부'의 뜻이 된다. 이렇게 생각하면 사훼는 '사벌'의 한자 향찰 표기가 분명하다. '새로운 땅' 또는 동쪽 땅[東土]이라는 의미이며, 이것이 후에 서나벌徐那伐 또는 서라벌徐羅伐로 정착된 것이라고 볼 수 있다.

한편 이와는 별개로 卓과 啄이 같은 나라인가 아니면 다른 나라인가의 문제가 있다. 여기서 의견은 둘로 나뉠 것이다. 글자가 다르니 다른 나라라고 보는 쪽과 좁은 영남의 신라·가야 지역에 탁卓과 탁국啄國 두 나라가 있었던 것은 아닐 터이므로 啄國은 卓國과 같은 나라라고 보는 쪽이 반드시 있을 것이다. 이 문제를 거론하기에 앞서 먼저 啄國탁국

• • • • • • • • • • •
3. 『韓國古代金石文資料集 II (新羅·伽耶編), 國史編纂委員會, 1995
4. 사실 喙(훼)든 啄(탁)이든 두 글자 모두 새의 부리를 나타내는 말이다.

의 喙은 喙록이나 喙훼가 아니라 喙탁이 맞을 것이라는 점부터 밝히고 시작해야겠다. 『일본서기』계체 21년(527) 기사에 탁기탄을 녹기탄喙己呑이라고 한 것이나 『일본서기』흠명 2년(541) "탁기탄은 가라와 신라 경계에 있다"[5]고 한 것, 그리고 흠명 2년 7월 조에 "남가라·탁기탄을 세우라고 권한 것이 수십 년 되었는데도 신라는 그 명령을 한 번도 듣지 않은 것을 경도 잘 아는 바"[6]라고 한 기사에서도 탁기탄을 모두 녹기탄喙己呑으로 적었다. 이들 여러 사례의 녹기탄은 실제로는 喙己呑탁기탄의 오기이다. 이런 사례들로 보면 탁기탄·탁(국)이 정확한 표기라고 할 수 있다.

따라서 앞의 가)와 나)『일본서기』기사의 喙록을 모두 喙탁으로 고쳐서 소개하였다. 국내의 대부분 번역본에도 喙록으로 되어 있어 혼란을 주고 있는데, 이것만큼은 喙탁의 오기로 보는 바이다. 喙은 '웃는다' 또는 '새소리'라는 뜻을 갖고 있는 글자이고, 그 소릿값을 보더라도 나라 이름으로는 적합지 않다. 喙탁은 '쪼다' 그리고 '새의 부리'를 뜻하므로 喙훼와 의미는 같다. 소릿값을 빌린 글자라면 탁喙일 확률이 높고, 그 의미를 빌렸다면 喙훼일 것이다. 그런데 6세기 초 백제가 중국에 직접 전해서 기록으로 남게 된 양직공도에는 卓이란 나라가 나온다. 백제 기록에 바탕을 둔 것이니 탁卓은 당대의 기록으로 볼 수 있다. 그런데 정작 문제는 喙과 卓이 같은 나라인가 다른 나라인가이다.

가)의 기사에서 탁순국을 喙淳탁순과 卓淳탁순으로 혼용하고 있는 것을 보면 喙과 卓을 한 나라의 이칭으로 보는 게 타당할 것 같다. 喙과 卓은 글자만 다를 뿐, 소릿값이 같아 한 나라의 이칭으로 볼 수 있다. 좁아빠

5. …其喙己呑 居加羅與新羅境際…
6. 勸立南加羅喙己呑 非但數十年 而新羅一不聽命 亦卿所知…

진 영남 땅에 啄과 卓이라는 나라가 따로 있을 것 같지는 않다. 그렇지만 이것을 서로 다른 나라로 볼 수는 없을까? 그것은 이 기록을 남긴 이가 채택한 '향찰 표기 기준'이 어디 있느냐에 달려 있다. 만약 卓을 쓴 것이 그 뜻을 취한 데 있고, 啄은 이 한자가 갖고 있는 소릿값을 빌려 쓰기 위해 선택한 글자였다면 서로 다른 나라일 수 있다. 卓은 높다·우뚝하다·뛰어나다는 의미로서 大 또는 越과 뜻이 통한다. 卓은 그 의미로 보아 나라 이름으로 나쁠 게 없다. 卓伽羅탁가라라고 하든 卓國탁국으로 쓰든 문제가 없는 것이다.

반면 啄은 '쪼다·새의 부리'라는 뜻을 갖고 있다. 그 의미로 보면 啄은 나라 이름으로는 적합하지 않다. 다시 말하자면 啄은 그 의미보다는 소릿값을 택한 표기로 볼 수 있다는 뜻이다. 그 경우 '탁·닭'이라는 소릿값을 나타내기 위한 글자 차용이 아니었나 짐작해볼 수 있다. 그렇다면 卓을 닭·탁의 한자표기였다고 이해해 볼 수 있다. 이 경우라면 卓은 啄과 같은 나라가 된다. 그런데 현재 남아 있는 기록에 啄國은 신라에게 멸망한 사정이 정확히 올라 있지만 卓國은 멸망한 기록이 없다.

이 문제에 관해서 가장 믿을만한 것은 「양직공도」의 기록이다. 현재 전하는 자료는 521년에 백제에서 사신을 보냈을 때 중국에서 작성했던 것을 530년대에 다시 모사한 것이라고 한다. 물론 그 후 당·송 시대에도 계속 필사(모사)본이 만들어졌고, 그것이 함께 전해지고 있다. 현재 전하는 양직공도가 비록 맨 처음의 원본은 아니지만 가야·백제·신라가 공존하던 시대의 자료이므로 「양직공도」 백제국사전의 탁국 관련 내용은 신뢰할 수 있는 것이다. 거기에 기록된 나라 이름들은 모두 6세기 초 백제 무령왕 시대의 소국들로서 백제에서 가까운 나라들의 명단이다.

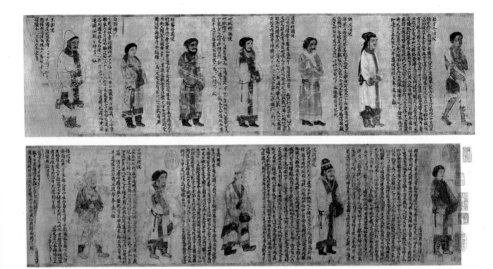

■ 중국 북송(北宋) 시대에 그 이전부터 전해오던 자료를 그대로 베낀 양직공도(梁職貢圖) 모사본

　그런데 다)의 「양직공도」[7]에 나오는 나라는 반파叛波·탁卓·다라多羅·전라前羅의 순서로 되어 있다. 이 자료를 들여다 보노라면 백제 옆의 인접국을 기록하면서 네 나라의 이름을 어떤 순서에 따라 기술한 것처럼 보인다. 말하자면 반파·탁·다라·전라의 순서가 백제를 기준으로 원근이나 방위와 같은 것을 감안하여 정해진 순서에 따라 기록한 것 같다는 것이다. 아마도 낙동강 서편에 인접한 나라들로서 북에서 남으로 내려가며 차례대로 적은 것이 아닌가 하는 생각을 해본다. 다라 다음에 前羅전라는 함안 '안라'의 표기로 볼 수 있다.

　다음으로 탁卓 또는 탁국卓國이 喙·啄國과 같은 것이라면 이 나라의 위치를 확정해야 하는 문제가 남아 있다. 우선 발음상 유사성으로 짐작하면 탁국을 대구로 보는 게 어울릴 것 같다. 그런데 실제로 아주 오래

∙∙∙∙∙∙∙∙∙∙∙∙
7. 중국 양(梁) 나라 태자가 6세기 초에 그렸다는 그림으로, 이 양직공도엔 백제국 사신의 그림 옆에 백제국사(百濟國使)에 대한 설명이 길게 붙어 있다.

■ 대만 국립고궁박물관에 소장된 7세기 당나라 그림인 당염립본왕회도(唐閻立本王會圖)

전, 일본인 연구자 가운데 탁국을 대구로 본 이가 있다. 현재 국내에도 이 견해를 따르는 이들이 꽤 있다. 성주와 대구의 유물 양상이 비슷한 점을 감안해보면 가능성이 없는 것은 아니다. 啄이나 啄國탁국은 대구大邱라든가 달구벌達句伐로 표기되기 훨씬 전에 소국으로 존재하던 때의 이름이었다고 보는 것이다.

단순히 향찰 표기법만으로 보면 탁국은 대구의 다른 표기로 볼 수 있다. 탁국의 해석에 중요한 근거가 된 것은 손목孫穆의 『계림유사』이다. 그 가운데 "鷄曰啄音達"(닭은 탁이라고 한다. 그 소릿값은 달이다.)고 한 내용을 바탕으로 啄의 의미 해석을 시도한 이들이 있다. 닭을 '달기' 또는 '닥' '달'이라고 발음하며, 암탉·수탉이라고 할 때는 '탁'으로 발음하므로 닭·탁·달을 대신해서 啄으로 적었다고 본 것이다. 그렇게 본 것은 훌륭한 착상이었다고 평가할 수 있다.

한편, 『일본서기』에는 "탁국啄國이 가야와 신라 사이의 경계 지대에 있었다."[8]고 하였다. 이 기사를 근거로 탁국을 경남 창녕군 영산면이나 밀양시, 의령 부림면, 함안 칠서면 무릉리 성산성,[9] 의령 초계면 등으로 보는 여러 가지 주장이 나왔다. 신라와 가야의 경계지대는 그곳밖에 없기 때문이다. 그러나 합천 초계면의 삼국시대 지명은 초팔혜현草八兮縣이었다. 草의 신라어는 '사'이다. 그래서 우륵12곡의 곡명은 초팔혜草八兮 대신 사팔혜沙八兮로 기록되어 있는데, 이 이름은 신라인들의 작명법을 반영한 것으로 볼 수 있다.

탁국㖨國을 의령군 부림면 일대로 본 견해는 토기의 유형과 변화를 파악하여 대가야의 영역과 경계를 추적한 것이다(이희준).[10] 여기서 잠시 5~6세기까지 영남지방의 토기 양식과 문화에 대한 일반적인 경향을 간략하게 요약해볼 필요가 있다. 그것이 가야 소국 탁국의 위치 문제를 이해하는 데 보탬이 될 수 있기 때문이다. 대략 영남지방에서는 기원전후의 시기로부터 3세기 말까지를 일반적으로 와질토기 시대로 말한다. 그리고 그것을 다시 두 시기로 구분한다. 목곽묘가 등장하는 2세기 중후반을 기준으로 그 이전은 고식 와질토기, 그 이후는 신식 와질토기 시대라 한다. 이것은 진한과 변한에 공통된 것으로서 지역에 따른 차이도 없다. 대신 4~5세기는 와질토기에서 벗어나 도질토기가 성숙한 단계이다. 좀 더 높은 온도에서 토기를 구워 경도가 높은 토기를 생산한 것인데, 그렇다고 '도기'라고 말할 수 없는 단계다. 그런데 이것도 두 개의 시기로 나누어 이해한다. 4세기는 고식 도질토기, 5세기 이후는 신식 도질토기로 구분하는 것이다. 소위 회색 경질토기 단계이다. 이것이 바로 영남 지방 토기에 대한 대략적인 기준이라고 할 수 있다. 토기를 굽

••••••••••
8. 『일본서기』 권19, 흠명천황(欽明天皇) 2년 여름 4월조
9. 이 성산성을 구례산성(久禮山城)으로 보는 견해가 있다.
10. 「토기로 본 대가야의 권력과 그 변천」, 이희준, 『가야사연구―대가야의 정치와 문화』, 1995

는 기술과 화력에 따라 경도가 다른 토기가 만들어지기 때문에 경도를 기준으로 구분하는 것인데, 5세기부터는 낙동강 동편과 서편의 토기 양식에 서로 차이가 나타난다. 그 대표적인 사례가 낙동강 동편의 창녕과 낙동강 서편의 성주이다. 창녕은 5세기 중반 이후 신라 양식을 따르며, 낙동강 서편에 있는 곳임에도 성주 지방의 토기 또한 낙동강 동편의 양식, 즉 신라 토기를 닮아간다. 이런 근거를 바탕으로 "선산·대구·성주·창녕·양산 지역은 5세기 이후 가야의 영역으로 볼 수 없다"는 주장이 제시되었다. 이런 견해를 잣대로 들이대면 대구권은 물론 성주 그리고 창녕 지역은 가야로 볼 수 없다.

백제 주변의 가야 소국 위치와 관련하여 「양직공도梁職工圖」의 자료가 주목되는 까닭은 6세기 초 영남 지방 소국 명단을 인접국인 백제에서 기록으로 남겼기 때문이다. 여기에 등장하는 나라 이름은 백제 무령왕 때(520년대)의 기록인 만큼 신뢰할 수 있다. 「양직공도」에는 백제 사신의 전신 모습이 그려져 있다. 그 인물 옆에는 백제국사百濟國使라 하여 백제국 사신에 대한 설명이 부기되어 있다. 앞에서 소개했듯이 그 내용 가운데 "그(백제) 곁에 소국으로서 반파·탁·다라·전라·사라·지미·마련·상기문·하침라 등이 있어 백제를 따른다.···"[11]는 구절이 있는데, 여기서 주목되는 것은 백제 인근의 소국들 이름 가운데 반파叛波와 함께 탁이라는 나라 이름이다. 반파를 고령 대가야의 이칭으로 보는 견해에 대해서는 따로 설명하였다.

그런데 탁국이 문제이다. 앞에서 잠깐 설명했듯이 음운과 향찰을 고려할 경우 대구를 탁국으로 보는 것은 타당하다. 대구의 옛 이름은 達句火달구화나 達弗달불은 達句伐달구벌이다. 달達 또는 달구達句는 '닭'의 향

<hr />

11. ···曾分子弟宗族爲之 旁小國有叛波卓多羅前羅斯羅止迷麻連上己文下枕羅等隨之···

찰로 볼 수 있다. 바로 이 달구達句와 소릿값이 아주 유사한 이름이 후일의 大丘(또는 大邱)이다. 다만 대구大丘라는 이름에는 '큰 언덕'이라는 의미가 부가되었다.

달구화達句火나 달구벌達句伐은 후일 달성達城으로 바뀌었다. 달성은 현재 달성공원 자리의 성이다. 그 바깥 지역이 본래 대구이다. 본래 '달'은 '높다'는 뜻과 산이라는 뜻을 갖고 있다. 그래서 아사달은 조산朝山이고, 경기도 고양시 고봉산 일대에 있던 고봉현高峰縣은 본래 고구려의 달을성현達乙省縣이었다. '달을성'은 '달성達城'의 또 다른 표기로서 이때의 '달'은 높다는 의미로 쓰였다.

그러나 대구 달성達城의 달達을 '높다'는 의미의 순우리말로 볼 수 없다. 본래 達句伐달구벌·達句火달구화에서 시작된 이름으로서 '닭'을 표기하기 위해 선택한 글자 達句의 생략형을 達로 볼 수 있기 때문. 다시 말하면 이때의 '달구'는 '닭'의 표기로 들여다 볼 수 있다. 대신 '닭=탁'으로 이해할 수 있으니 이 경우라면 탁국의 우리말식 표기로 볼 수 있다. 이런 측면에서 달구벌(達句伐, 達句火)의 달구達句를 닭Talk으로 파악한 것은 설득력이 있다. 더구나 대구는 신라와 가야 사이에 있으니 '탁국은 가야와 신라 사이의 경계지대에 있다'는 『일본서기』의 기록에 부합한다.

그렇다면 여기서 한 가지 의문을 가질 수 있다. 본래 계림鷄林은 경주가 아니라 대구를 가리키는 이름일 수 있다는 점이다. 우리는 현재 계림을 경주의 다른 이름으로 알고 있지만, 達句火달구화나 達弗달불은 達句伐달구벌은 계원鷄原 또는 계림鷄林의 뜻으로, 애초 계림은 대구를 이르는 말이었을 가능성이 있다. 고대 중국에서는 한국을 '계림'이라 하였다. 중세시대에도 그랬다. 대표적인 예가 손목의 『계림유사』이며, 전통적으로 '계림'은 한국을 대신하던 이름이었다.

그런데 일본인 아유가이후사노신(鮎貝房之進) 및 미시나아키히데(三品

彰英)의 견해[12]에 따라 탁국啄國을 경산에 비정한 이도 있다.[13] 그 위치로 보면 이해가 가지만, 지명으로 보면 아무리 생각해 보아도 탁국을 경산으로 볼 수는 없을 것 같다. 탁국啄國이 해체되고 난 뒤에 그 일대를 달구불達句火로 부르기 시작하면서 '달구벌'이란 이름이 정착되었다고 볼 수는 있겠다.

한편, 특이하게도 달구벌達句伐 또는 달구화達句火의 다른 표기가 탁순국의 탁순卓淳이었다고 보는 설을 파생시켰다. 이것이 이른바 '탁국 경산설'이다. 한자 탁순을 일본음으로 읽어서 억지로 꿰맞춘 것인데, 아무리 양보한다 해도 이것은 인정할 수 없다. 탁순과 달구벌達句伐·달구화達句火 사이에는 의미나 소릿값 어느 것 하나 통하는 것이 없다. 啄을 '닭·탁'의 소릿값으로 읽어서 啄→達句伐(=닭벌)→大邱(大丘)로 지명이 변천되어 왔을 것으로 보는 데는 크게 무리가 없다. 다만 탁국이 대구권에서도 어디에 있던 나라였을까 하는 문제는 남아 있다. 그러나 『일본서기』 흠명 5년(544) 기록에 탁국은 작은 나라라고 설명한 점 한 가지가 마음에 걸린다. 이 점 하나 때문에 차라리 탁국을 창녕 영산이나 계성으로 보면 어떨까 하는 생각도 있다.

『일본서기』에는 탁국과 탁순국이 멸망한 이유를 나란히 적고 있어 대단히 흥미롭다. "가라의 심복이 신라 나마의 의관을 갖춰 입고 날마다 신라 땅을 오가면서 도무지 꺼리고 두려워하는 바가 없었다. 함파函跛 한기가 스스로 내응하지 않았으면 그 나라가 비록 작다 하나 탁국은 망하지 않았을 것"이라고 하였고, 탁순국 역시 그 왕이 신라에 내응하여 스스로 멸망을 자초하였다고 한다. 그리고 또 임나 제국의 패망 원인은

----

12. 日本書紀朝鮮地名考, p.291~297, 鮎貝房之進, 國書刊行會, 1987
13. 「卓淳의 位置와 性格」, 白承玉, 『釜大史學』 第19輯, p.109

모두 서로 다른 마음을 가진 데 있었다고 하였다. 뒤에 예문 (G)로 제시한 내용에서 탁국과 탁순국의 멸망과정을 간략하게 짚어볼 수 있는데, 안타깝게도 여기에는 탁순국과 탁국의 위치에 대한 내용은 없다. 그러면 탁국은 어디에 있었을까?

혹시 卓은 고령의 대가야를 이르는 게 아니었을까? 즉, 대가야는 탁가야에서 비롯된 것일 수도 있다고 미루어 卓과 啄을 다른 나라로 이해해보려는 것이다. 卓은 大(크다)의 의미에 優越우월의 의미를 추가한 개념이다. 무엇보다도 卓과 啄이 비록 소릿값은 같으나 그 의미가 달라서 한 나라에 대한 다른 표기라고 볼 수 없다고 가정하면 다른 결과를 얻을 수도 있다. 즉, 啄國탁국은 대구권에 있는 나라이고, 卓은 대구 외의 지역에서 찾아볼 수도 있겠다.

卓은 6세기 초 백제 무령왕이 중국에 보낸 자료를 토대로 중국에서 남긴 이름인 반면 啄國은 흠명 5년(544) 기사를 비롯하여 『일본서기』에 실린 이름이다. 그런데 백제 성왕이 임나 재건을 위해 이야기하는 내용 가운데 주목할 만한 것이 있다. 탁국의 멸망연대에 관한 것이다. 일찍이 안라국의 왕과 국내대인은 529년 안라고당회의에서 탁기탄·남가라를 반환하라고 신라를 압박하였다. 이 일로 미루어 탁기탄과 남가라 두 나라는 529년 이전에 신라에 병합되었음을 알 수 있다. 그러나 정작 탁국에 관한 이야기는 540년대에 등장한다. 흠명 2년(541) 4월 임나국의 대표들이 참석한 자리에서 탁기탄·남가라·탁순이 멸망하게 된 원인과 과정을 설명하였고, 흠명 5년(544)의 기사에서도 탁국을 거론하였다. 이것으로 보면 탁국이 멸망한 것은 530~541년 사이라야 한다. 여기서 만약 탁국이 대구에 있었다면 '과연 대구권이 6세기 중반경에 신라에 통합되었을 수 있는가' 하는 의문이 생긴다. 대구권에 보이는 유물양상은 이미 5세기부터 가야가 아니었기 때문이다. 단순히 그 문제라면 창녕 지역이 하나의 표본이 될 수 있겠다. 550년대 중반 창녕이 신라에 통합된 것을 보면 '유물이 모든 정치적 사정을 설명하는 것은 아니다'는 판단에 참고가 될 수도 있다.

탁국과 관련하여 마지막으로 『일본서기』웅략雄略 9년(465) 3월 조의 기록을 참고할 필요가 있겠다. '천황은 친히 신라를 정벌하려 했으나 신神이 경계하여 천황에게 가지 말라고 해서 가지 않았다'[14]로 시작하는 기사에서 4명의 왜군 장수를 보내 신라를 치는 과정이 비교적 상세히 그려져 있는데 여기에 신라의 땅 이름이 등장한다. 일본 측의 자료에는 喙地훼지 또는 喙地록지로 되어 있는데 아마도 이것은 喙國 또는 喙의 사례로 보건대 喙地탁지로 이해하는 것이 바람직할 것 같다. 넓지도 않은 경상도 땅에서 喙地훼지와 喙地록지 그리고 喙地탁지가 따로 있었다고 보기 어렵다. 喙地탁지란 '탁의 땅'이니 바로 이 기사가 탁국을 의미하는 것으로 볼 수 있다. 탁지를 왜군이 공격하는 과정에서 제일 핵심이 되는 내용만을 소개하면 "즉시 신라로 들어가 바로 곁의 군(탁지 옆의 郡을 말함)을 공격하였다. 신라 왕은 밤에 관군이 사면에서 내는 북소리를 듣고 탁지를 거의 수중에 넣은 줄 알았는데, 수백 기의 기병이 어지럽게 들이닥치자 대패하였다. 紀小弓宿禰(기노유미노스쿠네)가 신라군의 진영으로 쫓아들어가 신라 장수의 목을 베었다. 탁지가 모두 평정되고 나머지 무리가 남았다. 紀小弓宿禰기소궁숙녜는 병사를 거두어 大伴談連(오오토모노가타리노무라지) 등과 군대를 합쳐 싸웠다. 병사들이 다시 크게 떨쳐 적의 잔여 무리와 싸워 이겼다. 이날 저녁 大伴談連대반련담과 紀小弓宿禰기소궁숙녜가 모두 힘써 싸우다가 죽었다. …"[15]는 내용이다.

• • • • • • • • • • •

14. 天皇欲親伐新羅 神戒天皇曰 無往也 天皇由是 不果行

15. 紀小弓宿禰等 卽入新羅 行屠傍郡 行屠 並行並擊 新羅王 夜聞官軍四面鼓聲 知盡得喙地 與 數百騎亂走 是以 大敗 小弓宿禰 追斬敵將陣中 喙地悉定 遣衆不下 紀小弓宿禰 亦收兵 與大

왜군이 신라 땅으로 들어가 공격을 시작한 것으로 되어 있고, 신라 바로 옆의 탁지를 거의 다 평정하였다. 나머지 잔여 신라군을 소탕하는 야간전투에서 왜군 장수도 여럿 죽어 왜군의 손실도 컸다. 이 싸움의 전개 양상으로 보아 아마도 임나가라 또는 탁국의 원군 요청이 있었던 듯하다. 해당 기사를 살펴보면 신라가 탁국을 공격하자 왜군이 신라를 쳤고, 곧 이어 탁국에 남은 신라군을 왜군이 소탕하였으며, 왜국의 도움으로 탁국이 겨우 회생할 수 있었다고 판단된다. 신라는 꽤 오랫동안 탁국을 공격해왔고, 왜군은 탁국의 원조 요청에 따라 건너온 것으로 볼 수 있다. 우리는 이 기사를 통해 그간 임나가라의 영역을 낙동강 서편으로 한정해서 생각해온 지금까지의 통념에서 벗어날 필요가 있음을 알게 된다.

이 일이 있은 웅략 9년은 신라 자비왕 8년이다. 『삼국사기』 신라본기 자비왕 5년(462) "5월에 왜인들이 활개성活開城을 쳐부수고 백성 1천 명을 잡아갔다"고 하였다. 그 다음해 2월에는 '삽량성歃良城을 공격하다 물러갔다. 왜인들이 이토록 자주 침범하므로 변경에 두 개의 성을 쌓았다'고 하였다. 삽량성은 지금의 밀양과 양산 어딘가에 있던 곳이고, 활개성 또한 경주에서 멀지 않은 데에 있었으리라고 판단된다. 그러나 정작 자비왕 8년 기록에는 왜인들이 탁지 또는 훼지를 공격해서 빼앗았다는 기록이 없다. 그와 달리 『일본서기』 웅략 21년(477) 3월 기록에는 "백제가 고구려에게 격파당했다는 말을 듣고 구마나리(熊川)를 문주왕에게 주어 그 나라를 일으키도록 도왔다"[16]며 '나라를 다시 세웠다(更造

<hr>

伴談連等會 兵復大振 與遺衆戰 是夕 大伴談連及紀岡前來目連 皆力鬪而死(웅략천황 9년 3월). 이처럼 일본 측의 기록에는 녹(喙) 또는 훼(喙)로 되어 있지만 그것은 喙의 오기일 것이라고 보는 바이다.

16. 廿一年春三月 天皇聞百濟爲高麗所破 以久麻那利賜汶洲王 救興其國…

其國'고 하여 475년 한성이 함락되고 공주로 천도한 직후의 사정을 전하고 있는 것을 볼 때 탁의 땅 㖨地탁지와 관련된 465년의 기사를 전혀 신뢰할 수 없는 것은 아니라고 본다. 물론 㖨地록지·㖨地탁지의 㖨과 㖨을 沙㖨部사훼부의 㖨훼로 보고[17] 왜군이 신라 중앙의 경주 지역으로 쳐들어간 것으로 이해하려는 이도 있을 줄 안다. 하지만 그렇게 볼 수 없는 까닭은 자비왕 시대에 왜군의 침입이 잦기는 했으나 주로 변경을 침략한 정도에 불과하였고, 수도를 공격한 위급한 상황은 기록에 남아 있지 않기 때문이다. 수도를 위협한 심각한 수준의 왜군 침입은 아니었으니 기록에 남지 않은 것으로 볼 수 있다.

앞의 탁국(탁지)을 왜군이 구원한 기사는 왜군의 최종 공격지점이 㖨으로 되어 있어 신라가 탁국을 공격하자 왜군이 원조하여 신라를 물리친 내용으로 이해하는 데는 문제가 없을 것이다. 즉, 탁 또는 탁국이 신라의 인접지역에 있었음을 이 기사로 미루어 알 수 있는 것이다. 더군다나 해당 기사엔 큰 강도 보이지 않으니 탁(또는 탁국)을 고령으로 보기는 어렵다. 다시 말해 낙동강 동편, 그것도 경주 이남에서 탁지㖨地를 찾아야 하는 것이다.

스이코(推古) 천황(529~628) 18년 7월 조에 "신라가 사신으로 보낸 사록부沙㖨部의 나마(奈末) 죽세사竹世士와 임나 사신 녹부㖨部의 사신 수지매首智買가 함께 츠쿠시(筑紫)에 도착하였다"[18]고 되어 있어 이 기록도 좋은 자료가 될 것 같다. 여기서의 사록부도 다른 기록과 견주어 보면 사훼부斯㖨部나 사탁부斯㖨部가 되어야 할 것 같다. 또 㖨己呑탁기탄을 록기탄

••••••••••
17. 沙㖨部의 㖨는 새의 부리이며, 이것은 벌판을 이르는 고대어 '부리(불)'의 차음이라고 보면 沙㖨部는 사벌부(沙伐部)로 해석할 수 있고, 이것을 경주 '사벌'에 대입할 수 있다. 따라서 이 경우에 沙㖨部를 신라 중앙으로 이해할 수 있다는 것인데, 사실 『일본서기』의 웅략천황(熊略天皇)도 실재한 인물인지 의심스럽고, 그 기사 또한 5세기 중반의 사건으로 되어 있는 것에도 의문이 있다.
18. …新羅使人沙㖨部奈末竹世士 與任那使人㖨部大舍首智買 到于筑紫…(『일본서기』)

喙己<ruby>쥬</ruby>으로 적은 사례를 보면 이 기록의 喙은 모두 啄을 잘못 쓴 것임을 알 수 있다. 또 녹부<ruby>喙部</ruby>도 임나의 탁부<ruby>啄部</ruby>를 잘못 적은 것이며, 탁부는 임나의 탁국을 지칭한 것으로 이해할 수 있다. 신라 사탁부(또는 사훼부)의 나마 이름이 죽세사였으며, 임나 소국 탁국을 신라의 6부 체제와 똑같은 위치로 인식하여 탁부<ruby>啄部</ruby>로 적은 것으로도 볼 수 있다.

그렇다면 이 나라를 어디에 갖다 대입해 볼 수 있을까? 지금까지는 탁·탁국의 후보지로 대구와 경산을 말하고 있다. 그러면 대구 중에서는 어디로 보는 게 좋을까? 달성공원 자리의 달성, 내당동 등 대구시내의 4~5세기 대형고분이 있는 지역들을 그 대상지로 떠올려볼 수 있을 것이다. 그러나 앞에 제시한 『일본서기』의 여러 자료를 감안하면 그 위치상 탁국을 경주 이북에서 찾기보다는 밀양·양산~울산 이남 지역에서 찾는 게 더 타당할 수 있다. 개인적으로 탁국은 창녕 영산이나 계성과 같은 곳일 수도 있다고 본다.

그런데 문제는 卓탁이다. 卓이 啄의 다른 표기였다면 의외로 간단하게 해결될 수 있는 게 있다. 반대로 卓과 啄이 다른 나라였다면 매우 복잡해질 수 있다. 지금까지 제기된 여러 가지 견해와 달리 卓을 고령으로 보려는 이도 있을지 모르겠다. 그러나 가야 소국으로 卓과 啄 두 나라가 있었다고 보기 어려우니 밀양·창녕 등 어딘가에 있었을 것으로 보는 게 합리적이다. 창녕이라면 영산이나 계성이 포함될 수 있다. 가야권에 있던 또 하나의 소국 卓淳탁순을 啄淳탁순으로 기록한 사례가 일본에 있으니 卓과 啄을 동일한 대상에 대한 이표기로 이해하는 것이 무난하리라 본다.

가야 소국 탁순국은 어디에 있었을까?

영남 지역에는 가야 소국의 하나로서 탁기탄·탁국과 더불어 탁순국 卓淳國이라는 나라가 더 있었다. 이 나라는 중국이나 우리의 기록에는 없다. 일본의 자료에만 실려 있다. 『일본서기』에는 탁순卓淳을 啄淳으로 기록한 사례도 있다. 이것은 한 나라의 다른 이름으로 볼 수 있다. 『일본서기』 신공기神功紀에는 왜에서 탁순국 왕에게 사신을 보내는 내용이 있다.

(A) "신공황후 46년 3월 왜는 사마숙녜斯摩宿禰를 탁순국에 보냈다. 이때 탁순국왕 말금한기末錦旱岐가 사마숙녜에게 말하기를 '갑자년 7월 중에 백제인 구저·미주류·막고 등 세 사람이 우리나라에 와서 백제왕이 동방에 일본 귀국貴國이 있다고 들었는데, 신 등을 보내어 귀국에 조공을 하게 하였습니다. 이에 길을 찾아 이 나라에 이르렀습니다. 만약 신 등에게 그 길을 가르쳐 주어 통하게 해준다면 우리 왕께서는 반드시 군왕의 덕으로 생각할 것입니다'라고 말하였다. ……"[19]

위 (A)의 기사는 '백제와 왜의 교류에서 중요한 거점이 되는 곳에 탁순국이 있었음을 알려준다. 이것은 탁순국을 거론할 때 반드시 인용하

<hr>

19. 遣斯摩宿禰于卓淳國(斯摩宿禰者 不知何姓人也) 於是卓淳王末錦旱岐 告斯摩宿禰 甲子年七月中 百濟人 久氐 彌州流 莫古三人 到於我土曰 百濟王 聞東方有日本貴國 而遣臣等 令朝其貴國 故求道路以至于斯土 若能敎臣等 令通道路 則我王必深德君王……爰斯摩宿禰卽以傔人爾波移與卓淳人過古二人 遣于百濟國慰勞其王 時百濟肖古王深之歡喜而厚遇焉 仍以五色綵絹各一疋及角弓箭 幷鐵鋌四十枚 幣爾波移便復開寶藏 以示諸珍異曰 吾國多有珍寶 欲貢貴國 不知道路 有志無從 然猶 今付使者 尋貢獻耳 於是 爾波移奉軍而還 告志摩宿禰 便自卓淳還之也(『日本書紀』 卷9, 神功皇后 攝政 46年 春3月 條)

는 자료이지만, 이 외에도 탁순국과 관련된 기록이 더 있다. 왜에서 탁
순국에 군사를 보내어 신라를 치고, 이어서 탁순·탁국·남가라·비자
발·안라·다라 등 가라 7국을 정벌하는 내용이다. 소위 신라·가라7국
평정기사라고 말하는 것인데, 그 가운데 임나가라의 한 나라로 탁순국
이 등장한다.

(B) "신공황후 49년 3월 황전별·녹야별을 장군으로 삼았다. 구저 등과 함께
군사를 데리고 건너가서 탁순국에 이르러 장차 신라를 습격하려고 하였다. 그
때 어떤 사람이 '군사가 적으면 신라를 깨트릴 수 없다. 다시 사백·개로를 보내
어 군사를 증강해 달라고 청하라'고 하였다. 그리하여 목라근자·사사노궤(이 두
사람은 성을 알지 못한다. 단 목라근자는 백제 사람이다)에게 명하여 정병을 거느
리고 사백·개로와 함께 보냈다. 함께 탁순국에 모여서 신라를 격파하였다. 이
를 시작으로 비자발·남가라·탁국·안라·다라·탁순·가라의 7국을 쳤다.…"[20]

여기서는 왜와 백제가 함께 신라를 정벌할 때 그 공격거점으로 삼은
나라가 탁순국으로 되어 있다. 이 기사를 통해 비로소 백제에서 신라로

••••••••••
20. 以荒田別 鹿我別爲將軍 則與久氏等共勒兵而 度之 至卓淳國 將襲新羅 時或曰 兵衆少之 不
可破新羅 更復 奉上沙白 蓋盧請增軍士 卽命木羅斤資 沙沙奴跪(是二人 不知其姓人也 但木
羅斤資者 百濟將也) 領精兵 與沙白 蓋盧共遣之 俱集至卓淳 擊新羅而破之 因以平定比自㶱
南加羅 㖨國 安羅 多羅 卓淳 加羅七國 仍移兵 西廻至古奚津 屠南蠻忱彌多禮 以賜百濟 於
是 其王肖古及王子貴須 亦領軍來會 時比利 辟中 布彌支 半古 四邑 自然降服 是以百濟王
父子及荒田別木羅斤資等 共會意流村[今云州流須祗] 相見欣感 厚禮送遣之 唯千熊長彦與百
濟王 至于百濟國 登辟支山盟之 復登古沙山 共居磐石上 時百濟王盟之曰 若敷草爲坐 恐見
火燒 且取木爲坐 恐爲水流 故居磐石以盟者 示長遠之不朽者也 是以 自今以後 千秋萬歲 無
絶無窮稱西蕃 春秋朝貢 則將千熊長彦 至都下加禮遇 亦副久氏等而送之…(『日本書紀』卷
9, 神功皇后 攝政 49年 春3月 條). 신공황후(섭정)와 응신천황(應神天皇) 조의 내용은 『일본서
기』의 연대로는 249년이다. 그러나 고대 한국과 관련된 기사는 2갑자(120년)를 내려야 실제 연
대에 맞는다는 사실이 밝혀져 369년의 일로 이해하고 있다.

침공해 들어가는데 가장 유리한 거점이 탁순국이었음을 알 수 있다. 다시 말해서 왜와 백제의 교류에 가교 역할을 하던 곳이 탁순국이었던 것이다. 왜와 백제의 군대가 이동할 경우에 왜군은 부산이나 울산·마산·창원(진해)을 거쳐야 김해·함안·창원 등지로 들어올 수 있다. 백제는 거창·합천의 최단거리 노선을 거쳐 낙동강으로 진출하거나 남원에서 함안·의령의 남강권으로 나갈 수도 있다. 왜군과 백제군이 만나 신라로 진격하기 쉬운 곳이라면 밀양·창녕·함안·의령 지역을 들 수 있다. 바로 이 지역을 탁순국이 있던 범위로 추정해볼 수 있다는 것이다.

그런데 또 백제와 가야가 대단히 가깝게 지내며 신라와 경쟁하던 시절의 상황이 『일본서기』 흠명기欽明紀의 기록(541년)에도 있다. 이 역시 탁순국 관련 기사인데, 거기에는 백제 근초고왕·근구수왕 때부터 안라·가라·탁순국의 왕이 백제에 사신을 보내어 친밀하게 지낸 것으로 되어 있다.

(C) "그러나 임나는 신라와 경계를 맞대고 있어 탁순국 등에 화가 미칠 것을 두려워하여 탁기탄·가라·탁순국이 패망한 사실을 거론하였다. 성명왕이 '옛날 우리 선조 속고왕(=근초고왕), 귀수왕(=근구수왕)의 치세 때에 안라·가라·탁순의 한기 등이 처음 사신을 보내고 서로 통하여 친교를 맺었다. 자제의 나라가 되어 더불어 융성하기를 바랐습니다. 그러나 지금 신라에 속아 임나가 분하게 여기고 한을 품게 되었으니 이는 과인(성왕)의 잘못입니다. 내 깊이 징계하여 후회하고 있습니다'라고 말했다. 그리고는 하부下部의 중좌평中佐平 마로麻鹵와 갑배매노甲背昧奴 등을 보내어 가라로 가서 맹약을 맺도록 하였다.…"[21]

•••••••••••
21. 然任那境接新羅 恐致卓淳等禍[等謂啄己呑加羅 言卓淳等國有敗亡之禍] 聖明王曰 昔我先祖
速古王 貴首王之世 安羅 加羅 卓淳旱岐等 初遣使相通 後結親好 以爲子弟 冀可恆隆 而今
被誑新羅 使天皇忿怒而任那憤恨 寡人之過也 我深懲悔而遣下部中佐平麻鹵 城方甲背昧奴
等 赴加羅 會于任那日本府相盟 以後 繫念相續 圖建任那 旦夕無忘 … 別汝所遣 恐致卓淳
等禍 非新羅自强故 所能爲也 其啄己呑 居加羅與新羅境際 而被連年攻敗 任那無能救援 由

(D) 이에 임나에 이르기를 옛날 나의 선조 속고왕과 귀수왕은 임나의 여러 한기와 더불어 처음으로 화친을 맺고 형제로 대할 것으로 약속하였소. 이에 나는 여러분을 자제로 대하고 여러분은 나를 부형으로 여기고 있소. 함께 천황을 받들고 강적에 대항하여 나라와 가정을 지키며 오늘에 이르렀소. 옛날 나의 선조와 임나의 한기가 화친을 맺던 일을 생각하며 말하기를 '백제와 임나가 맺은 화친의 글이 해와 달과 같습니다. 그 이후로 양측은 우호교린의 관계를 닦았습니다.…(천황이 조칙의 글을 내려 이르기를) 신라에 빼앗긴 남가라·탁기탄 등을 되찾아 본래 대로 임나에 속하게 하고 영구히 부형父兄의 관계를 회복하여… 이것이 과인이 밥을 먹어도 그 단맛을 모르고 잠을 자도 편치 않으며 자리에 앉아도 불안하게 하는 일입니다.…신라는 스스로 강해진 것이 아니며 그렇게 된 데에는 그럴만한 까닭이 있었습니다. 탁기탄은 가라 내에서도 신라와 국경을 맞대고 있어 해마다 공격을 받아 패하는데도 임나가 구할 능력이 없어 망했으며 남가라는 땅이 협소한 데다 갑작스럽게 당하여 대비하지도 못했고, 의탁할 데를 몰라 망했으며 탁순국은 상하 서로 딴 마음을 갖고 있는 데도 그 주인이 스스로 신라에 붙어 안으로 응하여 망하게 되었으니 이로 보면 3국의 패망은 다 그럴만한 이유가 있었던 것입니다.…[22]

위 (D)의『일본서기』내용 가운데 괄호 안의 기사는 백제사의 자료를 가져다가 일본의 천황을 주체로 설정하고 끼워 넣은 것이다. 그래서 전

••••••••••
是見亡 其南加羅 蕞爾狹小 不能卒備 不知所託 由是見亡 其卓淳 上下携二 主欲自附 内應新羅 由是見亡 因斯而觀 三國之敗 良有以也―(『日本書紀』卷 19, 欽明紀 2年 夏四月 條)

22. 乃謂任那曰 昔我先祖速古王貴首王與故旱岐等 始約和親 式爲兄弟 於是 我以汝爲子弟 汝以我爲父兄 共事天皇俱距强敵 安國全家至于今日 言念先祖與舊旱岐和親之詞有如皎日 自茲以降勤修隣好逐敦己國 … 拔取新羅所折之國南加羅喙己呑等 還屬本貫 遷實任那 永作父兄 恆朝日本 此寡人之所食不甘味寢不安席 悔往戒今之所勞想也(『日本書紀』卷 19, 欽明紀 2年 7月 條)

체 번역 내용도 명쾌하지 않다. 이런 까닭에 천황이라든가 왜의 사신과 같은 것들을 걷어내고 보아야 백제 측의 원래 사실에 가까이 다가갈 수 있다. 그런데 (C)와 (D) 두 기록을 찬찬히 뜯어보면 흥미로우면서도 매우 중요한 사실 몇 가지가 자연스레 드러난다. 백제와 임나 사이에는 근초고왕·근구수왕 시대인 4세기 중반 이후에 선린 우호의 관계를 갖고 두 나라 사이에 '화친의 글(문서)'이 작성되었다. 그리고 상맹相盟이라는 용어로써 백제는 임나와 아주 밀접한 상호동맹의 관계에 있었음을 알 수 있을 뿐 아니라 남가라·탁기탄·탁순·탁국 등이 임나 소속의 후국으로 존속했었음을 알 수 있다. 나아가 임나와 임나일본부의 허구성에 대해서도 선명하게 떠올릴 수 있다(이 문제들에 대해서는 따로 자세히 설명하였다).

앞의 (C)와 (D) 기사는 임나부흥문제와 관련하여 반드시 거론하는 자료로서 뒤에서 몇 가지 주제 별로 나누어 본격적으로 다룰 것이기에 먼저 제시해 놓았다. 당시의 사정을 최대한 알 수 있도록 가능한 한 원문을 많이 소개하였는데, 이 기사에서 탁기탄·탁순국의 멸망과정과 백제·임나 측의 움직임이 비교적 간결하게 잘 그려져 있다. 신라에게 520년대에 정복된 세 나라 가운데 우선 탁순국에 관련된 문제부터 알아보자.

탁순국은 어디에 있던 나라였을까? 이 문제에 대해서도 꽤 많은 이들이 매달렸으나 아직까지 확실한 답을 내놓지 못하고 있다. 신라 이외의 영남지방에 있던 가야 소국의 한 나라임은 분명하지만, 그 어떤 자료에도 탁순국의 위치를 정확히 알려주는 기록이 없다. 『일본서기』외에는 탁순국에 관한 기록이 없고, 기록 자체도 워낙 간략하기 때문에 탁순국의 위치를 추정하기가 대단히 어렵다. 더구나 탁순국의 존속기간이나 그 영역과 정권의 실체 등을 파악할 수 있는 기본적인 정보가 없으니, 이런 자료의 한계로 말미암아 더 이상 깊이 있는 연구를 기대하기도 어렵다. 그래서 탁순국의 위치 문제를 놓고 의견이 분분하다. 앞서 (B)의 기록에서 왜와 백제가 신라를 치기 위해 병사를 집결시켰던 공격거점으로 탁순국을 활용하고 있는 것으로 보아 탁순국은 신라로의 진격에 유리한 곳에 있었던 것만은 분명하다. 그러나 그것만 가지고 탁순국이 어디라고 정확히 말할 수는 없다.

우리 측 자료에는 없고 『일본서기』에 가야 소국으로 기록되어 있다 보니 탁순국에 대한 연구는 일본인들이 먼저 시작하였다. 최근까지 탁순국에 관하여 몇 가지 견해가 제기되어 있으나 그 한계는 여전하다. 탁순국의 위치에 대해서는 경남 창원설·함안 칠원설·밀양설·의령설 그리고 대구설의 대략 다섯 가지 견해가 제시되어 있다. 탁순국의 위치에 관한 연구를 처음으로 내놓은 이는 일본인 츠다소우기치(津田左右吉)였다. 그는 1913년에 『임나강역고』에서 탁순국이 경남 함안군 칠원면에 있었을 것이라고 보았다.[23]

그와 달리, 백제가 탁순국에 가서 일본으로 가는 길을 물은 일이 있으므로[24] 그 기사를 근거로 탁순국은 바다를 낀 포구에 있는 나라였을 것이라고 본 견해가 있다. 경남 남해안의 진해나 창원 지역을 염두에 둔 시각이다. 또 백제 성왕이 임나 재건 문제를 거론하면서 탁순국 근처에 있었다는 구례산久禮山과 탁순국이 신라와 경계를 맞대고 있었다는 점을 들어 탁순국은 함안 동북쪽의 칠원면 일대에 있었을 것이라고 주장한 이도 있다. 앞의 (B)와 예문 가)에 제시한 7국평정 기사를 감안하면 신라가 탁국 및 탁기탄㖨己呑을 취한 뒤, 함안(안라국) 동북 방향의 칠원면 일대로 진출하여 압력을 가하는 상황을 유추할 수 있으므로 탁순

23. 「任那疆域考」, 津田左右吉, 『滿鮮歷史地理研究—朝鮮歷史地理』1, 1913
24. 『일본서기』 신공기(神功紀) 46년 조

국은 함안 칠원면에 있었으리라고 본 것이다.

 그렇지만 칠원 탁순국설에는 치명적인 결함이 있다. 함안 동쪽에는 광노천이 있다. 광노천은 남쪽 마산 방향에서 북쪽 낙동강으로 흐르는 지천으로서 광노천 서쪽은 칠서면이고, 그 동쪽에는 칠원면과 칠북면이 남·북 방향으로 붙어 있다. 광노천을 사이에 두고 3개 면이 모두 '漆○面'이다. 칠서면 서쪽은 함안 대산면이며, 대산면 서쪽에는 남강이 있다. 즉, 남강과 낙동강이 만나는 합수머리에 대산면이 있고, 대산면 서쪽의 남강 건너편은 의령 지정면이다. 함안은 북으로는 낙동강이 흐르고 서쪽엔 남강, 그리고 동쪽으로는 광노천으로 에워싸여 있다. 광노천 주변에는 청동기시대 유적이 많이 있다. 그러나 정작 4세기 이전의 가야시대 유적은 없다. 이것이 바로 탁순국 칠원설의 문제점이다. 칠원을 포함하여 칠서·칠북면 지역에 탁순국이 있었다 하더라도 그것을 뒷받침 해줄만한 유적이 없는 것은 탁순국 칠원설에 치명적인 약점이다. 다만 함안 칠원면 오곡리 유적에서 고성과 창녕 양식의 토기가 출토되었으며, 함안 안라국의 전형적인 토기양식으로 알려진 화염문투창고배 11점도 나왔다. 그러나 오곡리유적은 5세기 중후반 이후에 조성된 것으로, 여기서 나온 함안 양식의 화염문투창고배는 남강 건너 의령 일부 지역과 진주 일부 지역에서도 출토되는 사례가 있다. 5세기의 함안 양식 유물은 그 서부 지역인 의령군·진주 일대에까지 미쳤음을 알려준다.

 바꿔 말해서 그것이 바로 함안의 세력권 범위라고 할 수 있다. 다만 많지는 않지만 고성과 창녕 지역의 유물이 이 일대에서 나오고 있어 그 당시 고성·창녕·함안 사이의 상호 교류상을 어느 정도 짐작할 수 있다. 사실 이런 것은 칠원 지역이 그들 상호 교류에 중요한 길목의 하나였음을 알려주는 사례로 이해할 수는 있으나 탁순국의 중심이었다고 볼 수 있는 근거는 없다. 비록 소량이지만 오곡리 유적에서는 4세기의 토기도 약간 출토되기는 했다. 함안읍과 지척의 거리에 있는 곳이니 그것이 곧 함안의 정치력이 이곳까지 미친 결과로 받아들일 수 있을 것 같다.

529년 안라고당회의에서 안라국은 탁기탄과 남가라를 다시 세우라고 신라에게 요구하는 것을 보면 탁기탄·남가라는 임나 소국으로서 529년 이전에 멸망하였음이 분명하다. 그런데 529년에는 탁순국을 거론하지 않았고, 『일본서기』의 기사 (E)와 (F)로 보면 탁순국은 529년 이후, 544년 이전에 신라에 정복되었으리라고 추정할 수 있다. 여기서 한 가지 더 중요한 점은 탁순국이 안라국의 후국이었으리라는 점이다. 또 뒤에 제시한 (H)에서는 왜병을 끌어들여 신라가 빼앗아간 탁순국을 되찾기 위한 전략을 설명하고 있다. 성왕은 세 가지 계책 가운데 두 번째 계책으로서 신라에게 빼앗긴 탁순국을 임나·백제·왜 연합군이 둘로 나누어 신라와 분점하겠다고 밝히고 있다. 즉, 구례산을 가운데 두고 신라 쪽은 신라가, 안라국 쪽은 안라국이 차지하여 안라·백제·왜의 병사가 신라의 둔병屯兵이 농사를 짓지 못하게 긴장관계를 조성하면 스스로 신라가 물러나리라고 예측하고 있다. 이 기사를 기준으로 보면 탁순국은 당연히 함안에서 가까운 곳에 있어야 한다. 구례산 반대편의 과거 탁순국 땅만을 신라에게 내주는 계책을 말하고 있으니 이런 조건을 감안해 보면 탁순국은 함안에서 아주 가까운 곳에 있어야 한다. 그래서 함안군 칠원·칠북·칠서 3개의 면 가운데 어딘가에 탁순국이 있었을 것이라는 주장이 나왔다. 탁순국이 칠원면에 있었을 것이라고 본 일본인 츠다소우기치의 견해 역시 이런 토대에서 나왔다고 할 수 있다. 그럼에도 '칠원 탁순국설'의 치명적인 문제점은 칠원면이 함안 읍내에서 너무 가까운 곳에 있는 것이다. 바로 이 점을 들어 반론을 제기하는 이들이 있다. 함안에서 좀 떨어져 있어야 하고, 신라로 진격하는 요충에 있어야 한다는 것이다.

한편 츠다소우기치(津田左右吉)의 칠원설(함안)에 맞서 이마니시류(今西龍)는 1919년에 창원 탁순국설을 내놓았다.[25] 그가 '창원 탁순국'설을 내놓은 배경은 『일본서기』 신공기神功紀와 흠명기欽明紀의 탁순국 관련 기사에 있었다[뒤의 예문 (F)·(H)]. 그는 먼저 탁순국의 위치를 추정하기 위해 몇 가지 기준을 설정하였다. 우선 백제가 왜와 교류하려면 무엇보다도 교통이 편리한 곳에 있어야 하며, 그 조건에 합당한 곳이라면 경남 남해안의 어느 항구일 것이라고 보았다. 그리고 신라가 그곳을 차지하면 구례산성久禮山城을 근거지로 삼아 안라와 가라를 압박할 수 있는 위치여야 한다는 점도 고려하였다. 다시 말해서 안라국과 경계를 맞대고 있는 지역에 구례산성이 있다고 본 것이다. 그곳에 만약 안라국이 병사를 배치하고 긴장을 조성하면 신라는 제 영토 내에서 마음 놓고 농사를 지을 수 없을 것이며, 그렇게 되면 신라는 그곳을 포기하고 후퇴할 수밖에 없다. 그리하여 결국 구례산久禮山의 다섯 개 성이 항복하게 될 것이고, 구례산성이 안라국 소유로 되돌아오면 안라국은 탁순국을 자연스레 회복하는 것이므로 군사전략적으로 대단히 중요한 요충지에 탁순국이 있었을 것이라고 추정하였다. 물론 이것은 『일본서기』의 관련 기록을 분석하여 왜·백제·신라의 관계 속에서 탁순국의 위치를 추정한 것이다.

이러한 여러 조건을 충족시키는 곳이라면 함안과의 경계지대인 창원일 것이라고 이마니시 류는 추정하였다. 그리하여 그는 『일본서기』 계

· · · · · · · · · · ·
25. 여러 연구자들의 연구 결과를 보면 현재도 함안 칠원과 창원을 탁순국으로 보는 견해가 가장 많다.

체기繼體紀의 구례모라성久禮牟羅城[26]은 흠명기欽明紀의 구례성久禮城[27]이며, 그곳은 바로 창원 땅으로서 함안 칠원과의 경계 지대에 있었다고 보았다. 함안 칠원 탁순국설과 창원 탁순국설은 일본인들이 제시한 이론이지만 탁순국을 함안 동쪽의 창원으로 보느냐 아니면 함안 서북으로 보느냐의 차이만 있을 뿐, 두 이론은 거의 같은 지역을 탁순국 자리로 상정한 것이다.

함안 칠원에 탁순국이 있었다는 칠원 탁순국설과 창원 탁순국설이 제시된 이후, 그 아류도 여러 가지 등장하였다. 함안군 칠서면 무릉리의 성산성을 구례산성으로 보거나 광노천 주변의 산성을 구례산성으로 보려는 이들도 나왔다.

이마니시 류가 창원 탁순국설을 제시한 뒤로 한참이 지나서 1937년에 아유가이(鮎貝房之進)[28]는 '대구 탁순국'설을 내놓았다. 이 견해는 상당기간 널리 수용되었고, 한동안 창원 탁순국설을 압도하는 듯하였다. 아유가이가 대구 탁순국설을 주장한 배경은 간단하다. 탁순卓淳과 대구大邱의 소릿값이 비슷하다는 데서 출발하였다.[29] 그러나 이것은 시작부터 잘못된 것 같다. 탁국과 대구의 소릿값은 비슷하여도 탁순과 대구는

<hr>

26. "게나노오미(毛野臣)가 성을 굳게 지키고 움직이지 않아서 잡을 수 없었다. 그래서 두 나라는 편한 곳을 찾아 초순부터 그믐까지 머무르며 성을 쌓고 돌아갔는데, 그곳을 구례모라성(久禮牟羅城)이라고 하였다. 돌아가는 길에 그 주변의 등리지모라(騰利枳牟羅), 포나모라(布那牟羅), 모자지모라(牟雌枳牟羅), 아부라(阿夫羅), 구지파다지(久知波多枳)의 다섯 개 성을 함락시켰다." [『일본서기』 계체기 24년(530) 기록]

27. "신라는 봄에 탁순(啄淳)을 빼앗고, 그로 인해 우리 구례산성(久禮山戌)을 물리쳐 쫓아내고 차지하였으며, 안라에 가까운 곳은 안라가 경작하고 구례산(久禮山)에 가까운 곳은 사라(斯羅)가 경작하면서 서로 침탈하지 않았습니다.… [『일본서기』 흠명기 5년(544)]

28. 「日本書紀朝鮮地名攷」, 鮎貝房之進, 「雜攷」 上卷, 1937
「日本書紀朝鮮地名考」, pp.303~307, 559~561, 國書刊行會, 1987

29. 大丘縣 本達句火縣 景德王改名…(『삼국사기』 지리지). 沾解尼師今 15年 築達伐城 以奈麻克宗爲城主(『삼국사기』 신라본기)

한 낙동강 동편 지역은 수혈식석곽묘를 사용하며 전반적으로 신라 색채의 유물이 많다. 그러나 양식으로만 보면 이 지역의 수혈식석곽묘는 경주의 적석목곽묘와는 다르고, 그렇다고 수혈식석곽묘가 가야 고유의 양식도 아니다. 영남지방에서 5세기부터 폭넓게 사용된 묘제이다.

5~6세기 초, 대구권은 가야로 보기 어려운 요소가 많다. 문화적 요소를 과연 정치력에 곧바로 대입할 수 있을까 하는 문제는 있지만, 신라와의 접촉이 많아지면서 신라 색채를 닮아가는 것은 당연한 일일 것이다. 6세기 초까지 이 지역이 신라에 예속되지 않은 채로 남아있었다고 보면 신라는 겨우 경주 지역을 벗어나지 않은 소국이었다고 판단할 수밖에 없다. 그럴 경우 신라의 영역이 너무 작다는 문제에 직면하게 되므로 이 문제 때문에 대구 탁순국설을 부정하는 이들이 많다. 그러나 그 점만을 제쳐놓고 생각하면 대구 지역에서 탁순국을 찾는 것이 지나치게 무리한 일은 아닐 것이다. 만약 이들 나라가 4세기 이전에 있던 나라였다면 이야기가 다를 수 있다. 즉, 『일본서기』의 기사가 4세기의 일을 6세기의 일로 적은 것이라면 대구 지역도 그 대상에 넣어 볼 수는 있을 것이다.

그러면 실제로 탁순국과 관련된 기사가 4세기까지 대구 지역에서 벌어진 일을 6세기 초의 일로 잘못 적은 것이었을까? 그 가능성에 대해서도 한 번쯤은 고려해봐야 할 것이다. 현재로서는 그것을 증명할 자료가 충분하지 않다. 다만 종합적으로 검토해 보면 대구 탁순국설보다는 탁국설이 한결 신뢰가 간다. 스에마츠야스카즈(末松保和)와[31] 아유가이(鮎貝房之進)·미시나아키히데(三品彰英) 등 일본인들이 주장한 대구 탁순국설은 현재 누구로부터든 인정받지 못하고 있다.

• • • • • • • • • • •
31. 『任那興亡史』, 末松保和, 大八州出版, 1949

그런데 근래 다시 '창원 탁순국' 설이 제기되었다.[32] 이 견해는 일본인 이마니시 류(今西龍)의 창원 탁순국설을 계승한 것으로,『일본서기』계체기繼體紀 24년(530) 9월 조의 기사에 나오는 구사모라久斯牟羅를 바탕으로 탁순국을 창원에 비정한 주장이다. 진해 웅천熊川을 백제와 왜의 거점 항구로 이해하고, 구사모라가 웅천에 있었다고 파악한 것이다. 창원의 과거 지명은 굴자군屈自郡이고, 웅천은 현재의 진해이며 여기에 구사모라가 있었다고 본 것이다. 이런 주장이 얼마나 매력적인 것으로 비쳐지는지는 알 수 없으나 현재 창원 탁순국설을 따르는 이들이 꽤 있다. 다만 이것은 이마니시 류의 주장과 달리 탁순국을 진해 웅천으로 제한해서 이해하는 점이 다르다. 왜와 백제의 협력관계라든가 포구와 같은 지리적 여건을 감안하여 계산하다 보니 경남 진해와 창원을 잇는 지역을 유력한 장소로 꼽은 것이다. 하지만 이 경우 문제가 하나 있다. 이미 몇몇 연구자들이 지적했듯이 진해 웅천은 백제·왜·함안의 세 나라가 교류하는 데는 유리할지 모르지만, 신라로 진출하는 데는 오히려 불리한 장소라는 점이다. 신라에게 빼앗긴 탁순국을 되찾아 재건하기 위해 가야·백제·왜의 군대가 만나서 진격할 경우, 진해에서 낙동강을 거슬러 올라가 신라를 공격한다면 상당히 불리하다. 적을 앞에 두고 대치해야 하는 상황에서 굳이 신라로부터 먼 곳을 군대 집결지이자 공격거점으로 선택했을 것인가? 그 점이 가장 큰 의문이다.

그래서『일본서기』에서 말한 구사모라 또는 웅천이 과연 창원 웅천이냐 하는 점에 대해 반론이 나왔다. "『일본서기』의 웅천(熊川, 구마나리)은 백제의 수도 공주를 이르는 것이지 창원 웅천이 아니라는 점을 제기"[33]

··········
32. 「6세기 前半 加耶南部諸國의 消滅課程考察」, 金泰植, 『韓國古代史硏究』1, 1988
33. 「卓淳의 位置와 性格」, 白承玉, 『釜大史學』第19輯, p.104~105

하면서 창원 웅천 탁순국설에 제동을 건 것이다. 그럼에도 창원 탁순국설은 참으로 집요하게 그 명맥을 이어가고 있다.

탁순국이 낙동강의 동쪽에 있었든 아니면 그 서쪽에 있었든 낙동강을 끼고 있거나 낙동강과 아주 가까운 곳에 있어야 한다. 그래야 백제와 가야가 신라를 공격하기에 적합한 조건에 들어맞고, 『일본서기』 관련 기록의 내용과도 부합한다. 이런 기준에 맞춰 고민하다 보니 최근엔 창원 다호리 일대를 탁순국으로 보는 이도 생겼다.

이 외에 경남 의령을 탁순국 자리로 보는 견해가 있다(이희준). 의령 북쪽으로는 합천 다라국多羅國이 있고, 다라국 북쪽에는 고령 대가야가 있으며 의령 남쪽에는 함안 아라가야阿羅加耶가 있다. 그러므로 그 사이인 의령에도 가야 소국이 있을 만하며, 실제로 함안형 토기가 의령까지 나타나는 것으로 보아 의령에 탁순국이 있었다는 입장을 내놓은 것이다. 일찍이 이 지역엔 청동기 세력이 있었으므로 의령 부림이나 경산리景山里 일대에 주목을 한 것이다.[34]

의령 탁순국설은 『일본서기』 흠명기欽明紀 5년(544) 11월 조에서 거론한 대강수大江水를 낙동강이 아닌 남강南江으로 해석하는 데서 출발하였다. 탁순국과 안라의 경계를 남강으로 보고 탁순국은 다라국과 안라국 사이인 의령 지역에 있었다고 파악한 것이다. 의령은 그 북쪽에 합천 다라국(옥전)이 있고, 남강 건너에는 함안 칠서면과 대산면이 있다. 신라가 가야권으로 진격하려면 낙동강을 마주한 곳으로서 남강 하구 북편의 의령 지역이 발판이 된다고 본 것이다. 지리 여건을 감안하면 의령 탁순국설을 매정하게 배제할 수도 없다. 더구나 6세기 전반에도 고령·합천·함안에 근거를 둔 가야 세력은 막강하였다. 이들 세 지역의

••••••••••••

34. 「토기로 본 大伽耶의 圈域과 그 변천」, 李熙濬, 『加耶史硏究-대가야의 政治와 文化』, p.434~438, 慶尙北道, 1995

3국이 힘을 합치면 신라로서는 대응하기 어려웠을 것이다.

의령은 가야가 신라로 진출하는데 매우 좋은 여건을 가진 곳인 동시에 신라가 낙동강 서부로 진출하는 데도 유리한 곳이다. 즉, 신라가 가야권으로 세력을 펴는 데 남강과 의령이 하나의 틈이 될 수 있다고 본 것이 의령 탁순국설이다. 그런데 바로 이 점에 착안하여 의령 탁순국설을 반박한 견해가 있다. 가야 여러 나라에 에워싸인 의령 지역은 신라가 낙동강 서편으로 진출할 때는 훌륭한 교두보가 될 수 있지만, 오히려 가야 소국의 협공을 받기 쉬운 곳이어서 위험이 더 크다고 본 것이다. 바로 이 점 때문에 의령 탁순국설은 성립되지 않는다고 이해한다. 그러나 백제·왜·임나가라가 탁순국에 모여 신라와 일전을 벌인 다음, 가야7국을 아우르고 지금의 전남 지역(고령→창녕→함안→전남)으로 이동하는 『일본서기』 신공기神功紀의 내용을 감안해 볼 때 창녕이나 고령보다도 오히려 신라에 더 가까운 곳에 탁순국이 있어야 한다며 의령 탁순국설을 부정하고, 그 대안으로 대구를 제시한 이도 있다. 대구 탁순국설은 『일본서기』의 기사를 4세기 중엽의 국제상황에서 여러 가지 측면을 감안하여 이해해야 한다는 입장이다. 그러나 앞서 지적한 바와 같이 탁순국과 대구 사이에는 향찰 표기나 음운 그리고 유물의 내용으로 볼 때 인정할 수 있는 요소가 별로 없어 수긍하기 어렵다.

탁순국의 위치 비정 문제에서 하나의 큰 기준이 되는 것은 대강수이다. 대강수를 어디로 보느냐에 따라서 탁순국의 위치가 결정된다. 대강수大江水를 낙동강으로 보면 전혀 다른 상황이 전개된다. 대강수에 관한 기사가 『일본서기』 흠명기 5년(544) 조에 전하고 있지만 그곳이 어디인지를 명확히 파악할 수 있는 근거는 없다. 그래서 탁순국의 위치를 두고 이론이 분분하여 결론이 나지 않고 있는 것이다. 다음 예문을 보면서 대강수의 위치를 어림해 보자.

(E) "성명왕聖明王이 말하기를 임나국은 우리 백제와 예로부터 지금까지 자제가 되겠다고 약속하였다. 지금 일본부의 인기미(印岐彌, 임나에 나가 있던 일본 사신을 이른다)가 이미 신라를 치고 다시 우리를 치려고 한다. 또 신라의 허망한 거짓말을 즐겨 듣고 있다. 무릇 인기미印岐彌를 임나에 보낸 것은 본래 그 나라를 침해하려는 것은 아니었다. 옛날부터 신라는 무도하였다. 식언하고 신의를 저버리고 탁순을 멸망시켰으며 고꾄의 나라에게 기꺼이 후회를 돌려주려고 한다. 그렇기 때문에 모두 불러오게 하여 다 같이 은혜로운 말씀을 받들고 임나국을 일으키고 계승시켜 오히려 옛날처럼 길이 형제가 되기를 바라는 것이다. 가만히 들으니 신라·안라 두 나라의 경계에 큰 강[大江水]이 있는데 요충이라. 나는 이곳에 근거를 두어 6성을 수리하려고 한다.[35]

먼저 신라와 안라 두 나라의 경계에 대강수大江水가 있다고 하였으니 그 의미로 보면 대강수는 낙동강일 가능성이 높다. 여기서 기준이 되는 것은 안라이다. 그러니까 기준을 안라와 신라에 두면 그 경계가 되는 강은 낙동강이라야 한다. 그러나 이 기준을 무시하면 남강을 그 대상에 포함시킬 수도 있다. 대강수를 낙동강으로 보면 낙동강 본류 주변의 창녕 영산·남지 일대를 그 대상에 추가할 수가 있다. 함안과 낙동강을 사이에 두고 마주보는 지역이므로 창녕 남부권을 탁순국으로 보는 견해도 아주 무시할 수는 없을 것 같다.

••••••••••

35. 聖明王謂之曰 任那之國 與吾百濟 自古以來 約爲子弟 今日本府印岐彌(謂在任那日本臣名也) 旣討新羅 更將我伐 又樂聽新羅虛誕謾語也 夫遣印岐彌於任那者 本其侵害其國(未詳) 往古來今 新羅無道 食言違信 而滅卓淳 股肱之國 欲快返悔 故遣召到 俱承恩詔 欲冀 興繼 任那之國 猶如舊日 永爲兄弟 竊聞新羅安羅兩國之境 有大江水 要害之地也 吾欲據此 修繕六城 謹請天皇三千兵士 每城充以五百 并我兵士 勿使作田 而逼惱者 久禮山之五城 庶自投兵降首 卓淳之國 亦復當興 所請兵士 吾給衣粮 欲奏天皇 其第一也[『일본서기』 권 19 흠명기(欽明紀) 5년(544) 11월 조]

6장 • 탁국·탁순국의 위치와 안라국의 의미　**353**

예문 (F)를 보면 탁순국이 안라 가까이 있으리라고 판단할 수 있다. 그러나 정작 그 기사의 문맥에는 탁순과 신라 사이에 강이 있었다고 볼 여지가 없으니 일단 낙동강 서편의 함안이나 의령 지역을 우선 그 대상에 넣어 볼 수 있다. 여기서 한 걸음 더 나아가 만일 탁순국이 함안 안라국의 후국이었다면 함안 가까이에 있어야 한다.

탁순국의 위치에 대해 본격적으로 다루기에 앞서 탁기탄·남가라 등의 멸망시점과 그들의 위치를 검토해볼 필요가 있다. 탁기탄국·탁국은 어디에 있었으며, 그들은 언제 신라에 정복되었을까? 남아 있는 기록들을 비교 분석해 보면 이 나라들은 적어도 527년경에는 모두 신라에 통합된 것으로 추정된다. 510년대 가야 서편은 백제의 공격을 받았다. 이어 520년대에는 신라가 가야의 동편 지역을 공격해 임나 소국들을 병합하였다. 임나(가야)는 510~520년대 신라와 백제 양쪽으로부터의 공격에 시달렸다. 신라가 가야 소국을 병합하기 위해 더욱 강력하게 압박하기 시작한 것은 520년대부터였다.

탁기탄·남가라가 신라에 병합된 것은 기록상으로는 김해의 임나 본국이 멸망하기 전이다. 또 529년엔 대가야의 북쪽 지역을 신라가 통합하였다. 이 해에 백제는 다사진을 수중에 넣었다. 이런 사실들로 미루어보면 신라는 탁기탄·남가라를 병합하고 그곳들을 토대로 김해와 함안을 압박하였으며, 532년에 종주국의 지위에 있던 임나본국을 병합한 것으로 이해할 수 있다. 신라가 고령·김해·함안을 압박해 가는 520~530년대의 상황으로 보면 탁기탄·탁국·남가라 그리고 탁순국을 김해와 함안에서 가까운 낙동강 주변 지역에서 찾을 수 있다는 뜻이다.

먼저 탁순국의 위치와 관련하여 반드시 거론하게 되는 자료를 보자.

(F) …신라는 봄에 탁순啄淳을 빼앗고 그로 인해 우리 구례산수久禮山戍를 물리

치고 마침내 그곳을 점유하였습니다. (그곳에서) 안라에 가까운 곳은 안라가 씨를 뿌리고 경작하며, 구례산久禮山에서 가까운 곳은 사라斯羅가 경작하였습니다. 각자 경작하면서 서로 침탈하지 않았습니다. 그러나 이나사移那斯 마도麻都는 남의 경계를 넘어가 경작하다가 6월에 (신라로) 도망갔습니다. … 신라는 다시 탁순의 경계를 침입하여 핍박하지 않았습니다. 안라는 신라가 부득이 씨 뿌리고 경작하는 것을 말하지 않았습니다. 신이 일찍이 들으니 신라가 해마다 봄·가을에 병사와 갑옷을 모아 안라와 하산荷山을 습격하려 한다고 하며, 혹은 가라를 몰래 치려고 한답니다. 얼마 전 장수와 사졸들을 보내 임나를 굳게 지키라는 서신을 받고 정예병을 자주 보내어 제때에 가서 구하게 하였더니 임나가 때에 맞춰 씨를 뿌리고 경작하니 신라가 감히 침입하여 핍박하지 못하였습니다.[36]

(G) …좌로마도佐魯麻都가 비록 한복韓腹[37]이지만 그 지위가 오호무라지(大連)에 있다는 것입니다.…영예롭고 귀한 반열에 들었으나 지금은 도리어 신라 나마례奈麻禮의 관[38]을 쓰고 있으니 그 몸과 마음이 귀부한 바가 남에게 쉽게 드러

••••••••••

36. 新羅春取啄淳 仍擯出我久禮山戌 而遂有之 近安羅處 安羅耕種 近久禮山處 斯羅耕種 各自耕地 不相侵奪 而移那斯麻都 過耕他界 六月逃去 於印支彌後來 許勢臣時 百濟本記云 我留印支彌之後 至既洒臣時 皆未詳 新羅無復侵逼他境 安羅不言爲新羅逼不得耕種 臣嘗聞 新羅每春秋 多聚兵甲 欲襲安羅與荷山 或聞 當襲加羅 頃得書信 便遣將士擁守任那 無懈息也 頻發銳兵 應時往救 是以 任那隨序耕種 新羅不敢侵逼 而奏百濟路迴不能救急 由の臣等往來新羅方得耕種 是上欺天朝轉成奸佞也 曉然若是尚欺天朝 自餘虛妄必多有之 的臣等猶住安羅 任那之國恐難建立 宜早退却 臣深懼之 佐魯麻都 雖是韓腹位居大連 廁日本執事之間入榮班貴盛之例 而今反着新羅奈麻禮冠 即身心歸附於他易照 熟觀所作 都無怖畏 故前奏惡行 具錄聞訖 今猶着他服 日赴新羅域 公私往還 都無所憚 … 夫啄國之滅 匪有他也 啄國之函跛旱岐 貳心加羅國而內應新羅 加羅自外合戰 由是滅焉 若使函跛旱岐 不爲內應 啄國雖少 未必亡也 至於卓淳 亦復然之 假使卓淳國主 不爲內應新羅招寇 豈至滅乎 歷觀諸國敗亡之禍 皆由內應貳心人者 今麻都等 腹心新羅 遂着其服 往還旦夕 陰搆奸心 乃恐 任那由茲永滅 任那若滅 臣國孤危 思欲割之 豈復得耶 伏願天皇 玄鑒遠察 速移本處 以安任那[『日本書紀』 卷19, 欽明紀 5年(544) 3月 條]
37. 이 경우 韓을 '가라'로 이해할 수 있다. 한복(韓腹)이란 '가라의 심복'을 의미한다.
38. '나마례'는 신라의 나마이다. 나말로도 불렸다. 이것은 '나마리'의 일본식 향찰이다. 나마리가 쓰

나 있습니다.…지금도 날마다 다른 옷을 입고 신라의 경역으로 가고, 공사公私로 왕래하면서도 도무지 꺼리는 바가 없습니다. 무릇 탁국喙國의 멸망은 다른 데 이유가 있는 것이 아닙니다. 탁국의 함파한기函跛旱岐가 가라국에 두 마음을 품어서 신라에 내응하여 가라는 밖으로부터 싸우게 되었고, 이 때문에 망했습니다. 만약 함파한기가 (신라에) 내응하지 못하게 했다면 탁국이 비록 작아도 결코 망하지 않았을 것입니다. 탁순 역시 마찬가지입니다. 만일 탁순국왕이 신라에 내응하여 도적을 불러들이지 못하게 했다면 어찌 멸망에 이르렀겠습니까? 여러 나라가 패망한 재난을 두루 살펴보니 모두 두 마음을 품고 내응한 사람에 의한 것입니다. 지금 마도 등은 신라에 매우 충실하여 신라의 옷을 입고 아침저녁으로 오가며 남몰래 간계를 꾸미고 있습니다. 그러므로 임나가 이로 말미암아 영원히 멸망당할까 두렵습니다.…[39]

(H) …가만히 들으니 신라와 안라 두 나라의 경계에 큰 강이 있는데 요새의 땅이다. 나는 이곳에 군대를 두어 6성城을 수리하려고 한다. 삼가 천황에게 3천 명의 병사를 청하여 성마다 5백 명씩 두고, 또 우리 병사를 더 채워서 (신라인들이) 경작하지 못하게 하면 구례산의 다섯 성은 스스로 병기를 내던지고 항복하게 될 것이니 탁순국도 다시 일어서게 될 것이다. 천황에게 청한 병사에게는 내가(성왕이) 의복과 식량을 지급할 것이다. 이것이 내가 천황에게 주청하려는 첫 번째 계책이다. 남한南韓에 군령과 성주를 두면 어찌 천황에 위배하여 조공하는 길을 차단하겠는가.…[40]

••••••••••••
던 관이란 신라의 17관등 가운데 11관등인 나마(奈麻)가 쓰던 관모를 의미한다. 10등은 대나마·중나마·3중나마·4중나마~7중나마의 8개 구분이 있으며 바로 그 아래가 나마이다. 이들 10, 11관등인 '대나마'·'나마'는 신라가 주변국을 정복하면서 그 수장에게 부여한 중앙의 관료 신분이었다.

39. 『日本書紀』 卷 19, 欽明紀 5年(544)
40. 竊聞 新羅安羅兩國之境有大江水 要害之地也 吾欲據此修繕六城 謹請天皇三千兵士每城充

이상의 예문 (F) (G) (H)는 모두 『일본서기』 흠명기 5년(544)의 자료로서 탁순국을 사이에 두고 안라와 신라가 다툰 내용이다. 그런데 (F)에서 신라는 '봄에 탁순국을 취했다'고 하였을 뿐, 탁순국을 정복한 해는 말하지 않았다. 이것은 544년 음력 3월(봄)의 기사이지만 이 기사는 6월의 일까지 함께 적었으므로 이 기록을 남긴 시점은 544년 6월 이후이다. 신라가 탁순국을 빼앗은 정확한 시점은 알 수 없다. 물론 기사의 내용만으로 보면 탁순국은 이 해 봄에 신라에 멸망했을 수도 있다. 그러나 흠명 2년(541) 기사에 이미 탁순·탁기탄·남가라는 멸망한 것으로 기술되어 있다. 따라서 탁순·탁기탄·남가라의 멸망 시점은 그 이전이된다. 그런데 『일본서기』 계체 21년(527) 여름 6월 3일 기록에는 "아후미노 게나노 오미(近江毛野臣)는 무리 6만을 이끌고 임나任那에 가서 신라에게 정복된 남가라·탁기탄을 다시 세워 임나에 합치려고 하였다"[41]는 기사가 있다. 이에 츠쿠시국(築紫國)의 이와이(磐井)가 반란을 일으켰는데, 그것은 임나로의 출정을 반대한 것이었다. 이때 신라가 그것을 알고 이와이에게 뇌물을 바친 것으로 되어 있다. 이 기사에 의하면 탁기탄·남가라는 527년 6월 이전에 멸망하였음을 알 수 있다. 529년 대가야의 도가·고파·포나모라 3성과 북쪽 경계 지역의 가야 5성을 신라가 함락시

. . . .
以百并我兵士勿使作田而逼惱者 久禮山之五城庶自投兵降首 卓淳之國亦復當興 所請兵士吾給衣粮 欲奏天皇其策一也 猶於南韓置郡令城主者 豈欲違背天皇遮斷貢調之路 唯庶 剋濟多難殲撲强敵 凡厥凶黨誰不謀附 北敵强大 我國微弱 若不置南韓郡領城主修理防護 不可以禦此强敵 亦不可以制新羅 故猶置之攻逼新羅 撫存任那 若不爾者 恐見滅亡 不得朝聘 欲奏天皇 其策二也 又吉備臣河內直移那斯麻都猶在任那國者 天皇雖詔建成任那不可得也 請移此四人各遣還其本邑 奏於天皇 其策三也 宜與日本臣任那旱岐等俱奉遣使 同奏天皇乞聽恩詔 於是 吉備臣旱岐等曰 大王所述三策 亦協愚情而已 今願 歸以敬諮日本大臣謂在任那日本府之大臣也 安羅王加羅王 俱遣使同奏天皇 此誠千載一會之期 可不深思而熟計歟

41. 廿一年夏六月壬辰朔甲午 近江毛野臣率衆六萬 欲往任那爲復興建新羅所破南加羅·㖨己呑而合任那 於是 筑紫國造磐井 陰謨叛逆 猶預經年 恐事難成 恆伺間隙 新羅知是 密行貨賂于磐井所而勸防遏毛野臣軍

컸는데, 이 해에 함안 안라국은 고당회의에서 남가라와 탁기탄을 내놓으라고 요구하였다. 기록에 의하면 이처럼 가야의 북쪽 지역과 서쪽 영역 일부가 백제와 신라에 점령된 것이다.

그러면 그 이전 가야권의 서쪽 지역은 어떠했는가? 역시 백제와 가야 사이에 잦은 다툼이 있었다. 513년에 백제는 기문己汶 땅을 반파국에 빼앗겼다. 그로부터 3년 뒤인 516년 9월 백제는 기문 땅을 준 왜에 감사를 표시한 것으로 되어 있다.[42] 전후 사정을 감안하면 아마도 513년부터 몇 차례 뺏고 빼앗기는 공방전 끝에 최종적으로 백제의 땅이 된 것으로 볼 수 있다. 529년 3월엔 가라加羅 다사진多沙津이 백제에 넘어갔다. 뿐만 아니라 일찍이 512년부터 노려오던 임나의 4개 현[43]을 드디어 백제가 취했다. 이렇게 가야권은 6세기 초, 서쪽에서 백제와의 영역다툼 끝에 주요 지역 몇 군데를 잃었다. 가야 동편에서 520년대에 신라에 남가라·탁기탄 등을 빼앗기고, 532년엔 임나 본국이 신라에 넘어갔으니 6세기 초반 가야권은 진퇴양난의 위기를 맞고 있었다.

임나 본국 멸망 전에 안라국은 신라에 대고 탁기탄과 남가라 등의 반

• • • • • • • • • • •

42. 반파국과 관련된 기사는 『일본서기』에 몇 차례 등장한다. 계체 7년(513) 6월에 반파국이 백제의 기문 땅을 빼앗은 것으로 되어 있으며(伴跛國 略奪臣國己汶之地), 그 해 겨울 11월 5일 기록에는 "기문(己汶)과 체사(滯沙)가 백제에 넘어갔다(以己汶帶沙賜百濟國 是月 伴跛國 遣戢支獻珍寶 乞己汶之地 而終不賜). 또 계체 9년(515) 봄 2월 기록에는 "이달에 사도도에 이르러 반파국 사람들이 원한을 품고 강한 것을 믿어 포악한 일을 마음대로 저지른다는 소문을 들었다. 그래서 모노노베무라지가 수군 500명을 거느리고 대사강으로 곧바로 나아갔다. 문귀장군은 신라에서 대사강으로 갔다. 여름 4월, 모노노베무라지가 대사강에 머무른 지 6일이 되었다. 반파국이 군사를 일으켜 공격하였다. 옷을 벗기고 물건을 빼앗았으며 장막을 모두 불태웠다. 모노노베무라지 등은 두려워 도망하였다. 겨우 목숨을 보존하여 (퇴각하여) 문모라에 정박하였다. 문모라는 섬이름이다."(是月 到于沙都嶋 傳聞 伴跛人懷恨銜毒 恃强縱虐 故物部連 率舟師五百 直詣帶沙江 文貴將軍 自新羅去 夏四月 物部連 於帶沙江停住六日 伴跛興師往伐 逼脫衣裳 劫掠所齎 盡燒帷幕 物部連等 怖畏逃遁 僅存身命 泊汶慕羅 汶慕羅 嶋名也)"고 적었다.

43. 上哆唎·下哆唎·娑陀·牟婁의 4개 현을 말한다. 이 가운데 牟婁는 전남 광양으로 볼 수 있다. 광양의 옛 이름이 마로현인 것을 감안하면 이 지명은 거의 확정해도 좋을 듯하다.

환을 요구하였다. 흠명 2년(541) 7월 조에도 "남가라와 탁기탄을 다시 세우라고 한 것이 수십 년 된 일"이라며 남가라·탁기탄 두 소국을 반환하라는 요구를 하였다. 그럼에도 신라는 그 요구를 번번이 묵살하였다. 해마다 공격해서 빼앗아간 탁기탄·남가라는 당연히 반환해야 하며, 탁순국은 그 왕이 스스로 신라에 종속되기를 원해서 신라에 내응하는 바람에 망했으니 임나 여러 나라는 백제 성왕과 함께 왜군을 불러들여 탁순국을 되찾아야 한다고 목소리를 높였다. 그러나 만약 단번에 탈환할 수 없다면 최소한 구례산을 사이에 두고 안라국과 가까운 곳만이라도 되찾으려는 '반분 탈환 작전'을 계획하였다.

탁순국이 멸망한 기사는 541년(흠명 2)부터 나타난다. 그러니까 『일본서기』(C)의 기사로써 탁순국은 541년 이전에 신라에 정복되었음을 알 수 있다. 기록에 의하면 신라가 함안과 영역을 다투는 과정에서 탁순국을 취한 것으로 되어 있다. 이에 백제는 함안을 도와 탁순국을 일으켜 세우기 위한 의지를 보였다. 그러니까 이 사실만으로 보면 탁순국은 함안 안라국과 가까운 곳에 있으면서 신라와 경계를 맞대고 있어야 순리에 맞는다. 그리고 (G)에서 아침저녁으로 오가며 신라를 돕는 사람이 등장하는 것을 보면 탁순국은 신라와 큰 강으로 격리된 곳에 있지 않았음을 알 수 있다. 또 (F) 자료에서 신라가 탁순국을 빼앗은 과정과 방법을 짐작할 수 있다. 처음에 신라는 탁순국을 빼앗았고, 곧이어 탁순국과 안라국 사이에 있던 구례산까지 빼앗았다. 이로 인해 구례산까지 신라가 경작하고 안라에서 가까운 곳은 안라가 경작하였다. 신라와 함안 안라국은 구례산을 경계로 탁순국을 대치하고 있었다. 결국 (H)의 기사는 신라가 빼앗아간 방식 그대로 되찾아올 것을 논의한 것이다. 탁순국을 찾아 지키기 위한 장기적인 계책을 구체적으로 제시하면서 신라가 다시 탈취하지 못하도록 둔병을 두어 대비해야 함을 강조하였는데, 그 당시에도 병사들은 스스로 군량을 조달하기 위해 주둔지 주변의 논밭 [屯田]을 경작해야 했던 것 같다. 탁순국을 점령한 신라 병사들도 구례산 성 주변의 농경지를 경작하며 그곳에서 나는 곡식을 군량으로 삼았던 모양이다. 소위 둔전제의 전통이 꽤 오래 되었음을 미루어 알 수 있다.

그런데 (H)에서 백제는 탁순국을 찾아오기 위한 계책을 보다 구체적 으로 설명하고 있다.[44] 안라와 신라 사이의 큰 강에서 가까운 곳 어딘가 에 구례산이 있고, 구례산 근처에 있는 여섯 군데의 성에 왜군과 백제 군을 주둔시키려 하는 사실로부터 중요한 근거를 찾을 수 있다. 구례산 을 경계로 탁순국을 함안 안라국과 신라의 군대가 나누어 점령하고 있 었으며, 신라가 차지한 곳이 구례산 주변 6개 성이었던 것이다. 즉, 구 례산 5개 성에 3천 명의 왜군 병사를 빌려와 5개 성에 각기 5백 명씩 나 누어 두고, 백제·함안·왜 연합군이 주둔하면 신라 병사가 농사를 짓지 못하고 스스로 무너져 신라는 물러설 것이니, 그렇게 되면 탁순국을 부 흥시킬 수 있다는 이야기이다. 그러니까 구례산성은 전략적으로 안라 국과 신라 양측에게 아주 중요한 곳이었음을 알 수 있다. 더구나 구례 산 주변의 여섯 개 성을 탈환하면 탁순국을 다시 일으켜 세울 수 있다 고 하였으니 탁순국의 위치를 찾는데 중요한 기준은 안라와 신라 사 이에 있는 큰 강이 과연 어떤 강이며 구례산이 어디에 있느냐 하는 것 이다. 구례산과 그 주변의 여섯 개 성을 거론하였으니 탁순국은 꽤 큰 소국이었던 것 같다. 다만 여기서 안라국의 위치는 정해져 있는 것이니 큰 강을 낙동강으로 보느냐 아니면 남강으로 보느냐에 따라 탁순국의 위치가 달라지게 된다.

그런데 이때 또 하나의 기준은 신라의 강역과 함안 안라국의 경계는

••••••••••
44. (H) 기사는 맨 앞에 인용한 가)의 일부이다.

어디였는가 하는 문제이다. 이것이 탁순국의 위치를 추정하는데 중요한 요소이다. 구례산을 중심으로 그 주변에 있는 6개 성을 아우르는 지역이 탁순국의 범위이니 탁순국의 위치 추정에 절대적인 기준이 되는 것은 대강수와 구례산·구례산성이다. 여기서 한 가지 분명한 게 있다. 탁순국은 신라와 함안의 경계에 있으며 탁순국 안에 구례산과 구례산성이 있었다는 것이다. 구례산 쪽은 신라가, 함안 쪽은 함안 안라국이 대치한 상황을 『일본서기』에 그리고 있으니 안라국과 경계를 맞댄 곳에 탁순국이 있었다. 그러니까 신라와 안라 사이에 탁순국이 끼여 있었던 것이다. 흠명 5년(544) 조에 "봄에 신라는 탁순을 빼앗아 점유하고, 안라에 가까운 곳은 안라가 경작하고 구례산에 가까운 곳은 사라斯羅가 경작하면서 서로 침탈하지 않았다"고 한 내용으로 보면 탁순국은 분명히 안라국 가까이에 있어야 한다. 그렇지 않고서야 함안 안라국이 신라와 탁순국의 강역을 놓고 첨예하게 대립할 이유가 없다.

앞의 예문 (B)와 (D)로 보면 신라와 함안 사이를 아침저녁으로 오가는 왜인이 등장하고 있다. 매일 쉽게 탁순국을 넘나드는 모습을 그린 것인데, 여기엔 강을 건너는 이야기는 없다. 그러니 탁순국과 신라 사이에 큰 강이 있었다고 보기 어렵다. 함안에서 가깝고, 큰 강이 없는 곳을 찾는다면 역시 함안과 창원밖에 없다.

여기서 만약 대강수를 남강으로 보면 탁순국은 의령에 있던 소국으로 볼 수 있다. 이 경우 의령권에서는 낙서면 지역과 지정면 일대 낙동강변을 대상에 넣어볼 수 있다. 그러나 앞서 진주를 자탄子呑이라고 한 사례를 떠올려보면('자탄'은 작은 강이란 뜻이니) 남강을 대강수라고 하지는 않았을 것임을 알 수 있다.

남가라·탁순·탁기탄 등의 가야 소국들은 주로 520년대에 신라에 병합되었다. 이것을 보면 신라는 김해의 임나 본국과 함안 안라국을 정복하기에 앞서 그 주변의 소국들을 병합함으로써 김해와 함안을 압박하였을 수 있다. 즉, 신라가 낙동강을 건너 세력을 펴가는 과정에서 벌어진 일이었다면 탁기탄과 탁순국을 김해와 함안 근처에서 찾아야 할 것이라는 얘기다. 아마도 탁기탄은 김해의 후국이었고, 탁순국은 함안 안라국의 후국이었던 것 같다. 그렇다면 현재의 창원과 함안 지역 어딘가에 구례산과 탁순국이 있을 것이라고 추리해볼 수 있다.

함안 대산·칠서·칠북·칠원면 일대 낙동강변에 탁순국이 있었다고 보는 것이 함안 탁순국설이다. 그 중에서도 칠원을 탁순국으로 보는 것이 함안 칠원설이다. 여기에도 몇 가지 견해가 있는데, 구례산성을 무릉리산성과 구성리산성으로 보는 설이 제기되어 관심을 끌고 있다. 창원시 의창구 일대 또는 진해 등지에 탁순국이 있었다고 보는 것이 이른바 창원 탁순국설이다. 지금까지 여러 연구자들이 제시한 탁순국의 후보지를 요약하면 대략 ①창녕 영산·계성 ②밀양 ③의령 ④함안 ⑤창원 ⑥대구 등이다.

탁순국卓淳國의 위치를 찾기 위해 4세기 중반경의 시점으로 돌아가서 신라와 가야의 구도를 떠올려보는 것도 하나의 방법이 될 것 같다. 4세기 중반은 신라가 아직 낙동강을 넘어 서쪽으로 진출하지 못한 시기였다. 이런 구도는 5세기에도 변함이 없었다. 또 낙동강 동편에서도 창녕 지역은 5세기에도 신라가 장악하지 못한 곳이다. 이런 기준으로 보면 오히려 탁순국이 창녕 영산이나 남지 인근에 있었을 수도 있다. 좀 더 범위를 확대하면 대구 현풍·구지와 같은 지역도 대상에 포함될 수 있다.

그러면 창녕 영산靈山을 탁순국으로 볼 수는 없을까? 계성과 함께 그곳을 고려해볼 수는 있을 것이다. 다만 영산을 탁기탄국으로 보는 견해가 제기되어 현재 꽤 많은 이들이 영산 탁기탄국설을 비판 없이 받아들이고 있는 것 같다. 영산 탁기탄국설을 주장하는 입장에서는 대신 함안이나 창원을 탁순국으로 본다. 이와 같이 탁순국의 위치를 어디로 볼 것인지 의견이 분분한 가운데 아직 결론이 나지 않았다. 그러므로 확정해서 말할 수 없는 형편이다. 다만 한 가지 함안 안라국의 후국이거나 안라국과 깊은 관련이 있는 소국임은 분명하다. 즉, 탁순국은 함안 아니면 창원 지역에 있었을 확률이 가장 높다.

(D)의 『일본서기』 흠명기 기사는 신라에게 망한 탁순·탁기탄·남가라 세 나라를 재건하기 위해 백제 성왕이 541년(흠명 2년)에 임나10국[45]의 한기[46]들에게 과거 근초고왕 때부터 백제가 이웃의 가야 여러 나라와 친교정책을 펴왔음을 설명하는 대목이다. 말하자면 성왕 때(541)로부터 160∼170여 년 전에 있었던 이야기를 거론한 것이니 이 기사로 보아 탁순국은 4세기 중반부터 존속했음을 알 수 있다. 백제와 왜의 입장에서는 가라(대가야)·안라(함안)와 마찬가지로 탁순국 역시 중요한 가야 소국이었던 것이다. 이 기사를 토대로 4세기 중반의 가야와 신라의 사정을 감안하여 보면 탁순국은 낙동강 동편에 있었을 가능성을 완전히 배제할 수는 없겠다.

(C)·(D) 기사를 다시 앞의 가), 나) 기사와 비교해 보면 가)의 내용은 4세기의 일로 볼 수 있다. 『일본서기』 신공황후 때의 일은 기록상으로는 246년과 249년으로 되어 있지만, 통상 2갑자(120년)를 내려서 366년과 369년의 일로 보고 있다. 이것을 소위 『일본서기』 신공기 수정연대로 말하고 있지만, 아유가이와 스에마츠(末松保和) 등은 이 기사에 근거하여 왜는 탁순국을 거점으로 경남북과 전남북 지역을 점령했다고 주장하

45. 안라·가라·다라·졸마·산반해·자타·사이기 등
46. 旱岐. 가야 소국의 왕자나 왕족을 이르는 호칭

였다.[47] 역사적 사실이라기보다는 그 자신의 염원을 말한 것이었겠지만, 그 기사에서 말하는 왜는 백제의 요청에 따라 출병한 왜군이고, 실제의 정치·군사적 주체는 백제로서 가야에 대한 백제의 친교정책으로 파악하는 것이 바람직하다는 견해를 제시한 이들이 있다. 그러나 그것마저도 다르게 이해하고 싶다. 오히려 임나 본국이 백제와 연계하여 탁순국을 거점으로 신라를 공략하던 4세기 언젠가의 일을 전하는 기록으로 보고 싶은 것이다.

지금까지 여러 연구자들은 탁순국의 위치를 합천 이남의 의령·함안·창원 그리고 낙동강 동편의 창녕·영산·남지, 대구 구지·현풍 일대에서 찾고 있다. 대략 그 범위 안에 탁순국은 물론, 탁기탄·탁국도 있었으리라고 보는 것이다.

앞에서 529년까지 탁순국이 멸망했다는 증거가 없음을 설명하였다. 532년 임나 본국 멸망 때까지도 탁순국 멸망기사가 없다. 541년 기록에 처음 탁순국 재건을 신라 측에 요구하는 것으로 보아 탁순국은 532~541년 사이에 멸망하였으리라고 추정할 수 있다. 즉, 김해 임나본국이 신라 땅이 된 뒤에 탁순국이 신라에 병합되었을 것이니, 그렇다면 탁순국은 과거 임나 본국의 서쪽 경계 너머에 있었을 것이라고 판단할 수 있다. 지금의 창원시 의창구 지역과 함안 칠원·칠서·칠북 일대에서 탁순국을 찾아야 하는 것이다. 구례산·구례산성을 사이에 두고 신라와 함안이 분점하려는 계책을 말한 사실로 볼 때, 그에 가장 합당한 곳은 함안 칠원읍의 무릉리산성이나 구성리산성과 그 주변 지역을 구례산·구례산성을 중심에 둔 과거 탁순국으로 비정해볼 수 있다. 『일본서기』의 구례모라성을 『신증동국여지승람』 칠원현 고적 조에 나오는 구성리

• • • • • • • • • • •
47. 『任那興亡史』, p.46~69, 末松保和

산성龜城里山城이나 무릉산성으로 보는 견해는 이런 몇 가지 요소를 감안하여 내놓은 것이라고 하겠다.

다만 여기서 탁순국 내에 있었다고 전하는 구례산과 관련하여 함안 성산산성에서 나온 목간 한 가지를 살펴볼 필요가 있다. 바로 구리벌仇利伐이라는 지명이다. 목간에 적힌 지명 중에는 구리벌이라는 이름이 몇 개 있는데, 그 중에서 두 개의 목간만을 골라본 것이 다음 내용이다.

① 仇利伐上彡者村波婁(구리벌 상삼자촌 파루)
② 仇利伐彤谷村仇礼支(구리벌 동곡촌 구례지)

이 자료만으로 보면 표기법상 아마도 구리벌仇利伐이 구례산성 주변에 있던 마을로 볼 수 있지 않을까? 즉, 『일본서기』에 보이는 구례산성久禮山城의 구례久禮나 구례모라久禮牟羅는 구리벌을 배경으로 형성된 마을일 것이고, 구례久禮를 신라인들은 구리仇利로 적었으리라고 보고 싶은 것이다. 신라어의 발음체계로 미루어 그렇게 짐작해본다는 것이다. 과거 탁순국 구례모라 일대 사람들을 징발하여 함안 성산산성을 수리하면서 이런 목간이 남은 것으로 이해해 볼 수 있다. 그러니까 구리벌이란 동네 인근의 구례산久禮山에 있던 산성이 구례산성일 것이고, 구리벌·구례산성은 당시에는 모두 중요한 지역이었을 것이다. 다시 말해서 『일본서기』흠명기 5년 3월 조의 기사에 실린 구례모라성久禮牟羅城을 구례산성으로 보고 구례산성 주변에 있는 구례 벌판이 목간에 적힌 구리벌이 아닌가 궁리해 보는 것이다. 그렇게 보면 구례산수久禮山戍는 구례산성을 지키는 주둔병이고, 구례모라의 신라어 표기가 구리벌이라고 볼 수 있으니 『일본서기』의 구례모라는 함안 성산산성에서 나온 목간의 구리벌仇利伐에 있던 마을로 볼 수 있다. 진주와 함안 그리고 그 주변의 낙동강 서편 지역에서 인력과 물자를 선발하여 성산산성을 수리한 가야 멸망 직후에도 과거 탁순국의 주요 거점인 구례산성과 구례산 밑의 구례모라(구리벌)는 큰 마을로 남아 있었을 것이다. 그리고 구리벌 동곡촌이라고 적힌 목간에는 구례지仇礼支라는 이름이 따로 표기되어 있는데, 이것은 '구례 사람'을 의미하는 향찰표기로 볼 수 있다. '구례지'라는 이름 앞에 仇利伐彤谷村구리벌동곡촌이란 지명이 있으니 '구례지'는 구리벌 동곡촌 사람으로 볼 수 있다. 따라서 구리벌仇利伐의 구리仇利를 탁순국의 구례久禮로 보아도 무리가 없을 것이다. 앞으로 구리벌·구례모라·구례산에 쓰인 구리仇利나 구례久禮가 어떤 의미를 갖고 있는 말인지, 그리고 그것이 후에 어떤 이름으로 정착되었으며 그곳이 지금의 어디인지에 대해서도 좀 더 고민할 필요가 있을 것 같다.

신라는 가야 통합 후, 함안 성산산성 수리공사를 하면서 함안 인근 낙동강 서편의 인력만을 동원하였다. 지명과 인명을 함께 적은 이 목간은 아마 징집인원의 확인증 또는 패용증과 같은 역할을 겸했던 게 아닌가 짐작되는데, 구리벌 동곡촌이 혹시 현재의 함안 칠원면 오곡리 일대가 아니었을까? 동곡촌彤谷村→동곡리桐谷里→오곡리梧谷里로 지명이 변천한 것은 아닐까 하는 짐작을 해본다. 하지만 이 문제는 그렇게 쉽게 해결할 수 있는 게 아니다. 다만 구례산久禮山과 구례모라久禮牟羅는 어떤 형태로 변화하였든, 과거 탁순국이 있던 곳에 전해지고 있을 것이다. 탁순국이 함안의 후국임은 분명하며, 함안 칠북·칠원·칠서에서 창원 의창구에 이르는 범위에 있었을 것이다. 그 중에서도 구성리산성이나 무릉리산성을 포함한 5개 성이 구례산성일 수 있다. 김해의 임나 본국이 신라에 정복된 뒤, 임나 본국과 함안 안라국 사이에 끼여있던 탁순국의 서쪽에 신라와 함안의 마지막 방어선으로서 구례산의 5개 성이 바로 구례산성久禮山城이었던 것이다.

탁기탄국은 어디에 있던 소국인가?

탁기탄국은 어디에 있던 가야 소국인가?

4~5세기 가야권에는 소국으로서 탁국喙國과 별도로 탁기탄국喙己呑國이 더 있었다. 이 나라 이름 또한 우리 측 자료에는 없다. 『일본서기』를 중심으로, 일본 측 기록에만 나오는 나라이다. 그러나 탁기탄국에 대한 기록은 너무도 소략해서 그 나라의 위치라든가 규모와 같은 기본적인 것들조차 알 수 없다. 앞의 예문 (C)에 소개한 내용이지만, 그 일부인 『일본서기』의 해당 기록을 보자.

① "…탁기탄喙己呑은 가라加羅에 있다. 신라와의 경계 사이에 있어서 해마다 공격을 받아 패하는데도 임나任那가 구원할 능력이 없어서 망했다.…"[1]

••••••••••

1. 喙己呑 居加羅與新羅境際 而被連年攻敗 任那無能救援 由是見亡(『일본서기』 계체기 21년 여름 4월 조)

이것은 『일본서기』 계체기 21년(527) 여름 4월 조에 실린 내용이다. 백제 성왕이 임나의 사신들에게 한 말 중 일부인데, 이것이 가야 시대 탁기탄국이 어디에 있었는지 그 위치를 알려주는 유일한 자료이다. 탁기탄국의 위치에 대하여 원문에는 "啄己呑居加羅與新羅境際"라고 되어 있다(앞장 예문 (C) 참조). 이것은 "탁기탄국이 가라 내에 있으며 신라와 경계를 맞대고 있다"는 내용이다. 탁기탄국이 가라 내의 한 소국임을 분명히 하였다. 그런데 『일본서기』 계체기 21년 기사는 임나가 힘이 없어서 탁기탄국이 신라에 망하는데도 구하지 못했다고 하였다. 이것은 탁기탄국이 임나 소속의 소국이었음을 밝힌 내용이다. 그렇지만 탁기탄이 과연 어디에 있던 나라인지, 그것을 구체적으로 적시한 자료는 없으므로 그 위치를 명확히 확정할 수는 없다. 그래서 탁순국·탁국·남가라 등과 함께 그 위치에 대한 논란이 계속되고 있다.

현재 남아 있는 기록만을 가지고 탁기탄국의 위치를 추정하기란 어렵다. 아마 다른 자료가 나오지 않는 한, 이 문제 또한 앞으로도 계속 논란거리가 될 수 있다. 탁기탄국은 언제까지 존속했으며, 언제 멸망했는지 그리고 그 영역은 어디까지였는가 하는 여러 가지 의문이 있으나 그것을 만족스럽게 해결할 방법도 없다.

①의 『일본서기』 기록에서 말한 '가라'는 임나가라 영역 전체를 가리키는 게 아니라면 임나가라 본국을 가리킨다. 다시 말해서 이 경우의 '가라'는 '임나가라'이다. 그 다음에 '임나가 구원할 능력이 없어서…'라고 한 구절의 임나는 임나 본국을 이른다. 앞에서 '…가라에 있다'고 임나가라 전체를 말했으므로 그것과 구분하기 위해 뒤에서는 '임나'로 쓴 것이다. 임나 본국 멸망(532) 전인 527년에 탁기탄국이 망하는데도 임나 본국은 임나 내의 소국을 구하지 못할 만큼 쇠약했다. 그런데 또 『일본서기』 계체기 21년(527) 여름 6월 3일 조의 기사에는 "…무리 6만을 이끌

고 임나에 가서 신라에게 파괴된 남가라南加羅와 탁기탄을 다시 일으켜 세워 임나에 합치려고 하였다"고 되어 있다. 두 기록을 보아도 527년 4월과 6월 이전에 탁기탄국과 남가라는 멸망한 상태였음을 알 수 있다. 다만 '…임나에 합치려고 하였다'는 구절에서의 임나는 임나가라 즉, 가야권 전체를 뜻하는 말로 쓰인 것으로 볼 수 있다. 이로부터 2년 뒤인 계체기 23년(529) 봄 3월 기록에도 "신라에게 남가라·탁기탄을 다시 세우도록 권했다"고 하였으니 가야 소국 두 나라가 527년 이전에 멸망한 것은 분명하다. 그런데 여기서 문제가 되는 것이 남가라이다. 이 남가라는 도대체 어디를 가리키는 것일까?

위『일본서기』계체기 23년(529) 기사에서 말한 남가라를 임나본국 김해와 그리 멀지 않은 어딘가에 있었을 것으로 추정해 본다. 아마도 탁기탄·탁순과도 멀리 떨어져 있지는 않았을 듯싶다. 김해의 임나본국이 532년에 멸망하였으니 527년 이전에 멸망한 남가라가 김해일 수 없다. 그러면 '남가라'는 과연 어디일까? 제일 먼저 부산 북부 금정구 일대로부터 울산에 이르는 지역 어딘가를 꼽아볼 수 있다. 그 다음은 밀양 지역에 있던 가야 소국일 수도 있다. 그러나 창녕 영산이나 계성 일대는 경주의 서남부에 해당하니 남가라의 범위에 해당되지 않을 것이다.

남가라는 그 위치로 보아 낙동강 동편, 그 중에서도 경주의 정남쪽에서 찾아야 합당할 것 같다. 경주에서 보면 부산 지역이 남쪽에 해당하므로 동래 지역을 제외한 부산 북부 금정구와 인근 기장 일대를 남가라로 표현했을 수도 있다. 신라(경주)의 남쪽에 있는 가라가 남가라일 것이니 낙동강 동편 지역 가운데서도 울산 웅촌면 검단리로부터 부산 두구동·노포동 일대에서 그 후보지를 찾아야 할 것 같다. 그러면 527년이라는 해로부터 가장 가까운 연대 중에서 혹시 남가라와 관련된 기사는 더 없을까?『삼국사기』신라본기 법흥왕 11년(524) 기사에 다음과 같은 내용이 있다.

② "가을 9월에 왕이 국경 남쪽에 나가서 새로 개척한 땅을 둘러보았다. 가야 국왕이 찾아와서 만났다."[2]

이 기사에서 '남경南境'이라 하여 신라의 남쪽 국경임을 분명히 하였고, 신라 남쪽 국경에서 가까운 나라의 왕을 '가야국왕'으로 전하고 있다. 신라의 남쪽 국경 밖에 있는 가야국이니 바로 그곳이 남가라일 것이라는 추리가 가능하다. 그러니 ②의 기사가 바로 '남가라' 합병 사건과 관계 있는 기록일 것이다. 그 당시 새로 개척한 땅을 돌아보기 위해 진흥왕이 직접 남쪽 지역으로 내려가 순행하면서 가야국왕을 만났다고 하였으니 우리는 다음과 같이 추리할 수 있다. 524년 9월 이전에 신라는 국경 남쪽에 경계를 마주하고 있던 가야국을 병합하였다. 그 가야국이 신라의 남쪽 경계, 즉 남경南境에 있다고 하였으니 그 나라가 남가라일 것임이 분명하다. 법흥왕이 그곳으로 순행한 것은 신라의 국경 남쪽에 새로 개척한 땅을 둘러보기 위함이었다. 그때 찾아온 가야국왕은 남가라 왕이거나 그것이 아니면 신라와 남가라를 사이에 두었던 별개의 가야소국 왕이었을 수도 있다. 남가라 왕이었다면 그 자신이 항복의 예로 법흥왕을 만난 것으로 볼 수 있다. 만약 이 경우라면 앞의 ② 기사에서 524년 9월 이전에 법흥왕이 병합한 남가라 왕을 신라 남쪽 국경까지 나가서 만나고 주군과 신하의 관계를 확인한 기록으로 봐도 좋을 것 같다. 신라는 후일 김해가야를 병합하고도 구형왕에게 그가 통치하던 김해가야의 영역을 식읍으로 주었듯이 이때 병합한 남가라 땅을

----

2. 十一年 秋九月 王出巡南境拓地 加耶國王 來會

그 왕에게 식읍으로 주었을지도 모른다. 『일본서기』의 남가라와 탁기탄에 관한 기사와 『삼국사기』의 기록을 맞춰 보면, 법흥왕이 524년에 신라남쪽 경계로 순행을 나간 것은 남가라를 통합한 뒤에 양측이 서로의 관계를 정리하고 어떤 절차를 밟기 위한 만남이었을 테니 524년을 남가라의 멸망 연도 하한으로 볼 수 있다.

그러나 법흥왕을 만난 가야국왕이 남가라 왕이 아니라면 부산·복천동 일대의 가야 왕일 수 있다. 신라의 영역이 된 남가라와 부산 동래 가야의 경계 문제로 회합을 가졌을 수도 있기 때문이다. 그런데 『일본서기』를 보면 탁기탄과 남가라의 멸망 과정은 조금 달랐던 듯하다. 남가라는 큰 저항 없이 통합된 반면 탁기탄국은 꽤 오랫동안 신라와 충돌하였다. 탁기탄국이나 탁순국은 오랜 저항 끝에 정복되었으니 남가라보다 반감과 저항의식이 그만큼 깊었을 수 있다.

6세기 초반, 신라는 거의 해마다 탁기탄국을 공격하였다. 탁기탄국은 신라의 공격에 시달렸고, 그로 말미암아 매우 지쳐 있었다. 신라는 집요하게 탁기탄국을 압박하여 항복을 유도하였다. 그럼에도 임나 본국은 자신의 후국을 적극적으로 지켜주지 못하였다. 결국 탁기탄국은 520년대 언젠가 신라에 병합되었고, 그 전에 이미 남가라국은 신라에 넘어갔던 것이다.

이런 사실들을 감안하면 『일본서기』 흠명기 2년(541) 7월 조에 "…천황이 조칙으로 남가라·탁기탄국을 (다시) 세우라고 한 것이 수십 년 된일이라…"고 한 것이나 "…신라에게 망한 남가라·탁기탄을 쳐서 빼앗아 도로 임나에 속하게 하고…"라고 기술한 내용도 사실은 520년대의사건을 거론한 것으로 볼 수 있다. 신라는 북진을 하기 위해 먼저 신라남부나 서부 등 가야권을 정리할 필요가 있었다. 이것을 550년대의 신라 확장책과 연결 지어 보면 탁기탄·남가라 등의 병합은 계획된 순서에 따른 정복전이자 장기 전략의 일환이었음을 알 수 있다.

6세기 중반으로 접어들면 가야 및 백제는 신라의 압박으로 몹시 시달리게 된다. 특히 554년(진흥왕 15) 백제 성왕이 옥천 관산성에서 전사하고 드디어 신라가 백제를 압도하여 주도권을 쥐면서 가야권의 사정은 크게 달라졌다. 그 이듬해(555)에는 신라가 "창녕 비사벌比斯伐[3]에 완산주完山主를 설치하였다"고 하였으니 창녕 비화가야가 통합된 것도 이 무렵으로 볼 수 있다. 이런 것들을 종합해 보면, 신라는 520~530년대에 주변의 자잘한 가야 소국을 정리하였고, 충북 옥천에서 백제와의 싸움을 앞두고 미리 창녕 비사벌을 병합함으로써 북진의 기틀을 마련한 것 같다.

그리고 다시 2년 뒤(557)에는 경북 상주의 사벌주沙伐州를 폐지하고 대신 감문주甘文州를 설치하였다. 그것은 아마도 현재의 김천~성주 일대에 대한 후속 조치였을 것으로 추정된다. 관산성에서 백제와의 전투가 있던 무렵엔 이미 신라가 그 진격로 상에 있는 감문주 일대를 수중에 넣은 것으로 이해할 수 있다. 옥천 지역까지 신라의 경계를 확장하고 북으로는 멀리 한성(서울) 지역을 장악하여 북한산주를 설치(557)하였고, 신라의 행정체계를 조정한 것도 이때였다. 아마도 신라가 550년대에 한성으로 진출하기에 앞서 553년경부터 555년 사이에 먼저 창녕 비화가야를 통합하여 낙동강 동편을 정리하였고, 감문주로 개편한 낙동강 건너 서북편 지역도 완전히 손에 넣었다가 북진에 성공하자 북한산주를 설치하면서 전국의 주州와 군을 다시 개편하였을 것이다.

그러면 본론으로 돌아가서 이제 탁기탄국을 어디로 봐야 할 것인가

••••••••••

3. 이것은 빗벌(=빛벌)의 신라식 향찰 표기로 봐야 한다. 빛벌을 한자로 의역한 지명이 창녕(昌寧)이다. 아울러 니사금(尼師今) 또한 닛금의 향찰표기이다. 師와 斯는 모두 지금의 '사이시옷'을 대신하여 사용한 글자이다. 比斯伐의 斯 역시 같은 용도로 사용되었다. 모두 신라향찰에 계보를 둔 것들이다.

의 문제가 남아 있다. 현재 탁기탄국을 창녕 영산으로 보는 설과 밀양으로 보는 견해가 있다. 창녕 영산으로 보는 이들은 법흥왕 11년(524)에 신라 남쪽 경계에 나가서 만난 가야국왕을 탁기탄국의 왕으로 이해하고 있는 것 같다. 고려해볼만한 견해이지만 창녕이 신라의 남쪽인지는 의문이다. 경주에서 바라보면 창녕은 서남쪽에 있다.

다음은 탁국啄國과 탁기탄국啄己呑國에 관한 문제이다. 일부에서 탁국과 탁기탄국을 같은 나라로 보는 이가 있어 가야사 이해에 심각한 혼란을 일으키고 있기에 한 마디 하지 않을 수 없다. 탁기탄국이 탁국의 다른 이름이라면 啄國탁국과 卓國탁국 그리고 啄己呑國탁기탄국이 한 나라에 대한 이칭이라는 얘기가 된다. 啄國과 卓國은 같은 나라로 볼 수 있다. 그렇지만 과연 탁국啄國과 탁기탄啄己呑을 같은 나라로 볼 수 있을까? 『일본서기』 흠명기 5년(544)의 기사 가운데 "탁국의 함파한기가 가라국에 두 마음을 품고 신라에 내응하여 가라는 밖으로부터 싸우게 되었고, 이 때문에 망했습니다.… 내응하지 못하게 했다면 탁국이 작아도 결코 망하지 않았을 것입니다. 탁순 역시 마찬가지입니다"라는 내용에서 탁국과 탁순을 명확하게 구분해서 쓰고 있다. 탁국·탁순국은 다른 나라임이 분명하다.

다음은 탁국과 탁기탄국의 문제이다. 탁국啄國과 탁기탄국啄己呑國은 다른 나라이다. 啄과 啄己呑은 이름도 다르지만 음운과 표기법이 아주 다르다. 표기법이 같지 않다면 다른 대상을 나타낸 것이고, 표기법과 음운·차용한 글자가 다르니 당연히 다른 나라이다. 그것은 같을 수 없고, 의미도 다르다. 탁국과 탁기탄국을 한 나라에 대한 이칭이라고 보는 데는 심각한 문제가 있다.

그것이 같은 이름이라고 보는 이들은 두 이름이 표기하고자 한 소릿값이 같은 것이라고 주장한다. 음운상으로 유사하다는 것이다. '닭'을

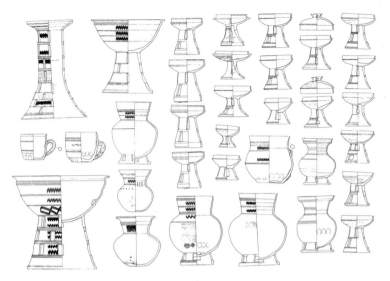

■ 김해 죽곡리 유적 출토 토기류

'달기' 또는 '탁'과 '닥'의 두 가지로 발음하므로 啄과 啄己탁기는 같은 표기라고 말하고 싶을 것이다. 고대 사회에서 啄은 梁(량, '도리'의 표기)이나 珍과 함께 모두 도리(돌)·독과 같은 소릿값을 적기 위한 차용자(향찰)로도 쓰였다. 한 예로 경산 압독押瀆을 압량押梁이라고 한 사실이 있으니 啄·梁을 도리·독·탁·탉·닭의 표기로 보려 할 것이다. 더구나 대구의 옛 이름 達句火달구화도 달구불의 한자표기로서 달구達句를 '달기(닭)'의 한자 표기로 볼 수 있으니, 이 경우의 탁啄 또는 량梁과 탁·탁기啄己를 모두 '달기'의 또 다른 표기로 볼 수도 있다고 주장할 것이다.

　물론 '닭'을 연철하면 '달기'이고, 이 경우 '기'를 己로 표기했을 수는 있다. 그 점에서 啄·卓이 啄己와 같다는 것까지는 인정해주기로 하자. 그렇게 되면 달구達句와 탁기啄己를 '닭(달기)'의 한자표기로 볼 수도 있을 테니까. 그런데 문제는 呑탄이다. 呑은 계곡이나 개울을 가리키는 말 '타니たに'를 표기한 것이다. 이것은 본래 고구려 및 부여계 말이다. 바로

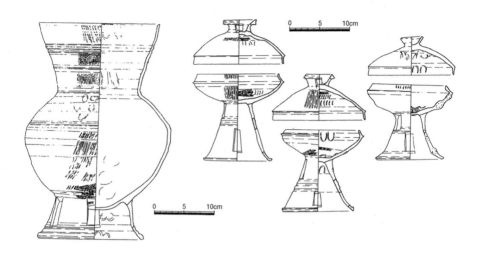

■ 김해 죽곡리 봉토분 2호(주곽 남단벽 출토유물)

이 글자 때문에 탁국과 탁기탄국을 같은 나라로 볼 수 없는 것이다. 탄 呑의 신라 대응어가 '실'이다. '여울'이나 내에 해당하는 말이다. 여우실· 버드실과 같은 개울 이름은 모두 신라어이다. 그러므로 탁기탄啄己呑을 신라어로 풀면 '닭이실'이 될 수는 있을 듯싶다. 그리고 만약 탁기탄啄己 呑의 啄 또는 啄己가 '닭'이나 '달기'(=탁)의 한자 표기였다면 탁기탄啄己呑 은 계탄鷄呑=계곡鷄谷이 되며 그것을 달리 표기하면 鷄灘계탄이나 鷄川계천 이 될 수 있다. 川천을 우리말 '내'라는 뜻으로 읽어서 鷄川계천 대신 鷄內 계내로 표기하였을 수도 있겠다. 그런데 고대사회에서 鷄를 통상 鳳봉으 로 인식하는 경우가 많았으므로 탁기탄啄己呑이 봉곡鳳谷이나 봉계鳳溪로 정착되었을 수도 있을 것 같다. 탁기탄국이 후일 봉계리·봉곡리·계곡 리·계탄리·계내리와 같은 지명으로 바뀌었을 가능성까지 폭넓게 열어 두고 주목해 봐야 하리라는 것이다.

그렇지만 이와 전혀 다른 시각에서 보면 어떨까? '탁기啄己'를 타케(た

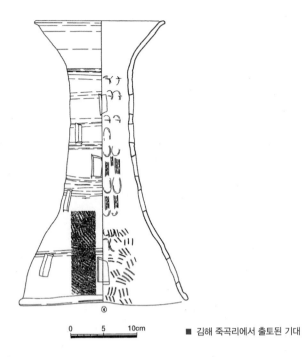

0　　5　　10cm

■ 김해 죽곡리에서 출토된 기대

け, 竹)의 표기로 이해해 볼 수도 있을 것이다. 가야권에서는 고대 일본
어를 꽤 사용한 흔적이 있는 만큼 탁기탄을 타케たけ와 타니(たに, 谷)의
합성어로 보면 방향이 달라질 수 있다. 이렇게 되면 '타케타니'는 竹谷
죽곡이란 의미를 갖는다. 이 경우 김해 죽곡리나 달성 죽곡리와 같은 곳
을 유의해 볼 필요가 있다. 결론부터 말하면 '탁기탄'을 '죽곡'으로 해석
하고 탁기탄국을 낙동강변 및 김해 주변에서 찾는 게 좋을 듯하다. 『일
본서기』(흠명 2년 4월)에 '탁기탄은 가라 내에 있으며, 신라와의 경계를 이
룬다.'[4]고 하였고, 임나가라가 구원할 힘이 없어 신라에 넘어갔다고 한
근거로 보면 탁기탄국은 이치상 김해 임나가라 본국의 방패막이 역할

··········
4. 其啄己呑居加羅與新羅境際…

을 하던 후국이었다고 판단된다. 그렇다면 낙동강을 사이에 두고 신라와 대치한 조건에서 김해 임나가라의 방파제 역할을 할 만한 곳은 진영과 한림면을 꼽을 수 있겠다. 현재까지의 발굴결과를 감안하면 김해시 진영읍 죽곡리를 그 대상지로 떠올려 볼 수 있다. 마침 이곳에서 나온 대단히 유용한 정보들이 있으니 이곳을 탁기탄국으로 보고자 한다. 2006~2007년 죽곡리에서 김해가야의 고분 120여 기를 발굴했는데, 이 고분군은 4세기 후반부터 6세기 전반까지 이 지역 수장층이 묻힌 것으로 판단하고 있다. 잘 알려져 있는 것처럼 김해의 주요 고분군으로는 양동리(중심시기 : 1~3세기), 대성동(3~4세기), 예안리(2~6세기)를 들 수 있다. 그런데 가야권이 5세기 초의 전란으로 소용돌이에 휘말린 직후로부터 5세기 내내, 그리고 6세기 전반까지도 죽곡리에는 무덤이 부단히 들어섰다. 총 120여 기의 무덤에서 1242점의 유물이 나왔는데, 이 중 토기는 722점(58%)이다. 김해가야 계통의 토기는 물론 함안·고성·창녕 그리고 신라(경주) 양식의 토기가 다 나왔다. 신라 양식의 토기는 5세기 이후 6세기 전기까지 다양한 기종이 출토되었다. 무덤 또한 5세기의 수혈식석곽묘에서 6세기 전기에는 신라의 횡구식석실묘로 전환된다.[5] 아마도 김해가야가 532년에 신라에 통합되기 직전인 520년대에 진영 일대를 중심으로 한 탁기탄국이 먼저 신라에 흡수되었을 여지가 충분히 있다. 김해가야의 북쪽, 낙동강을 사이에 두고 밀양 하남읍과 마주한 진영읍·한림면 일원이 신라로부터 임나가라의 일차방어선 역할을 하던 탁기탄국의 범위였을 수 있다.

　진영읍과 죽곡리 일대를 탁기탄국으로 보고자 하는 까닭은 은상감 환두대도를 비롯한 환두대도와 함안 안라국·창녕·고성 그리고 신라계

5. 『金海 竹谷里遺蹟 I −三韓·三國時代(下)』, 신용민·박광춘 外, 재단법인 동아세아문화재연구원·한국철도시설공단, 2009

토기들이 이곳에서 함께 나왔기 때문이다. 고배의 경우만 하더라도 함안·고성·창녕·신라 양식이 모두 나왔다. 가야시대 특히 김해·창원 지역엔 왜인과 가야인 사이의 혼혈인 가라꼬(韓子)가 상당히 많았다는『일본서기』의 내용을 감안해 보면 가야 지역에서 일본어를 많이 사용했으리란 짐작이 가능하다. 따라서 탁기탄을 '타케타니(竹谷)'의 표기로 보는 것은 문제가 없겠다.

죽곡리고분에서 나온 은상감환두대도(1점)·삼엽형환두대도(2점)·소문환두대도(2점)·대도(3점)·철검(2점)이라든가 철모·등자·행엽 및 기타 무기류의 출토 사례를 분석해 보면 이 지역의 집단에는 대략 4가지 신분층의 위계가 있었다고 한다. 그 규모나 무덤양식 등을 감안할 때, 이들은 김해 대성동 계층보다는 하위집단으로 판단할 수 있다.[6] 다시 말해서 임나가라의 배후 울타리 역할을 맡은 후국으로 볼만한 위치인 만큼 신라는 이곳을 먼저 취하여 교두보로 삼은 뒤, 김해가야를 정복한 것으로 유추해볼 수 있다.

그런데도 탁국啄國과 탁기탄국啄己呑國을 같은 나라로 보고 탁국(啄國, 啄己呑)을 합천 쌍책면의 성산리와 다라리에 있던 나라이며[7] 다라국多羅國은 합천읍 일대에 있던 나라로 보는 이가 있어 참고로 설명해야 할 것 같다. 향찰 표기에 반영된 음운이나 지명 등으로 보아 그와 같이 판단하는 것은 무리다. "강양군江陽郡은 본래 대량주군이었는데 경덕왕이 이름을 고쳤다. 지금(=고려)의 협주陝州이다"[8]라고 한 기록을 토대로 대량大

6. 『金海 竹谷里遺蹟 I -三韓·三國時代(下)』, 신용민·박광춘 外, 재단법인 동아세아문화재연구원·한국철도시설공단, 2009
7. 「啄國(啄己呑)의 위치와 역사에 대한 고찰」, 전덕재, 『韓國古代史研究』 61, p.261~298, 한국고대사학회, 2011년 3월
8. 『삼국사기』 잡지 제3, 지리 1, 康州條

良과 다라多羅를 같은 지명이라고 이해하는 것이다. 향찰로 보면 대량大良과 다라多羅는 같은 지명이다. 그런데 다라리의 마을 모양이 달처럼 생겨서 다라실 또는 월곡月谷으로 불렀고,[9] 합천 쌍책면 다라리는 바로 이 다라실의 흔적이 남은 지명이라고 보아 탁기탄을 다라리 일대로 본다는 주장이 제기되었다. 쌍책 다라리 일대를 본래 다라실 마을이었다고 보고, 이것을 대량大良과 연결 지어 합천읍에 갖다 대었다. 그러면서 현재의 합천읍에 다라국이 있었으며 다라리 일대엔 탁기탄국이 있었다고 했는데, 이것은 향찰에 대한 이해가 부족한 데서 나온 주장이다.

신라는 합천을 차지한 뒤 대량주大良州로 삼았다. 그러므로 앞에서 설명한 대로 多羅다라에서 大良대량이 나왔고, '다라'는 현재의 합천 쌍책 다라리·성산리 일대로 보는 게 옳다. 더구나 어떤 경우에도 탁기탄이 다라국일 수는 없다. 또 탁국은 탁국일 뿐, 탁기탄국도 아니다. 탁국·탁기탄국은 임나가라의 후국으로서 대략 6세기 1/4분기까지는 존속하였을 것으로 보인다.

사이기국은 합천 삼가의 가야 소국 명칭이다

사이기국이 합천 삼가에 있던 가야시대 임나가라 소국이었음은 『흉노인 김씨의 나라 가야』에서 충분히 설명하였다. 그런데 이에 대하여 반박하는 이들이 있어 중복되는 내용임에도 다시 한 번 설명을 보탠다. 특히 사이기국斯二岐國의 위치를 경남 의령군 부림면으로 보는 이들이 냉큼 받아들이지 못하고 있는 것 같다. 부림면의 삼국시대 지명이 신이현

9. 『한국지명총람』 10 경남·부산편, p.450, 한글학회, 1980

辛尒縣[10]이라는 사실에 주목한 견해이다. 일부이지만 신이辛尒는 곧 신이 新尒이고 이것은 신라어 사이·새이의 한자표기라고 이해한 이가 있다. 즉, 사이기국斯二岐國의 斯二사이를 辛尒신이로 기록한 것이라며 岐는 己나 支·只와 마찬가지로 지명어미라고 주장한다. 그렇지만 이런 주장을 내놓은 사람은 첫 단추를 잘못 꿰었다. 아주 묘한 함정에 걸려든 것이다. 그렇다면 한 가지 먼저 물어 보아야 할 게 있다. 辛尒신이를 新尒신이로 바꾼 근거는 무엇인가? 터무니없는 글자로 슬그머니 바꿔놓고 태연하게 같다고 주장한 것이 심각한 문제이다. 辛尒신이를 新尒신이라고 주장하는 이들은 『삼국사기』 지리지에 '辛尒를 朱烏村주오촌이라고도 한다'는 설명이 따로 부기되어 있는 것을 보지 못한 모양이다. 아마 그 기록을 보면 생각이 달라질 것이다. 朱烏라는 표기를 보면 가야 사람들은 辛尒를 가라이からい로 불렀을 것이라는 생각을 갖게 된다. 朱烏는 한자 뜻 그대로 보면 붉은 까마귀인데, 까마귀라는 뜻의 烏오는 일본어로 가라스からす이다. 烏에서 '가라'를 추출할 수 있다. 그것이 바로 辛尒를 '가라이'로 읽을 수 있는 근거이다. 오늘의 일본어에서도 辛い(からい, 카라이)는 '맵다'는 뜻이다. 그런데 어찌하여 이것을 新尒로 슬그머니 바꿔놓고 둘이 같다고 주장하는 것인가? 斯二를 한자 소릿값 '사이'로 읽고, 그것을 新尒로 치환한 것은 신라 향찰을 따른 것으로 볼 수 있다. 그렇지만 '辛尒=新尒'로 등치시켜 놓고 넉살 좋게 그것이 서로 같다고 하면 말이 되는가? 그렇게 되기를 바라는 마음이겠지만, 다른 것을 같다고 주장하는 것이니 심각한 잘못이다. 사이기국이나 가야 여러 나라 사람들이 사용한 언어 중에는 고대 일본어와 같은 말이 꽤 있었다. 앞에서 설명한 대로 新尒나 朱烏는 본래 가야인들의 향찰표기로 볼 수 있다. 향찰표기

• • • • • • • • • • •
10. 『삼국사기』 잡지 제3, 지리1, 康州 江陽郡 條

인 만큼 『삼국사기』 지리지의 辛尒와 朱鳥를 같은 것으로 보면 의외로 답은 간단하다.[11] 의령 부림면은 가야시대 '사비가라'로 불렸을 가능성이 아주 높다. 양산과 밀양을 신라시대 '사비시라'로 부른 예가 참고가 될 수 있겠다. 그러면 나머지 岐는 어떻게 처리할 것인가? '기'는 부여·백제어에서는 두 가지 뜻이 있었다. 성城이라는 뜻과 막대기나 나무를 의미하는 말인 '기[杵]'를 그 예로 들 수 있다. 여기에 '길'의 고대어 지 또는 '기'를 추가할 수 있다. 즉, 岐를 支나 只의 다른 표기로 보면 그것은 전혀 다른 뜻을 가질 수 있다.

그러면 사이기국은 어디일까? 합천 삼가이다. 『삼국사기』 지리지에 三岐縣삼기현은 본래 三支縣삼지현이었다고 하였다. 岐기를 支지와 같은 것으로 적었다. 이것은 향찰에서 岐와 支를 혼용하였음을 알려주는 사례이다. 이 지명에서 三은 셋이란 의미를 찾아 쓴 글자이고, 支는 고대어 '지'의 차음자이다. 여기서 '지'는 '질'의 고어이며, 지금의 길(路)이다. 『삼국사기』 지리지는 이 삼기현이란 지명에 대한 설명으로 뒤에 다시 '麻杖마장'이라고도 한다'고 부기해 놓아 이것이 향찰 해석에 중요한 기준을 제시해 주고 있다. '麻杖'은 '삼질'의 향찰표기이다. 여기서 '삼'을 麻로 표기한 것은 신라 향찰표기이며, '질杖'의 본래 의미는 막대기 또는 사람의 키를 뜻한다. 사람의 키만한 길이를 '한 질'이라고 한다. 이와 다른 시각에서 바라볼 필요도 있다. 杖장의 우리말 고어 '기'의 표기로도 이해할 수 있다. 막대기나 작대기의 '기'는 손에 쥘 수 있는 긴 물건(나무)을 뜻한다. 이 경우라면 麻杖의 소릿값은 '삼기'가 된다.

'삼기'란 소릿값과 함께 三支삼지로도 표기해 놓았으니 『삼국사기』 기록자는 삼기·삼지(삼질)를 모두 고려하여 이런 표기명을 남긴 것으로

<hr />

11. 한국과 일본의 고대어에서 '사비(さび)'는 붉다는 뜻으로 쓰였다.

볼 수 있다. 이렇게 두 가지로 적었으므로 둘 중 어느 하나의 지명만 기록했을 때보다 선명하게 이 지명의 뜻을 그려볼 수 있다. 이 지명을 남긴 사람은 그것으로도 충분치 않다고 생각했는지 岐와 支를 함께 표기하였다. 岐나 支는 소릿값 '기'와 함께 길路의 고대어 '지' 또는 '질'을 동시에 나타내기 위한 것이었다. 길을 한국과 일본의 고대사회에서는 똑같이 지ㄴ라고 하였다. 한국어에서 지ㄴ는 나중에 '질'로 변화하였으며 현대어에서 '길'이 되었다. 일본에서는 지금도 그대로 ㄴ지로 남았다. 그런데 麻杖이라는 표기를 남기던 때의 신라는 이미 길을 '질'이라는 소릿값으로도 쓰고 있었던 것이다. 三支縣삼지현이란 지명의 본래 의미는 삼로三路였다. 이것은 외부에서 합천 삼가로 연결되는 통로는 본래 세 길밖에 없음을 의미한다. 아마도 그것은 삼기라는 마을이 갖고 있는 지리 및 지형조건에서 비롯된 이름이라 하겠다. 그곳의 지명을 三支縣으로 바꾼 것은 8세기 신라 경덕왕 때이다. 麻杖은 본래 삼로三路의 뜻이고, 三岐縣삼기현은 본래 三支縣이었으니 그 뜻이 삼로였음은 분명하다. 신라어에서 셋을 '서이', 넷을 '너이'로 쓰는 전통에 따라 三을 '서이'로, 그리고 그것을 斯二로 표기한 것이며, 지(질, =길)의 뜻을 가진 한자 岐를 그 뒤에 붙여 斯二岐로 적은 것이다. 그러므로 사이기斯二岐는 부림이 아니라 합천 삼가三嘉이다. 다만 岐기는 근기나 支지, 只기로도 표기할 수 있다. "길路의 한국 고대어 '지ㄴ'와 斯二를 '셋'이라는 숫자의 신라어 방언 '서이(스이)'로 봐야 한다"는 점에 대해서는 이제 이론이 없을 줄 안다. 신라인들의 향찰 표기 방식으로 보아 사이기斯二岐를 합천 '삼가'로 해석해야 함은 너무도 분명한 것이다

8장

백제와 임나의 상호동맹 그리고 왜

백제와 임나는 상호동맹 관계였다!

5세기 중반 이전의 고성 지역 세력은 미미한 존재였다. 사람은 살았지만 인구는 적었고, 정치 구심점은 형성되어 있지 않았다. 5세기 이후 가야권의 세력은 함안과 고령 및 창녕·합천·동래 등지에 분산되어 있었다. 고령·합천(쌍책)·장수·남원에 새로운 수장 세력이 성장하는 가운데, 남쪽 함안에는 전통적인 세력으로 또 다른 축이 존속하였다. 이어서 5세기 후반이 되면 고성 또한 무시할 수 없는 신흥세력이었다. 고성은 544년 임나부흥회의에도 참석하였을 만큼 실력을 키우고 있었으며, 합천 다라국도 꽤 큰 세력으로 성장하였다. 6세기 초 고성이나 합천 그리고 장수나 남원 지역의 세력은 고령이나 함안 못지않았다. 사실 5세기 말~6세기 초의 가야권을 다 모으면 신라보다 월등한 국력을 갖고 있었다고 볼 수 있다. 그러나 6세기 초반 20~30년 동안 가야는 신라와 백제로부터 협공을 받으면서 급격히 쇠약해졌다. 다행히 백제와의 영역 다툼은 비교적 순조롭게 해결되어 530년대 이후 양측은 다시 가까워졌다. 장수·남원 지역은 가야가 차지하고 섬진강 서편의 여수·광양·곡성·구례 지역은 백제에 돌아가 국경분쟁은 종식되었으므로 백제와 가야 사이의 갈등은 그런 대로 봉합되었다. 그렇지만 이번엔 임나 본국이 멸망함으로써 힘이 빠진 임나가라는 급격히 쇠퇴일로의 길을 걸었다. 이 무렵의 임나는 마치 백제에 운명을 맡긴 것처럼 보인다. 그래서 말기의 가야는 완전히 그 운명을 백제에 위탁한 것으로 믿는 견해까지 나왔다. "3~4세기에는 대외적으로도 주도권을 김해가야가 갖고 있었으나 5세기 중엽에는 고령 중심의 대가야권으로 이동했다가 6세기에는 백제가 갖고 있었다"고 본 견해(박천수)는 이런 사정을 감안한 것이다. 그런데 여기서 문제가 되는 것은 6세기에 가야의 대외교섭 주도권을 백제가 갖고 있었다는 인식이다. 이러한 시각은 가야 말기의 상황을 제대로 반영하지 못한 것이다. 가야의 대외교섭 주도권을 6세기에 백제가 갖고 있었다는 인식은 그 자체가 잘못된 설정이다. 백제가 부여 사비성에서 임나회의를 개최한 사실만을 가지고 말기의 임나가라(가야권)가 백제에 부용하였고, 심지어 가야의 대외교섭권을 백제가 행사했다고 보는 주장은 쉽게 말해서 그 당시 임나가라의 정치·군사·외교권을 백제에 위탁했다는 이야기이다. 만약 그것이 사실이라면 백제는 가야권에 대해 일종의 '총독정치'와 같은 지배권을 가진 것이 된다. 임나가라가 그와 같은 부용체제에 있었다면 562년 대가야와 합천 다라국이 신라에 통합될 때 백제가 그 후견인으로서 가만히 있었겠는가? 고령 대가야성을 사다함과 이사부가 함락할 때 최종적으로 백제 군대가 개입하여 신라와 백제의 싸움으로 비화되었을 것이다. 그러나 그 싸움에 백제는 아무런 역할을 하지 않았다. 이 점만을 보더라도 '가야의 주도권을 6세기에 백제가 갖고 있었다'는 설정 자체가 잘못된 것이다. 물론 이런 견해는 사료에 대한 잘못된 이해에서 나왔다고 할 수 있다. 그러므로 이 문제를 해결하기 위해서는 임나부흥회의에 대한 새로운 이해가 필요한 것이다.

이 시기 가야의 '대외교섭 주도권'을 백제가 갖고 있었다는 주장은 지나친 비약이다. 대외교섭 주도권이라면 임나가라의 외교권인데, 그것을 백제에게 넘겨주었다면 임나가라가 이미 백제에 예속된 상태이다. 그것은 사실이 아니다. 가야권이 아무리 분열되어 있었다 해도 외교권을 백제에 위탁했다는 것이 말이 되겠는가. 그리고 가야권은 분열된 상태가 아니라 규모와 세력에 따라 차등은 있었으나 어느 정도 질서 있게 편제된 일종의 분권 구조였다. 고령·함안·합천·고성·남원 등 여러 지역에 세력이 분산되어 있는 가야 사회의 독특한 체제상 외교권을 타국에 양도할 수도 없었다. 임나 여러 소국은 각자가 어느 정도 자치권을 가진 정치 단위였다. 그들을 통제할 수 있는 것은 임나본국이었다. 임나 본국이 망한 뒤에도 임나가라의 외교권을 백제에 위탁한 적이 없다. 다만 임나 본국이 멸망한 뒤에는 임나 전체의 지배권을 가진 본국의 소멸에 따라 임나 소국들을 일원적으로 통제하는 주체가 없었다. 그런 상황에서도 임나가라 각 소국은 각기 군사·외교·경제권을 갖고 있었으며, 그들이 국권을 타국에 위임한 일은 상정할 수 없다. 임나가라가 독립적으로 존속했으니 백제와 임나 상호동맹으로 544년 관산성에서 백제와 임나의 군대가 신라와 싸울 수 있었던 것이다.

임나(가야)의 대외교섭 주도권이라는 것은 각 소국들을 구성원으로 하는 '하나의 가야'를 상정한 외교권을 뜻하는 개념일 텐데 그렇다면 그것은 임나가라 전체의 외교권이다. 그 당시 임나가라의 외교권을 백제에게 위탁한 적이 없다. 또 임나 본국을 대신하여 '가야연합 외교부'

와 같은 기구를 따로 둔 것도 아닌데, 임나 각 소국의 외교권을 몽땅 백제에 넘길 수 있었을까? 그렇다고 고령과 함안 어느 한쪽이 가야의 외교권이나 가야 전체의 주도권을 가졌던 적도 없다. 고성이라든가 함안에서 주도권을 쥔 적도 없고, 그들 또한 자신의 외교권을 백제에 위임한 적도 없다. 고령·함안·고성 등 임나 여러 나라가 사비성 임나부흥회의에 각기 참석한 것은 각자 독립된 정치 세력이었기 때문이다. 백제가 가야의 주도권을 가졌다고 보는 근거는 단지 541년과 544년 백제에서 열린 임나부흥회의에 가야의 대표들이 참석한 것이다. 544년의 임나부흥회의는 백제가 가야 여러 나라에게 세 차례의 요구 끝에 겨우 백제 사비성에서 이루어졌다. 543년 말 백제 성왕은 임나가라 여러 나라에 사신을 보내 회의에 응할 것을 요청했으나 처음엔 '설날 지나서 가겠다'고 핑계를 대었고,[1] 막상 정월이 되어서는 '제사가 있어 제사를 마치고 가겠다'[2]고 핑계를 대었다. 그 다음에는 '미천한 자를 보내어 임나부흥계획을 세울 수가 없었다'고 하였다.[3] 이런 식으로 세 차례 백제 성왕의 요청을 묵살한 끝에 임나부흥회의가 어렵게 이루어졌다. 그런데도 임나가라의 대외교섭 주도권을 백제가 가졌다거나 임나는 백제의 부용세력이었다는 등의 해석은 받아들일 수 없다. 가야 여러 나라의 외교권까지 백제가 위임받았다면 여러 차례 요청 끝에 마지못해 응하는 임나 소국의 태도가 있을 수 없고, 또 백제가 임나 소국들을 불러야 할 이유도

· · · · · · · · · · ·

1. 是月 乃遣施德高分 召任那執事與日本府執事 俱答言 過正旦而往聽焉(『일본서기』 흠명(欽明) 4년(543) 12월)
2. 흠명(欽明) 5년(544) 봄 정월 백제국이 사신을 보내 임나집사와 일본부집사를 불렀다. 그들이 모두 답하기를 제사 지낼 때가 되었으니 제사 지내고 가겠다고 대답하였다. (五年春正月 百濟國遣使 召任那執事與日本府執事 俱答言 祭神時到 祭了而往…(『일본서기』 흠명(欽明) 5년(544)])
3. …是月 百濟復遣使 召任那執事與日本府執事 日本府·任那 俱不遣執事而遣微者 由是 百濟不得俱謀建任那國(『일본서기』 흠명(欽明) 5년(544)]

없다. 당시 백제가 가야의 외교권을 갖고 있었다는 식의 이해는 인정하기 어렵다.

임나부흥회의라는 것도 사실은 신라에 대한 가야와 백제의 공동 대응책을 논의하기 위한 것이었다. 백제는 이미 6세기 초부터 남원·하동·진주로 세력을 확장하면서 가야권과 불편한 관계를 조성하였다. 그러므로 과거의 기억에 비춰 볼 때, 그 회의가 가야권의 입장에서는 썩 달갑지 않았을 수 있다. 겨우 성왕의 등장 이후 백제와의 영역 다툼으로 빚어진 그간의 갈등을 접고, 양측은 우호적인 관계로 전환하였다. 그렇다 하더라도 백제와 임나가라 여러 나라의 이해가 각기 달랐기 때문에 회의 소집에는 어려움이 있었을 것이다. 그리고 임나부흥회의 '소집'이라는 용어도 백제 측의 욕구가 반영된 말일 뿐, 정확한 표현이 아니다. 실제로는 임나·백제 동맹을 위한 국제회의 '요청'이었다고 할 수 있다. 임나가라는 임나 부흥을 위해 백제의 군사·경제적 지원을 기대했을 것이므로 임나가라 측에서는 더 많은 지원을 유도하기 위해서라도 마지못해 응하는 태도를 보였을 수 있다. 임나부흥회의가 백제의 거듭된 요청으로 이루어진 것을 보면 양측 회합의 필요성을 절실하게 느낀 쪽은 오히려 백제였다. 사비성 국제 회의의 실제 목적은 임나부흥보다는 가야권과 백제가 신라에 대한 공동대응책을 마련하기 위한 것이었고, 상호 동맹 조약 체결에 있었다고 할 수 있다. 신라에 빼앗긴 임나 본국을 백제가 무슨 수로 되찾아 다시 세운다고 성왕이 호언했겠는가? '임나부흥'은 임나 소국들을 모으기 위한 명분이었고, 속마음은 그저 임나와 백제의 협력관계 구축에 있었다고 하겠다.

성왕 초기에는 고구려가 백제의 북쪽 변경을 자주 공격하였고, 견디다 못한 백제는 성왕 16년(538) 부여로 도읍을 옮겼다. 이어 541년엔 신라에 사신을 보내 화친을 요청했고, 이 해에 가야권을 끌어안는 모양새를 취하였다. 가야는 가야대로, 백제는 백제대로 신라에 대비하여 분주한 모습을 보이고 있으나 고구려와 신라 사이에 끼인 백제는 더욱 절박하였다. 물론 백제와 임나(가야) 사이의 현안 문제도 따로 있었을 것이다. 부역과 군역·세금을 피해 임나의 여러 현읍縣邑으로 흘러들어간 백제인 반환문제라든가 임나와 백제 사이의 여러 가지 외교현안, 그리고 가야 측의 신라에 관한 정보교환 문제와 같은 것에 이르기까지 군사적인 협력 관계 말고도 다양한 문제에 대한 의견이 오고갔을 것이다.

『일본서기』 541년 4월 기사(앞장 예문 (D)]와 7월 기록을 통해 자연스럽게 이해하게 되겠지만, 아주 오래 전부터 백제와 임나 사이에는 상호동맹과 맹약이 있었다. 그것을 『일본서기』 흠명欽明 2년(541) 7월 기사에는 '화친을 맺고 형제가 되었다'든가 성왕의 선조와 임나의 '한기旱岐'들이 맺은 '화친의 글(和親之詞)'과 같은 내용이 나온다. 또 4월 기사에는 "근초고왕·근구수왕 시대에 안라·가라·탁순의 한기 등이 처음 사신을 보내어 서로 결호를 맺고 자제가 되었다"며 백제와 임나의 관계를 상호동맹이란 의미에서 상맹相盟으로 표현하고 있으며, 백제의 사신이 임나에 가서 임나 재건을 계속 도모한 사실을 알 수 있다. 더구나 『일본서기』 흠명 5년(544) 7월 조에는 백제 성왕이 "만약 임나가 멸망하면 신의 나라(백제)가 외롭고 위태롭게 된다"[4]고 하였다. 또 흠명 4년(543) 겨울 11월 조에서 "마땅히 임나를 세워야 한다고 말한 지 10여 년이나 되었다"고 한 것이라든가 "임나는 너희 나라의 동량"(…且任那者爲爾國之棟樑…)이라고 한 것을 볼 때 백제가 임나 재건 문제를 얼마나 절박한 사안으로 인식했는지를 가늠해볼 수 있다. 수십 년 전에 신라에게 망한 남가라·탁기탄·탁국과 같은 임나 소국들을 되찾고, 10여 년 전에 망

---

4. …乃恐 任那由玆永滅 任那若滅 臣國孤危…

한 임나 본국을 재건하는 일을 임나와 백제의 당면문제라고 성왕은 인식하고 있었다. 그래서 『일본서기』 흠명 2년(541) 7월 조에 "남가라·탁기탄을 세우는 일이 수십 년 된 일인데도 신라는 한 번도 그 명령을 듣지 않고 있음을 경들 역시 잘 아는 바"[5]라고 하였다. 백제가 임나 재건에 적극적이었던 것은 임나를 방패막이로 삼아 신라로부터 백제의 안전을 지켜야 했기 때문이다. 나아가 성왕은 임나를 순망치한의 관계로 인식하고 있었으므로 오래 전 양측이 맺었던 우호교린과 상호동맹의 문서(和親之詞)까지 거론한 것이다. 임나 못지않게 백제도 절박한 상황이었던 것이다. 백제 측의 절박한 심경은 "북쪽의 적은 강대하고 우리나라는 미약하니 만약 남한에 군령·성주를 두어 성을 수리하고 방비를 하지 않으면 이 강적(=고구려)을 막을 수도 없고 신라를 제어하지도 못하므로 마땅히 그것들을 두어 신라를 공격하여 핍박하고 임나가 존속할 수 있게 위무해야 한다"는 책략을 성왕이 말하고 있는 데서 잘 알 수 있다. 고구려(북적)와 신라를 견제하기 위한 방편으로 임나 재건의 필요성을 백제 성왕이 절감하고 있었던 것이다.[6] 이런 몇 가지 사례만을 보더라도 그 당시 임나가 백제에 부용한 세력이었다거나 임나의 외교권을 백제가 행사했다는 등의 주장은 황당한 것임을 알 수 있을 것이다.

가야 말기에 가야의 대외교섭 주도권을 백제가 갖고 있었다고 보는 시각은 임나부흥회의를 부여에서 성왕이 주재하는 것으로 그린 『일본서기』 흠명기 23년(544)의 기록을 토대로 제기되었다. 부여에서 열렸으니 백제가 주도한 것이며, 회의의 주도권을 백제가 가졌다고 본 것이다. 그러나 고령이라든가 함안 및 고성은 임나부흥회의 당사자이다.

----

5. …勸立南加羅 喙己呑 非但數十年 而新羅一不聽命 亦卿所知…

6. …北敵强大 我國微弱 若不置南韓郡領城主修理防護 不可以禦此强敵 亦不可以制新羅 故猶置之攻逼新羅 撫存任那…[『일본서기』흠명 5년 11월]

비록 약소국이라 해도 고령과 함안·고성을 비롯한 임나 여러 나라는 동등한 자격으로 참석하였다. 각기 자신들의 외교권을 백제에 위임하였다면 그들은 굳이 먼 사비성까지 가서 회의에 참석할 필요가 없다. 위임했는데 참석했다면 참관인의 자격이었을 텐데, 단지 참관만을 위해 임나 소국의 대표가 부여까지 갔겠는가? 임나 소국이 참석하였으니 위임하지 않은 것이다. 외교권은 물론 임나가라의 국권을 백제에 위탁하지 않았는데 그것을 백제가 가질 수는 없다. 그렇다고 백제가 그것을 한시적으로 대신 행사한 것으로 볼 수도 없다.

『일본서기』에는 임나부흥회의가 성왕 주도로 이루어진 것처럼 그려져 있지만 그것은 어디까지나 백제 측의 기록이었기 때문이다. 안라 고당회의도 일종의 임나부흥회의였는데, 거기엔 안라국 주도로 회의가 이루어진 것처럼 그리고 있지 않은가. 회의 개최국 입장에서 표현한 기사에 기준을 두면 그 주체가 되는 임나(임나가라)는 배제되거나 임나의 입장이 약화되어 마치 백제에 끌려다니는 것처럼 이해하기 쉽다. 백제가 이 회의를 위해 임나 여러 소국의 참석을 세 차례에 걸쳐 집요하게 요청한 데에는 그만한 이유가 있었다고 보아야 한다. 사비성 회의는 백제 성왕이 옥천 관산성 전투를 벌인 554년으로부터 10년 전에 있었던 일이다. 가야권 임나 소국들이 참여하여 그들 모두로부터 합의를 이끌어내기 위한 것이었다면 신라를 대상으로 한 연합세력 구축에 목적이 있는 것이고, '상맹相盟'이라는 용어에서 그 분명한 단서를 찾을 수 있다. 어떤 경우에든 가야의 외교권을 백제가 행사했다고 볼 수 없고, 회의의 주도권을 백제가 가졌다고 볼 근거가 없다. 신라를 공동의 적으로 간주하고, 백제와 임나가 회의를 가졌는데 그 주도권이 백제에 있다고 이해하는 것은 문제가 있다. 임나 관련 기록 전체를 놓고 보지 않고, 일부 기록만 따로 떼어 생각하다 보니 그렇게 판단했을 것이다.

이를테면 흠명 5년(544) 11월 기사에 임나의 한기旱岐 등이 백제 성왕에게 '무릇 임나를 (다시) 세우는 일은 오직 대왕에게 달려 있습니다'[7]라고 말한 내용을 예로 들 수 있다. 왜·백제·임나·신라의 당시 사정을 고려하지 않고 이 내용만을 보면 마치 임나 재건을 백제에 애걸하는 상황으로 이해할 수 있다. 임나부흥회의가 가야권의 단결을 유도하고, 백제가 가야와 연합하여 신라에 대응하고자 한 것이었다면 그 회의를 백제 주도의 임나부흥회의라고 할 수 없다. 그 당시 백제로 망명한 어느 임나 소국의 주요 인사들이 그곳에서 임나 부흥을 도모하였을 수는 있다. 임나 본국이 신라에게 통합될 때 주요 인물 일부가 백제로 망명하였고, 거기서 임나부흥 문제를 논의하면서 임나가라 부흥에 필요한 지원을 백제에 부탁한 마당이었기에 이를 기회로 백제는 임나가라와 임나부흥 문제를 의논했을 것으로 보는 것이 오히려 순리에 맞는다. 임나 부흥을 꿈꾼 가야권의 지도층 인사가 백제 왕과 지배층에게 경제·군사적 지원을 요청했거나 회의 소집을 부탁했을 수는 있다. 백제는 가야권을 친백제 세력으로 묶어 둠으로써 신라를 견제하는 지렛대로 이용할 수 있었으므로 그 방편으로 임나부흥회의를 주재한 것으로 볼 수 있을 것이다. 임나부흥회의에 참석하기 위해 사비성으로 간 임나 각 소국의 대표들을 『일본서기』 544년(흠명 5년) 11월 기사에 "안라(2인)·가라(2인)·졸마·사이기·산반해·다라·자타·구차의 임나8국 대표 10명이 백제로 거듭 달려갔다"[8]고 적고 있어서 마치 임나 대표들은 기다렸다는 듯이 곧바로 달려간 것처럼 그렸다. 그렇지만 『일본서기』의 기록이 백제 측

7. …任那旱岐等曰 夫建任那國 唯在大王…

8. 十一月 百濟遣使 召日本府臣 任那執事曰 遣朝天皇 奈率得文 許勢奈率奇麻 物部奈率奇非等 還自日本 今日本府臣及任那國執事 宜來聽勅 同議任那 日本吉備臣 安羅下旱岐大不孫 久取柔利 加羅上首位古殿奚 卒麻君 斯二岐君 散半奚君兒 多羅二首位訖乾智 子他旱岐 久嵯旱岐 仍赴百濟…

의 기록만을 토대로 한 것이고, 그것도 천황을 중심에 놓고 서술하였으므로 사실과 다른 부분이 많다. 이 회의가 있고 나서 10년 뒤에 백제 성왕이 관산성 전투에서 가라加良(실제로는 임나가라 연합군)의 도움을 받는 것을 보더라도 임나보다 백제가 신라의 침입에 국력을 다 걸어야 할 만큼 절박했다고 하겠다. 아마도 그것은 백제와 임나의 체제가 다른 것과도 무관하지 않았던 듯하다. 임나가라는 544년 당시까지도 최소 8개의 소국이 남아 있었으므로 신라로서도 단번에 정복하기는 어려웠을 것이다. 따라서 신라는 백제와 임나 사이에 틈을 벌리고 백제를 쳐서 약화시키는 전략을 쓴 것으로 볼 수 있다.

일본의 자료를 보면, 백제 말기에 백제에서 활동한 김씨들이 더러 보이는데, 그들은 아마도 5세기 초 이후 또는 6세기 초반에 김해에서 망명한 이들의 후예이거나 가야권에서 피신한 사람들이었을 수 있다. 바로 이런 사람들이 백제 내의 가야 조력자들이었다고 짐작할 수 있다. 가야 말기의 사정으로 미루어 임나부흥을 위해 발 벗고 움직인 이들이 백제에 꽤 있었을 것이다. 그렇다면 그들은 '백제 체류 가야 교포'이고, 이들이 백제와 임나 사이의 조정자였다고 할 수 있다. 백제·임나 대표들이 부여에서 회의를 갖고, 과거 근초고왕 때부터 내려온 양측의 상호 동맹 관계를 재확인하고 신라에 대한 공동 대응책으로써 군사·외교·정치·경제 전반에 대한 현안 문제를 논의하였을 것이다. 이때 가장 중요한 것은 양측의 군사동맹이었을 것이며, 이 문제만을 따로 떼어내 임나 측 대표들이 '안라·가라 왕에게 알리고 확답을 내놓겠다'고 성왕에게 대답한 것으로 추정해볼 수 있다. 이런 사정이라면 결코 임나 측이 백제에게 회의 주도권이나 외교권을 위임했다고 볼 수 없다. '주도권'이라는 개념은 더욱 문제이다. 선택권은 오히려 가야에 있었다. 신라와 백제를 두고 어느 쪽을 택할지 고르는 마당인데, 주도권이 백제에 있을 수는 없다. 백제가 주도적 위치에 있지 않았고, 544년에 상호동맹 합의가 이루어졌으니 그 다음 임나회의는 없었을 것이다. 더구나 백제와 임나 사이에는 화친과 상호동맹의 오랜 전통이 있었고, 백제 성왕과 임나가 상호동맹 관계를 맺었으니 '백제·임나가라 대신라 대책회의'는 더 이상 필요 없었던 것이다. 필요할 때 서로 돕는 긴밀한 관계가 마련되었을 것이니 아마도 백제·가라 연합전선은 오랜 진통을 겪고 어렵게 성사된 것 같다. 553년 신라가 경기도 광주에 신주新州를 설치하자 3개월 뒤 성왕은 딸을 신라에 시집보냈고, 이듬해 옥천 관산성을 치다가 전사하였다. 이때 백제가 '가라'와 함께 신라를 상대로 싸운 것을 보면 544년 양측의 모임을 통해 성사된 백제·가라 연합에 따라 임나 군대가 출정한 것이라고 이해할 수 있다.[9]

　다음으로, 사비성에서의 임나부흥회의 때 거론된 "가라·안라…등" 8국 가운데 '가라'는 대가야로 봐야 할 것이다. 544년 임나부흥회의에서 백제 성왕이 임나부흥을 위한 세 가지 계책을 일러주고 빨리 응할 것을 요청하자 임나가라의 사신들이 "안라와 가라의 왕에게 여쭤 보고 결정하겠다"고 대답한 것을 보면 그 당시 가야권의 주도권을 쥔 양대 세력은 함안과 고령이었으며 이 기사 속의 '가라'는 고령으로 볼 수밖에 없다. 이 사실로 미루어 보면 임나가라 본국이 멸망한 532년 이후엔 고령이 가야 북부권에서의 주도권을 가졌으리라고 추정해볼 수 있다. 사비성 임나부흥회의에 간 임나소국은 안라·가라·졸마(거창)·사이기(삼가)·산반해·다라(쌍책)·자타(진주)·구차(고성)의 8국이다. 임나가라 소국

• • • • • • • • • •
9. 544년 당시 임나 측도 절박했으므로 백제와의 외교·군사 분야 상호동맹을 맺은 것으로 볼 수 있다. 이 때의 동맹을 바탕으로 옥천 관산성 싸움에 지원한 가라(加良) 군대를 임나가라 전체의 군대로 보았다. 이것은 이해하기 쉽게 '임나가라 연합군'으로 설명하였다. 임나 본국이 멸망한 뒤ㅣ이므로 임나 소국들의 군대를 총칭하는 개념이다.

들이 부흥회의에 참석은 하였으되 정작 중요한 결정권을 안라·가라의 왕에게 미루는 상황을 보면 고령과 함안이 그리 만만한 상대는 아니었던 것 같다. 더구나 안라와 고령을 포함하여 임나10국 중 8국이 참석하였는데, 이 회의에서 다룬 의제를 어찌하여 그 자리에서 바로 결정하지 못했겠는가. 임나 대표들이 안라·가라국왕에게 물어보고 (그의 뜻을 따라) 결정하겠다고 말한 것으로 보아 무엇인가 중요한 사안에 대한 결정을 함안과 고령에게 미룬 것이다. 물론 안라·고령의 대표가 귀국하여 자기네 왕에게 물어보고 결정사항을 통보하는 것은 당연한 절차이다. 그렇다고 해서 그때 만약 고령과 함안이 임나의 모든 일을 주도했다면 8국의 대표가 사비성에 갈 이유도 없고, 안라·가라 왕에게 물어보고 결정하겠다는 식의 표현도 있을 수 없다. 고령과 함안의 대표가 그 자리에서 결정을 미루었으므로 고령 및 함안 왕의 결정에 따라 그 문제를 매듭지을 수도 있는 것 아닌가. 임나가라에서 가장 큰 양대세력이 고령과 함안이었고, 당시 회의에서 거론된 현안문제는 고령과 함안 왕의 결정에 달려 있는 중요한 사안이었을 것이다.

당시 사비성 임나·백제 회의에서 결정하고자 했던 것은 무엇보다도 군사 문제였을 것이다. 이를테면 임나연합군의 구성에 관한 것이었기에 고령과 함안의 결정이 그만큼 중요하였을 것이다. 그렇다면 관산성 싸움에 참여한 가라加良는 당연히 임나가라 전체를 의미하는 개념으로 보아야 한다. 백제 성왕은 임나 본국 멸망 후 10여 년이 넘도록 임나 재건을 공공연히 거론하였다. 성왕이 말한 임나는 '임나본국'이었다. 그는 임나 본국을 다시 세워 임나가라 전체의 결속과 강화를 주장하였다. 성왕의 임나부흥 제안에 어렵게 임나 소국이 응함으로써 임·제동맹이 결성되었고, 그것을 바탕으로 백제는 관산성에서 가라(加良) 군대와 함께 신라의 침입에 공동으로 대응하였다. 그렇다면 이 때 참여한 임나 군대는 고령만의 군대일 수 없다. 임나가라 전체 군대로 봐야 한다. 고령 대가야(가라)는 물론 각 소국들이 모두 참여한 '임나가라' 연합군으로 봐야 그 당시의 실상에 근접할 것이란 얘기다.

물론 그렇다고 해서 5세기 중엽 이후 다른 나라와 교섭하는데 고령이 주도적인 위치에 있었고 볼 수도 없다. 함안 안라국도 줄곧 고령 못지 않은 실력을 행사하고 있었고, 합천 다라국도 만만치 않은 세력이었다. 고령이 주도적이었다고 하는 주장은 통상 고령을 '대가야'로 불러온 점을 토대로 한 것이다. 5세기 초 김해의 몰락 그리고 신흥세력으로서 고령이 새롭게 부상한 것을 근거로 한 견해인데, 이런 주장이 나오게 된 배경은 김해엔 왕릉으로 볼만한 고총고분이 없고, 고령과 동래엔 대형 고분이 많은 데 있었다.

3세기 중반 이전엔 함안 안라국과 김해 두 세력이 가장 강력한 나라였으며, 이들이 가야의 주도권을 나누어 갖고 있었다. 5세기 전반부터는 고령이 새로운 세력으로 부상한 것은 사실이지만 그것만으로 고령이 가야권에서 주도적인 위치에 있었다고 확언하기는 어렵다. 5세기 후반~6세기 초에는 합천 옥전(다라국)·남원 등도 그에 버금가는 세력이었다. 고령 이상의 정치 세력인 함안도 있었다. 다만 532년 이후의 '가라'는 고령으로 볼 수 있지만, 그것만을 가지고 고령이 임나가라의 주도적 위치에 있었다고 말하기엔 증거가 부족하다. 그런데도 '대가야'라는 이름으로 말미암아 가야권을 주도하는 세력은 고령이었다고 믿어왔고, 또 그렇게 믿고 싶은 것이다. 설령 고령의 세력이 그 영역과 영향력에서 가장 컸다 해도 고령이 가라의 전부는 아니었다. 다만 우륵12곡 작곡을 비롯하여 고령 중심으로 가야권이 통합되기를 바라며 많은 노력을 기울인 대가야의 흔적을 읽을 수는 있다.

임나 재건 그리고 임나와 관련된 몇 가지 문제들

6세기 중엽, 한강이남 지역에서 신라에 대응해야 했던 백제와 가야 사이에 가장 큰 화두는 임나 재건이었다. 특히 백제 성왕에게 임나는 특별한 대상이었다. 섬진강과 금강 두 수계의 인접 지역 가운데 영남과 왜로 가는 요로要路와 거점이 백제에게는 절실하였지만, 그와 동시에 가야의 정권을 안정시켜 가야·왜·백제의 공동전선을 구축하는 일이 무엇보다도 시급하였다. 고구려·신라와 대치하며 생존을 모색해야 했던 140여 년 전의 사정과 달라진 점이 없었던 것이다. 그래서 성왕은 재위 기간(523~553) 내내 임나(가야) 재건을 위해 꽤 많은 공을 들였다. 성왕 이전의 무령왕 시대 백제-가야 관계는 그리 좋지 않았다.

무령왕 즉위 중반 이후 반파국이 백제와 격렬하게 다툰 끝에 기문·대사·다사진이 백제에 넘어가면서 양측의 감정이 악화되었으나 성왕이 즉위하면서 백제와 가야는 다시 예전처럼 '화친'으로 방향을 바꾸었다. 특히 김해의 임나 본국이 신라에 흡수된 뒤의 상황을 성왕은 매우 위태로운 정국으로 이해하고 가야에 우호적으로 접근하였다. 그는 '가야가 망하면 백제가 외롭고 위태로워진다'는 생각을 갖고 있었고, 백제·가야의 연합전선을 구축하는 것이 신라와 북쪽 고구려를 막을 수 있는 유일한 길이라고 인식하였다. 그리고 그것을 가야의 임나 소국 대표들에게 충분히 설명하고 강조하였다. 기록에는 532년 임나 본국 멸망 직후부터 성왕은 '임나 재건'을 양국의 최우선 정책 목표로 삼은 것으로 되어 있다. 남아 있는 기록은 백제 측의 자료 뿐이고, 임나 측의 기록은 없으므로 지금까지 대부분의 연구에서는 임나 재건 문제를 성왕이 적극적으로 추진한 것처럼 이해하고 있다. 그러나 만약 임나 측의 자료도 남아 있었다면 평가는 달라졌을 것이다. 이 문제에 대해서는 그 정도로 해두고, 여기서는 백제와 임나의 관계를 알아보기 위해 먼저 『일본서기』흠명欽明 4년(543) 11월 8일 기록을 보자.

"543년 11월 (천황은) 쯔모리노무라지(津守連)를 보내 백제에 명령하여 '임나의 하한下韓에 있는 백제의 군령 성주를 일본부에 귀속하라'고 하였다. 아울러 조서를 가지고 가게 하여 '그대는 여러 번 표문을 올려 마땅히 임나를 세워야 한다고 말한 지 10여 년이 되었다. 말은 그렇지만 아직도 이루지 못하였다. 임나는 그대 나라의 동량이다. 만일 동량이 부러지면 어떻게 집을 지을 것인가. 짐이 생각하는 바가 바로 여기에 있다. 그대는 빨리 세우라.'(고 하였다)."[10]

이 기록은 일본 천황에게 표문을 올려 그로부터 명령을 듣는 형식을 취하고 있다. 하지만 이것은 백제의 자료를 가져다가 왜인들이 각색한 것이므로 액면 그대로 받아들이면 안 된다. 670년 왜에서 일본으로 국호를 고치고 나서 50년이 지난 720년에 『일본서기』를 편찬하면서 일본·천황·천황의 사신과 같은 것들을 추가하여 원래의 사료를 왜곡하였기 때문이다. 따라서 일본 천황이나 천황의 사신, 그리고 일본부와 같은 것들을 배제하고 이해해야 한다. 위 기록에서 핵심이 되는 내용은 ①임나(가야)를 다시 세워야 한다고 한 지 10여 년이 되었으나 아직도 재건하지 못했으며 ②임나는 백제의 동량에 해당한다고 한 것이다. 백제의 입장에서 임나는 귀찮은 이웃이 아니라 백제 방어를 위해 중요한 보루인 만큼 임나를 다시 세워야 하며, 그것은 백제의 국가적 목표이기도 하다고 성왕은 강조한 것이다. 543년 음력 11월 초의 초

• • • • • • • • • • •
10. 冬十一月丁亥朔甲午 遣津守連 詔百濟曰 在任那之下韓 百濟郡令城主 宜附日本府 幷持詔書 宣曰 爾屢抗表 稱當建任那 十餘年矣 表奏如此 尚未成之 且夫任那者爲爾國之棟梁 如折棟梁 詎成屋宇 朕念在玆 爾須早建 汝若早建任那[흠명 4년(543) 11월 8일]

겨울 시점에서 10여 년을 거슬러 올라가면 가장 큰 역사적 사건은 532년 김해의 임나 본국이 멸망한 것이다. 위 기록을 통해서 임나 본국이 멸망한 직후부터 백제에서 임나 부흥에 관한 논의가 줄곧 있었음을 알 수 있다. 임나 본국의 멸망과 함께 임나에서 백제로 망명한 인사들도 적지 않았을 것이고, 그들과 더불어 백제의 친임나파 인사들이 중심이 되어 임나재건 논의를 하였을 것이다. 더구나 『일본서기』 흠명欽明 5년(544) 2월 조에는 '임나집사를 불러서 임나의 정치를 의논하였다'[11]는 내용도 있고, '임나집사와 국국國國 한기 등을 불러 함께 (임나 재건 문제를) 계획함이 마땅하다'[12]고 한 구절도 있으니 임나 본국 멸망 직후부터 백제와 임나 양측에서 임나 재건 논의가 있었던 것은 분명하다.

임나 본국의 멸망 이전, 그러니까 520년대부터 이미 탁기탄·남가라·탁순국·탁국 등이 신라에 넘어갔으므로 그들 임나 소국을 되찾고, 임나 본국도 다시 세운다는 명분을 내세우며 성왕은 가야 소국의 수장들을 사비성에 모이도록 요청하였다. 성왕의 꾸준한 설득 끝에 어렵사리 사비성에서 임나부흥회의를 가졌는데, 그 자리에서 성왕은 자신의 의중을 아주 솔직하게 밝혔다. "천황이 조칙으로 남가라·탁기탄을 세우라고 권한 것이 수십 년이 되었건만 신라는 한 번도 그 명을 듣지 않았음을 경들도 아는 바라"[13]고 하였고, "신라에게 빼앗긴 남가라·탁기탄 등을 되찾아 원래대로 임나에 되돌리고 백제와 임나는 예전처럼 영원히 부모형제의 관계를 회복해야 한다"[14]고 강조하였다. 이런 의지는 성왕 혼

• • • • • • • • • • •

11. 故將欲共日本府 任那執事 議政任那之政
12. 今宜召任那執事 國國旱岐等 俱謀同訃[흠명(欽明) 4년 12월]
13. 天皇詔勅 勸立南加羅喙己呑 非但數十年 而新羅一不聽命 亦卿所知[흠명 2년(541) 가을 7월]
14. 敬順天皇詔勅之詞 拔取新羅所折之國南加羅喙己呑等 還屬本貫 遷實任那 永作父兄[흠명 2년 가을 7월]

영원한 제국 '가야'

자만의 신념이었다기보다는 백제와 가야 양측의 이해와 합의가 전제된 결정이었던 것이다. 임나 재건 관련 기록에서 주목되는 사실 하나는 수시로 임나집사執事를 부르는 점이다. 임나집사라 하였으니 그는 임나의 일을 주관하는 위치에 있는 사람이었음이 분명하다. 그가 백제로 망명한 임나 본국의 귀족으로서 임나 망명정부 관리였는지, 임나 관련업무를 맡은 백제 측의 실무자였는지는 알 수 없다. 다만 성왕이 수시로 부른 정황을 보면 그 임나집사는 임나 본국의 멸망과 함께 백제로 피신하여 사비성에 머문 사람이 아니었을까? 신라에 투항한 구형왕과 달리 김해 왕가의 인물 가운데 비중 있는 누군가가 백제로 망명하여 성왕과 백제의 귀족들을 통해서 '임나 재건'을 위한 여러 가지 노력을 하였을 것이다. 임나 본국의 멸망을 지켜보았고, 그 이후 줄곧 신라와 고구려에 대한 경계심을 가져온 성왕으로서는 임나부흥 세력이라든가 왜를 비롯한 여러 세력을 규합하여 신라에 대항할 필요가 있었다. 궁극적으로 백제·임나 연합이 상생의 길임을 성왕은 누구보다 잘 간파하고 있었고, 그 점에 대해서는 임나 소국들도 어느 정도 공감하고 있었던 것 같다.

신라가 계속 압박해오는 상황에서 임나로서도 백제 측의 임나재건 제안은 대단히 반가운 일이었을 것이다. 임나8국의 대표들이 사비성에 간 배경에는 임나재건과 백제 측의 도움이 필요하다는 절박한 상황인식이 있었을 것이다. 양측의 이런 관계를 잘 설명하는 것이 『일본서기』 흠명 2년(541) 4월 기록에 보이는 '相盟상맹'이다. 이 '상맹'이라는 용어로써 임나재건은 백제 성왕 혼자만의 짝사랑이나 성왕의 주도로 이루어진 것이 아니라 양측의 의지와 합의에서 나온 것임을 알 수 있다. 6세기 중반 한강 이남에서의 세력 구도는 백제와 임나가 상호동맹의 관계로 갈 수밖에 없는 상황이 되어버렸던 것이다. 이런 시대적 흐름 속에서 백제 성왕은 임나와의 상호동맹을 적극적으로 추진하였고, 그 중요성을 임나 소국의 수장들에게 설득하였다. 임나 소국의 수장들을 설득하는 데는 어려움이 있었으나 결국 양측의 상호동맹은 성립되었으며, 그 결과 사비성회의가 이루어졌다. 양측의 이런 움직임을 비교적 소상하게 알려주는 기록이 『일본서기』이다. 그런데 6세기 초 이후 백제와 임나의 기록에 난데없이 임나일본부가 등장하는 것이 문제이다.

임나일본부는 백제 역사기록을 조작한 허구

가야 및 임나와 관련해서 임나일본부任那日本府 문제를 거론하지 않을 수 없기에 간단히 정리하고 넘어가야겠다. 6세기 초부터 가야 멸망 직후까지 『일본서기』(720년 편찬)의 백제 및 임나 관련 기사에는 임나일본부 또는 일본부日本府라는 명칭이 등장한다. 『일본서기』의 거의 모든 기사가 그러하듯이 임나와 백제 관련 사건 기사에는 일본의 천황이 조서(칙서)로 명령을 내리고 임나와 백제를 왜가 직접 통치하는 것으로 그려져 있다. 임나의 직접 지배자, 다시 말해서 천황으로부터 통치권을 부여받은 대리인이 임나일본부로 표현되어 있으며, 백제와 임나 사이를 이어주는 역할을 하는 인물도 왜인 또는 백제인으로 등장한다. 백제·임나가 일본 천황의 지배권에 들어 있는 것으로 기술되어 있는 것이다. 이것이 '일본이 고대 한반도 남부를 지배했었다'는 이른바 남선경영론南鮮經營論의 근간이 되어 지난 한 세기 가량 일본인들이 한국고대사의 한 부분을 왜곡하는 단골메뉴가 되었다.

1868년 메이지유신 이후 사이고 타카모리(西鄉隆盛)의 정한론征韓論을 지지하며 한일강제병합을 주도한 자들에게 임나일본부는 식민지배의 정당성을 지켜준 이론적 토대가 되었다. '임나는 김해 임나가라를 중심으로 하여 4세기 중반 이후부터 6세기 중반 가야 멸망기까지 약 2백여 년 동안 백제·신라·임나를 하나로 묶어 고구려에 대항하기 위한 것이었다[15]거나 '임나 지역은 4세기 후반부터 일본 천황의 직할지로 편입되었으므로 이를 관리하기 위해 일본부를 설치하였고, 천황의 명령을 받은 자가 임나를 대리통치하였다' 또는 '562년 신라가 임나를 장악할 때까지 한국 남부권을 일본이 통치했었다'는 주장이 바로 남선경영론의 핵심이다. 이런 과거가 있으니 한국이 다시 일본의 지배를 받는 것은 당연하다는 논리의 근거로 삼았던 것이다.

한국 남부 지역을 일본이 지배했었다는 남선경영론은 나카 미치요의 『가야고加耶考』로부터 시작되었다고 할 수 있다.[16] 그 후 임나일본부설과 남선경영론은 칸마사토모(菅政友)의 「임나고任那考」,[17] 츠다소우기치(津田左右吉)의 「임나강역고」,[18] 이마니시류(今西龍)의 「가야강역고」[19] 등으로 구체화되었다. 이런 자료들은 주로 19세기 말부터 1910년 한일강제병합 뒤에 발표되었으며 일제의 식민지배를 위한 일종의 정책지침서와 같은 역할을 했다고 할 수 있다. 우리 고대사, 특히 가야사에 대한 기초 연구가 부족한 데다 영남 지방의 고고학(발굴) 자료가 별로 없던 1980년대 초반까지 이러한 임나일본부설에 대한 우리의 대응은 신통한 게 별로 없었다.

먼저 결론부터 간단히 정리하여 말하면 가야시대 임나일본부 또는 일본부는 존재하지 않았다. 그것은 실체가 없는 상상 속의 지배기구이다. 있지도 않은 것을 『일본서기』에 끼워 넣어 날조한 것이므로 임나

15. 스에마쓰 야스카(末松保和), 『任那興亡史』, 吉川弘文館, 1949. 스에마스 야스카즈의 『임나흥망사』는 자신이 발표한 자료들을 1945년 이후에 출판한 것이다.

16. 那河通世, 「加耶考」, 『史學雜誌』 제5편 제3호(1893년 3월)~제7편(1896년 10월)

17. 菅政友(かんまさとも), 「任那考」(3권), 『菅政全集』, 1907

18. 津田左右吉(つだそうきち), 「任那疆域考」, 『朝鮮歷史地理』(2권), 1913

19. 今西龍, 「加耶疆域考」, 『史林』제4권 3호·4호, 1917년 7월·10월

일본부에 관한 연구사나 여러 이론을 여기서 굳이 설명할 이유는 없을 것이다.

『일본서기』의 왜곡된 기록을 가지고 임나일본부를 만들어 냄으로써 지난 20세기 임나일본부설은 한바탕 광풍처럼 지나갔다. 이제 '임나일본부'라는 게 존재하지 않았다는 것까지는 한·일 양측이 인정하고 있다. 사실상 그 허구성을 상호 인정한 것이므로 이 문제는 이미 오래전에 일단락 된 것이다.

우선 '임나일본부'라는 명칭의 허구성에 대해서이다. '일본'이라는 개념은 7세기 말에야 비로소 나타났다. 가야가 멸망한 뒤로 1세기 이상이 지나도록 한국과 왜인들 땅에 일본日本이라는 말은 없었다. 그러므로 그 기사가 가야시대 당대의 것이라면 '임나왜부'라고 했으면 몰라도 임나일본부는 있을 수 없다. 7세기에 나온 중국의『수서隋書』에도 왜국倭國으로 올라 있지, 일본국이라고 되어 있지 않다. 일본이라는 이름으로 오르는 것은『구당서』로부터다. 거기에 "일본국은 왜국의 별종이다. 그 나라가 해 뜨는 곳에 있어서 일본을 나라 이름으로 삼았다"고 하였다. 해가 지는 곳이란 뜻의 '함지咸池'와 그 방위가 정반대인, 해가 뜨는 곳이라는 의미에서 日本이라는 이름이 여러 왜국에 주어진 것이 7세기 말이다. 이를 바탕으로 8세기 초 일본이라는 이름으로 국호를 개명하였다. 이로부터 해 뜨는 곳이라는 의미에서 때로는 부상扶桑이라는 이름이 일본을 대신하여 쓰이는 경우도 있게 되었다.

다음으로, 일본이 2백여 년 동안 임나를 지배했다면 영남지방에는 4세기 후반~6세기 중반의 왜 계통 유물과 유적이 임나(가야) 지역에 즐비하게 나타나야 임나일본부설이 성립될 수 있다. 그러나 임나일본부의 지배 흔적으로 여길 수 있는 유적이나 유물은 아예 없다. 다만 부산·김해·창녕·고령·고성 등지에 보이는 왜 계통의 유물은 왜인들과의 교류에서 온 것으로서 극히 소수에 불과하다. 반면 일본 땅에는 '왜 가야부'라고 불러도 좋을 만큼 가야 유적과 유물이 많다. 4~6세기 일본에 가야인들이 진출하여 일본을 지배했다는 말이 가능할 정도로 대마도로부터 세토내해(瀨戶內海) 주변과 오사카·교토·나라 주변의 많은 지역에 이르기까지, 그리고 멀리 도쿄에 이르는 넓은 지역에 가야의 유적과 유물이 남아 있다. 지난 수십 년 동안 한일 양측에서 진행된 발굴자료를 들여다보면 오히려 일본에 '왜임나부'가 있어야 할 정도이다. '임나일본부'의 의미로 보면 오히려 일본은 임나의 봉토(일본부)라야 할 것이다. 유물로 보더라도 가야인들이 왜를 지배하였을지언정 왜인들이 영남지방을 지배했을 만한 게 하나도 없다. 그것은 곧 임나일본부는 실재하지 않은, 가상의 지배기구(Imaginary ruling body)였음을 말해주는 직접적인 증거이다.

그러면 임나 지역을 지배하기 위해 일본이 설치했다는 행정 관부官府는 어떤 것이었을까? 그것을 이해하기 좋은 사례가 있다. 6세기에 서일본 후쿠오카(福岡)에 설치했던 태재부太宰府라는 관가이다. 이것이 일본인들이 설정한 임나일본부의 성격에 가장 가까운 형태일 것이다. 오늘의 후쿠오카 일대는 당시 츠쿠시(筑紫)로 불렸으며, 츠쿠시(筑紫)의 중심에 설치된 태재부는 가야·백제·신라 및 중국과의 교섭창구였다. 520년대 이후 신라의 압박으로 임나(가야) 지역의 정세가 악화되었고, 드디어 532년에는 임나 본국(김해가야)이 신라에 정복되었다. 그로부터 4년 후[20] 왜군이 임나로 출병하기 위한 중심기지로서 츠쿠시(筑紫)의 나츠(那津)에 관가를 설치하였다.[21] 바로 이 관가가 태재부의 시초였다.

• • • • • • • • • • •
20. 일본의 연호로는 선화(宣化) 원년에 해당한다.
21. 관가를 설치했던 곳은 지금의 후쿠오카시 남구(南區) 三宅 근처로 보거나 하카다만(博多灣)에서 가까운 하카다구(博多區) 比惠遺跡에 있었을 것이라고 보는 견해가 있다.

그렇지만 정작 태재부라는 명칭이 등장한 것은 스이코(推古) 천황 17년(609)의 일이다. 당시 태재부는 왜의 대외교섭에 중요한 창구였다. 7세기에 들어서서 태재부는 규슈(九州) 전역을 통치하는 임무까지 맡았다. 그리고 백제의 멸망 직후, 급변한 국제 환경과 왜국 내 정세 변화에 따라 태재부의 역할과 비중이 더 커졌다. 태재부는 일본 규슈 지역을 통치하는 관부인 동시에 외교창구 역을 겸했던 것이다. 일본인들이 상정한 임나일본부의 성격도 이와 비슷한 기구로 이해할 수 있다. 임나일본부를 통해서 신라·백제와의 문제를 해결하였다는 주장을 하기 위한 포석에서 『일본서기』임나 관련 기사에 '일본부'를 끼워 넣으면서 천황을 중심에 두고 서술하는 식으로 자료를 날조한 것이다.

여기서 잠시 부府에 관하여 살펴볼 필요가 있겠다. 본래 고려·조선 그리고 일본의 주부군현州府郡縣 체제는 중국의 그것과 기본적으로 같았다. 이를테면 한성부漢城府는 한양 도성을 중심으로 그 주변 지역을 관할하던 통치기구이다. 마찬가지로 김해와 동래의 경우 김해의 중심에 그 관할부서로서 김해부金海府와 동래부東萊府가 있었다. 이것과 유사한 행정관부로서 존재하지도 않은 일본부日本府를 만들어낸 것으로 볼 수 있다. 이것을 가지고 한반도 남부를 지배하기 위해 일본이 설치하였으니 이것이 일본의 관가官家라는 것이다. 임나 지역 어딘가에 일본부가 있었다면 우리의 기록에 그 사실이 없을 리 없고, 그 유적과 유물 또한 없을 수 없다. 일본부가 2백50년이 넘는 긴 세월 동안 남한 지역을 지배했다면 그 유적도 있어야 하고, 유물도 나와야 한다. 그러나 지금까지 발굴한 가야권의 유적에서 일본부의 존재를 증명할 수 있는 사례는 없다. 날조된 역사이니 『일본서기』외에는 기록도 없고, 유적이나 유물이 있을 수 없다. 아마도 『일본서기』에 임나일본부나 일본부를 집어넣고 역사를 날조한 왜인들은 영구히 이 문제가 들통 나지 않으리라고 믿었을 것이다. 반대로, 날조된 것이 아니라면 일본부는 가야 지배하에 있던 왜부라야 '임나일본부'란 말의 의미에 부합한다.

임나일본부는 임나 및 백제 관련 자료를 바탕으로 일본인들이 날조한 것인데도 임나일본부설에 맞서 그 이론적 허점을 캐려고 하는 이들이 있다. 임나일본부는 그 실체가 없는 허구이므로 임나일본부설에 대응하는 것 자체가 쓸데없는 짓이다. 이 문제에 대해서 우리는 이제까지와는 다른 대응방식을 가져야 한다. '임나일본부'는 『일본서기』 편찬[22] 이후 언젠가 정한론의 입장에서 누군가에 의해 의도적으로 날조된 것이다. 그 바탕이 된 자료가 백제사 관련 기록이다. 따라서 〈도표〉에 제시된 임나일본부·일본부·일본부신·일본대신 등과 같은 명칭들은 기록에서 아예 삭제하고 이해해야 한다. 또한 천황과 관련된 구절들도 걷어내고 정리해야만 원사료에 가까이 다가갈 수 있다. 즉, 천황이나 천황의 사신, 그리고 임나와 백제가 일본의 지배 하에 놓여 있는 것처럼 서술된 부분을 모두 걷어내고 읽어야 한다는 것이다.

간단히 정리하면, 임나 및 백제와 관련된 이야기는 모두 백제의 역사자료 위에 천황과 임나일본부 또는 일본 사신 같은 것들을 덧입혀 억지로 꿰어맞춘 것이다. 그러니 때로는 그 내용이 무엇인지 알듯 말듯 하면서도 깔끔하게 떠오르지 않는 경우가 허다하다. 쓸데없는 구절을 집어넣어 덧칠하였으므로 그것이 군더더기가 되어 문맥을 아리송하게 흐려놓아 이해할 수 없는 것이다. 있지도 않은 것을 보태고, 있는 것을 삭제하여 뒤바꾸어 놓아서 도무지 이해하기 어려운 내용이 많아진 것이다. 따라서 의도적으로 개작했거나 끼워 넣은 것들, 천황이나 임나일본부·일본사신과 같은 요소들을 잘라내고 줄거리를 다시 정리하면 애

••••••••••
22. 720년 도네이(舍人) 친왕 등이 편찬했다고 전해진다.

표기 명칭	일본측 실무자 명칭	임나측 실무자 명칭
任那日本府(임나일본부)	日本府卿(일본부경)	任那執事(임나집사)
	日本府臣(일본부신)	
日本府(일본부)	日本大臣(일본대신)	任那國執事(임나국집사)
	安羅諸倭臣(안라제왜신)	任那使人(임나사인)

초 백제사에 수록되었던 원래의 모습에 근접할 수 있을 것이다.

『일본서기』는 여기저기서 필요할 때마다 백제의 역사서를 인용하였다. 『일본서기』에 인용한 백제사서는 대략 『백제기百濟記』·『백제본기百濟本記』·『백제신찬百濟新撰』세 가지인데, 이들 백제의 3대 역사서로부터 인용한 내용은 상당부분 신뢰할 수 있다. 하지만 그 중에는 서로 앞뒤가 맞지 않고 모순되는 내용도 꽤 있는데, 그런 것들이 바로 『일본서기』 편찬 과정 또는 그 이후 어떤 목적과 의도에서 손질을 가하면서 조작한 결과일 수 있다. 『일본서기』는 일본에서 가장 오래 된 역사서이지만, 안타깝게도 그 본래의 모습을 잃고 거짓과 날조의 역사서가 되어 버렸다. 일본인들의 역사에 대한 열등의식이 불러온 날조 그리고 미화는 그야말로 일본고대사의 비극이다.

여기서 꼭 한 가지는 기억해두고 넘어가야 할 것이 있다. "백제 및 임나 관련 기사는 모두 백제사에서 가져온 것이며, 천황과 천황의 명령을 받고 움직이는 인물들과 관련된 기사를 걷어내고 다시 정리하면 어느 정도 백제사의 모습을 살릴 수 있다"는 것이다. 앞에서 잠깐 설명한 대로 6세기의 『일본서기』 기록에 등장하는 일본 천황의 대리인은 〈도표〉에서 보는 바와 같이 일본부경·일본부신·일본대신으로 되어 있다. 안라국의 경우에만 안라국에 파견한 여러 지역의 왜국 대표로서 '안라제왜신'으로 기록되어 있다. 아마도 '안라제왜신'이라는 말은 아예 손질을 하지 않아 원사료 그대로 전해진 것 같다. 임나 및 백제와 관련된 기록에 등장하는 왜인 사신들은 임나인 또는 백제인과 함께 거론되는 경향을 보이는데, 그 왜인들을 지우고 읽거나 왜인 대신 백제인이나 임나인을 넣어서 다시 읽으면 원사료에 가깝게 복원할 수 있을 것이다. 이런식으로 『일본서기』의 내용 가운데 옥석을 가려 역사적 사실에 근접한 내용과 진실들을 추려내는 일이 앞으로 남은 과제라 하겠다.

대표적인 예로 흠명 2년(541) 4월 조의 기록을 어떻게 날조했는지를 비교적 쉽게 알아볼 수 있는 구절이 있어 그 일부를 번역문과 원문을 함께 소개한다. 이 기사도 예외없이 천황이 사건의 중심에 있다. 천황의 명령을 듣는 임나일본부의 키비노오미가 백제에 가서 임나 재건에 대한 천황의 조서를 들은 것으로 되어 있다. 백제에서 일본천황의 조칙을 받고, 일본부 키비노오미(吉備臣)와 임나 한기들에게 읽어준 것으로 되어 있으니 이해하기 어려운 문제들이 있다. 임나·백제·신라를 일본천황이 지배하였고, 임나에 일본부가 있었다면 임나일본부의 키비노오미가 먼저 받아보고 그 내용을 백제에 알려야 순리에 맞다. 그런데 어찌하여 이 경우에는 백제에서 천황의 조서를 받아 일본부의 왜사(倭使)에게 읽어주고 설명했다는 것인가?

『일본서기』가 천황 중심으로 개작된 사실은 곳곳에서 알 수 있다. 다음의 흠명 2년(541) 4월의 기록은 앞에서 몇 차례 예문으로 제시한 내용이다. 가야사 연구자들에게 새로운 안목과 시각을 열어줄 필요가 있어 하나의 사례로 설명하는 바이다.

541년 여름 4월 안라의 차한기 이탄해·대불손·구취유리 등과 가라의 상수위 고전해, 졸마 한기, 산반해 한기의 아들, 다라 하한기 이타, 사이기 한기의 아들, 자타 한기와 임나일본부의 키비노오미가 백제에 가서 천황의 조칙을 들었다. 백제 성명왕이 임나의 한기들에게 '일본 천황이 조서로 알린 바는 오로지 임나를 재건하라는 것입니다. 지금 어떤 계책으로 임나를 재건할 것인가요?'라 고 말했다."

백제 성왕과 임나 한기들이 '임나부흥 문제'를 놓고 협의하는데 어째 서 일본 천황과 왜 사신이 간섭하는 것인가? 541년을 전후한 시기에는 왜가 백제나 임나가라의 정치에 감히(?) 명령하는 위치에 있지 않았다. 이 문제를 보다 면밀히 분석해보기 위해 원문을 검토해야 한다.

夏四月 安羅次旱岐夷呑奚 大不孫 久取柔利 加羅上首位古殿奚 卒麻旱岐 散半奚旱岐兒 多羅下旱岐夷他 斯二岐旱岐兒 子他旱岐等 <u>與任那日本府吉備 臣闕名字</u> 往赴百濟 <u>俱聽詔書</u> 百濟聖明王 謂任那旱岐等言 <u>日本天皇所詔者全 以復建任那 今用何策起建任那 <u>盍各盡忠奉展聖懷</u> 任那旱岐等對日 前再三廻 與新羅議 而無答報 所圖之旨 更告新羅 尚無所報 <u>今宜俱遣使往奏天皇</u> 夫建任 那者爰在大王之意…

어디선가 가져온 원래의 자료에는 없었으나 개작하면서 추가했으리 라고 여겨지는 부분을 밑줄로 표시하였다. 물론 정확한 근거가 있는 것 은 아니다. 전체 맥락으로 보아 그것들을 불필요한 구절로 추정한 것 이다. 이런 식으로 적당히 끼워 넣고 고쳐 쓰기 위해 원래의 자료 일부 를 자르거나 바꿨을 수도 있다. 그 과정에서 문맥이 이상하게 되었고, 글뜻도 모호해졌다. 그러니까 추가하며 개작했을 것으로 의심되는 부 분들을 제거하면 오히려 왜곡되기 전의 원사료에 가까이 다가갈 수 있 을 것이다. 일찍이 한국 고대사 연구에 『일본서기』를 어떻게 활용할 것 인지, 그 방법에 관하여 천관우는 『일본서기』의 한국 고대사 관련 기사는 대부분 백제 사료를 가져다가 편찬과정에서 그 주체를 '일본'으로 바꾸었으므로 주어(천황)를 백제로 치환하면 그 역사(자료)를 복원할 수 있다."(千寬宇, 1977)는 견해를 발표하였다. 그러나 그가 제시한 방법 가운데 일부를 수정해야 할 것 같다. 주어를 백제로 바꾸는 게 아니라 천황과 그의 사신(왜사)을 아예 모두 들어내야 원래의 사료에 가깝게 복원할 수 있다고 보는 바이다.

『일본서기』의 임나·백제 관련 기사에서 가장 문제가 되는 것은 천황과 천황의 사신을 등장시켜 사실을 왜곡한 것이다. 이야기를 꾸미기 위해 의도적으로 추가한 부분들이 글 전체의 내용과 맥락을 흐려놓고 있는 것이다. 앞에 제시한 예문은 여러 가지 사례 가운데 하나이다. 번역문만으로는 조작한 부분이 명료하게 드러나지 않으므로 원문을 함께 곁들여 놓았다. 원문으로 읽어야만 개작하거나 왜곡한 부분을 느낌으로 더 쉽게 알 수 있다. 번역문과 원문을 함께 소개한 이유가 거기에 있다.

위 기사도 천황이 사건의 중심에 있다. 그리고 그로부터 명령을 듣는 사신이 예외 없이 등장한다. 다만 위 예문에서는 '임나일본부'의 키비노오미(吉備臣)가 천황의 조칙을 들은 것으로 되어 있다. 이 기사에서 가장 큰 의문은 백제에서 일본 천황의 조칙을 받고 일본부 키비노오미(吉備臣)와 임나 한기들에게 읽어주었다고 한 것이다. 임나·백제·신라를 일본 천황이 지배하기 위해 임나에 일본부를 세웠었다는 게 이른바 임나일본부이다. 그들의 논리대로라면 임나일본부의 키비노오미는 천황의 대리인이다. 그러므로 키비노오미가 천황의 조서를 받아가지고 임나 또는 백제 성왕에게 읽어주며 뭔가 지시하고 명령했어야 한다. 그런데 이 경우엔 천황의 칙서를 백제가 받아서 거꾸로 일본부의 왜신倭臣인 키비노오미(吉備臣)와 임나 한기들에게 설명한 것으로 되어 있다. '임나일본부'는 원래 있지도 않았던 것이고, 그것이 얼마나 허구적인 내용인지에 대해서는 앞에서 충분히 설명하였다. 그러니 '임나일본부' 문제는 제쳐놓고 보자. 왜의 사신 '키비노오미'가 일본 천황의 조서 내용을 백제에 가서 들어야 할 까닭이 없다. 그렇다고 임나의 여러 한기들이 백제에 가서 백제 성왕으로부터 일본 천황의 조칙을 들어야 할 이유도 없다. 키비노오미는 천황의 조서를 직접 받아야 하고, 그것을 백제 왕이나 임나 한기들에게 전할 위치에 있는 사람이다. 어떤 자료를 가져다가 천황 중심으로 재배열하다 보니 이와 같이 왜곡이 일어난 것이다.

『일본서기』가 일본을 통치하는 핵심 주체로 천황을 중심에 설정하고 역사를 서술하다 보니 중요한 구절마다 천황이 나오는 것은 당연한 일일 것이다. 이런 서술방식이 임나·백제 관련 기사에도 그대로 적용되어 백제와 임나의 주요 사건마다 천황을 기사의 중심에 배치한 것이다. 그런데 왜 굳이 백제와 임나의 중요한 일마다 천황의 명령에 따르고, 모든 것을 천황에게 보고하는 형식으로 천황이 개입하는 것일까? 임나와 백제의 역사적 사건이 천황 위주로 되어 있으나 그것은 그 시대의 사실이 아니다. 기사의 내용을 보면 왜 또는 천황은 외교적 차원의 개입이 아니라 임나·백제·신라를 통치하는 제국적 지배자의 모습으로 등장한다. 바로 그것이 천황주의 사관에서 왜인들이 자료를 왜곡하고 조작한 증거이다. 특히 5~6세기 이전, 천황제가 성립되기 전의 자료도 천황을 가운데 두고 서술하다 보니 자료의 왜곡이 일어날 수밖에 없었다. 6세기 백제·임나 측의 왜에 대한 군사 지원요청 건만 하더라도 천황에 '구걸'하는 모습을 보이고 있다. 임나와 백제는 전통적으로 왜와 아주 친밀한 우호관계를 가져왔다. 양측의 인적·물적 교류는 대단히 빈번하였다. 백제와 임나의 요청에 따라 왜에서는 군사와 물자를 줄곧 지원하였는데, 이런 협조는 양측의 전통적인 우호관계에서 나온 것이다. 그러나 천황이 백제·임나의 정치에 개입하는 것은 가야시대의 사실이 아니다. 가야 멸망 후 왜인들이 의도적으로 조작한 결과이다. 이런 식으로 『일본서기』 편찬과정 또는 그 후 언젠가 끼워 넣었을 것이며, 메이지유신 이후 정한론 지지자들이 천황이라든가 임나일본부와 같은 구절들을 추가하여 고쳐 썼을 수도 있다. 8세기 이후 어느 시기에 교묘하게 자료에 손을 대어 왜곡한 것이다. 앞의 기록에서 원래의 사료에 추가했을 것으로 추정되는 구절들을 걷어내고 다시 정리하면 아래와 같이 된다.

541년 여름 4월 안라의 차한기 이탄해·대불손·구취유리 등과 가라의 상수위 고전해, 졸마 한기, 산반해 한기의 아들, 다라 하한기 이타, 사이기 한기의 아들, 자타 한기가 백제에 갔다. 백제 성명왕이 임나의 한기들에게 '지금 어떤 계책으로 임나를 재건할 것인가?'를 말했다. (이에) 임나의 한기들이 성명왕에게 말하기를 '전에 두 세 차례 신라와 의논하였으나 답이 없습니다. 도모하고자 하는 바를 신라에 다시 알렸는데도 아직 답이 없습니다. 무릇 임나를 세우는 일은 대왕의 뜻에 달렸습니다.'라고 하였다."[23]

이렇게 정리하면 전체 내용이 매우 선명해진다. 천황과 그가 보낸 사신의 이야기를 버리고 보니 임나 소국의 여러 한기들과 백제 성왕이 임나 재건에 관하여 의견을 나눈 양측의 솔직한 대화였음을 알 수 있다. 위 자료만으로 판단하더라도 흠명 2년 4월 조의 내용은 임나와 관련된 백제사 자료를 가져다가 천황의 이야기로 조작한 것이었음을 알 수

••••••••••
23. 夏四月 安羅次旱岐夷呑奚 大不孫 久取柔利 加羅上首位古殿奚 卒麻旱岐 散半奚旱岐兒 多羅下旱岐夷他 斯二岐旱岐兒 子他旱岐等 往赴百濟 百濟聖明王 謂任那旱岐等言 今用何策起建任那 任那旱岐等對曰 前再三廻與新羅議 而無答報 所圖之旨 更告新羅 尚無所報 夫建任那者爰在大王之意…

있다. 사실 이 사례 하나만으로도 『일본서기』의 백제·임나 관련 기사를 일본인들이 어떤 방식으로 왜곡하여 '날조된 역사(manipulated history)'로 기술하였는지를 알 수 있게 해준다. 이런 식으로 왜곡하고 꾸미다 보니 『일본서기』의 한국고대사 관련 기록 중에는 이해하기 어려운 것들이 많다. 다시 하나의 사례를 더 들어보겠다. 앞의 기사 뒤에 이어지는 부분이다.

"성명왕(=성왕)이 말하기를 '옛날 우리 선조 속고왕(速古王, =근초고왕), 귀수왕(貴首王, 근구수왕) 치세 때 안라·가야·탁순의 한기 등이 처음으로 사신을 보내고 서로 통하여 친교를 두터이 맺었습니다. 서로 자제가 되어 더불어 융성하기를 바랐습니다. 그런데 지금 신라에 속아 <u>천황의 노여움을 사고</u> 임나의 원한을 사게 되었으니 이는 과인의 잘못입니다. 나는 깊이 뉘우쳐 하부下部의 중좌평中佐平 마로麻鹵, 성방갑배城方甲背 매노昧奴 등을 보내어 가라에 가서 <u>임나일본부에서 모여</u> 서로 동맹을 맺게 하였습니다. 이후 다른 일에 얽매였으나 임나를 재건하는 일을 아침저녁으로 한시도 잊지 않았습니다. <u>지금 천황이 명령하여 속히 임나를 재건하라고 말씀하셨습니다.</u> 이에 따라 여러분들과 함께 계책을 세워 임나국을 세우려고 합니다. 마땅히 잘 생각하여 도모해야 할 것입니다.'라고 하였다."

번역문과 달리 원문은 비교적 간단해서 어디에 무엇을 끼워넣었을지를 알기가 더 쉽다.

聖明王曰 昔我先祖速古王 貴首王之世 安羅 加羅 卓淳旱岐等 初遣使相通 厚結親好 以爲子弟冀可恆隆 而今被誑新羅 使天皇忿怒而任那憤恨 寡人之過 也 我深懲悔 而遣下部中佐平麻鹵 城方甲背昧奴等 赴加羅 會于任那日本府相

盟 以後 繋念相續 圖建任那 旦夕無忘 今天皇詔稱 速建任那 由是 欲共爾曹謨
計樹立任那國 宜善圖之……

　　역시 있지도 않은 일을 억지로 만들어서 끼워 넣은 것으로 추정되는
부분을 밑줄로 표시해 보았다. 여기서도 똑같이 천황과 함께 임나일본
부를 만들어 넣고, 이야기를 지어내다 보니 임나일본부의 대표를 일본
천황의 대리인으로 표현하지 않으면 안 되었다. 이런 탈색과정을 거쳐
임나의 한기와 백제 왕은 천황의 명령을 듣는 위치에 놓이게 되었다.
이와 같은 방식으로 본래 없었던 내용을 중간 중간에 끼워 넣어서 도무
지 이해할 수 없는 글이 되어 버린 경우도 있다. 그러므로 그 부분만 살
짝 없애면 본래의 내용에 가깝게 복원될 수 있을 것이다.

　　"성명왕이 말하기를 '옛날 우리 선조 속고왕(速古王, =근초고왕), 귀수왕(貴首
王, 근구수왕) 치세 때 안라·가야·탁순의 한기들이 처음으로 사신을 보내고 서
로 통하여 친교를 두터이 맺었습니다. (백제와 임나가) 서로 자제가 되어 더불어
융성하기를 바랐습니다. 그런데 지금 신라에 속아 임나의 원한을 사게 되었으
니 이는 과인(백제 성왕)의 잘못입니다. 나는 깊이 뉘우쳐 하부下部의 중좌평中佐
平 마로麻鹵, 성방갑배城方甲背 매노매노昧奴 등을 보내어 가라에 가서 상호 동맹을 맺
게 하였습니다. 이후 다른 일에 얽매여 임나의 일에 소홀하였으나 임나를 재건
하는 일을 아침저녁으로 (한시도) 잊은 적이 없습니다. 여러분들과 함께 계책을
세워 임나국을 세우려고 합니다. 잘 생각하여 도모해야 할 것입니다.'라고 하
였다."[24]

· · · · · · · · · · ·
24. 聖明王曰 昔我先祖速古王 貴首王之世 安羅 加羅 卓淳旱岐等 初遣使相通厚結親好 以爲子弟
冀可恆隆 而今被誑新羅 任那憤恨 寡人之過也 我深懲悔 而遣下部中佐平麻鹵 城方甲背昧奴
等 赴加羅結相盟 以後 繋念相續 圖建任那 旦夕無忘 欲共爾曹謨計樹立任那國 宜善圖之……

앞에서와 똑같은 방식으로 내용의 주체가 되는 천황과 그의 사신 그리고 임나일본부 같은 것들을 들어내어 다시 정리하고 나니 백제 성왕과 임나 소국의 여러 한기들 사이에 나눈 대화가 한층 명료해진다. 이렇게 정리한 내용이 『일본서기』 편찬자나 그 이후 누군가가 가져다 쓴 원래의 사료에 가까울 것이라고 믿는다. 다시 말해서 위 내용 역시 임나 관련 백제사의 일부를 가져다가 일본 천황을 중심에 놓고 임나일본부를 꾸며냈고, 그에 맞춰 이야기를 꾸며나가다 보니 천황의 사신을 끼워 넣어 내용을 더욱 조작할 수밖에 없었던 것이다. 번역문에서 괄호 안의 내용은 이해를 돕기 위해 붙여놓은 것인데, 이 기록에서 특히 주의해서 볼 부분은 '마로와 매노 등이 가라로 가서 임나일본부에서 만나 서로 맹세하였다'(赴加羅 會于任那日本府相盟)고 한 구절이다. '가라로 갔다'고 하는 말을 앞세우고, 그 뒤에 바로 '임나일본부에서 만나'(會于任那日本府)라고 하였으니 여기서의 가라는 고령으로 볼 수 있다. 6세기 중반 임나 본국은 이미 멸망한 뒤이니 고령에 임나일본부가 있었다는 것으로 이해할 수밖에 없다. 그런데 흠명2년(541) 가을 7월 기사에서는 안라국에 안라일본부가 있었던 것으로 그리고 있다. 일단 기록 그대로 믿고 추리를 해보자. 만약 임나일본부가 임나 지배를 위한 것이었다면 임나 전체를 통제하는 임나일본부는 그 하나로 충분하다. 그런데 다시 안라에도 안라일본부가 있는 것으로 되어 있으니 그렇다면 다른 소국에도 일본부가 더 있었다고 볼 수도 있는 게 아닌가? 이것은 '하부중좌평 마로, 성방갑배 매노 등이 가라로 가서 상호동맹을 맺었다'(赴加羅而結相盟)고 되어 있던 것을 고쳐 쓰면서 원문에 없던 '임나일본부에서 만나'(會于任那日本府)라는 구절을 끼워 넣은 것으로 의심할 만하다. 있지도 않은 '일본부'를 굳이 끼워 넣으면서 개작을 하다 보니 때로는 임나일본부로, 그리고 안라일본부로 둔갑해 버렸으며 한문 구성마저도 치졸하게 되어 버렸다.

　문맥상으로 보면 '일본부' 대신에 반드시 들어가야 할 말은 백제의 사신이 만난 임나 측의 대표이다. 차라리 백제 사신이 가서 만난 사람의 이름이나 직책 또는 신분이 명시되었어야 한다. 서로 맹세를 한 상대가 백제 측에서 보면 임나밖에 없다. 그런데 각기 내용에 맞춰서 그때그때 천황과 그의 심부름꾼으로 일본신·일본대신 또는 왜의 사신 등을 임의적으로 끼워 넣다 보니 글이 이해하기 어렵게 되었고, 궁색해졌다. 뿐만 아니라 '일본부'라는 쓸데없는 군더더기를 추가함으로써 이 기사가 조작된 글임을 스스로 내보이게 되었다. 이 글에서 천황과 임나일본부 또는 그에 관련된 구절을 버려도 전체 내용에 아무런 영향을 주지 않는다. 그것 또한 아무 관련이 없는 천황과 임나일본부를 그냥 끼워 넣었다는 하나의 증거가 될 수 있다. 앞에서 이 내용은 백제가 임나와 맺은 상호동맹 관련 기록이라고 단정한 까닭이 여기에 있었다. 임나 및 백제 관련 기사에서 인용한 자료는 『백제본기』나 『백제기』 또는 『백제신찬』과 같은 기록에서 따왔을 것이다. 위 예문에서 백제와 임나 사이의 관계를 이해하는 데 중요한 키워드가 상맹相盟이다.

　참고로, 성왕은 '임나를 세우려는 의도를 아침저녁으로 잊어본 적이 없다'고 하였다. 그리고 그 뒤에 '너희들과 임나국을 세우려는 계획을 함께 세우고자 한다'고 하여 임나의 한기들을 '爾曹'(너희들)로 낮춰 부른 점이 특이하다. 이것이 만약 백제 측의 기록에서 인용한 원래의 자료라면 임나의 한기들을 백제 왕이 상당히 하대하였음을 확인할 수 있다. 임나본국의 왕 아래 후국(소국)의 왕에 해당하는 이들이었다 해도 그들은 어디까지나 임나 소국의 왕 또는 그에 버금가는 실력자들이었다. 상호동맹 대상인 그들에게 백제 성왕이 '너희들'이란 표현을 썼다고 보기 어렵다. 일본 천황이 백제와 임나의 한기들에게 말한 형식으로 고쳐 쓰다 보니 그렇게 된 것이다. 흠명 2년(541) 4월과 흠명 5년(544) 11월 두 차례 '사비성회의'에 참석한 가야측 8국의 대표를 분석해 보면 성왕이 하급관리를 대하듯 가볍게 대할 인물들은 아니었다.

앞의 두 가지 사례에서 본 바와 같이 똑같은 방식으로 흠명 2년 4월의 기사를 정리하면 다음과 같이 된다.

여름 4월 안라 차한기 이탄해·대불손·구취유리, 가라 상수위 고전해, 졸마 한기, 산반해 한기아, 다라 하한기 이타, 사이기 한기아, 자타 한기 등은 백제로 갔다. 백제 성명왕은 임나 한기들에게 임나를 다시 세우는 일을 가지고 말하였다.

"어떤 계책으로 임나를 일으켜 세울 것이오?"

임나 한기들이 대답하였다.

"전에 두세 차례 신라와 의논하였으나 답이 없었습니다. (우리가)[25] 도모하는 바를 다시 신라에 알렸는데도 아직 답이 없습니다. 무릇 임나를 세우는 일은 대왕의 뜻에 달려 있습니다. 그러나 신라와 경계를 접하고 있으니 (저희는) 탁순 등에 화가 미칠 것을 어찌 두려워하지 않겠습니까?"

성명왕이 말했다.

"옛날 나의 선조 속고왕[26]·구수왕[27] 시절에 안라·가라·탁순 한기 등은 처음에 사신을 보내어 서로 통교하며 두터이 친교를 맺었습니다. 항상 아들이나 형제처럼 두터이 대하였으나 저 미친 신라의 피해를 입어 임나로 하여금 분노와 원한을 갖게 한 것은 과인의 잘못입니다. 나는 깊이 후회하며 (마음으로) 징치하면서 하부 중좌평 마로麻鹵와 성방갑배城方甲背 매노昧奴 등을 보내어 가라로 가

• • • • • • • • • • •
25. 괄호 안은 원문에 없는 내용이지만 이해를 위해 추가하였다.
26. 근초고왕
27. 근구수왕

서 상호(백제·임나) 동맹을 맺게 하였습니다. 이후 줄곧 임나를 세우려는 의도를 아침저녁으로 잊지 않았습니다. 여러분들과 함께 임나국을 세울 계획을 도모하려 하니 계책을 잘 세우기 바랍니다.……옛날 신라가 고구려에 구원을 청하여 임나와 백제를 공격하였어도 이기지 못하였는데 어찌 신라 혼자서 임나를 멸망시킬 수 있단 말입니까? 지금 과인은 힘과 마음을 여러분과 함께 하여 임나를 반드시 일으킬 것입니다."

이어서 물건을 차등 있게 나누어 주니 임나의 여러 한기들은 각자 기꺼운 마음으로 돌아갔다.[28]

천황이라든가 임나일본부, 왜의 사신과 같은 것들을 모두 쳐내고 다시 정리하여 보니 이처럼 명확해지지 않는가. 따라서 이 자료로 보면 백제 성왕이 임나가라 여러 소국의 대표들을 부여 사비성에 불러놓고 그들과 임나 재건을 논의하면서 주고받은 이야기 가운데 핵심만 추려 놓은 자료임을 알 수 있다. 부여에서의 양측 모임이 끝나고 성왕은 임나 소국의 대표들에게 일일이 사례품을 상대의 격에 맞게 나누어 주었으며, 임나의 한기들은 각자 흡족한 마음으로 돌아간 것으로 그려져

··········
28. 夏四月 安羅次旱岐夷呑奚 大不孫 久取柔利 加羅上首位古殿奚 卒麻旱岐 散半奚旱岐兒 多羅下旱岐夷他 斯二岐旱岐兒 子他旱岐等往赴百濟 俱聽詔書 百濟聖明王 謂任那旱岐等言 全以復建任那 今用何策起建任那 任那旱岐等對曰 前再三廻與新羅議 而無答報 所圖之旨 更告新羅 尚無所報 夫建任那者爰在大王之意 然那境接新羅 恐致卓淳之禍 (等 謂喙己呑加羅言 卓淳等國有敗亡之禍) 聖明王曰 昔我先祖速古王 貴首王之世 安羅加羅卓淳旱岐等 初遣使相通厚結親好 以爲子弟冀可恆隆 而今被誑新羅 使任那憤恨 寡人之過也 我深懲悔而遣下部中佐平麻鹵 城方甲背昧奴等 赴加羅 會相盟 以後 繫念相續 圖建任那 旦夕無忘 欲共爾曹謨計 樹立任那國 宜善圖之 又於任那境 徵召新羅問聽與不 儻如使人未還之際 新羅候隙侵逼任那 我當往救 不足爲憂 然善守備 謹警無忘 別汝所導 恐致卓淳等禍 非新羅自强故所能爲也 其喙己呑 居加羅與新羅境際而被連年攻敗 任那無能救援 由是見亡 其南加羅 蕞爾狹小 不能卒備 不知所託 由是見亡 其卓淳 上下携貳 主欲自附內應新羅 由是見亡 因斯而觀 三國之敗 良有以也 昔新羅 請援於高麗而攻擊任那與百濟 尚不剋之 新羅安獨滅任那乎 今寡人 與汝戮力 并心 任那必起 因贈物各有差 忻忻而還 [『일본서기』 흠명(欽明) 2년(541) 4월]

있다. 내용대로라면 541년 초여름 임·제 양측의 사비성 회의는 매우 성공적으로 끝난 것이다. 위 내용을 근거로 이제 우리는 '임나'의 실체에 대해서도 보다 명확하게 알 수 있다. 위 기사에서 말한 임나 또는 임나국은 532년에 멸망한 임나본국 즉, 김해가야를 가리키는 것으로 볼 수 있다. 임나 소국들을 거느린 임나본국을 재건시켜 임나로 하여금 신라를 견제하려는 백제 성왕의 의도를 파악할 수 있다. 없어진 임나 본국을 다시 세우는 일이었으니 그 일을 『일본서기』에서는 '다시 만든다' '재건한다'는 뜻에서 '경조更造'라고 표현하였다. 이렇게 명쾌한 백제와 임나 관련 자료를 왜인들이 천황 이야기로 탈색시키다 보니 주절주절 이상한 글을 만들어버렸다.

이미 앞에서 설명했듯이 천황과 관련된 이야기를 고스란히 들어내어도 전체 글 뜻에 아무런 영향을 주지 않고, 오히려 백제와 임나 사이의 관계를 선명하게 전해주는 것으로 보아 일차적으로 이 내용이 천황이나 왜와는 아무런 관련이 없음을 증명하는 것이다. 그와 동시에 다른 한편으로는 과연 6세기 중반에 일본에 '천황제'가 실제로 정립되어 있었는가 하는 의문을 갖게 한다. 후일 천황제가 도입되고 정권이 안정된 뒤에 여러 자료를 가져다가 『일본서기』 안에서 천황의 통치행위로 묶어서 포장을 하다 보니 이런 식의 이상한 결과물이 생겨난 것이다. 어느 기록이든 역사서라고 하는 기록물이 이런 식으로 신뢰에 문제가 있으면 그것은 그만큼 가치를 잃는다. 애초의 『일본서기』가 어떤 모습이었는지는 알 수 없으나 적어도 한국의 고대사와 관련된 기록은 상당부분 왜곡되었고, 그 중에는 역사적 사실을 가장한 허구가 심대한 것들도 의외로 있다. 말하자면 일본은 태생적으로 '날조된 역사서'를 갖고 있으면서 그것을 자랑스러운 역사로 여겨오고 있으니 어찌 보면 대단히 측은한 일이다. 이를테면 그것은 왜인들의 열등 심리가 빚은 과대망상의 결과물이라고 할 수 있다.

　그래도 좋게 보아서 『일본서기』 편찬자였든, 아니면 그 이후 다른 누구였든, 백제의 자료를 가져다가 이런 식으로 조작한 사람은 본래의 내용을 크게 해치지 않는 선에서 필요한 곳에 몇 마디씩 끼워 넣는 정도에 그쳐 가급적이면 원문을 손대지 않으려 나름대로 꽤 노력했던 것 같다. 설령 그것이 아니라 해도 그렇게 말해두고 싶다. 인용한 자료의 줄거리를 될 수 있으면 그대로 두고 손질하였으므로 이를테면 『일본서기』에 인용한 백제 성왕 시대의 원문 자료에 어느 정도 다가갈 수 있는 것이다. 물론 이렇게 왜곡하거나 날조하여 고쳐 쓴 데에는 원치 않는 힘이 작용했을 것이다.

　앞의 사례에서 보았듯이 『일본서기』 내용 가운데 한국과 관련된 기록은 이런 식으로 가필하여 왜곡했으므로 그런 구절들을 잘라내고 이해하는 노력이 필요하다. 이와 똑같은 방법으로 다시 해석해 볼 수 있는 자료로서 『일본서기』 흠명欽明 5년(544)의 다음 기사 하나를 더 보기로 하자.

　544년 2월 백제가 시덕施德 마무馬武, 시덕 고분옥高分屋, 시덕 사나노차주斯那奴次酒 등을 임나에 사신으로 보내어 일본부와 임나의 한기 등에게 이르기를 '나는 키노오미(紀臣) 나솔奈率 미마사彌麻沙, 나솔 기련리連, 모노노베노무라지(物部連) 나솔 용기다用奇多를 보내 천황을 알현하게 하였소.'라고 말했다. 미마사 등은 일본에서 조서를 가지고 돌아왔다. 그 조서에 이르기를 '그대들은 거기에 있는 일본부와 함께 빨리 좋은 계획을 세워 짐의 소망을 이루게 하라. 다른 사람에게 속지 않도록 조심하라.'고 하였다." [29]

29. 二月 百濟遣施德馬武 施德高分屋 施德斯那奴次酒等 使于任那 謂日本府與任那旱岐等曰 我遣紀臣奈率彌麻沙 奈率己連 物部連奈率用奇多 朝謁天皇 彌麻沙等 還自任那 以詔書宣曰 汝等宜共在彼日本府 早建良圖 副朕所望 爾其戒之…… [『일본서기』흠명(欽明) 5년(544) 2월]

자료 전체를 훑어보면 이 기사에서도 원래의 사료는 고치지 않고, 대신 몇 마디씩을 추가하여 윤색하는 선에서 그친 정황이 엿보인다. 백제사의 사료 중간 중간에 그저 몇 마디씩 추가하되, 옮겨 적은 원래의 자료는 될 수 있으면 그냥 둠으로써 내용을 몽땅 바꾸지는 않았다고 짐작되는 것이다.

위 원문 자료에도『일본서기』편찬자 또는 그 후의 개작자가 한국 고대사 관련 기록에 천황의 이야기를 추가하여 자료를 탈색시켰다고 판단되는 부분을 밑줄로 표시하였다. 앞에서 밝힌 대로 이런 날조·왜곡 과정에서 임나일본부도 끼워 넣었고, 천황도 만들어 넣었다. 그렇지만 개작하거나 추가한 부분을 들어내어도 글 전체의 맥락에는 아무런 영향을 주지 않으며, 천황은 물론 천황이 보낸 '왜 사신' 등을 전부 제거하면 오히려 글 뜻이 선명해질 뿐더러 내용 가운데 등장하는 대화의 주체들이 더욱 뚜렷해진다. 이런 것들을 보면 원래의 자료는 왜 및 왜의 천황과는 관련이 없는 것이 분명하다. 임나일본부도 실재하지 않은 것이었으니 그것도 제거하면 내용과 문맥이 더욱 간결해지고, 명확해지는 사실을 이 기록에서도 확인할 수 있다. 위 기사에서 밑줄 친 부분이『일본서기』편찬 당시 또는 그 이후 개작된 것 같다. 천황 및 천황의 사신과 관련된 이야기들을 추려내고 정리하면 글의 내용이 다음과 같이 선명해진다.

544년 2월 백제가 시덕施德 마무馬武, 시덕 고분옥高分屋, 시덕 사나노차주斯那奴次酒, 키노오미(紀臣) 나솔奈率 미마사彌麻沙, 나솔 기련己連, 모노노베노무라지(物部連), 나솔 용기다用奇多 등을 사신으로 보내어 임나의 한기들을 알현하게 하였다. (사신이) 임나로부터 조서를 가지고 돌아왔다. 그 조서에 '그대는 빨리 좋은 계획을 세워 소망을 이루게 하시오. 다른 사람에게 속지 않도록 하시오.'라고 하였다."

이렇게 되어 있는 내용에 임나일본부·일본부의 사신 그리고 천황 등을 엮어서 개작을 하다 보니 '임나로부터 조서를 가지고 돌아왔다'고 해야 할 것을 '일본으로부터 조서를 가지고 돌아왔다'(…還自日本 以詔書…)고 고쳐 썼으며, 그로 말미암아 전체 내용을 제대로 이해하기 어려운 글이 되어 버렸다고 추정하는 바이다. 그래서 일본을 임나로, 천황을 임나의 한기로 바꾸어놓고 보니 이 글은 임나의 여러 한기와 백제 측의 임나 재건에 대한 의견교환이었음을 알 수 있다. 아마도 이것이 그 당시 백제와 가야(임나) 사이에 있었던 사실일 것이라고 믿는 바이다.

2월에 백제에서 임나에 사신을 보내어 임나의 여러 한기들을 만나 임나 재건에 대한 의향을 타진하였고, 그에 따라 이 문제의 매듭을 짓기 위해 544년 11월 임나의 대표들이 백제 사비성에 다시 모였으며, 바로 이 사비성 임나부흥회의를 성사시키기 위해 여러 차례 양측의 사신이 오간 것이다. 위 544년 2월 기사 또한 임나부흥회의를 위한 양측의 준비과정을 보여주는 사례로 볼 수 있다.

그러나 541년 4월과 544년 11월의 '임나부흥회의'를 허구적인 내용으로 이해하는 견해가 있다.[30] 가야 제국이 임나 부흥에 대한 의지가 전혀 없으며 '임나부흥회의'라는 것도 단지 백제의 염원과 희망이었다고 파악한 것이다. 이와 달리 임나부흥회의를 가라나 안라가 적극적으로 개최한 것이 아니고, 백제 성왕이 임나가라 측에 대고 요구하여 개최했으므로 백제를 맹주로 하는 '가야 제국諸國연맹'을 구상한 것이라고 추정한 견해도 있다.[31] 그러나 이런 분석은 임나부흥회의와 관련하여 한 번쯤 고려해봐야 할 측면을 제시했다는 점에 의미가 있다고 하겠다. 2월

<hr />

30. 「任那復興會議의 전개와 그 성격」, 백승충, 『釜大史學』 17, p.75, 1993
31. 「六世紀前半 加耶諸國을 둘러싼 百濟·新羅의 動向─소위 任那日本府說의 究明을 위한 序章」, 延敏洙, 『新羅文化』 7, p.140, 동국대학교 신라문화연구소, 1990

에 이어 11월의 회의와 관련된 내용을 앞에서 제시한 방식으로 다시 정리해보면 이렇게 된다.

　544년 11월, 안라의 하한기 대불손·구취유리, 가라 상수위 고전해, 졸마군, 사이기군, 산반해군의 아들, 다라 이수위 흘건지, 자타한기, 구차 한기가 백제에 갔다. 이에 백제의 성명왕이 '나는 (지난 2월에) 나솔 미마사, 나솔 기련, 나솔 용기다 등을 임나에 보내 '빨리 임나를 세우라'고 하였습니다. (그러므로 이제 다시 임나의 한기 여러분) 모두를 부른 것입니다. 어떻게 하면 임나를 다시 세울 수 있을지 각자 계책을 말하십시오.'라고 하였다."[32]

　이렇게 정리하고 보니 위 내용은 '임나부흥(임나재건)회의'에서 백제와 임나 사이에 오간 주요 의제를 간략하게 밝힌 요약문임을 알 수 있다.[33] 아마도 이것이 사비성에서 임나부흥회의를 개최하면서 백제 성왕이 임나의 한기들에게 일종의 개회사로서 한 말의 일부일 것이다.

　이상의 몇몇 사례로 본 바와 같이 『일본서기』에 수록된 기사 가운데는 조작된 내용이 상당히 많이 있다. 그렇게 조작하는 과정에서 문맥이

- - - - - - - - - - -
32. 十一月 百濟遣使 召日本府臣 任那執事曰 遺朝天皇 奈率得文 許勢奈率奇麻 物部奈率奇非等 還自日本 今日本府臣及任那國執事 宜來聽勅 同議任那 日本吉備臣 安羅下旱岐大不孫 久取柔利 加羅上首位古殿奚 卒麻君 斯二岐君 散半奚君兒 多羅二首位訖乾智 子他旱岐 久嵯旱岐 仍赴百濟 於是 百濟王聖明 略以詔書示曰 吾遣奈率彌麻佐 奈率己連 奈率用奇多等 朝於日本 詔曰 早建任那 又津守連 奉勅 問成任那 故遣召之 當復何如能建任那 請各陳謀 吉備臣 任那旱岐等曰 夫建任那國 唯在大王 欲冀遵王俱奏聽勅(흠명 5년(544) 11월)
33. 참고로 위 기사로 가야에는 왕자(또는 왕족)를 한기(旱岐, 干岐)로 표기하면서 그 서열을 차한기(次旱岐)·하한기(下旱岐) 등으로 구분하고 있으며, 상수위(上首位)·이수위(二首位)라는 체계가 별도로 있는 것으로 보아 가야의 지배층으로서 후왕(소왕) 바로 아래에 상수위·이수위·삼수위와 같은 신분층이 있었던 것으로 보인다. 수위는 아마도 신분상의 서열을 나타내던 호칭이 아니었을까 한다. 안라고당회의에서 국내대인(國內大人)이 있었다고 하였으니 대인은 수위(首位)와는 달리 국왕 아래의 직책이었을 것이다. 그러나 한기와 수위의 차이가 무엇인지는 알 수 없다.

부여 사비성회의(임나부흥회의) 가야 대표 참석자 신분 칭호

국명 \ 회의	541년 4월 회의	544년 11월 회의
안라국(安羅國)	차한기(次旱岐)	하한기(下旱岐)
가라(加羅)	상수위(上首位)	상수위(上首位)
졸마(卒麻)	한기(旱岐)	군(君)
산반해(散半奚)	한기아(旱岐兒) : 한기의 아들	군아(君兒) : 군(君)의 아들
다라(多羅)	하한기(下旱岐)	이수위(二首位)
사이기(斯二岐)	한기아(旱岐兒) : 한기의 아들	군(君)
자타(子他)	한기(旱岐)	한기(旱岐)
구차(久嗟)	−	한기(旱岐)

참석자의 신분을 보면 한기(旱岐), 차한기(次旱岐), 하한기(下旱岐), 한기아(旱岐兒), 군(君), 군아(君兒), 상수위(上首位), 이수위(二首位) 등이다. 한기를 임나 소국의 왕이나 왕자로 보면 그 서열과 순위에 따른 구분이 있었음을 알 수 있다. 군(君)이 있고, 군의 아들이 있는 것을 보면 군은 아마도 왕이 못된 왕족으로 추정된다. 이 자료에는 안라국과 다라국에 왕이 있었고, 다라와 가라국에는 상수위 · 2수위가 있으니 그 사이에 수위(首位) 그리고 2수위 아래로 3수위가 있었으리라고 상정해볼 수 있다. 수위(首位)는 으뜸자리라는 의미이니 상수위는 그보다 높은 국상급을 이르는 말일 테고, 2수위는 수위에 버금가는 자리였을 것이다. 한기 또한 차한기 · 하한기로 분화되어 당시 가야 소국은 각자 서열을 구분하는 공통된 대략의 기준을 갖고 있었음을 알 수 있다. 저자 개인적으로는 한기 · 차한기 · 하한기를 고구려나 부여 사회에서의 대가 · 가 · 소가와 유사한 것이었다고 판단한다. 그러나 한기(旱岐)의 旱을 '크다'는 의미로서 韓과 같은 표기로 보고, 岐는 支, 知, 智와 동일한 존칭어미 '님'으로 파악하여 旱岐(한기)를 '큰님'이라고 보는 견해가 있다(노중국). 이런 해석에 따르면 '한기'는 곧 대인(大人)의 뜻이 되는 것이니 수긍이 가는 면이 있다. 『일본서기』 흠명 5년 조에 旱岐(한기)를 君(군)으로 표기한 사례가 있으므로 君(군)은 군왕 또는 그보다 낮은 왕족 등의 지배자를 가리키는 칭호였다고 보아 왕이나 왕족과 같은 최상위 지배자로 볼 수 있다.

흩어져 완전한 한문 문장이 되지 못한 것들도 많이 있다. 더러는 한문식으로 풀이가 잘 되지 않는 부분도 있다. 물론 그 외에도 고대 일본어와 한국어 향찰을 적용한 구절도 많이 있다. 그래서 해석하는 데도 큰 어려움이 있지만, 앞으로 이런 것들을 포함하여 5~6세기 이전 임나 및 백제 관련 기사에서 옥석을 가려내어 새로운 사실을 하나하나 밝혀내는 일이 작지 않은 과제로 남아 있다. 이런 작업은 매우 지난한 일이겠지만, 그것이야말로 매우 흥미롭고도 의미 있는 연구가 될 것이다.

안라국 '국내대인'의 실체는 무엇인가?

앞에서 이미 예문으로 제시한 내용이지만 『일본서기』계체 23년 기록의 한 구절 일부를 다시 인용한다.

"신라는 번국蕃國[34]의 관가官家를 깨트려 (손에 넣은 것을) 두려워하여 대인大人을 보내지 않고 나마奈麻 부지夫智와 해奚 등을 보내어 안라로 가서 천황의 조서를 듣게 하였다. 이에 안라는 새로 고당高堂을 지어 칙사를 그곳에 오르게 하였다. 안라국 주인을 따라 고당에 오른 자는 국내대인과 1~2명이었다. …"[35]

529년 안라국에서 개최된 '고당회의' 관련 내용인데, 안라국의 국내

••••••••••

34. 임나가라 본국에 속한 가야 소국을 가리키는 뜻으로 쓰였다. 그렇다면 蕃國 대신 藩國으로 썼어야 했다. 蕃은 오랑캐 취급을 하여 낮춰 부르는 것이니 역시 천황주의 사관의 입장에서 쓴 것을 이것으로도 알 수 있다. 7~8세기라 해도 일본이 백제나 신라를 얕볼만한 수준은 못 되었다. 반면 藩은 울타리에 해당하므로 藩國은 임나본국의 후국(소국)이라는 뜻에 부합한다.
35. …新羅 恐破蕃國官家 不遣大人而遣夫智奈麻禮 奚奈麻禮等 往赴安羅 式聽詔勅 於是 安羅新起高堂 引昇勅使 國主隨後昇階 國內大人 預昇堂者一二 百濟使將軍君等在於堂下 凡數月再三 謨謀乎堂上 將軍君等 恨在庭焉

대인國內大人이라는 신분을 거론한 것으로는 이 기록이 유일하다. 신라·고구려와 마찬가지로 안라국에도 대인이 있었던 것이다. 그런데 왜 굳이 안라국의 대인을 '국내대인'이라고 했을까? 간단히 말해서 국내대인은 국외대인과 구분하기 위해 선택한 용어이다. 안라국 말고도 임나 본국과 그 외 임나 소국에도 대인이 있었기에 그들과 구분하기 위한 의도에서 '안라국 내의 대인'이란 의미에서 '국내대인'이라고 쓴 것이다. 그러므로 이것은 안라국은 물론 가야 사회의 지배층 구조를 들여다 볼 수 있는 하나의 열쇠가 된다. 위 내용은 임나가라 본국은 물론 임나 제국諸國에도 각기 대인이 있었음을 알려주는 유일한 자료임에도 지금까지 이에 대한 연구가 전혀 없었다.

그러면 이 대인大人은 도대체 어떤 신분이었으며 그 실체는 무엇이었을까? 앞에서 '대인'은 본래 오환선비족이나 선비 사회에서 부部의 수장이었음을 설명하였다. 『후한서』 오환선비 열전에 오환선비족은 부 단위로 조직되어 있었다고 하였으니 부장部長이 곧 대인이었던 것이다.[36] 이런 대인들이 모여서 부여의 사출도나 고구려 5부와 그 수장 그룹을 형성하였다. 다시 말해서 고구려 5부의 부장이나 신라 6부의 부장은 본래 선비 사회의 부장에서 유래한 신분과 다를 바 없는 셈이다. 가야의 구간九干이라는 칸干 신분도 대개 이런 종류로 이해할 수 있겠다.

위 『일본서기』에 있는 신라의 대인과 안라국의 국내대인(대인)은 대략 같은 신분층으로 볼 수 있다. 그러면 여기서 우리는 대인을 어떻게 보아야 할 것인가? 단순히 왕 바로 아래의 국상國相 신분으로 파악할 것인가 아니면 그와는 별도로 대신大臣에 대한 포괄적 개념으로 볼 것인가 하는 문제에 부딪히게 된다. 이 문제를 해결하기에 앞서 대인은 대부大

••••••••••
36. 오환산(烏丸山)은 원래 이름이 백산(白山)이었으므로 오환선비부를 백산부로 불렀다. 바로 그 백산부의 부장이 오환선비의 수장이자 대인(大人)이었던 것이다.

夫와는 또 어떻게 다른가 하는 점부터 알아봐야 하겠다. 대부와 대인의 차이를 알아봄으로써 대인의 개념을 좀 더 명확히 한정할 수 있을 것이기 때문이다.

『일본서기』에 임나가라와 백제에는 대부가 있었다고 하였다. 백제의 대부는 풍납토성에서 나온 유물의 명문으로도 확인되었다. 그러면 대부의 실체는 무엇이었을까? 본래 대부가 대인이었는가, 아니면 대부 그룹 가운데 최상급 지위에 있는 자를 대인이라고 했을 것인가, 그것도 아니면 여러 명의 대인 가운데 실제 관직을 가진 자를 대부로 구분했던가 하는 문제에 관한 것이다.

결론부터 말하면 대부는 국가 조직 체계상의 최상위 관직을 가진 지배 그룹을 총칭하는 용어이다. 반면 대인은 전통적인 수장층이나 국왕 아래의 지배층 신분을 가리키는 일반적인 개념으로 볼 수 있다. 본래 선비족의 부장에 연원을 둔 그들 수장층 가운데 일부가 나중에 국가 조직 체계 내의 관료층으로 선택되면서 대부라는 호칭으로 불렸을 것이다. 즉, 대인이라는 지배층 가운데에 대부라는 특정 관료층으로 편입된 그룹이 있었던 것이라고 판단할 수 있다.

대인은 고구려의 최상위 지배층인 가 계층 전체를 가리키는 개념으로 쓰였던 것 같다. 고구려의 가 계층을 대표하는 것은 대가와 소가이다. 본래 가加 계층에서 대가가 상승분화하면서 그 나머지가 소가로 남게 되었는지 아니면 '가加'를 바탕으로 대가와 소가가 동시에 분화했는지를 명확하게 판별하기는 쉽지 않다. 관련 기록을 검토해보면 거느린 세력(호구·인구)의 대소 차이에 따라 대가와 소가로 분화한 것으로 볼 수 있다. 소가와 대가는 모자와 복장으로도 선명하게 구분하였으니 이것을 보더라도 대가와 소가의 분화에는 큰 시차가 없었던 것 같다. 대가와 소가 사이의 신분적 차이를 모자와 복장으로 구분한 것은 지배

체제를 확고히 하기 위한 제도적 측면에서 이해할 수 있다. 『삼국지』 위서 고구려전에 "대가와 주부는 머리에 뒤가 없는 책幘과 같은 것을 쓰고, 소가는 생김새가 고깔과 같은 절풍을 쓴다."[37]고 하였다. 이 기록만으로 보면 주부는 대가 계층에 속하는 사람들이었을 것이라는 판단을 하게 된다. 다시 말해서 소가 바로 위에 있는 대가층의 최하위 관직이 '주부'였을 것으로 판단할 수도 있다는 뜻이다. 이처럼 이미 3세기에 대가와 소가의 차이는 명확하였다. 고구려의 가장 대표적인 대가 신분은 대로·패자·고추가 등이었다. 왕의 종족 또한 그 연원이 대가에 있고, 각부의 장도 대가이다. 고구려 5부[五部, =五族]의 부장이 대가이니 그 밑에는 소가小加가 있었다고 하겠다. 부의 부장을 대인이라고 한 전통에 비추어 보면 '부장=대가=대인'의 관계임을 추리할 수 있으며, 왕가의 적통대인適統大人을 고추가라고 부른 것을 보면 '가'라든가 대인은 고구려 관직 체계상의 특정 관료를 이르는 명칭이 아니었음을 알 수 있다. 관직을 가졌든 갖지 않았든, 전통적인 최상위 지배층(신분)을 가리키는 범칭으로 이해할 수 있다는 뜻이다. '대가' 가운데 대부가 국왕 바로 아래의 특정 관료층을 가리키는 개념이라면 대인은 대가 계층 전체에 대한 포괄적 호칭으로 쓰인 것을 알 수 있다. 지배층 가운데 최상층 신분에 대한 일반적인 경칭이 '대인'이었다고 이해할 수 있는 것이다. 대대로 고구려 왕가와 결혼한 절노부 왕비의 아버지나 그 남자 형제 또한 고추가였다. 그러니까 왕과 왕비의 친족 남자들을 고추가(대가)라 하였고, 그들을 부르는 또 다른 칭호가 대인이었음을 알 수 있다. 즉, '대인'이란 본래 지배층 신분에 대한 포괄적인 호칭이지 특정 관직에 있는 이들을 가리키는 칭호가 아니었던 것이다. 또 '그 관직을 둘 때, 대로가 있으면

---

37. …大加主簿頭著幘如幘而無後其小加著折風形如弁…(『삼국지』 위서 고구려전)

패자를 두지 않고 패자가 있으면 대로를 두지 않았다[38]고 한 기록에서도 패자와 대로는 대가 신분층에서만 맡을 수 있는 관직이었음을 알 수 있다. 대가·가·대부 그리고 대인 사이의 개념적 차이점을 찾아내기 위해 『삼국지』 고구려전의 다음 내용을 보자.

"절노부는 왕과 대대로 혼인하였다. 그 절노부의 가加는 '고추'라는 호칭으로 불렸다. 여러 대가 역시 각자 사자·조의·선인을 두고 이름을 왕에게 진달하였다. 경·대부의 가신과 마찬가지로 모이면 함께 앉고 일어난다. 그러나 왕가의 사자·조의·선인과 같은 줄에 들 수 없다. 그 나라의 대가大家는 사냥은 하지 않고 농사도 짓지 않는다. 앉아서 먹는 자들이 1만여 명이나 된다."[39]

고추가는 대가이므로 정확히 하려면 '고추대가'라고 했어야 했다. 그러나 이 기록에서는 고추가를 '가'라고 하면서 마치 '대가'가 아닌 것처럼 설명하였다. 그래서 『삼국지』 고구려 전에 위 내용과 별도로 "왕의 종족은 대가大加로서 모두 고추가를 칭했다"[40]고 설명을 추가하였다. 이 내용을 통해 비로소 고추가는 모두 대가였음을 알 수 있다. 그리고 사자·조의·선인을 둘 수 있는 사람들 역시 각 부의 부장 즉, 대가였다. 그래서 제대가諸大加를 따로 구분하였다. 애초 대가·가·소가라는 호칭은 신분을 이르는 용어이지 관직명은 아니었다. 전통적인 최상위 지배층인 대가·소가의 '가 계층' 모두를 편의상 제가諸加라고 불렀듯이 가 계층이 맡을 수 있는 경·대부 관직은 물론, 주부·우태·승까지의 귀족 관

··········
38. …其置官有對盧則不置沛者有沛者則不置對盧…(『삼국지』 위서 고구려전)
39. 絶奴部世與王婚加古鄒之號 諸大加亦自置使者皂衣先人名皆達於王如卿大夫之家臣會同坐起不得與王家使者皂衣先人同列其國中大家不佃作坐食者萬餘口…
40. 王之宗族其大加皆稱古鄒加

리를 대가 또는 대인으로 부른 것으로 이해할 수 있다. 이를테면 경·
대부는 고구려 국왕 바로 아래의 최상위 지배층이며, 조의·사자·선인
과 같은 사인을 둘 수 있는 이들이 대가이자 대인이었던 것이다. 『삼국
지』고구려전에 국왕과 고구려의 관직 체계를 대략 알 수 있는 내용이
있다.

"그 나라에 왕이 있다. 그 관리로는 상가·대로·패자·고추가·주부·우태·
승·사자·조의·선인이 있다. 높고 낮은 이름에 등급이 있었다."[41]

　이것은 3세기의 자료이니 이때 이미 고구려에서는 대가·소가와 함
께 상가가 국왕 바로 밑의 최상층 관료 신분으로 성장하였음을 알 수
있다. 가 계층 출신 관료 가운데 가장 높은 국상國相 자리를 맡았으므로
상가相加라고 불렸던 것이다. 이것은 조선시대 영상領相이라고 불린 계층
과 맞먹는 신분으로 볼 수 있을 것이다. '상가'는 전통적인 지배층 신분
인 '대가'와 같은 가 계층이 관료로 진출한 흔적이라고 할 수 있다. 이미
3세기에 고구려에는 대가 위에 상가相加가 분화했으며 그 아래로 대로·
패자·주부의 관직도 대가 신분이 독차지하였다. 이 대가 그룹은 많은
식솔을 거느리고 있었고, 친족도 많아서 대가大家를 이루었으므로 고구
려 내에서는 이름난 가문이었을 것이다. 그래서 이들 대가大加를 국중대
가國中大家로 표현한 것으로 볼 수 있다. 그들은 농사를 짓지 않고 앉아서
놀고 먹는 계층이었다. 3세기 고구려의 좌식계층이 자그마치 1만 명이
나 되었다. 이런 것들을 기준으로 삼아 판단하더라도 상가와 대가를 포
함한 가 계층 전체를 총칭하는 용어가 대인이었음을 알 수 있다. 위 자

．．．．．．．．．．．．
41. 其國有王其官有相加對盧沛者古鄒加主簿優台丞使者皁衣先人尊卑名有等級

료의 분류 기준으로 보면 아마도 우태와 승은 본래 소가였을 수 있다. 그 아래 사자·조의·선인은 대가의 사인使人 그룹이었으니 소가는 대가와 무엇인가 보이지 않는 신분적 차이가 있었던 것 같다. 대가大加들은 사자·조의·선인의 사인을 두고 있었고, 그 사인층 바로 아래에 백성으로서 평민과 노예가 있었던 것이다. 고구려의 사인은 조선시대의 예로 보면 중인中人 계층에 해당한다. 이들이 고구려 지배층과 일반 백성을 연결하는 중간자였다. 사자·조의·선인 그룹은 하층관료로서 우태와 승 이상의 가 계층과는 신분에 큰 차이가 있어서 그것을 뛰어넘을 수는 없었을 것이다.

한 예로, 대가 신분층의 하나인 고구려의 주부主簿라는 관직은 조선시대에도 그대로 존속하였다. 그러므로 조선의 '주부'는 고구려의 요소로 볼 수 있다. 애초 신라가 고구려와 백제의 유민을 받아들여 중앙 관제에 편입할 때 고구려 유민을 백제인보다 하위 관료로 임명했고, 그 잔재가 남아 있음인지 조선시대 주부는 하위관직인 6품관이었다. 조선의 주부가 비록 신분이 낮은 6품관이었어도 그들은 7~9품의 최하위 관리와는 큰 차이가 있었다. 7~9품관은 6품관으로 승진하기가 매우 어려웠다. 특히 서얼 출신은 6품관 이상으로 올라가기가 힘들었다. 그러나 6품관을 거치면 그 이후의 승진은 비교적 쉬웠다.

그러면 고구려와 백제·가야의 대부는 어떻게 같고 다를까? 먼저 조선의 대부는 정1품으로부터 종4품까지의 최상층 관료들을 총칭하는 개념이다. 이들은 다시 정3품 이상의 당상관과 종3품 이하의 당하관으로 나뉜다. 조선의 대부 계층은 양반 중에서도 최상위 관료 그룹인데, 그 중에서도 정1품~종2품관은 직제상 구분으로는 대부이지만 중국의 경卿에 대응하는 신분으로 이해할 수 있다. 이들은 정5품~종9품까지의 낭관郎官과는 크게 다른 신분이었다. 그리고 조선의 대부는 문관을 이르는 개념이었다. 이런 전통이 일찍이 가야나 백제 및 삼국시대로부터 내려온 것이라면 백제와 가야의 대부 또한 무관이 아닌 최상층 문관 그룹에 대한 총칭으로 이해할 수 있다. 이들 정3품~종4품까지의 대부와 동등한 신분의 조선시대 무관직은 '장군'으로 불렸다. 다시 말해서 조선에서는 대부가 최상층 문관이고, 장군은 그에 맞먹는 최상층 무관이었던 것이다.

이런 기준은 고구려 시대의 제도와 맥락을 같이 하는 것으로 이해해 볼 수 있다. 엄격한 신분제 사회인 고구려에서 우태·승은 대가로 그리 어렵지 않게 신분이 올라갈 수 있었을 테지만, 일반 평민이 주부主簿나 그 아래 우태·승과 같은 가 계층으로 신분이 올라가기는 하늘의 별 따기 만큼이나 어려웠을 것이다. 고구려의 주부는 아마도 대가층이 맡을 수 있는 관직 중에서는 최하위였을 것으로 판단된다.

고구려에는 왕 바로 아래 경卿과 그 다음 서열로서 '대부' 관료층이 있었다. 경이나 '대부'를 맡을 수 있는 신분은 대가 그룹이었다. 통상 대가·소가의 가 계층 모두를 평민이나 사인 그룹에서는 대인이라고 불렀을 것이다. 위 자료만을 가지고 말하자면 고추가나 대로·패자·주부 등 대가 신분만이 독점하는 경·대부급의 관료에 대한 범칭 개념이 대인이었다고 하겠다. 이렇게 되면 고구려의 대가나 대인을 백제와 가야·신라의 대인과 동등한 신분으로 이해할 수 있다.

이런 것들을 그대로 임나에 적용하면 보다 구체적으로 가야 사회를 들여다볼 수 있을 것 같다. 즉, 신라와 임나의 대인을 고구려의 대가나 대인과 같은 계층으로 이해할 수 있고, 백제·임나의 대부를 고구려의 대부와 같은 것으로 이해할 수 있다. 고구려에선 최상층 관료인 경·대부를 포함하여 대가들을 대인이라고 일컬었던 것이니 '대인=대부'의 관계로 이해할 수 있다. 다만 '모든 대부는 그 출신이 대인이지만, 모든 대인이 다 대부가 되는 것은 아니었다'고 정의할 수 있겠다.

앞에 제시한 고구려의 대가와 그들이 거느린 사인 그룹을 기준을 가야에 적용해 보면, 안라국의 국내대인이 거느리고 있던 사인使人은 임나 본국 왕이 거느리고 있는 사인 그룹과 같은 줄에 설 수 없었을 것이다. 사인 그룹을 거느리고 있는 대인·대부 층은 안라국은 물론 그 외 임나 소국에도 있었고, 임나본국에도 있었기 때문에 임나 소국 및 임나 본국의 대인과 구분하기 위해 안라국의 대인을 '국내대인'으로 기록한 것이라고 볼 수 있다. "대가나 경·대부들은 가신으로 사자·조의·선인을 두고 왕에게 뜻을 진달할 수 있었고, 모이면 함께 앉고 일어서는데 대가의 사자·조의·선인은 왕가의 사자·조의·선인과는 같은 줄에 들 수 없었다"는 고구려에서의 원칙은 임나 본국과 임나 소국 사이에서도 비슷하게 적용되었을 것이다. 임나 소국 왕들은 비록 그 자신이 스스로 왕을 칭했다 하더라도 그들은 어디까지나 임나 본국 왕 아래 신분이었으므로 고구려 5부의 수장과 그 위상이 크게 다르지 않았을 것이다. 이런 관계는 그 이치상 같은 시대 동옥저 본국 왕과 그 후국인 불내·화려·옥저의 소왕들도 대략 비슷하였을 것이다.

안라국에 대인이 있었다면 임나본국은 물론 다른 소국에도 그것이 없었다고 볼 수 없다. 또 가야에 대부가 있었으니 대부·대인으로써 가야의 최상층도 고구려와 비슷한 체제였을 것임을 미루어 알 수 있다. 더구나 고구려·부여처럼 가야 사회도 가 계층 중심으로 정치 세력이 형성되어 있었을 것이라고 앞에서 설명하였고, 안라국과 구야국을 떠받친 지배층이 부여나 고구려의 마가馬加·구가狗加 그룹이었을 것이라고 제시한 마당이니 가야 사회 체제를 부여·동옥저 등과 크게 달랐다고 볼 이유가 별로 없다.

그러나 고구려의 '대인'은 이미 오환선비 사회에서의 '대인'과는 상당한 거리가 있었다. 어디까지나 '나라[國]'의 테두리 안에서 조직된 대인이었다. 나라가 없고, 부족 중심으로 생활하던 선비 사회에서 부의 부장을 대인이라고 하던 과거와 달리 고구려의 대인은 이미 어느 정도 체계화된 국가 조직 내에서의 최상층 주요 핵심세력이었고, 이들의 연합 위에 국왕이 있었다. 경·대부·대가 및 가 계층을 통틀어서 편의상 전통적인 용어로 '대인'이라고 불렀을 뿐이다. 그러나 고구려 5부의 수장은 '부장'이란 용어 대신 대가大加라는 호칭을 사용하였으므로 기록에 제대가諸大加라고 기록한 것이다. 국가가 없이 부족과 부장 중심으로 움직이던 선비 사회와 달리 고대 왕권국가를 형성한 고구려에서 만약 그들을 '대가' 또는 대인이란 호칭 대신 부장으로 부른 경우가 있었다면 그 것은 매우 제한적이었을 것이다.

고구려 5부의 부장이 대가이고 대인이었으며, 신라 6부의 수장도 부장이었다. 그러니 아마도 신라 6부의 부장들도 대인으로 불렸을 것이다. 하지만 고대국가에서의 부장(대인)과, 그 이전 단계에서의 부장은 큰 차이가 있다. 고대국가 이전, 부 체제 하의 부장은 그야말로 부족적 개념의 매우 단순한 칭호였다. 앞에서 설명한 대로 국가 체제 내에서의 부장이나 대인은 최상위 가 계층을 총칭하는 개념인 동시에 이미 여러 가지 관직으로 분화된 최상위 관료층을 아우른 개념이었다. 그러므로 부족 단계의 족장에 불과한 부장(대인)보다는 고구려 대인은 매우 복잡한 단계에 와 있었던 것이다. 그 하나의 흔적이 고구려 5족과 그 수장을 중심으로 한 5부이다. 고구려 5부의 부장은 국가란 테두리 내에서의 5부 수장이지만 통상 그들을 대가라고 불렀다. 이들 대가 그룹이 대인으로 불린 것은 과거의 전통에 뿌리를 두고 있는 것이다. 고구려 5부의 각 부장은 그 신분이 원래 대가이며, 고구려 최상위 관료 계층을 총칭하는 개념이다. 그래서 그들은 '대가=대인'의 지위로 인정되었다. 하지만 고구려의 5부 부장이 연합하여 그 위에 국왕이 태동한 단계에서는 이미 '부장'으로서의 위상보다는 대가 또는 대인으로서의 신분과 권위에 무게가 실려 있었다고 볼 수 있다. 그러니까 고구려에서 5부의 수장을 공식적으로는 부장으로 부른 사례가 없다. 그저 대가大加로 묶어서 제대가諸大加라 통칭하였으니 결국 이들 대가는 대인 계층의 한 부류였던 것이다.

참고로, 과거 오환선비의 부장(대인)과 유사한 계층에서 출발한 것이 신라 6부의 부장이다. 그리고 이들 부장과 유사한 신분이 '나마리(나말)'나 '마리'이다. 다만 '나마리'는 국가 이전 단계의 지방 군소 실력자로서 원래 과거 촌주村主의 신분이었다고 하겠다. 이 나마리는 '신라' 중앙의 '나마奈麻'라는 관료 계층에 편입되었다. 즉, 여러 지역의 수장층 '나마리'를 통합하여 중앙관등 '나마'로 흡수하였고, 그들을 바탕으로 그보다 더 큰 '마리(수장)'가 그 위로 상승 분화하여 '마리 중의 마리'인 '마리칸(麻立干)'을 탄생시킨 것이니 눌지왕으로부터 지증왕까지의 '마립간' 시대는 사실 사로국 주변의 '마리'와 '나마리'들을 정복, 다수의 마리를 지배하는 방식으로 국가를 형성하였음을 알려준다. 따라서 그 원류를 따지고 보면 마리나 나마리 계층은 촌주 신분으로서 본래 그들 사이에는 세력의 대소 차이가 있었으므로 중앙 관등에 편입될 때 그 신분을 감안했을 것이라고 판단할 수 있다. 애초 '마리'는 여러 명의 나마리를 거느리고 있었을 것이다. 신라의 '마리' 가운데 가장 대표적인 존재를 6부의 대표라고 보면, 신라 6부의 장이나 마리는 고구려 5부의 대가나 대인과 유사한 계층으로 판단할 수 있다. 이런 기준을 적용하여 신라의 골품제를 이해하면 17개 관등 가운데 10등 대나마와 11등 나마 이상을 대인으로 불렀어야 한다. 그러나 신라의 성장 과정에서 나마 계층은 중간 관료로 격하되었다. 정복을 통해 주변의 많은 소국을 통합해가는 과정에서 나마(나마리) 위에 찬澯 계층이 다시 형성되었다. 찬은 아마도 '치+한'의 합성어일 것으로 보인다. '아찬'의 경우 '아치'와 '한(칸)'의 합성어로 볼 수 있으니 '아치'는 벼슬아치이고, 한(칸)은 과거의 수장에 해당한다. 그래서 신라에서는 왕 아래에 이벌찬伊伐澯, 잡찬迊澯, 파진찬 순서로 되어 있고, 그 아래 5등 대아찬, 6등 아찬과 같은 계층이 있으며 9등 급벌찬까지는 '찬'계층이었다. 이것으로 보아 아마도 찬 계층까지가 신라의 대인이었을 것으로 추정된다. 마립간(마리칸) 역시 '마리'와 '칸'의 합성어이다. 이것을 보면 칸과 마리 아래에 나마리가 있었던 것이니 결국 마리칸 그리고 '아치한(아찬)'[42] 계층 아래로 나마 신분의 격이 떨어졌다고 볼 수 있다. 대나마·삼중나마 등 나마 계층이 비대하게 분화한 것은 정복과정에서 신라가 주변 소국의 왕들을 중앙 관등에 편입하면서 생긴 결과이다. 결국 나마 위에 아찬 계층이 분화하자 자연히 나마 계층은 중간관료로 격하되었음을 이것으로 알 수 있다. 이렇게 보면 신라의 대인 가운데 최하층은 '아찬' 그룹이었을 수 있다.

이상을 정리하면 신라 6부의 수장급과 이벌찬·잡찬·파진찬·대아찬·아찬·급벌찬까지를 『일본서기』에 대인으로 기록한 것이 아닌가 여겨진다. 결국 안라국의 국내대인이나 기타 임나 소국의 국내대인은 물론 임나 본국의 본국대인 또한 최상위 신분 계층만이 독점할 수 있는 관직을 가진 자에 대한 총칭이었을 것이다. 고구려·가야의 대인 및 대부로써 가야의 대인 역시 '대부'라는 관직을 독점하는 계층이었으리라고 상정해볼 수 있다. 고구려의 경우 우태·승 위의 대가 계층을 대인으로 불렀다면 고구려·백제·신라·가야 등 어느 나라든 대인은 국왕 아래 최상위 지배층을 통칭하는 개념이었다고 볼 수 있다. 이런 구도라면 가

---

42. 아찬은 벼슬아치의 '아치'와 '한(칸)'을 합성한 조어로 볼 수 있다. '아치한'→아찬의 과정을 거쳤을 것으로 보는 바이다.

야의 정치 또한 임나제국任那諸國의 국왕(소왕)은 자신의 아래에 있는 대인 그룹을 통제하고, 임나본국 왕은 임나제국의 소왕을 지배하는 방식으로 이루어졌을 것이다. 이런 체제는 『삼국지』 한전의 구야국·안야국 관련 내용 가운데 "그 관리가 대궐에 있으면서 읍군·귀의후·중랑장·도위·백·장을 잘 거느린다"고 한 전통을 임나 본국이 그대로 계승한 결과일 것이다.

여기서 쉬운 예를 하나 들어 이해를 돕고자 한다. 만약 가야나 백제의 대인 누군가가 자신의 무리를 이끌고 왜(일본)로 진출하였다고 치자. 그러면 그 또한 과거의 전통에 따라 부部의 수장이라는 의미에서 부장으로 불렸을 것이다. 그 대표적인 사례가 『일본서기』에 등장하는 왜의 하내부河內部라든가 액전부額田部와 같은 것들이라고 할 수 있겠다. 흠명 13년(552) 5월 8일 조에는 백제 본국의 사신과 하내부의 아사비다 등을 왜에 보내어 구원병을 요청하였다.

"흠명 13년 5월 8일 백제·가라·안라가 중부中部 덕솔 목협금돈, 하내부 아사비다 등을 보내어 '고구려와 신라가 서로 통하고 세력을 아울러 신의 나라(백제)와 임나를 없애려 모의하고 있으니 삼가 구원병을 청합니다.'고 아뢰었다."[43]

하내부 아사비다가 백제와 함께 일본 천황에게 구원병을 요청하고 있는 것으로 그려져 있다. 이것으로 보면 아사비다는 천황의 사신이 아니라 하내국 하내부의 왜신에 불과하였음을 알 수 있다. 다시 말해서 아사비다는 야마토 정권과 천황 직속의 사신이 아니라 일찍이 백제에

43. 十三年夏四月 箭田珠勝大兄皇子薨 五月戊辰朔乙亥 百濟·加羅·安羅 遣中部德率木刕今敦·河內部阿斯比多等奏曰 「高麗與新羅 通和并勢謀滅臣國與任那 故 謹求請救兵

서 가와치(河內)⁴⁴ 지방으로 나간 왜 교포로 볼 수 있다는 뜻이다. 백제와 관련이 없는데 어떻게 왜국 하내국河內國의 하내부 인사를 천황에게 보내어 원군을 요청했을 것인가? 하내부와 기타 부장(대인) 중심의 몇몇 부가 하내국을 이루고 있었고, 그 하내부의 사신을 백제 사신과 함께 일본 천황에게 보냈다면 하내부를 왜로 진출한 백제부의 하나로 볼 수밖에 없다. 이런 점을 감안할 때 하내국이란 일찍이 가와치(河內) 지방으로 내려간 백제인들이 세운 왜 소국의 하나로 볼 수밖에 없다.

하내부의 부장은 곧 하내부 대인에 해당하는 인물이었던 것이고, 이런 부장(대인) 그룹이 왜 지역에서 소국을 형성하여 소위 하내국·왜국倭國 고시군高市郡이라든가 기국紀國과 같은 왜 소국 정권이 탄생한 것이라고 할 수 있다.⁴⁵ 또 흠명 2년(541) 7월 조에 백제는 "기신紀臣 나솔奈率 미마사彌麻沙 등을 (왜에) 보냈는데, 기신은 가라 여인을 취해서 낳은 사람으로서 백제에 머물러 살아서 나솔이 된 자이며 그 아버지는 알 수 없다"⁴⁶고 하였다. 이 기록으로 보면 길비신吉備臣(키비노오미)이라든가 기국紀國의 기신紀臣은 왜신이었음이 명백하다. 본래 기き는 백제에서 나무[木]를 이르는 말이어서 '기국紀國'을 백제 목씨木氏가 내려가 세운 왜 정권이었을 것으로 보는 이도 있다. 가능성이 아주 없는 것은 아니어서 흥미로운 견해라고 할 수 있으나 그것을 증명할 수 있는 자료는 남아 있지 않다. 아무튼 위 기록을 바탕으로 우리는 임나(가야)와 백제의 영향을 받은 왜국에서 부部의 존재를 알 수 있으니 가야에 부가 없었다고는

••••••••••
44. 원래 하내(河內)는 '가와우치'로 읽어야 하나 오래 전에 가와치란 지명으로 정착되었다.
45. 일본서기 흠명(欽明) 17년 기록에 왜국고시군(倭國高市郡)이라든가 기국(紀國), 난파대군(難波大郡) 등의 명칭이 보인다.
46. 秋七月 百濟聞安羅日本府與新羅通計 遣前部奈率鼻利莫古·奈率宣文·中部奈率木刕眯淳·紀臣奈率彌麻沙等 紀臣奈率者 蓋是紀臣娶韓婦所生 因留百濟 爲奈率者也 未詳其父 他皆效此也

할 수 없겠다. 아울러 여러 왜국에 부가 있었다면, 일찍이 일본열도 내 여러 지역에 고대 한국인들이 내려가 세운 왜의 소국들에 대한 보다 세밀한 이해를 바탕으로 3~6세기의 왜국 및 왜신의 실체와 그들에 대한 새로운 개념 정리를 할 필요가 있다.

결론부터 말하면, 일찍이 가야 및 백제의 유민이 일본 각 지역에 진출하여 초기 식민도시를 건설하였고, 그것들이 모여 소국을 형성하였으니 바로 이런 집단이 소위 '여러 왜'라는 의미의 제왜諸倭라든가 왜 또는 왜국의 실체라고 할 수 있을 것 같다. 백제계 인물들이 왜로 내려가 세력을 펴기 전인 3~4세기 이전부터 가야인들이 왜로 진출하여 일본 여러 지역에 세력을 형성하였다. 그 뒤를 이어 백제인들이 내려가 활동하였으므로 왜에서 주도적인 위치에 있던 인물들은 본래 가야나 백제 출신의 대부나 대인 계층으로 볼 수 있다. 일본 각지로 진출해 있던 바로 이런 사람들이 자신들의 본국과 연락을 위해 가야 또는 백제·신라 등에 파견한 연락책이 임나 및 백제와 관련된 일본측 기록에 보이는 왜신倭臣의 실체라고 이해할 수 있다.

안라국에 있었다는 제왜신諸倭臣은 누구인가?

일찍이 가야인들이 일본으로 진출한 흔적은 대마도를 거쳐 규슈(九州)와 세토내해(瀨戶內海) 주변으로부터 오사카 일대에 이르는 지역까지 여러 유적과 유물에 남아 있다. 왜로 진출한 가야인들은 본국과의 지속적인 교류를 통해 줄곧 선진문물을 공급받았고, 가야와 왜의 정보 및 문화를 수시로 옮겨놓았다. 정치적으로 그리고 경제적으로 가야인들은 왜인과 깊은 관련을 맺고 있었다. 창녕이나 고성 등지의 유적에서 선보이는 왜계 유물은 고대 왜인 및 가야계 교포들과의 교류를 짐작케 하는 것이다. 교통과 통신이 발달하지 못한 사회였던 만큼 가야인들 또한 일본 각지로 진출한 가야계 왜인들을 통해 일본 내의 정보를 파악하고 있었을 것이다. 양측의 긴밀한 유대와 상호 정보교환 및 협력을 위해 임나 본국에는 편의상 일종의 왜인 연락소가 차려졌을 것이다. 그 연락을 맡은 이들을 편의상 왜신倭臣이라고 하자. 그들은 일본 중앙의 야마토 정권에서 보낸 정식 사절로서의 왜인 사신이 아니었다. 일본 내 각지로 진출한 가야 및 백제계 실력자들이 보낸 사람들이었다. 이들이 바로 앞에서 설명한 기신紀臣·길비신吉備臣(키비노오미)·고시군高市郡의 왜신 및 하내부의 하내직河內直과 같은 사람들이었다. 그들은 어디까지나 왜에서 건너온 사람들이니 '제왜신諸倭臣'으로 부를 수밖에 없다. 일본 각지에서 건너온 왜신들은 임나 본국 또는 안라국과 같은 임나 소국에 머물며 양측의 연락을 도왔을 것이다.

바로 이런 측면에서 『일본서기』 흠명 15년(554) 12월 기록에 보이는 '재안라제왜신在安羅諸倭臣'의 실체를 바라볼 수 있을 것 같다. '재안라제왜신'은 글자 뜻 그대로 해석하면 '안라에 있는 여러 왜의 신하'이다. 물론 532년 임나 본국 멸망 이전에는 '제왜신諸倭臣'이라는 기록은 보이지 않는다. 아마도 그것은 기록이 전하지 않을 뿐, 임나 본국 멸망 이전이라 해서 가야에 온 왜신倭臣들이 없었다고 할 수 없다. 오히려 더 빈번하게 왜신이 오갔을 것이고, 더 밀착된 관계였을 수 있다. 그들을 포함하여 6세기 중반 안라국에 상주하던 왜신들을 묶어서 표현한 게 '재안라제왜신在安羅諸倭臣'일 것이라고 보는 바이다.

여기서 다시 임나일본부 문제로 돌아가 보자. 다른 문제는 모두 접어두고, 임나일본부를 앞에서 설명한 근거를 바탕으로 '임나왜부'로 치환하여 이해해 보면 어떨까 하는 것이다. 임나일본부를 임나왜부로 바꿔놓고 생각해보면 혹시 이 문제를 좀 더 쉽게 이해할 수 있지 않을까?

이것은 바꿔 말하면『일본서기』편찬자 또는 그 후 누군가가 '임나왜부'를 임나일본부로 개작했을 가능성은 없는가 하는 점에 대한 검토이다. 흠명 2년(541) 7월 기록에도 안라일본부安羅日本府라는 이름이 더 있으니 이것과 임나일본부의 차이는 무엇인지도 고려해야 한다. 어차피 '일본부'는 아예 없었던 것이고, 조작된 것이니 '일본부'를 임나(가야)에 와 있던 '제왜신'또는 왜신들의 연락기구로 치환하여 생각해볼 수 있는 여지는 없는지를 검토해 보려는 것이다.

그런데 실제로 어떤 형태로든 왜인들의 연락기구가 안라국에 있었을 것이라는 입장에서 이 문제를 이해하려는 이들이 있다. 임나 본국이 있었을 당시, 본국에 왜인들의 연락기구가 있었고, 임나 본국 멸망 이후에는 안라국에 있던 왜인들의 상주 연락처를 '재안라왜부(왜신)'로 이해하려는 것이다. 기록에 '제왜신諸倭臣'이라고 하였으니 그것은 일본열도 내 여러 지역의 왜 소국에서 파견된 사람들로 볼 수 있다. 다시 말해서 그들을 야마토 정권에서 보낸 '천황'의 정식사절로 보기는 어렵다. '안라국에 있는 여러 왜의 사신'들이라고 하였으니 그 말은 여러 지역에서 온 왜의 사신들이 상주한 데서 나온 표현일 테고, 그들이 안라국에 상주하였다면 그 숙소 또한 안라국에 있었을 것이다. 그렇다면 임나 본국 멸망 전에는 임나본국에도 왜신들의 체류장소가 있었을 것임을 미루어 알 수 있다. 따라서 '가라(=고령)로 가서 임나일본부에서 만나 서로 맹세하였다'는『일본서기』기사의 임나일본부도 고령에 있던 왜인들의 연락기구이거나 고령 대가야 측에서 왜신들에게 제공한 숙소일 수 있다.

임나와의 원활한 연락과 정보교환 및 그 외 여러 가지 문제를 해결하기 위해 왜인들이 가야에 와 있었다면 그들이 머물던 숙소를 오늘의 공사관이나 영사관 그리고 무역대표부의 기능을 모두 합친 성격의 기구로 이해해도 문제는 없겠다. 하나의 예이지만, 기국紀國이나 축자국筑

紫國과 같은 여러 왜국의 사신이 가야에 와서 머물 때, 가야에서는 그들을 직접 관리하였을 것이다. 즉, 안라국이나 임나본국에서는 이들 '제왜신'의 숙식을 해결해주기 위한 전용숙소인 관소館所라든가 별도의 접대관으로서 관반館伴과 같은 직책까지도 따로 두었을 것이다. 그렇다면 어떤 형태로든 그것은 왜에서 설치했다기보다는 임나 측에서 제공한 것으로 봐야 한다. 조선시대에도 왜인 사신이 조선에 오면 경성京城의 동평관東平館에 머물렀는데, 왜인의 관용 숙소인 동평관을 짓고 그들을 먹이고 재운 것은 조선 정부였다. 또 일본 후쿠오카에 있었던 홍려관鴻臚館[47]도 마찬가지였다. 이것은 중국의 홍려시鴻臚寺를 모방한 것으로, 홍려관은 중국과 한국의 여러 나라 사신이 머물 수 있도록 일본에서 지어준 관용숙소였다. 이런 방식은 오래 전부터 있어온 국가간 관례로 보아도 될 듯하다.

　왜와 임나(가야), 왜와 백제는 서로의 교류 및 외교에 필요한 최소한의 조직과 인력 및 체계를 갖추고 있었을 것이다. 초기 왜로 나간 가야인들의 입장에서는 왜와 가야 사이의 연락 및 정보교환에 최소한의 인력을 파견하여 양측의 소통을 도왔을 것이다. 특히 왜로 진출한 가야교포들에게 필요할 경우 군사적·물적 지원을 요청하거나 서로 간에 긴급히 연락할 필요가 있었기에 왜 교포의 대표로서 그 연락책인 왜신이 임나본국 또는 안라국에 상주했다고 볼 수 있다. 그러므로 안라국에 건너와 머물고 있던 왜의 연락책이 바로 '재안라제왜신在安羅諸倭臣'이었다고 이해하는 것이 타당하다. 이들은 임나를 지배하기 위해 왜에서 파견한 사람들이 아니다. 앞에서 설명한 대로 가야·백제·신라 등 한국의

----

47. 현재의 일본 후쿠오카시(福岡市) 하카다(博多), 교토(京都, 平安京), 오사카(大阪, 難波津) 세 군데에 있었던 숙박시설. 고로칸(こうろかん). 후쿠오카에 있던 것은 태재부(太宰府) 홍려관으로, 지통(持統) 2년(688)에 筑紫館(つくしのむらつみ)라는 이름으로 설치되었다.

고대국가를 일본에서 지배했다는 임나일본부는 왜인들의 염원과 희망을 담은 것일 뿐, 그 허구성이 충분히 입증되었으니 이젠 그것을 재론할 필요는 없을 것이다. 임나 본국 또는 안라국에 들어와 있던 왜신들은 '제왜諸倭'의 필요에 따라 보낸 사람들이다. '제왜諸倭'는 일본열도 내 여러 지역에 진출해 있던 이들을 일컫는 것이므로 왜의 중앙정권인 야마토 정권의 외교사절과는 다르다. 그들은 모두 가야 또는 백제계로서 가야 또는 백제의 언어와 문화에 익숙한 '왜 교포'였을 가능성이 지극히 높다. 그들 '왜신'은 천황의 신하가 아니라 가야나 백제에 뿌리를 둔 교포이거나 그 후예로 볼 수 있다. 가야에 파견된 인물을 『일본서기』에 '왜신'으로 표현한 것이라면 '제왜신'들이 머물던 관소를 이를테면 왜신부倭臣府라는 이름으로 불러도 되지 않을까? 안라국에 왜신부가 있었다면 안라왜신부, 임나본국에 있었다면 임나왜신부였을 것이다. 이것을 임나일본부로 개작했을 가능성은 있다.

여기서 『일본서기』에 인용한 애초의 원문은 그대로 두고 '왜신부'만을 '일본부'로 바꿨을 것이란 가정을 해보자. 그러면 "가라로 가서 일본부에서 만나 서로 맹세하였다"(赴加羅 會于任那日本府相盟)는 내용을 "가라로 가서 임나왜신부에서 만나 서로 맹세하였다"고 해석해야 할 것이다. 그렇지만 아무리 생각해도 임·제동맹 체결 장소가 '임나왜신부'였다는 게 매우 이상한 일이다. 임나와 백제 양측의 동맹인데 어찌하여 굳이 왜신들이 모여 있는 곳으로 가서 상호동맹을 맺었을 것인가? 임나의 여러 소국과 백제가 동맹을 맺은 것이니 최소한 임나의 대표들이 모였을 것이고, 그들이 둘 이상 모였다면 국가간 조약에 별도의 증인이 필요하지는 않았을 것이다. 그리고 이 동맹을 맺은 해가 541년 4월이니 임나 본국은 멸망한 지 10년째 되는 해이다. 통상 6세기, 그것도 532년 이후의 '가라'는 고령으로 해석하는 바, 그렇다면 이 경우 임나왜신부가 고령에 있어야 한다. 그러나 '안라제왜신'은 안라국에 있었지 고령에는 있지 않았다. 만약 함안 안라국과 고령에 각기 제왜신이 따로 있었다면 어찌해서 고령의 왜신에 관한 기록은 없는지 그것이 의문스럽고, 반대로 안라국에는 있었는데 고령에는 없었다면 그 이유는 무엇이었을까? 그러나 그보다도 더 중요한 것은 '가라로 가서 임나일본부에서 만나 서로 맹세하였다'고 하여 고령으로 표현하면서 안라국·재안라제왜신은 거론조차 하지 않고, 대상에서 제외한 점이다. 이 때문에 말기의 가야를 주도한 것은 고령의 가라였다고 주장하는 한 이유가 되었지만, 기록의 문맥으로 보면 당시 임나일본부는 고령(가라)에 있는 것처럼 되어 있으니 그마저도 믿기 어렵다. 임나일본부가 정말로 있었다면 임나본국에 있어야 마땅하다. 그리고 임나일본부와 안라일본부가 따로 있는 것도 문제이다. 그렇다고 안라일본부를 임나일본부 휘하의 안라분소로 볼 수도 없을 것이다. 이 점에서 왜신들이 머물고 있던 곳 또는 왜신들의 근무처인 왜신부를 일본부로 고쳐 썼을 가능성은 있다. 그렇다면 아마도 '제왜'의 왜인 사신들은 임나 본국 멸망 전에는 본국에, 그 후에는 안라국에 상주하였던 게 아닌가 유추해볼 수도 있다. 자료가 없으니 추정할 수밖에 없는 노릇이지만, 아마도 가야 말기 왜신들은 편의상 안라국에 상주한 것 같다. 안라국에 왜신들이 머문 이유는 다음의 기록으로 대략 짐작할 수 있을 것 같다. 『일본서기』 흠명 14년(553) 8월 기사이다.

　…금년에 갑자기 들으니 "신라와 고구려가 모의하여 말하기를 백제와 임나가 빈번하게 일본에 가는데 그 뜻이 군사를 빌어 우리나라를 치려는 것이다. 일이 만약 사실이라면 나라의 패망은 가히 발꿈치를 들고 기다리는 것과 같다. 먼저 일본 군병이 출발하기 전에 안라를 쳐서 취하여 일본으로 가는 길을 끊어야

한다."고 하였다.[48]

이 기사에서 가장 주목되는 구절은 왜로 가는 해로를 일본로日本路라
한 것이다. 이것은 8세기 초 일본이라는 나라가 생기기 한참 전의 기사
이니 반드시 왜로倭路라고 했어야 한다. 그 문제는 접어두고, 위 기사에
서 정작 중요한 구절은 '일본로'와 함께 안라국이 왜와의 교류에 중요한
거점 역할을 하고 있는 것이다. 임나와 왜의 교류에 중요한 곳이 안라
국이었음을 알려주는 이 기사 하나로써 안라국에 있는 여러 왜의 신하
들 즉, '재안라제왜신在安羅諸倭臣'이 안라국에 상주했던 이유를 가늠할 수
있는 것이다. 임나 본국이 사라진 532년 이후의 조건에서 보면 함안은
해안을 끼고 있어서 왜와의 교류에 가장 유리하였기 때문에 '제왜신'이
안라국에 머물고 있었다고 판단할 수 있다. 그렇다면 그 무렵, 왜와의
교류에 중요한 역할을 한 항구는 마산이나 진동 그리고 그 사이의 구산
면 일대 바닷가였을 것이다. 함안에서 일본으로 닿는 해류(조류)의 최단
거리 거점이 바로 마산 진동이나 그 서편 지역 해안이기 때문이다.

백제 성왕의 아들 '다다라 씨'와 일본으로 진출한 백제계

백제는 4세기 중반 이후 왜와의 교류를 차츰 늘려가면서 친교를 맺
었다. 백제와 왜는 특히 5세기 말 이후 6세기에 매우 친밀한 관계로 발
전하였다. 5세기 중반 이후 왜는 가야보다는 백제와 더 가까워졌다. 가
야 멸망 뒤에 왜는 더욱 백제와 밀착되었고, 신라와는 계속 적대적인
관계를 유지하였다. 이런 구도 속에서 신라는 왜와의 관계 개선을 위해

----

48. 今年忽聞 新羅與狛國通謀云 百濟與任那頻詣日本 意謂是乞軍兵伐我國歟 事若實者 國之敗
亡可企踵而待 庶先日本軍兵未發之間 伐取安羅 絶日本路

노력하였다.

백제 성왕의 죽음, 그리고 가야 멸망 이후 백제의 어수선한 국내 혼란이 어느 정도 안정되기까지는 꽤 긴 시간이 걸렸다. 이런 어려움 속에서도 백제는 왜와의 끈끈한 연대를 바탕으로 난국을 극복하였다. 가야 멸망 직후에도 백제는 수세에 몰린 처지를 왜와의 관계 강화로 대응하였다. 백제와 왜의 친밀한 관계는 계속 유지되었고, 양측은 사신을 빈번하게 교환하였다. 신라의 사신과 함께 백제가 당시 야마토 정부와 통교한 사실이 있다. 그 중에서 대표적인 사례가 『일본서기』 민달敏達 천황 4년(575) 6월 기록에 보인다. "6월 신라는 사신을 보내 조공을 바쳤다. 아울러 다다라多多羅·수나라須奈羅·화타和陀·발귀發鬼 4읍의 조공을 바쳤다."[49]는 내용이다. 이들 4읍은 한국 땅에 있었던 세력이 아니다. 그런데 이 기사는 신라에서 조調를 바친 사실을 먼저 적고, 그 다음에 따로 '다다라多多羅·수나라須奈羅·화타和陀·발귀發鬼 4읍의 조調'를 바친 것으로 기록되어 있다. 이들 4읍을 하나로 묶어서 신라와 구분한 배경은 그 4읍이 모두 백제계였기 때문인 것 같다. 백제 왕자로부터 유래한 다다라 씨의 사례로 보더라도 이들 4읍은 왜에 진출해 있던 일종의 '백제 식민도시'로 추정된다. 그들을 각기 '도시국가' 형태의 백제계 정착집단으로 이해한다는 뜻이다. 백제는 당시 일본열도 내 여러 지역에 진출해 있던 백제계 세력을 통해 중앙의 야마토 정권과 통교한 기록이 다다라를 포함한 4읍의 교류였다고 보는 것이다.

그럼 여기서 말한 조調는 무엇일까? '조용조租庸調'는 중국 당나라 때 균전제均田制 시행 이후의 조세법이다. 조租는 구분전口分田에 부과한 세

49. 六月新羅遣使進調 多益常例 竝進多多羅須奈羅和陀發鬼四邑之調

금이며,[50] 용庸은 15세 이상 60세 이하의 장정에게 부과하는 노역이다. 그리고 조調는 사는 집에 대해 부과하는 세금이다. 이것으로 보면 앞의 『일본서기』 민달敏達 천황 4년 기사는 신라계로서 왜국에 정착한 이들과 4읍의 백제계 사람들이 일종의 가옥세를 바친 기록임을 미루어 짐작할 수 있다. 신라의 조調와 구분하여 쓴 것도 그렇거니와 백제계 성씨인 다다라多多羅 씨 뒤에 3읍의 이름을 열거하였으니 그들을 백제계로 볼 수밖에 없는 것이다.

'다다라'는 백제 성왕의 셋째아들 임성 왕자가 왜로 내려가 정착하면서 생긴 이름이다. 그러므로 다다라 뒤에 열거한 3읍의 주민들도 백제계로 봐야 한다. 임성 왕자는 자신이 일본 땅에 도착한 지명을 성씨로 삼아 다다라씨라고 하였다고 전한다. 애초 다다라多多良는 지금의 후쿠오카 해변의 지명이었다. 『조선왕조실록』 단종 1년(1453) 6월 24일 기록에 다다라 씨의 내력을 알 수 있는 내용이 있다. 일본 대내전大內殿(=다다라 씨)의 사신 유영有榮이 조선 예조에 올린 글이다.

"다다라씨多多良氏가 일본국에 들어갔습니다. 그가 일본으로 간 까닭은 일본에서 일찍이 대련大連 등이 군사를 일으켜 불법을 없애려고 하였기 때문입니다. 우리나라 왕자 성덕태자聖德太子는 불법을 높이고 공경하였으므로 대련大連과 서로 싸웠습니다. 이때 백제국왕이 태자 임성琳聖에게 명하여 대련大連 등을 치게 하였으니, 임성琳聖은 대내공大內公입니다. 성덕태자가 그 공을 가상히 여겨서 주군州郡을 하사한 뒤로 임성 왕자가 사는 땅을 대내공조선大內公朝鮮이라고 부릅니다. 지금 대대 후손이 있고, 노인들 가운데 박식한 사람이 있어서 그 계보가

- - - - - - - - - - -
50. 당나라에서는 18세 이상의 남자에게 80무(畝), 60세 이상에겐 40무의 토지를 대여하고, 죽으면 국가에 반납하였다. 바로 이 구분전에 매긴 일종의 경작세 및 토지이용료라고 할 수 있다.

상세하게 전합니다. 대련 등이 군사를 일으킨 때가 일본국 경당鏡當[51] 4년인데 중국 수隋나라 개황開皇[52] 원년(581년)에 해당하니 경당 4년부터 경태景泰[53] 4년 (1453)까지 모두 873년입니다. 귀국에는 반드시 임성태자가 일본에 들어간 기록이 있을 것입니다. 대내공의 식읍食邑은 대대로 병화兵火로 인하여 기록을 잃어버렸으며, 지금 기록한 것은 우리나라의 늙은이들이 말로 서로 전하여 왔을 뿐입니다."

다다라씨 관련 기록을 찾아달라는 왜인 사신의 주문에 따라 단종은 즉시 춘추관春秋館과 집현전에 명령을 내려 임성 왕자 및 성왕의 사적을 확인해 주었다. 그 당시 조선의 지배층은 다다라씨多多良氏를 대내씨大內氏라고도 한다는 사실을 잘 알고 있었다. 대내大內는 본래 왕이 있는 궁궐을 의미하는 말이다. 다시 말해서 大內라는 말 속에 이미 대내씨大內氏의 출신이 왕통이라는 의미가 들어 있는 것이다. 이 대내씨, 즉 다다라씨는 백제 성왕의 셋째 아들인 임성 왕자로부터

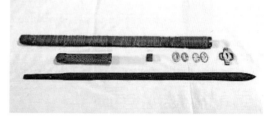

■ 임성태자가 가져온 것으로 알려진 도검이 야마구치 고류사 (廣隆寺)에 전해오고 있다.

■ 대내(大內, 오우치) 가문의 족보와 족보 표지에 쓰인 '임성 태자 백제국' 표기

51. 일본 민달천황(敏達天皇)의 연호
52. 수(隋) 나라 문제의 연호
53. 명나라 경제(景帝)의 연호

시작된 가문이어서 우리와 예로부터 가깝다는 기록도 『조선왕조실록』에 전한다. 태조 이성계의 조선 건국 이후부터 조선은 줄곧 다다라씨 측과 우호적인 관계를 가졌다. 신숙주의 『해동제국기』에도 "옛 글에 이르기를 "일본 육주목六州牧 좌경대부左京大夫는 백제 온조왕 고씨高氏의 후손인데, 그 선조가 난을 피하여 일본에 가서 벼슬살이하여 대대로 서로 계승하여 육주목六州牧에 이르렀다. 대내전大內殿은 대내씨大內氏이며 그 성은 다다라多多良이다. 본래 백제 성왕의 셋째아들 임성林聖이 일본 스이코 천황(推古天皇) 19년(611년, 백제 무왕 11년)에 주방주周防州의 다다라多多良 해변에 도착하였으며 그 후 길부군吉敷郡에 정착하면서 그 자손이 다다라로 성을 삼았다."고 하였다. 이들 자료에 기록된 다다라多多良가 『일본서기』와 『조선왕조실록』에 보이는 다다라多多羅이다.

가야 멸망 후 일본 내의 백제계 세력인 다다라씨를 포함한 4읍의 대표를 통해 백제가 야마토 정권에 정식 사절을 보낸 것으로 알 수 있듯이 일찍부터 백제계 사람들은 일찍부터 왜로 건너가 정착하였다. 임성 왕자가 불교전쟁을 치르고 있는 성덕태자를 돕기 위해 내려갔다는 것은 백제 왕가에서 백제계 태자를 지원한 사실을 전하는 이야기이다. 그만큼 본국 백제의 후원이 절실한 사정이었음을 알려주는 내용으로 볼 수 있다.

가야인들은 2~3세기 이후 바다를 건너가 일본열도 여러 지역에 정착하였다. 가야인들의 진출에 이어 백제인들도 같은 길을 걸었다. 가야 말기, 안라국에 머물던 '왜신'들은 임나와 왜 사이의 긴밀한 연락책이었다. 이런 연락책은 백제에게도 필요한 존재였을 것이다. 특히 백제 성왕의 등장 이후, 백제와 임나의 상호동맹으로 임·제 양측은 왜와 더욱 긴밀하게 결속되었다. 신라가 점점 강도를 높여 압박해오는 상황에서 백제와 임나는 일본에 진출하여 세력을 펴고 있던 왜의 여러 세력들로부터 군사적 지원을 받아 신라를 견제하였다. 당시의 상황에서는 임·제동맹을 바탕으로 왜와 연합하여 신라에 대응하는 것이 최상의 수단이자 유일한 방법이었다. 가야 멸망 후에도 백제는 계속해서 왜(일본) 지역에 나가 살고 있던 가야계와 백제계 정착인들을 규합하여 신라에 대응하였다.

왜에 대한 지원군 요청과 임나·백제 상호동맹의 와해

4~5세기 왜는 임나·백제와 매우 가까웠다. 대신 신라와는 줄곧 적대적이었다. 신라와 왜 사이의 불편한 관계는 『삼국사기』의 왜인 침입 기사로도 쉽게 알 수 있다. 왜·임나·백제 연합은 오래도록 신라와의 불편한 관계를 만들었다. 이런 구도에서 신라와 임나·왜 사이에 벌어진 가장 큰 사건은 5세기 초의 가야대전이었다. 가야대전 당시 왜는 임나(가야)와 매우 친밀한 관계를 갖고 있었다. 왜는 그 전부터 백제와도 친밀한 관계를 가졌는데, 그것을 아신왕 때인 5세기 초의 기록으로도 알 수 있다. 『일본서기』의 기사로서 왕인王仁이 일본에 건너간 해인 416년의 일로 되어 있다.[54]

16년 이 해에 백제 아화왕(아신왕)이 죽었다. 천황은 직지왕을 불러 그에게 이르기를 '너는 나라로 돌아가 왕위를 이으라.'고 하였다. 그리고는 동한東韓 땅을 주어 보냈다. 동한이란 감라성甘羅城·고난성高難城·이림성爾林城이다. 8월 평군목토숙녜平群木菟宿禰와 적호전숙녜的戶田宿禰를 가라에 보내고 정예병을 주며 조칙으로 일렀다. '습진언襲津彦이 오래도록 돌아오지 않는 것은 반드시 신라가 저항하여 지체하는 까닭일 것이다. 너희들은 급히 가서 신라를 치고 그 길을 열라.'고 하였다. 이에 평군목토숙녜平群木菟宿禰 등은 정예병을 데리고 나아가 신

• • • • • • • • • • • •
54. 『일본서기』 응신 천황 16년

라 땅에 이르렀다. 신라왕은 놀라서…"[55]

이것은 아신왕이 죽고 나서 왕위계승을 두고 형제의 난이 일어난 아
신왕 14년(404)과 그 이듬해에 벌어진 일을 기록한 것이다. 그런데 『삼
국사기』는 이 사건을 좀 더 자세하게 기록하였다. 같은 사건을 다룬 내
용이지만 『일본서기』보다 사건이 있었던 연대가 더 정확할뿐더러 내용
도 훨씬 상세하다.

"아신왕이 죽자 그의 둘째 동생 훈해訓解가 대신 정사를 보며 전지 태자의 귀
국을 기다렸다. 그런데 막내동생 설례磔禮가 훈해를 죽이고 왕이 되었다. 그때
왜인들이 왜국에 볼모로 가 있던 전지腆支를 호위하여 귀국한 다음, 설례를 죽이
고 왕위를 잇게 하였다."[56]

404~405년에 왕위계승 문제로 일어난 사건과 전지왕의 즉위과정을
간략하게 핵심만 추려본 것이다. 이 일을 『일본서기』는 실제 사건이 있
었던 해로부터 10년 뒤의 연대로 적었다. 전지 태자는 왜국에 볼모로
가 있다가 아버지의 사망 소식을 듣고 귀국하였으나 도중에 '숙부' 설례
때문에 남해의 한 섬에서 잠시 기다려야 했다. 한성백제 내부에서 설
례를 죽이고 전지를 따르는 움직임이 있자 드디어 귀국하여 왕이 된 것
이다. 이때 큰 역할을 한 것이 전지 태자의 호위병으로 따라온 왜인들

··········
55. 十六年……是歲 百濟阿花王薨 天皇 召直支王謂之曰 汝返於國 以嗣位 仍且賜東韓之地而遣
之 東韓者 甘羅城 高難城 爾林城是也 八月 遣平群木菟宿禰 的戸田宿禰於加羅 仍授精兵詔
之曰 襲津彦久之不還 必由新羅之拒而滯之 汝等急往之擊新羅 披其道路 於是木菟宿禰等 進
精兵 莅于新羅之境 新羅王 愕之服其罪 乃率弓月之人夫 與襲津彦共來焉(/応神天皇(416년
무렵)
56. 『삼국사기』백제본기 전지왕

이었다. 5세기 초 왜는 가야보다도 백제와 밀착되어 백제 왕가와 중앙의 정치에도 깊숙이 관여하고 있었던 것이다.

5세기 초 고구려·신라를 상대로 한 싸움에서 그러했듯이 왜는 줄곧 임나·백제 편이었다. 그러다가 6세기 초 이후부터 왜는 가야보다는 백제와 더욱 가까운 관계를 유지한다.『일본서기』웅략雄略 21년(477)의 다음 기록은 그러한 사정을 잘 보여준다.

"봄 3월 (웅략雄略) 천황은 백제가 고구려에게 격파되었다는 소식을 듣고 문주왕汶洲王[57]에게 구마나리久麻奈利를 주어 그 나라를 일으키게 하였다. …"[58]

475년 한성 함락 직후 공주를 문주왕에게 주었다는 이 기사에 대한 해석 문제[59]는 별도로 하더라도 왜는 백제와 아주 가까운 관계였음을 알 수 있다. 왜는 임나·백제와 등거리 정책을 유지하다가 차츰 백제로 기운 것으로 볼 수 있는데, 512년에 임나4현을, 513년에는 기문己汶과 대사帶沙를 백제에 주었다고 한 것으로 보더라도 이미 왜는 백제와 더 가까웠음을 알 수 있다. 어느 경우에도 임나에 땅을 주었다는 기록은 없으나 백제에게는 땅을 내주었다고 하였다. 일본 천황이 자기가 갖고 있던 땅을 백제에 주었다는 식으로 기술한 것이다. 그렇지만 그것은 백제와 임나 사이의 영역 다툼에서 백제가 차지한 것을 천황의 이야기로 고

• • • • • • • • • • •

57. 백제 문주왕(文周王)

58. 二十一年 春三月 天皇聞百濟爲高麗所破 以久麻奈利賜汶洲王 救興其國…

59. 비류(沸流)와 온조(溫祚)가 남하하여 금강 이북~한강 이남은 온조계가 장악하고, 금강 이남 지역은 비류계가 분점하였다고 보는 견해가 제기되었다.(김성호,『沸流百濟와 日本의 國家起源』, 知文社, 1982). 나중에 비류계는 왜로 진출하였고, 475년 한성이 함락된 뒤에 비류계는 그 지배권을 행사해온 금강 이남 지역을 문주왕에게 주어 다시 백제를 일으키게 하였다는 주장의 근거로 위 기록을 들고 있다.

쳐 쓰다 보니 그렇게 개작할 수밖에 없었을 것이다.

하여튼 이런 자료들은 임나보다는 왜가 백제와 더 가까웠음을 전하는 기록이라고 하겠다. 그런데 계체繼體 천황 시대(507~530년)부터 백제와 왜 사이의 한층 밀착된 관계는 정치 및 외교적으로 백제에 무게를 실어주는 결과를 가져왔다. 이 시기는 대략 백제 무령왕과 성왕 초기에 해당하는데, 이때 백제는 고구려 · 신라와의 세력 다툼에서 매우 복잡한 처지에 놓이게 되었다. 북으로는 고구려와 대적해야 했고, 신라에 대해서는 임나와 연합하여 대응해야 했다. 신라와 백제 사이의 경쟁은 매우 치열하였다. 이와 같은 각축 구도에서 임나(가야)가 어느 편에 서는가는 매우 중요한 요소였다. 바로 이런 전략적 측면을 감안하여 성왕은 가야와 영역을 다투던 무령왕 시대와 달리 임나와 백제를 상호 대등한 동반자적 관계로 인식하였다. 백제 · 임나 양측은 서로에게 절대적으로 필요하다고 인식하고 신라에 대하여 공동전선을 구축한 것이다.

특히 532년 임나 본국이 멸망한 뒤로 '임 · 제동맹'을 결성하기 위해 성왕은 무척 노력하였다. 백제와 임나의 연합에 왜는 반드시 필요한 세력이었다. 왜로부터의 지원을 얻기 위해 백제는 왜에 여러 방면의 전문지식을 가진 고급인력과 많은 문물을 보냈다. 왜 또한 백제에 여러 가지 물건을 보냈다. 오랜 세월에 걸쳐 쌓아온 왜와의 이런 우호 관계는 군사 · 정치적으로 서로 협력하는 동반자적 관계를 만들었다. 500년 "왜인들이 (신라의) 장봉진長峰鎭을 공격하여 함락시켰다."[60]는 것도 백제 · 왜 연합의 구체적인 사례로 이해할 수 있다. 그러나 이 기사가 보인 뒤로, 우리 측 기록에는 왜인 관련기사가 별로 없으나 『일본서기』에는 양측의 기사가 꽤 많이 있다. 대부분 왜와의 관계가 백제 주도로 이루어

60. 『삼국사기』 신라 소지왕 23년 봄 3월

지고 있었음을 반영하고 있는데, 6세기 초반 임나는 전통적으로 우호국이었던 백제를 버렸다. 『일본서기』에 의하면 임나가 백제에 등을 돌리는 것은 512년 왜가 임나4현을 백제에 주고, 그 이듬해 기문과 대사를 백제에 주면서부터이다.[61] 백제는 오경박사 단양이段楊爾를 왜에 보내면서 기문 땅을 달라고 요구한 것으로 되어 있는데, 특히 왜가 다사진多沙津을 백제에 주자 임나는 백제와 등지고 신라를 택했다. 그 사실을 『일본서기』 계체 23년 3월 기록에 이렇게 적었다.

"…따로 녹사錄史를 보내어 과연 부여(夫余, =백제)에게 (다사진을) 주었다. 이로 말미암아 가라는 신라와 결탁하여 일본을 원망하게 되었다. 가라 왕이 신라 왕녀를 취하여 마침내 아이를 가졌다.…"

다사진을 백제에 준 해를 529년으로 적었으나 기사 전체 내용으로 보면 고령 대가야 왕실이 신라와 결혼하기 전에 백제에게 다사진을 내준 것으로 볼 수 있다. 고령과 신라 사이의 결혼 사건은 522년에 있었던 일이니 고령의 가야가 신라와 결혼동맹을 맺기 전에 이미 백제로부터 멀어졌던 것이다. 대가야 이뇌왕이 백제와 멀어지고 나서 신라 이찬 비조부의 누이와 결혼했다고 하였으니 522년 이전에 백제와 가야(고령)는 감정적으로 크게 악화되어 있었던 것이다. 그런데 고령과 신라의 결혼동맹이 깨지던 그 해(529년) 신라가 가야 북경 5성과 그 외 3성을 함락시킨 것을 계기로 고령 측은 신라와 결별하고 다시 백제를 선택하였다. 이후 멸망 때까지 가야권은 신라에 등을 돌리고, 백제와 전통적인 우호관

....·····
61. 『일본서기』에는 기문과 대사를 반파국이 빼앗아간 것을 백제에 돌려주었다고 되어 있다. 이것으로 보면 기문·대사를 차지하기 위한 싸움에서 왜가 백제를 도와 기문과 대사를 백제가 수복한 사실을 '왜가 백제에게 주었다'고 기술한 것으로 이해할 수 있다.

계를 회복하였다. 고령 대가야가 백제와 신라 사이를 오락가락하는 시기에도 백제와 왜 사이의 관계는 변함이 없었고, 성왕 시대에는 양측의 교류가 더욱 빈번해졌다.

계체 천황이 등장하는 507년으로부터 가야가 멸망하는 562년까지 백제와 왜 사이에는 총 38회의 교류하였다는 조사연구가 있다.[62] 이 기간 백제는 주로 선진문물과 각종 기술 그리고 전문 인력을 왜에 보냈다. 여러 분야의 기술자와 학자·오경박사·불상·불경·유교경전 등이 왜로 건너갔고, 그 대가로써 왜에서는 말이나 배·인력(축성 인력 및 병사)·활과 화살 같은 전략물자를 백제에 보냈다. 심지어 흠명 4년(543) 9월에 백제는 '부남扶南의 재물'과 2명의 노비를 보낸 일도 있다. 부남은 캄보디아의 옛 이름인 부남국扶南國이다. 당시 중국 남조의 양梁은 부남국과 활발하게 교류하며 그 문물을 받아들였다. 백제는 중국을 통해 캄보디아에서 나는 각종 값비싼 재물과 보화를 들여다가 왜에 보냈을 것이다.

"계체繼體 1년(507)부터 가야 멸망연대인 562년 사이에 백제가 왜의 야마토(大和) 정권에 사신을 보낸 회수는 기록에 오른 것만 24회이다. 이 중 백제가 원군 및 물자를 지원해줄 것을 요청한 것이 9회이다. 이 외에 임나에 관한 것이 5회이며, 왜는 9회에 걸쳐 말·배·활·화살·식량 등을 백제에 보냈다"(박현숙). 백제는 오경박사와 같은 학자나 지식인·승려 및 불경 또는 불교 관련 문물을 꾸준히 왜에 보냈다. 이것을 가지고 백제는 왜(야마토 정권)에 선진문물을 제공하고 왜는 백제에 군사 지원을 하였다고 해석하는 견해가 있다. 왜에서는 대가를 받고 군사와 군수물자를 보냈으므로 왜군은 지원군이 아니라 용병이었다고 보는 것이다. 그러나 당시 백제·임나로부터 지원군 요청을 받은 왜의 실체가 누구냐

<hr>

62. 『임나일본부설은 허구인가 : 한일분쟁의 영원한 불씨를 넘어서』, 김현구, 창비, 2010

에 따라 그 군대가 용병인지 아니면 지원군인지가 결정될 수도 있다. 당시의 일을 『일본서기』는 천황과의 관계 속에서 이루어진 일로 기록하고 있다. 그러나 빌려온 군대의 수가 최대 1천 명에 불과한 것을 보면 천황에게서 빌려온 군대로 보기 어렵다. 게다가 "신라가 왜에 사신을 보내어 조調를 바치고, 다다라를 포함한 4읍의 조를 바쳤다"는 앞의 『일본서기』 기사를 감안하면, 백제가 빌린 왜군은 일본열도에 진출해 있던 가야(임나) 및 백제계 교포들의 지원군으로 이해할 수 있다. 6세기 초부터 가야 멸망 때까지 『일본서기』에 기록되어 있는 백제·임나와 왜 사이의 문물교류 및 군사 지원 사례 가운데 대표적인 것 22건을 선별하여 그 요점만을 〈도표〉로 정리해 보았다.

〈백제와 왜 양측의 군사적·인적·물적 지원 및 호혜관계〉

연대	내용
계체 6년(512)	여름 4월 6일 수적신압산(穗積臣押山)을 백제에 사신으로 보냈다. 거듭하여 축전국(筑紫國)의 말 40필을 보냈다. 겨울 12월 백제가 사신을 보내 조공하면서 별도로 표문을 올려 임나국의 상치리·하치리·사타·모루 4현(四縣)을 달라고 청했다.
계체 7년(513)	여름 6월 백제가 조미문귀(姐彌文貴) 장군, 주리즉이(洲利卽爾) 장군, 부장 수적신압산(穗積臣押山)을 보냈다. 백제본기에 이르기를 위의사(委意斯)와 이마기미(移麻岐彌)가 오경박사 단양이(段楊爾)를 바치고 별도로 표문을 올려 말하기를 "반파국이 신의 나라 기문(己汶) 땅을 약탈하였으니 엎드려 바라건대 하늘같은 은혜로 판단하여 돌려주어 원래대로 속하게 해 달라"고 하였다. 가을 8월 7일 백제 태자 순타(淳陀)가 죽었다.
계체 9년(515)	봄 2월 5일 백제 사신 문귀 장군 등이 돌아갈 것을 청했다.……이달에 사도도(沙都嶋)에 이르러 '반파인이 한을 품고 독을 품고서 (저들의) 강함을 믿고 포학하므로 물부 련(連)은 수군 5백 명을 이끌고 곧바로 대사강(帶沙江)으로 나갔다. 문귀 장군은 신라로부터 갔다.
계체 10년(516)	가을 9월 백제는 주리즉차(州利卽次) 장군과 물부(物部)의 부장 연(連)을 보내어 왔다. 기문 땅을 준 것을 감사하고, 별도로 오경박사 고안무(高安茂)를 바치고 대신 박사 단양이를 대신하도록 청하였다. 청한 대로 하도록 했다. ……

선화(宣化) 2년(537) 안한 천황(安閑天皇)	겨울 10월 1일 천황은 신라가 임나를 침입하니 조칙으로 대반금촌대련(大伴金村大連), 그 아들 반(磐)과 협수언(狹手彦)을 보내어 임나를 돕게 하였다. 이 때 반(磐)은 축자국(筑紫)에 머물며 국정을 장악하였다. 삼한에 대비하여 협수언(狹手彦)이 가서 임나를 진압하고 백제를 구했다.
흠명 4년(543)	여름 4월 백제 기신(紀臣) 나솔(奈率) 미마사(彌麻沙) 등이 일을 마치고 돌아갔다. 가을 9월 백제 성명왕은 전부(前部)의 나솔(奈率) 진모귀문(眞牟貴文)·호덕(護德) 기주기루(己州己婁)와 물부(物部) 시덕(施德) 마기모(麻奇牟) 등을 보내어 부남(캄보디아)의 재물과 노비 2구를 바쳤다.
흠명 6년(545)	봄 3월 선신(膳臣) 파제편(巴提便)을 백제에 사신으로 보냈다. 여름 5월 백제는 나솔 其悋·用奇多, 시덕(施德) 차주(次酒) 등을 보내어 표문을 올렸다. 가을 9월 백제는 중부 호덕(護德) 보리(菩提) 등을 임나에 사신으로 보내어 왜신(倭臣)과 임나의 한기에게 오(吳)의 재물을 각기 차등 있게 주었다. 이 달에 백제는 장육불상을 만들었다.
흠명 7년(546)	1월 5일 백제가 중부의 나솔 기련 등이 파하고 돌아갔다. 이에 좋은 말 7필, 배 10척을 하사하였다.
흠명 7년(546)	6월 2일 백제는 중부 달솔 약엽례(掠葉禮) 등을 보내어 조(調)를 바쳤다.
흠명 8년(547)	4월 백제가 전부의 덕솔 진모의문(眞慕宣文), 나솔 기마(奇麻) 등을 보내어 원군을 보내줄 것을 청했다.
흠명 9년(548)	겨울 10월 370명을 백제에 보내어 득이신(得爾辛)에 축성하는 것을 도왔다.
흠명 11년(550)	2월 10일 사신을 보내어 백제에 조칙을 알렸다. 백제본기에 礦월 12일 일본 사신 아비다(阿比多)가 3척의 배를 이끌고 도성 아래에 이르렀다'고 하였다.……거듭 조칙으로 이르기를 '짐은 북쪽의 적(고구려)이 강하고 포악하다고 들었으므로 화살 30구를 하사하노니 한 곳부터 방비하라'고 하였다.
흠명 12년(551)	봄 3월 보리 종자 1천 가마니[斛]을 백제왕에게 주었다. 이 해에 백제 성명왕은 친히 자신의 군대와 더불어 신라 및 임나 2국의 병사를 이끌고 가서 고구려를 쳤다. 한성 땅을 얻었다. 또 진군하여 평양을 토벌하였다. 무릇 6군의 옛 땅을 마침내 회복하였다.
흠명 13년(552)	5월 8일 백제·가라·안라는 중부 덕솔 목협금돈(木刕今敦)과 하내부 아사비다(阿斯比多) 등을 보내어 말하기를 '고구려와 신라는 서로 통하고 세력을 아울러 신의 나라와 임나를 없애려고 꾀하고 있으므로 삼가 구원병을 청합니다.'……
흠명 13년(552)	겨울 10월 백제 성명왕(성왕)은 서부 희씨 달솔 노리사치계 등을 보내어 석가불 금동상 1구, 번개(幡蓋) 약간, 경론(經論) 몇 권 등을 바쳤다.
흠명 14년(553)	정월 2일 백제와이 상부 덕솔 과야차주(科野次酒)와 한솔 예색돈(禮塞敦) 등을 보내어 군사를 청했다.

흠명 14년 (553)	6월 내신(內臣) 관명(闕名)을 백제에 사신으로 보내어 좋은 말 2필, 활 50장, 화살 50구 등을 하사하였다. 조칙으로 말하기를 '요청한 군사는 왕이 원하는 바에 따라 보낸다. …
흠명 14년 (553)	8월 7일 백제는 상부 나솔 과야신라(科野新羅), 하부 고덕(固德) 문휴대산(汶休帶山) 등을 보내어 표문을 올려 말하기를 "작년 신 등은 함께 의논하여 내신 덕솔 차주(次酒), 임나 대부 등을 보내어……금년에 문득 들으니 신라와 고구려가 서로 모의하여 말하기를 '백제와 임나가 일본에 빈번하게 나아가서 군병을 청한다고 하는데 그 뜻은 우리나라를 속이는데 있습니다. 이것이 사실이라면 나라의 패망은 발꿈치를 들고 기다리는 것이니 먼저 일본군병이 떠난 사이에 안라국을 쳐서 취하여 일본으로 가는 길을 끊어야 한다'고 했다고 합니다.……엎드려 바라건대 자애로운 천황께서 전군 후군을 서로 잇달아 보내어 와서 구해주기를 청합니다.……군병을 보내어 신의 나라에 도착하면 의복과 식량에 드는 비용은 마땅히 신이 댈 것이며, 임나에 도착하면 그 또한 마찬가지로 할 것입니다.
흠명 15년 (554)	정월 9일……이에 내신(內臣)이 조칙을 받들어 답하여 말하기를 '즉시 군대 1천 명, 말 1백 필, 배 40척을 보내어 돕도록 해 주십시오'라고 하였다.
흠명 15년 (554)	2월 백제는 하부 한솔(杆率) 장군 삼귀(三貴)·상부 나솔(奈率) 물부오(物部烏) 등을 보내어 구원병을 청했다. 그리고 덕솔 동성자막고(東城子莫古)를 바쳤다. 전에 와 있던 오경박사를 대신하여 온 동성자(東城子)가 말하기를 오경박사 왕류귀(王柳貴)는 고덕 마정안(馬丁安)으로 대신하고 담혜(曇慧) 등 승려 9인은 도침(道深) 등 7인의 승려로 대신하게 해 달라고 말하였다. 별도의 칙서를 올려서 역박사(易博士) 시덕(施德) 왕도량(王道良), 역박사(曆博士) 고덕(固德) 왕보손(王保孫) 의박사(醫博士) 나솔(奈率) 왕유릉타(王有悷陀) 채약사(採藥師) 시덕(施德) 반량풍(潘量豐)·고덕(固德) 정유타(丁有陀), 악인(樂人) 시덕(施德) 삼근(三斤), 계덕(季德) 기마차(己麻次)·계덕(季德) 진노(進奴)·대덕(對德) 진타(進陀)는 모두 청하는 대로 대신하게 하였다.
흠명 15년 (554)	3월 1일 백제 사신 중부 목협(木劦), 시덕(施德) 문차(文次) 등이 돌아갈 것을 청하였다. 여름 5월 3일 내신(內臣)이 수군을 이끌고 백제로 나아갔다.
흠명 17년(556)	정월 백제왕자 혜(惠)가 돌아갈 것을 청했다. 이에 병장기와 좋은 말을 매우 많이 주었다. 또 상으로 자주 물건을 내려주니 사람들이 부러워하고 찬찬하였다. 이에 아배신(阿倍臣, 아베노오미)·좌백련(佐伯連, 사에키노무라지)·파마직(播磨直, 히라마노하타히)를 보내어 츠쿠시국(筑紫國)의 수군을 인솔하여 혜(惠) 왕자를 호위하여 백제로 가도록 보냈다. 따로 츠쿠시(筑紫)의 히노기미(火君)를 보냈다. 『백제본기』에 이르기를 '축자군(筑紫君)의 아들은 화중군(火中君)의 아우'라고 하였다. 용감한 병사 1천 명을 데리고 가서 미호(彌𡈽, 미테)로 호송하도록 하였다. 미호(彌𡈽)는 나루 이름이다. 이로 말미암아 나루와 도로 등 요해처를 지키도록 명령하였다.

여기에 제시한 사례는 대부분 백제와 왜 사이의 교류사실을 전하고 있다. 그 중에 일부 임나와 관계된 것들이 있는데, 전체 내용을 검토해 보면 『일본서기』를 쓴 사람은 애초 백제 측 자료를 토대로 이런 기록을 남겼을 것으로 추정된다. 임나가라 측의 자료가 전해지지 않아 안타깝게도 그 전모와 진실을 파악하기는 어렵지만, 〈도표〉의 자료를 보더라도 백제가 임나 및 왜와의 유대를 바탕으로 신라에 대응하기 위해 얼마나 힘썼는지를 대략 알 수 있다. 임나·백제 상호동맹 이전에는 백제가 가야와의 영역 다툼 과정에서 벌어진 일들에 관한 기록이 중심이 되고 있으나 그 이후엔 왜와 백제 양측의 군사적 협조에 관한 기사 위주이다. 군사 분야에서 백제와 왜가 주로 주고받은 것은 군사와 군수물자이지만, 그 수와 양은 매우 제한적이다. 백제에서 왜군을 청한 회수는 553년부터 부쩍 늘어났다. 이듬해에는 1월, 2월, 3월 그리고 12월에 백제의 군사 요청이 있었고, 왜로부터의 파병이 있었다. 위 사례 외에 백제 측 움직임을 통해 백제와 임나·안라제왜신의 관계를 어떻게 이해해야 할지를 어렴풋이나마 알 수 있는 예가 흠명 15년(554) 12월의 다음 내용이다.

"겨울 12월 백제는 하부 간솔扞率 문사간노사간노斯干奴를 보내어 표문을 올려 말했다. '백제왕 신臣 명明과 안라제왜신安羅諸倭臣 및 임나제국任那諸國의 한기旱岐들은 아룁니다. 신라가 무도하고 천황을 두려워하지 않습니다.…신들은 함께 의논하여 유지신有至臣 등을 보내어 군사를 청하여 신라를 정벌하려고 합니다. 천황께서 유지신有至臣을 보내시어 군사를 거느리고 6월에 오니 신들은 매우 기뻤습니다. 12월 9일 그들을 보내어 신라를 공격하였으며, 신은 먼저 동방령東方領 물부物部 막기무련莫奇武連을 보내 그 군사로 함산성函山城[63]을 공격하였습니다.

· · · · · · · · · · ·
63. 이곳을 충북 옥천의 관산성(管山城)으로 봐야 할 것인지는 문제가 된다. 관산성은 환산성(環山城)으로도 되어 있으며, 함산성이 관산성의 백제시대 지명인지는 판정할 수 없다.

유지신有至臣이 거느리고 온 백성 축사筑斯와 물부物部의 막기위사기莫奇委沙奇가 불화살을 쏘았습니다. 천황의 위엄과 영험으로 9일 유시(저녁 5~7시)에 성을 불 지르고 빼앗았으므로 사신 한 사람을 보내어 배를 타고 짓쳐가서 아뢰게 하였습니다.'고 하였다.[64]

　이것은 백제·임나 동맹군이 옥천 관산성 전투를 앞두고 신라의 산성을 공격하여 함락시킨 승전보를 일본 천황에게 알린 내용이 아닌가 싶다. 이 기록에서 주목해야 하는 것은 백제 성왕이 임나 제국의 여러 한기 및 '안라제왜신'과 함께 일본 천황에게 군사를 빌려 달라고 청하는 대목이다. 백제와 임나는 동맹 관계를 바탕으로 왜의 도움을 얻어 신라와 싸웠으므로 백제·임나의 이름으로 왜군의 지원을 요청하는 게 이상한 일은 아니다. 다만 위 기록에서 '재안라제왜신'이 임나의 여러 한기 및 백제 성왕과 함께 왜군의 지원을 요청하는 주체로 되어 있는 게 특이한 점이다. 어떤 이유에서 '안라제왜신'이 일본 천황에게 보내는 표문에 자신들의 이름을 함께 올렸던 것일까? '재안라제왜신'이 임나 또는 백제와 전혀 관련이 없는 일본 천황의 왜신이었다면 백제가 천황에게 보내는 '원군요청' 표문에 왜신으로서 안라국에 머물고 있는 자신들의 이름을 함께 올려 지원군을 요청할 이유가 없다. 기사의 내용으로 보면 이 경우의 왜신은 천황이 보낸 왜의 사신으로 볼 수 없는 것이다. 따라서 바로 이것이 '안라제왜신'의 실체를 푸는 열쇠가 될 것이다.

　앞에서 설명한 대로 '재안라제왜신'을 일본 각지로 진출한 가야계 교

----

64. 冬十二月 百濟遣下部杆率汶斯干奴 上表曰 百濟王臣明及在安羅諸倭臣等·任那諸國旱岐等 奏 以斯羅無道 不畏天皇 與狛同心 欲殘滅海北彌移居 臣等 共議 遣有至臣等 仰乞軍士 征伐 斯羅 而天皇遣有至臣 帥軍 以六月至來 臣等深用歡喜 以十二月九日 遣攻斯羅 臣 先遣東方 領物部莫奇武連 領其方軍士 攻函山城 有至臣所將來民筑斯物部莫奇委沙奇 能射火箭 蒙天皇威靈 以月九日酉時 焚城拔之 故 遣單使馳船奏聞.

포의 사신으로 볼 수밖에 없는 까닭이 여기에 있다. 적어도 이 기사에 드러난 것만으로 보면 '재안라제왜신'의 입장은 임나 또는 백제와 다를 게 없다. '재안라제왜신'은 안라국에 상주하였으므로 백제·신라 사이의 관계도 잘 알고 있었고, 안라국은 물론 임나(가야) 내부의 사정도 환히 알고 있었을 것이다. 더구나 그들은 일본을 잘 알고 있는 사람들이었으므로, 임나와 백제를 지원해온 전통적인 유대관계를 유지하는 선에서 임나와 백제에 지원군을 보낼 필요성을 강조하기 위해 왜에 보내는 표문에 연명으로 이름을 올린 것이라고 이해할 수 있다. 『일본서기』의 기사가 천황 중심으로 기술되어 있고, 천황에게 표문을 올린 형식으로 되어 있으니 이 기사가 야마토 정권의 군사 지원 요청으로 비쳐질 수 있으나 지금까지 설명한 대로 천황을 배제하고 그 내용을 이해할 필요가 있다. 안라국에 와 있던 '제왜신'은 일본 내 여러 지역에 진출한 고대한국인들의 집단인 '제왜'에서 보낸 사람들이다. 더구나 왜에서 보낸 원군의 숫자나 물자의 규모로 보면 왜의 중앙정권과 천황의 군대로 볼 수는 없다. 즉, 천황의 야마토 정권이 보낸 정식 지원병도 아니었다. 그렇다고 백제가 보낸 고급 인력과 여러 문물 및 인질 등을 감안하면 친선 관계의 호혜적 차원에서 이루어진 원조였지 용병으로 보기는 더욱 어렵다. 군사를 요청하는 마당이니 외교적으로 그에 합당한 공식문서가 있었을 것이다. 그것을 표문이라고 하였으나 공식문서를 받는 상대를 천황으로 설정하였기 때문에 '표문'이라고 하였지 실제로는 일본 천황에게 요청한 것으로 보기 어렵다. 그러니 이 문제는 원문 그대로 이해하기보다는 기사에는 드러나지 않은, 행간의 의미와 여러 요소들을 더 비중 있게 감안해야 한다.

한 예로, 왜에서 515년에 보낸 군사는 수군 5백 명이었다. 548년에는 축성 인력 370명을 보낸 바 있고, 554년 정월의 왜군 파병숫자는 1천 명이었다. 관산성 전투에 파병한 왜군이 1,000명에 불과한 것으로 보아 그것이 6세기 중반 야마토 정권의 천황 군대라고 보기는 어렵다. 백제·임나 측의 절박한 사정에 견주어 볼 때 야마토 정권의 중앙군 숫자로는 너무 적다. 그러니까 천황에게 보낸 지원군 요청 서한도 사실은 천황에게 보낸 것이 아니라 일본 내 여러 지방에 있는 제왜諸倭에게 보낸 것이고, 그들의 적극적인 파병을 요청한 것으로 이해할 수 있다. 백제와 임나의 상호동맹 관계 속에서 이루어진 일이니 '안라제왜신'이 자신들의 이름을 지원군 요청 문서에 올린 것은 왜인들의 지원을 요청하는데 일종의 보증인 역할을 한 것이다. 이 경우라야만 백제 성왕, 임나의 여러 한기, 안라제왜신 공동 명의의 '지원군 요청서'를 왜에 보낸 배경을 비로소 이해할 수 있다.

백제 성왕과 임나 한기들은 신라와 다투는 전쟁 당사자였다. '왜신으로서 안라국에 상주하고 있는 사람들'인 '재안라제왜신'은 임나 제국(가야)의 교포가 중심이었고, 그 중에는 일부 임나계 가라꼬(韓子)들도 있었을 것이다.

가야권에 대한 신라의 압박이 더욱 가중되어 가는 상황에서 백제와 임나의 상호동맹을 바탕으로 왜로 나가 살던 가야 및 백제계 교포와 그 후손들에게 임나와 백제는 긴박하게 지원군을 요청할 수밖에 없었다. 『일본서기』 관련 기사를 정리한 앞의 〈도표〉를 보면 신라에 대응하기 위해 임나와 백제가 왜의 지원군을 얼마나 절실하게 요청했는지를 알 수 있다. 이런 사정을 잘 알고 있던 신라는 왜와 임나·백제 사이의 관계를 차단하면서 임나의 여러 소국들을 차례로 잠식해가는 전략을 구사하였다. 가야를 전방위적으로 압박하는 동시에 보은-옥천의 백제 방어선을 돌파해야 했던 신라로서는 임나·백제 동맹을 와해시키기 위해 옥천 관산성을 선점하지 않으면 안 되었다. 옥천 지역은 신라가 대전 및 공주 방향으로 세력을 확장해가는 데 반드시 필요한 발판이었다. 후일 백제 부흥운동기에도 당나라 군대를 지원하기 위한 보급로로서 연산·공주·부여를 잇는 거점으로서 옥천과의 연계점인 대전 지역을 지키는데 부흥운동 세력은 사활을 걸었는데, 가야 말기의 사정도 다르지 않았다. 백제로서는 그 요충을 지켜 신라에 대비하지 않으면 안 되었다. 그러나 마침내 백제가 옥천 관산성을 잃고 신라에 패전함으로써 임·제 상호동맹의 한 축은 완전히 무너졌다. 관산성 전투는 한강 이남에서 신라가 주도권을 쥐는 전기가 되었다. 성왕의 죽음과 옥천 지역의 상실은 백제에겐 너무도 크고 뼈아픈 충격이었고, 그것은 임나에게도 크나큰 손실이었다. 이로써 '백제와 임나의 신라에 대한 공동방어'라는 정책은 무너졌고, 임나 재건이라는 목표는 임·제 양측 누구에게도 이룰 수 없는 꿈이 되고 말았다.

관산성에서의 패전은 임·제동맹의 와해를 넘어 임나(가야)의 멸망을 예고한 중요한 사건이었던 것이다. 이제 백제는 신라와 직접 맞닥뜨려 싸워야 하는 본격적인 각축의 시대를 준비해야 했고, 백제의 완충지대 역할을 했던 임나 여러 소국은 무너져가는 제국의 앞날을 내다보면서도 자신들의 미래를 스스로 결정하지 못하는 무력함에 안타까워하였을 것이다. 한 나라의 창업에는 오랜 시간과 많은 노력이 필요하듯이 멸망에 이르는 길 또한 오랜 시간을 두고 필요한 조건과 여건을 만들어 나가는 것이다.

[참고문헌]

- 東萊福泉洞 53號墳, 釜山直轄市立博物館, 1992.
- 東萊福泉洞 93·95號墳, 부산광역시립박물관 복천분관, 1998.
- 東萊 福泉同11號墳 출토의 脛甲에 대하여, 金昌鎬, 嶺南考古學[18호(1996년 6월), p.75~86], 嶺南考古學會.
- 東萊福泉洞古墳群 2, 釜山大學校博物館, 1990.
- 東萊福泉洞古墳群 第5次 發掘調査 99~109號墓, 부산광역시립박물관, 1997.
- 東萊福泉洞古墳群 第6次發掘調査 141~153 號·朝鮮時代 遺構, 釜山廣域市立博物館 福泉分館, 2000.
- 東萊福泉洞古墳群 제4차 발굴조사 57號, 60號. 3, 釜山大學校博物館, 1996.
- 東萊福泉洞53號墳, 부산직할시립박물관, 1993.
- 東萊 福泉洞 古墳群의 調査內容과 그 性格, 鄭澄元, 『韓國文化研究』4(1991년 12월) p.3~54, 부산대 한국문화연구소, 1991.
- 福泉洞古墳群 東便 整備地域 試掘調査 報告, 福泉博物館, 2004.
- 東萊福泉洞古墳群 第5次發掘調査 38號墳, 福泉博物館, 2011.
- 東萊福泉洞古墳群 第8次發掘調査 167~174號, 福泉博物館, 2010.
- 東萊福泉洞古墳群 第8次發掘調査 160~166號, 복천박물관, 2008.
- 福泉洞古墳群 第7次調査 報告, 福泉博物館, 2004.
- 東萊福泉洞第1號古墳發掘調査報告, 1970年度古蹟調査報告, 金東鎬, 東亞大學校博物館, 1971.
- 「釜山漆山洞第1號古墳發掘調査報告」, 金東鎬, 『文化財』6, 1972.
- 「東萊福泉洞古墳發掘調査報告」, 金東鎬, 『上老大島』, 古蹟調査報 第8冊, 東亞大學校博物館, 1984.
- 「釜山市東萊福泉洞古墳群遺蹟1次發掘調査槪要와 意義」, 申敬澈, 『年報』第3輯, 釜山直轄市立博物館, 1981.
- 「釜山福泉洞古墳群遺蹟1次發掘調査槪要と若干の私見」, 申敬澈, 『古代文化』34-2, 1982.
- 東萊福泉洞古墳群Ⅰ, 釜山大學校博物館遺蹟調査報告 第5輯, 鄭澄元·申敬澈, 1983.
- 「東萊福泉洞 4號墳과 副葬遺物」, 申敬澈·宋桂鉉, 『伽倻通信』第11·12合輯號, 1985.
- 「東萊福泉洞 23號墳과 副葬遺物」, 李尙律, 『伽倻通信』第19·20合輯號, 1990.
- 東萊福泉洞古墳群Ⅱ, 釜山大學校博物館遺蹟調査報 第14輯, 釜山大學校博物館, 1990.
- 「東萊福泉洞 38號墳과 副葬遺物」, 鄭澄元·安在晧, 『三佛金元龍教授停年退任紀念論叢』考古學

編, 1987.

- 「東萊福泉洞古墳群2次調査槪要」, 全玉年·李尙律·李賢珠,『嶺南考古學』6, 1989.

- 「東萊福泉洞 52·54號墳 發掘調査槪要」, 宋桂鉉,『年報』第12輯, 釜山直轄市立博物館, 1989.

- 「東萊福泉洞古墳群第3次發掘調査槪報」『嶺南考古學』7, 東亞大學校博物館, 1990.

- 「東萊福泉洞 53號墳」, 宋桂鉉·河仁秀·洪潽植·李賢珠, 釜山直轄市立博物館遺蹟調査報書 第
  6冊, 1992.

- 「東萊福泉洞萊城遺蹟」, 宋桂鉉·河仁秀, 釜山直轄市立博物館遺蹟調査報書 第5冊, 1990.

- 「東萊 福泉洞 93·95號墳」, 李賢珠, 釜山廣域市立博物館福泉分館研究叢書 第3冊, 1997.

- 東萊 福泉洞古墳群−第5次發掘調査 99～109號墳, 釜山廣域市立博物館研究叢書第11冊, 宋桂
  鉉·李海蓮, 1996.

- 『陜川 玉田古墳群Ⅰ』: 木槨墓, 趙榮濟, 慶尙大學校, 1988.

- 『陜川 玉田古墳群』7: 12·20·24號墳, 경상대학교박물관, 1998.

- 『陜川 玉田古墳群』: 67−A·B, 73～76號墳 9, 趙榮濟·柳昌煥·河承哲, 慶尙大學校博物館,
  2000.

- 「玉田古墳群의 階層化에 대한 研究」, 조영제,『嶺南考古學』20호(1997년 6월) p.27～52, 영남고
  고학회, 1997.

- 『陜川 玉田古墳群』2, M3號墳, 慶尙大學校 博物館, 1990.

- 운봉고원에 묻힌 가야 무사 : 남원 월산리 발굴유물특별전, 국립전주박물관, 2012.

- 斗洛里發掘調査報告書, 全羅北道 南原郡, 全北大學校, 1989.

- 『咸安道項里古墳群. 1』, 立昌原文化財研究所, 1997.

- 『咸安道項里古墳群. 2』, 立昌原文化財研究所, 1999.

- 『咸安道項里古墳群. 3』, 立昌原文化財研究所, 2000.

- 『咸安道項里古墳群. 4』, 立昌原文化財研究所, 2001.

- 『咸安道項里古墳群. 5』, 立昌原文化財研究所, 2004.

- 『咸安 梧谷里遺蹟Ⅰ』, 경남문화재연구원, 2007.

- 『咸安 梧谷里遺蹟』, 한국도로공사·창원대학교박물관, 1995.

- 『咸安 道項里古墳群 出土 5～6世紀 土器 研究』, 金寶淑, 東亞大學校, 2009.

- 『도항리 말산리 유적』, 경남고고학연구소·함안군, 2000.

- 「阿羅加耶의 成立과 變遷」, 權珠賢,『啓明史學』4, 1993.

- 「安邪國에 대하여」, 權珠賢,『大丘史學』50, 1996.

- 「고자국의 역사적 전개와 그 문화」, 權珠賢,『가야 각국사의 재구성』, 부산대학교 한국민족문화

연구소, 2000.

- 「咸安 安羅國의 成長과 變遷」, 金泰植, 『韓國史硏究』86, 1994.

- 「浦上八國戰爭과 그 性格」, 南在祐, 『伽倻文化』10, 1997.

- 『安羅國史』, 南在祐, 혜안, 2003.

- 『伽耶 特別展』, 국립중앙박물관, 1991.

- 『加耶史硏究』, 千寬宇, 일조각, 1991.

- 「골포국의 형성과 발전」, 南在祐, 『역사와 경계』54, 2005.

- 『安羅國의 成長과 對外關係硏究』(성균관대학교 박사학위논문), 南在祐, 1998.

- 「固城 古自國의 형성과 변천」, 백승옥, 『韓國古代社會의 地方支配』, 한국고대사연구회, 1997.

- 「加耶 地域聯盟體의 成立」, 白承玉, 『加耶 各國史硏究』, 혜안, 2003.

- 학술조사보고 제33집 창녕 송현동고분군 6·7호분 발굴조사 개보, 국립창원문화재연구소, 2006.

- 국립가야문화재연구소 학술총서 제43집 1500해앞 16살 여성의 삶과 죽음—창녕 송현동 15호분 순장인골의 복원연구, 국립가야문화재연구소, 2009.

- 「외래계 문물을 통해 본 고성 소가야의 대외교류」『가야의 포구와 해상활동』, 하승철, 인제대학교 가야문화연구소·김해시, 주류성출판사, 2011.

- (財)馬韓文化硏究叢書 26, 순천 왕지동고분군, (財)馬韓文化硏究院·한국토지신탁, 2008.

- (財)馬韓文化硏究叢書 26, 순천 덕암동유적 Ⅰ—墳墓, (財)馬韓文化硏究院·한국토지신탁, 2008.

- 「고흥 길두리 안동고분의 축조구조」, 조영현, 『고흥 길두리 안동고분의 역사적 성격』, 2011, 고흥 길두리 안동고분 특별전기념학술대회, 전남대학교박물관.

- 「고흥 안동고분 출토 금동관의 의의」『한성에서 웅진으로』, 임영진, 충청남도역사문화연구원·국립공주박물관, 2006.

- 「大伽耶의 古代國家 形成」, 박천수, 『碩晤 尹容鎭敎授 停年退任記念論叢』, 碩晤 尹容鎭敎授 停年退任記念論叢刊行委員會, 1996.

- 「장수 거점단지 유통센터부지내 유적시굴조사 중간보고서」, 군산대학교 박물관, 2005.

- 「토기로 본 대가야의 권역과 그 변천」, 이희준, 『加耶史硏究—대가야의 政治와 文化』, 경상북도, 1995.

- 「고령 양식 토기 출토 고분의 편년」, 이희준, 『嶺南考古學』 제15호, 1994.

- 「토기로 본 대가야의 권역과 그 변천」, 이희준, 『가야사연구』, 경상북도, 1995

- 「합천댐 수몰지구 고분 자료에 의한 대가야 국가론」, 이희준, 『가야고고학의 새로운 조명』, 부산

대학교 한국민족문화연구소, 2003

- 『長水 三峰里·東村里古墳群』, 곽장근 외, 群山大學校 博物館·長水郡·文化財廳, 2005.

- 「政治體의 相互關係로 본 大伽耶王權」, 朴天秀, 『伽耶諸國의 王權』, 仁濟大伽耶文化研究所編, 1995.

- 「大伽耶의 古代國家 形成」, 朴天秀, 『伽耶諸國의 王權』『碩晤 尹容鎭敎授 停年退任記念論叢』, 1996.

- 「大伽耶圈 墳墓의 編年」, 朴天秀, 『韓國考古學報』39輯, 1998.

- 『加耶各國史 研究』, 백승옥, 혜안, 2003.

- 「百濟와 加耶의 교섭」, 洪潽植, 『百濟文化』第27輯, 公州大學校 百濟文化研究所, 1998.

- 「湖南 東部 地域의 石槨墓 研究」, 郭長根, 全北大學校大學院 博士學位論文, 1999.

- 「大伽耶 墓制의 變遷」, 金世基, 『加耶史研究-대가야의 政治와 文化』, 경상북도, 1995.

- 「고구려 기병과 鐙子-고구려 고분벽화 분석을 중심으로」, 徐榮敎, 『歷史學報』제181집, 2004.

- 「高句麗 長壽王의 對北魏交涉과 그 政治的 의미-北燕을 둘러싸고 이루어진 對北魏關係의 전개」, 李成制, 『歷史學報』제181집, 2004.

- 『中原 高句麗碑 研究』, (社)高句麗研究會編, 學研文化社, 2000.

- 「개로왕의 왕권 강화와 국정운영의 변화에 대하여」, 문안식, 『사학연구』제78호, 韓國史學會, 2005년 6월.

- 「新羅 炤知王代 對高句麗 關係와 政治變動」, 張彰恩, 『사학연구』제78호, 韓國史學會, 2005년 6월.

- 「신라 訥祗王代 고구려 세력의 축출과 그 배경」, 張彰恩, 『韓國古代史研究』33, 광주첨단과학산업단지 발굴조사보고서2, 『光州 月桂洞古墳』, 全南大學校博物館·光州直轄市, 1994.

- 『海南 方山里 長鼓峰古墳 試掘調査報告書』, 殷和秀·崔相宗, 國立光州博物館·海南郡, 2001.

- 학술조사보고 제15輯 『咸安 馬甲塚』, 咸安郡·國立昌原文化財研究所, 2002.

- 「骨浦國의 형성과 발전」, 남재우, 「加羅國과 于勒十二曲」, 白承忠, 『釜大史學』19집, 1995.

- 「于勒十二曲의 해석문제」, 白承忠, 『韓國古代史論叢』3, 韓國古代社會研究所, 1992.

- 「1~3세기 가야 세력의 성격과 추이-수로 집단의 등장과 浦上八國의 亂을 중심으로」, 白承忠, 『釜大史學』제30집, 「가야의 정치구조-부체제 논의와 관련하여」, 白承忠, 『한국고대사연구』17집, p.312~313, 2000.

- 「5세기대 남부가야의 세력재편- 浦上八國 戰爭과 高句麗郡 南征을 중심으로」, 허재혁, 釜山大學校 碩士學位論文, 1998.

- 『大加耶의 形成과 發展研究』, 이형기, 경인문화사, 2009.

- 제5회 학술강연회「동서문화 교류의 관점에서 본 한국의 고대유리」, 이인숙,『한국학연구』5, 高麗大學校韓國學硏究所,「中國古代琉璃的考古發現與硏究」, 安家瑤,『韓國學硏究』5, 高麗大學校韓國學硏究所,「釜山의 三韓時代 遺蹟과 遺物」II, 洪潽植, 釜山廣域市立博物館福泉分館硏究叢書第3冊, 1998.
- 「영남지역 三角形粘土帶土器의 성격」, 李在賢,『新羅文化』第23輯,「三韓後期 辰韓勢力의 成長科程硏究」, 全榮珉,『新羅文化』第23輯,「弁·辰韓社會의 發展過程−木槨墓의 出現背景과 관련하여」『嶺南考古學』17, 嶺南考古學會, 1995.
- 「초기 진·변한에 대한 고고학적 논의」『진·변한사연구』, 계명대학교 한국학연구원, 2002.
- 제1회 부산광역시립복천박물관학술발표대회『가야사 복원을 위한 복천동고분군의 재조명』, 부산시립복천박물관, 1997.
- 「咸安 安羅國의 成長과 變遷」, 김태식,『韓國史硏究』86, p.82, 1994.
- 「三國時代 昌寧地域集團의 性格硏究」『嶺南考古學』13, 嶺南考古學會, 朴天秀, 1993.
- 「中期古墳의 性格에 대한 약간의 考察」『釜大史學』17, 최종규, 부산대학교 사학회, 1983.
- 「포상팔국 전쟁과 그 성격」, 남재우,『가야문화』제19호, 1997.
- 「三韓의 國邑과 그 成長에 대하여」, 李賢惠,『歷史學報』69, p.4~5, 1976.
- 「1~3세기 가야 세력의 성격과 추이−수로집단의 등장과 浦上八國의 亂을 중심으로」, 白承忠,『釜大史學』13, 1986.
- 『伽耶史硏究』, 천관우, 일조각, 1977.
- 『咸安 安羅國의 成長과 變遷」, 김태식,『韓國史硏究』86, 1994.
- 『日本古代金石文の硏究』, 岩波書店, 東野治之, 2004.
- 풍납토성−잃어버린 왕도를 찾아서, 서울역사박물관, 2002.
- 『풍납토성 I−IV』(한신대학교박물관총서 제19책, 한신대학교박물관, 2004.
- 『미사리 문화유적발굴조사보고서』(제5권), 고려대학교발굴조사단·미사리선사유적발굴조사단, 1994.
- 「中島−進展報告」『國立中央博物館報告』第12冊, 국립중앙박물관, 1980.
- 「나주시의 문화유적」(목포대학교박물관총서 제56책), p.113, 나주시·목포대학교박물관, 1999.
- 「장수 거점단지 유통센터부지내 유적시굴조사 중간보고서」, 군산대학교 박물관, 2005.
- 『장수 삼봉리·동촌리고분군』발굴보고서, 곽장근 외,「토기로 본 대가야의 권역과 그 변천」, 이희준,『가야사연구−대가야의 정치와 문화』, 경상북도, 1995.
- 「고령 양식 토기 출토 고분의 편년」, 이희준,『嶺南考古學』제15호, 1994.
- 『加耶聯盟史』, p.85~93, 金泰植, 一潮閣, 1993.

- 가야사 복원을 위한 복천동고분군의 재조명, 부산광역시립박물관 복천분관, 부산광역시립민속박물관복천분관, 1997.
- 金海大成洞·東萊福泉洞古墳群 點描, 釜大史學, 19집(1995년 6월), p.19~51, 釜山大學校史學會, 1995.
- 金海 鳳凰洞遺蹟, 부산대학교박물관, 1998.
- 金海 會峴里貝塚, 부산대학교 인문대학 고고학과, 20003.
- 金海 鳳凰洞遺蹟—金海 韓屋生活體驗館 造成敷地內遺蹟發掘調查報告書, 金漢相·洪性雨 外, 慶南考古學研究所, 2007.
- 金海加耶人生活體驗村 造成敷地內遺蹟 I—金海 鳳凰洞遺蹟, 慶南發展研究院·金海市, 2005.
- 光州 月桂洞長鼓墳·雙岩洞古墳, 林永珍·趙鎭先, 전남대학교박물관, 1994.
- 「光州 月桂洞의 長鼓墳 2基」, 林永珍, 『韓國考古學報』31(1994년 10월), p.237~264, 韓國考古學會.
- 固城松鶴洞古墳群 : 第1號墳 發掘調查報告書(本文), 沈奉謹, 東亞大學校 博物館, 2005.
- 固城松鶴洞古墳群 : 第1號墳 發掘調查報告書(圖版), 沈奉謹, 東亞大學校 博物館, 2005.
- 固城 松鶴洞 彩色古墳에 대한 研究, 朴喜正, 東亞大學校, 2006.
- 宜寧 泉谷里古墳群 I, (사)영남매장문화재연구원·의령군, 1997.
- 장수 침곡리 유적, 군산대학교 박물관·한국도로공사, 2006.
- 山清 生草古墳群, 趙榮濟·柳昌煥·張相甲·尹敏根, 慶尙大學校 博物館·山清郡, 2006.
- 山清 明洞遺蹟 II — 단성~산청간 국도 확·포장공사 구간내 유적 발굴조사, 경남발전연구원 역사문화센터, 2004.
- 산청 평촌리유적—山淸郡 生草 번갯들 水害復舊事業地區内 遺蹟發掘調查, 慶南發展研究院 歷史文化센터, 2006.
- 「固城 松鶴洞 1호분 출토 토기 연구」, 박광준, 『石堂論叢』35집(2005년 9월), p.43~66, 東亞大學校 石堂傳統文化研究院, 2005.
- 「固城 松鶴洞古墳 出土 有孔廣口小壺考」『石堂論叢』35집(2005년 9월), p.67~108, 東亞大學校 石堂傳統文化研究院, 2005.
- 「固城 松鶴洞 第1號墳 築造手法과 內部構造」, 심봉근, 『石堂論叢』35집(2005년 9월), p.1~42, 東亞大學校 石堂傳統文化研究院, 2005.
- 고대 유리의 과학적 분석연구 : 대구 팔달동, 포항 옥성리 유적을 중심으로, 金奎虎 安順天, 영남문화재연구원, 2000.
- (추보) 중국 고대유리의 고고학적 발현과 연구, 安家瑤, 고려대학교 한국학연구소, 2011.
- 한국 고대유리의 계통에 관한 試論, 문재범, 首善史學會, 「韓國 古代유리의 國內製造에 對하

여, 『先史와 古代』1(1991년 6월), p.167~174, 崔娃·都正雲·金善太, 韓國古代學會, 1991.

- 「변·진한 및 가야·신라의 경계−역사지도의 경계 획정을 위한 試考」, 백승옥, 『韓國古代史研究』 58, 한국고대사학회, 2010년 6월호.

- 「卓淳의 位置와 性格−日本書紀 관계기사 검토를 중심으로−」, 백승옥, 『釜大史學』19, p.87~91.

- 「東萊福泉洞古墳出土 土器類」, 宋桂鉉, 『年報』제13집, 釜山直轄市立博物館, 1991.

- 「廣開土王陵碑文의 任那加羅와 安羅人戌兵」, 金泰植, 『韓國古代史論叢』6, p.51, 韓國古代社會研究所, 1994.

- 「토기로 본 大伽耶의 圈域과 그 변천」, 李熙濬, 『伽耶史研究−대가야의 政治와 文化』, 慶尙北道, 1995.

- 「金海大成洞·東萊福泉洞古墳群 點描−金官伽耶 이해의 一段」, 申敬澈, 『釜大史學』19, 1995.

- 「김관가야의 성립과 발전」, 홍보식, 『伽耶文化 遺蹟調査 및 整備計劃』, 경상북도·가야대학교 부설 가야문화연구소, 1998.

- 「4~6세기 安羅國의 영역과 國内大人−칠원지역 古代史 復元의 一段」, 백승옥, 『釜大史學』30, 부산대학교 사학회, 2006.

- 「加耶의 地域聯盟論」, 백승충, 『지역과 역사』17, p.18~39, 부경역사연구소, 2005.

- 加耶의 地域聯盟史 研究」, 백승충, 부산대학교 박사학위논문, 1995.

- 「가야 정치체에 대한 연맹론과 국가론」, 백승충, 『한국고대사 연구의 새 동향』, 서경문화사, 2007.

- 「가야 각국사의 재구성」, 부산대학교 한국민족문화연구소, 혜안, 2000.

- 「가야의 유적과 유물」, 박천수 외, 학연문화사, 2003.

- 「百濟의 加耶進出過程」, 이영식, 『韓國古代史論叢』7, (재)가락국사적개발연구원, 1995.

- 「5세기 후반 백제와 가야의 국경선」, 이동희, 『고대 동북아시아 역사지도의 현황과 과제−역사지도, 어떻게 만들어야 좋은가?』, 동북아역사지도편찬위원회 제1회 국제학술토론회, 2007.

- 「百濟의 加耶進出에 관한 一考察」, 金鉉球, 『東洋史學研究』70, 2000.

- 「6세기 전반 백제의 가야진출과정」, 백승충, 『百濟研究』31, 충남대학교백제연구소, 2000.

- 「백제의 가야지역 관계사 : 교섭과 정복」, 김태식, 『백제의 중앙과 지방』, 충남대학교백제연구소, 1997.

- 「加耶墓制의 龕室 再檢討」, 曺秀鉉, 『嶺南考古學』35호(2004년 12월), p.87~112, 嶺南考古學會, 2004.

- 大田~統營間 高速道路(茂朱−長溪間) 建設工事 文化遺蹟發掘調査報告書, 全北大學校博物館·群山大學校博物館·韓國道路公社, 2000. 10.

- 「金海 官洞里 三國時代 津址 : 김해 율하택지사업구간 내 발굴조사보고」, 三江文化財研究院,

2009.

- 『鳳凰土城 : 金海 會峴洞事務所〜盆城路間 消防道路 開設區間 發掘調查 報告書』, 慶南考古學研究所, 2005.
- 「金海地域의 古代 聚落과 城」, 李賢惠, 『韓國古代史論叢』8, 1996.
- 「1〜3세기 가야정치체의 성장」, 李盛周, 『韓國古代史論叢』5, 1993.
- 『新羅·伽耶社會의 政治·經濟的 起源과 成長』(서울대학교 박사학위논문), 李盛周, 1998.
- 『돌궐어 문법』, 탈라트 테킨 지음, 이용성 옮김, 2012.
- 咸安 梧谷里遺蹟Ⅱ−古墳群, ㈜계림산업개발·경남문화재연구원, 2007.
- 高靈 快賓洞古墳群, (사)영남매장문화재연구원, 1996.
- 浦項玉城里古墳群發掘調查報告書, 慶尙北道文化財硏究院·浦項市, 2003.
- 潭陽 桂洞古墳群, (財)湖南文化財硏究院·韓國道公社, 2005.
- 南原 乾芝里古墳群發掘報告書, 文化財硏究所, 1991.
- 『增補文獻備考』, 국립중앙도서관.
- 公州 長善里 土室遺蹟, 忠南發展硏究院·遺蹟調查報告 第4册, 忠南發展硏究院·天安論山高速道路, 푸른사상, 2003.
- 장수 거점단지 유통센터부지내 유적시굴조사 중간보고서, 군산대학교 박물관, 2005.
- 「고대 영남지방의 旬葬」, 權五榮, 『韓國古代史論叢』4, (財)駕洛國史蹟開發硏究院, 1992
- 『金官伽倻 旬葬墓 硏究』, 金秀桓, 부산대학교대학원 문학석사학위논문, 2005
- 「창녕 송현동고분군 7호분 출토 인골에 대한 분석」, 김재현, 『창녕 송현동고분군 6·7호분 발굴조사 개보』, 국립창원문화재연구소, 2006
- 「金海地域 北方民族征服論 검토」, 辛勇旻, 『嶺南考古學』26, 嶺南考古學會, 2000
- 「한반도 고대사회에서 순장의 사상적 배경과 그 성격」, 이성준, 『대가야의 정신세계』, 제7회 대가야사 국제학술회의, 고령군·대가야박물관, 2009
- 「葬制와 墓制의 의미」, 이성준, 『제6기 매장문화재발굴조사원연구교육』, 국립문화재연구소, 2009
- 「殷周時代의 旬葬과 사상」, 高崇文, 『대가야의 정신세계』, 제7회 대가야사 국제학술회의, 고령군·대가야박물관, 2009
- 『古代人牲人殉通論』, 黃展岳, 文物出版社, 2004

영원한 제국 가야